高等学校新体系土木工程系列教材

钢结构基本原理

主 编 李 军 王 燕

副主编 厉凤香 李 健

高等教育出版社·北京

内容提要

本书按照新颁布的 GB 50017—2017《钢结构设计标准》编写，着重阐述钢结构材料的特性、基本构件及连接的性能与设计计算方法。全书共 6 章，包括绪论、钢结构的材料、轴心受力构件、受弯构件、拉弯与压弯构件、钢结构的连接。书中涵盖典型例题，课后习题包括思考题和多种类型的设计计算题。为适应钢结构基本原理课程教学需求，添加了一定数量的数字化学习资源。文中穿插了若干具有提示性的漫画和标注，使教材图文并茂，新颖活泼。

本书可作为高等学校土木工程专业和其他相关专业本科生教材，也可供相关工程技术人员参考。

图书在版编目(CIP)数据

钢结构基本原理/李军，王燕主编. --北京：高等教育出版社，2021.2

ISBN 978-7-04-055507-3

Ⅰ. ①钢… Ⅱ. ①李… ②王… Ⅲ. ①钢结构-高等学校-教材 Ⅳ. ①TU391

中国版本图书馆 CIP 数据核字(2021)第 021913 号

GANGJIEGOU JIBEN YUANLI

策划编辑 单 蕾　　责任编辑 元 方　　封面设计 李卫青　　版式设计 王艳红
插图绘制 邓 超　　责任校对 王 雨　　责任印制 田 甜

出版发行 高等教育出版社
社　　址 北京市西城区德外大街 4 号
邮政编码 100120
印　　刷 北京市密东印刷有限公司
开　　本 787mm×1092mm 1/16
印　　张 16.5
字　　数 400 千字
购书热线 010-58581118
咨询电话 400-810-0598

网　　址 http://www.hep.edu.cn
　　　　 http://www.hep.com.cn
网上订购 http://www.hepmall.com.cn
　　　　 http://www.hepmall.com
　　　　 http://www.hepmall.cn
版　　次 2021 年 2 月第 1 版
印　　次 2021 年 2 月第 1 次印刷
定　　价 33.50 元

物 料 号 55507-00

前　言

伴随工业化建设的高速发展，工程教育需要进行相应的改革与创新，以提高人才培养质量。而教材是与培养对象距离最近的学习工具，担负着启发、引导学习者思考的任务。为此，本书尝试在编写模式和呈现形式上有所变化，强调“适用性”，不拘泥于传统教材的“规矩”。

钢结构基本原理是土木工程专业重要的专业基础课程，也是常常令学生产生畏惧心理的课程之一。为了拉近教材与学生的距离，本书采取如下措施：提供数字化学习资源，以便使学习者随时打开非文字的动态学习资料，更加直观地理解一些教学难点；适当插入反映部分知识点的漫画，以增加教材的趣味性和亲和力；个别具有总结性或可供参考的段落，采用标注框的形式，以丰富教材的“表情”，缓解阅读疲劳；每章设置序言，引导学习者带着目的和问题进行阅读。

钢结构设计需要全面且扎实的专业基础知识，适当的内容、适合的深度也是本书编写过程中考虑的重点。本书按照新修订的 GB 50017—2017《钢结构设计标准》等现行标准或规范编写，重点阐述钢结构的基本概念、原理，并对基本构件和连接的实用计算方法进行简明分析，以难度适中的例题加深对基本原理的理解和应用。按照材料、构件、连接的顺序安排教材内容，贴近实际设计路线。全书共 6 章，第 1 章阐明钢结构的特点、各类主体结构的构成及钢结构设计计算概要；第 2 章针对作为钢结构理论原点的钢材，从钢材的生产过程、主要性能、破坏形式，到影响钢材性能的因素和结构钢的分类，分别做了概述；第 3 章、第 4 章、第 5 章分别讲述了轴心受力构件、受弯构件、拉弯与压弯构件的性能理论和构件设计的关系；第 6 章重点阐述了焊接和螺栓连接方法、不同连接单元的传力机理及其工作性能，以及设计方法等。

本书编写分工为：青岛理工大学王燕（第 1 章）、李军（第 2、3 章和附录），宁波工程学院厉凤香（第 4、6 章），青岛理工大学李健（第 5 章）。全书由李军、王燕主编并修改定稿，青岛理工大学多位研究生参与了例题计算、插图和附表制作。山东艺术学院傅博应本书需求绘制了书中漫画。

希望本书有助于土木工程及其相关专业的学生和工程技术人员更好地学习钢结构的相关知识。对于教材中的疏漏或不当之处，敬请读者批评指正，编者将不断改进。

编者

2020 年 11 月

目　　录

第1章 绪 论

我们在日常生活中经常出入钢结构建筑物，例如机场、火车站等（图 1.1），但你是否思考过以下问题：这些钢结构建筑有什么样的特点？采用的是什么样的结构形式？你一定很想了解这些钢结构建筑物组成构件的受力特征和设计计算方法吧？

(a) 青岛流亭机场

(b) 武汉站

图 1.1 机场与火车站的钢结构

1.1 钢结构的发展沿革

我国早在秦始皇时代，就已经用铁制作简单的承重结构了；18 世纪时，就用铁链修建了铁索悬桥，如著名的四川泸定大渡河铁索桥（图 1.2）、贵州盘江铁索桥（图 1.3）等。19 世纪，随着炼铁技术的进步,型材的大批量生产得以实现,钢铁结构应用范围不断扩大,这一时期产生了在世界上具有重大影响的水晶宫(图 1.4)、巴黎博览会机械馆(图 1.5)、埃菲尔铁塔(图 1.6)和芝加哥家庭保险大厦(图 1.7)等代表性建筑,彰显了钢铁结构在跨度或高度方面的优势。

图 1.2 四川泸定大渡河铁索桥

图 1.3 贵州盘江铁索桥

图 1.4 水晶宫

图 1.5 巴黎博览会机械馆

图 1.6 埃菲尔铁塔

图 1.7 芝加哥家庭保险大厦

20 世纪以来，钢材品种、质量、制造方法、计算理论和设计方法等得到不断完善和发展，钢结构在工业建筑、民用建筑及其他工程结构中得到广泛应用。图 1.8 所示帝国大厦（高 381 m，102 层）、图 1.9 所示西尔斯大厦（高 442 m，共 108 层）等均曾突破世界最高建筑记录；图 1.10 所示亨伯桥（主跨 1 410 m）就跨度而言至今仍居世界钢铁桥前列。

图 1.8　帝国大厦

图 1.9　西尔斯大厦

图 1.10　亨伯桥

我国在新中国成立后，钢结构在重型工业厂房、大型公共建筑、高耸建筑及桥梁中得到较多应用，如图 1.11 所示上海锅炉厂重型容器车间（主跨 36 m，高 40 m，吊车起重量 400/80 t）、图 1.12 所示北京工人体育馆（跨度 94 m）、图 1.13 所示上海电视台发射塔（总高 210 m）及图 1.14 所示南京长江大桥（上层全长 4 589 m，下层全长 6 772 m）等。随着国家钢材生产实力的增强，特别在 1996 年以后，在国家政策的有力支持下，轻钢结构、重钢结构、大跨空间钢结构及高层钢结构齐头并进，有些钢结构建筑在规模和技术上已达到世界领先水平，如上海环球金融中心（图 1.15）、国家体育场（图 1.16）等。

图 1.11　上海锅炉厂重型容器车间

图 1.12　北京工人体育馆

图 1.13　上海电视台发射塔

图 1.14　南京长江大桥

图 1.15　上海环球金融中心

图 1.16　国家体育场(鸟巢)

除了上面提到的高层建筑、高耸建筑、大跨空间建筑、重型工业厂房、桥梁外,轻型钢结构、板壳结构(如储油库、煤气库、高炉等)、可拆卸或可移动结构及其他特种结构(如井架、海洋平台等)也被广泛应用。未来对高层、大跨度建筑的要求会越来越高,钢结构建筑因其自身优越性在我国工程建设中所占份额也会增大。近年来,钢材品种越来越齐全,钢结构住宅、维护结构及绿色节能等技术研究日益深入,钢结构设计方法也在不断改进,钢结构的应用空间必将越来越大。

1.2　钢结构的特点

通常把以钢材作为主要承重结构材料的结构称为钢结构。钢结构一般采用工厂加工制造和工地现场拼装工艺,工业化程度较高。在钢结构工厂,将满足设计定制要求的型钢、钢板通过切割、连接等工艺制作成梁、柱、桁架、支撑等构件,然后运输至现场并通过焊接或螺栓连接等组成承重构件或承重结构。

支撑现代建筑的主要结构形式包括钢结构、钢筋混凝土结构、木结构、砌体结构、组合结构等。在截面形式上与其他结构形式不同的是,钢结构截面多为中空或开口形式,例如方钢管截面、H 形截面,可由若干钢板组合而成。钢构件的力学性能受截面形式和材料特性影响,构件设计时既要满足必要的力学性能要求，还要兼顾经济性。钢结构和其他材料的结构相比具有以下特点：

（1）材料强度高、结构重量轻。较混凝土材料、木材、砖石等结构用材，钢材具有较高的强度，其抗拉强度 f_u 和屈服强度 f_y 比较高。在承受相同外力作用的情况下，钢结构所需重量较钢筋混凝土结构轻得多，因此适用于高层或大跨空间结构。以一定跨度的屋架为例，承受同样荷载的普通钢屋架的重量为钢筋混凝土屋架的 1/4~1/3。不过，自重较轻的结构，如屋盖结构等，对于积灰荷载、雪荷载、风荷载等可变荷载的变动比较敏感，荷载超额产生的不利影响可能会大于较重的结构，设计时需要考虑该因素。

（2）塑性和韧性好。若结构不会发生突然断裂，在破坏前有明显变形，则说明塑性好；若结构在动力荷载作用下破坏时吸收较多的能量，则说明韧性好。对于由缺口效应、焊接残余变形等引起的局部高峰应力，在塑性变形驱动下，应力可以趋于平缓。

（3）抗震性能好。由于钢结构自重轻，因此所受地震作用相对较小，有利于在地震区采用。同时，由于钢材具有塑性和韧性好的特点，使其具有足够的变形能力，因而对抗震有利。对于钢结构塑性设计而言，变形能力指标十分重要。

（4）材质均匀、符合力学假定。钢材经过冶炼、浇铸、轧制等而成，过程中质量被严格控制，因此成材后材料力学性能波动范围较小，钢材内部组织结构比较均匀，近于各向同性体。钢结构的实际力学性能与基于力学假定的工程力学计算结果比较符合，计算结果比较可靠。

（5）工业化程度高、工期短。钢材是批量生产的工业化产品，钢构件也基本都在工厂加工，精度较好，生产效率高。在工地进行拼装时，可以采用安装简便的螺栓连接，装配率较高；也可以在地面组装成较大单元后再进行吊装，以缩短施工周期。对于轻量结构，如轻型屋架等，也可现场制作后简易吊装。采用螺栓连接的钢结构装拆方便，适用于结构加固、改建和可拆卸结构。

（6）密闭性能好。采用焊接连接的高压容器、油罐、压力管道等具有很好的气密性和水密性，不易渗漏。

（7）有一定的耐热性，但不耐火。钢构件表面所受辐射温度在 200 ℃以内时，材料主要力学性能，如屈服强度和弹性模量，变化不大，因此具有一定的耐热性。设计时按规定在构件表面温度超过 100 ℃时进行结构的温度作用验算，温度达到 150 ℃以上则加设隔热层。钢材不耐火，对于有防火要求的结构应进行抗火设计，可以采用防火板或防火涂料加以防护。随着耐火钢生产能力的提高，因防护材料的使用而导致造价高的问题有望得到缓解。

（8）耐腐蚀性差。钢结构受潮湿空气等影响易腐蚀，必须采取防护措施。特别对于薄壁钢构件、暴露在大气中的钢结构，更应注意防护，可以采用涂刷防锈漆、镀锌等防腐措施，因此也存在维护费用较高的问题。近年出现的耐候钢因抗锈蚀能力较好，已在逐步推广应用。

（9）设计时有些事项需要考虑。钢结构在荷载作用下变形相对较大，受变形限制，有时需要加大构件截面；低温或其他条件下可能会发生脆性断裂，设计中应特别注意。

1.3 各类主体结构的构成

1.1 节中介绍的各类结构中，除容器类结构外，钢结构大致可以划分为两大类，即跨越地面上一定空间的结构、从地面向上发展的结构。前者按照几何形状、组成方法、结构材料及受力特点不同，可划分为平面结构体系和空间结构体系，后者包括多、高层建筑中常见的框架结构、框架-支撑结构和筒体结构等。任何结构均应是空间的几何不变体，在各类作用效应下须满足必要的性能要求，如结构或构件的稳定性、构件截面强度及构件刚度等。

1.3.1 平面结构体系

平面结构体系包括梁式结构（平面桁架、空间桁架）、平面框架和拱式结构。现代工业厂房、物流库等较多采用单层的屋架（桁架）结构（图 1.17）、门式刚架结构（图 1.18）等结构形式。拱式结构（图 1.19）可以体现结构受力和结构造型的完美结合，在房屋建筑和桥梁中均有较多应用。

用于屋盖结构的桁架包括梯形桁架、三角形桁架等，桁架杆件由上弦杆、下弦杆、竖腹杆、斜腹杆构成，设计时多数情况下视节点为铰接，故桁架结构杆件按照轴向受力构件计算。

图 1.20 所示的几种平面结构可统称为平面框架，其梁柱连接采用刚接或半刚接。一般可分为单层单跨、单层多跨和多层多跨等结构形式，能满足不同的建筑造型和功能，常用于剧院、仓库、体育馆、商场、展览厅、工业车间等对建筑空间和建筑功能有特殊要求的建筑物中。图 1.18 所示轻钢门式刚架结构是实腹式框架结构体系的一种，它是以门式刚架作为主要承重骨架，柱脚与基础可采用刚接或铰接，梁、柱构件以受弯为主，设计时还要视轴力作用大小决定是否同时考虑轴力和弯矩共同作用。框架结构可采用实腹式和格构式两种，格构式框架（图 1.21）具有刚度大、自重轻、省钢材之优点，在大跨度结构中应用较为广泛，其横梁高度与跨度比值为 1/20~1/13。

教学视频 1-1
轻钢厂房漫游

图 1.17 屋架（桁架）结构

图 1.18 门式刚架结构

图 1.19 拱式结构

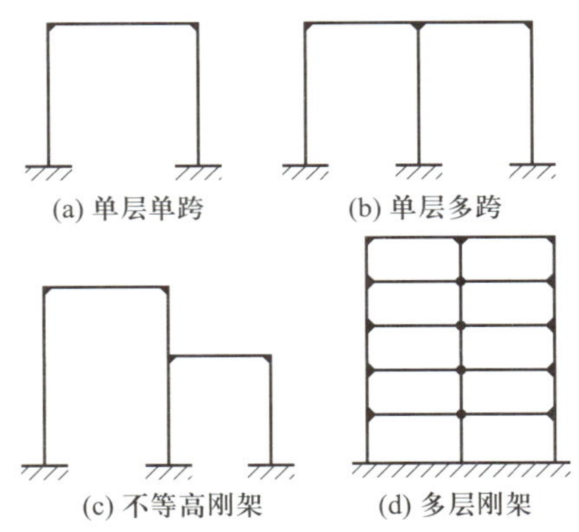

图 1.20 平面框架

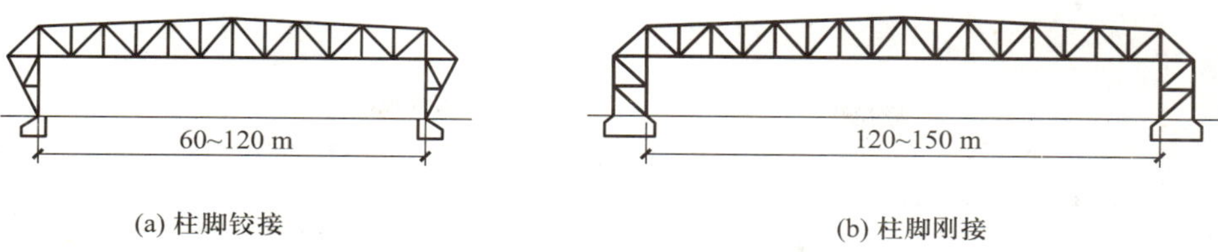

图 1.21　格构式框架

拱式结构有三种基本结构形式,即三铰拱、二铰拱和无铰拱(图 1.22),按照截面形式拱式结构可以分为实腹式和桁架式。拱身主要承受轴力,当跨度较大时,拱式结构较梁式结构和框架结构更经济。由于拱的水平推力较大,因而对支座要求较高。平面的拱式结构为受压的曲杆,设计时按照压弯构件考虑。

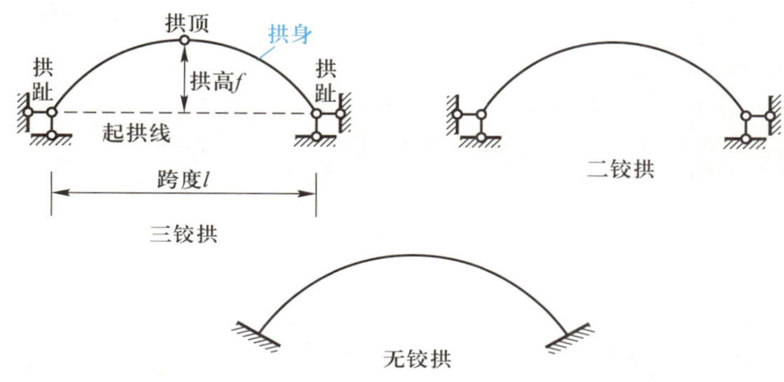

图 1.22　拱式结构的三种基本结构形式

1.3.2　空间结构体系

空间结构体系包括网架结构、网壳结构、悬索结构、弦支结构和索膜结构等多种结构形式。

网架和网壳结构都是由许多杆件按一定规律布置,并通过节点连接形成的空间杆系结构。如图 1.23 所示。网架的外形呈平板状,按照弦杆层数可分为双层网架和三层网架(图 1.24)。网壳的外形呈曲面状(图 1.25),也有单层和双层之分。单层网壳可以做成柱面、球面、椭圆面和双曲面等(图 1.26),用钢量较省,但需要考虑整体稳定性问题。网架结构杆件及铰接双层网壳的杆件一般均为二力杆,而单层网壳结构的杆件一般需做成刚接,还应考虑弯矩的传递。

图 1.23　网架结构实例

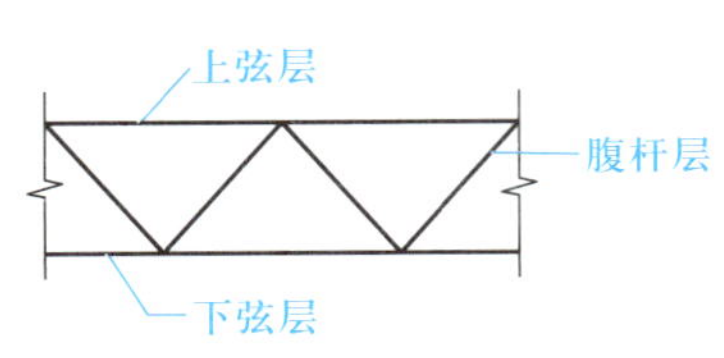

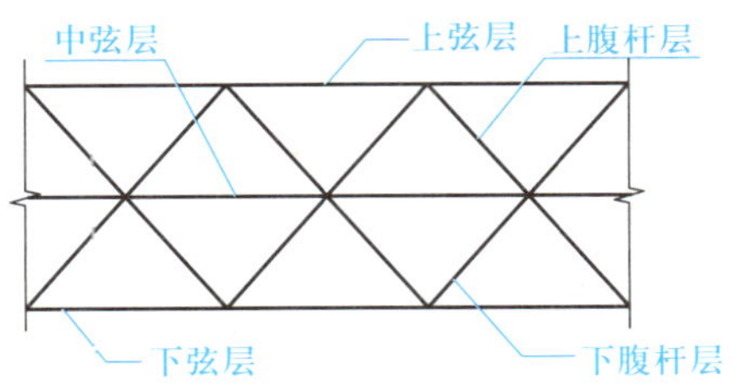

图 1.24 双层网架和三层网架

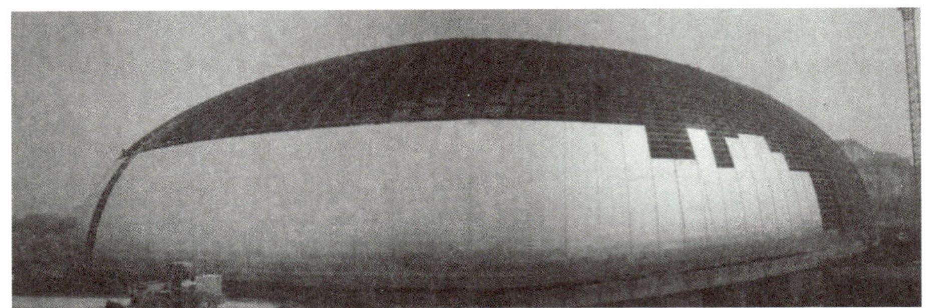

图 1.25 网壳结构实例

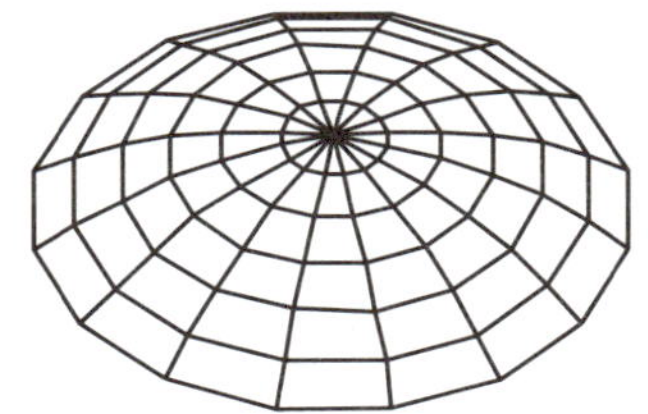
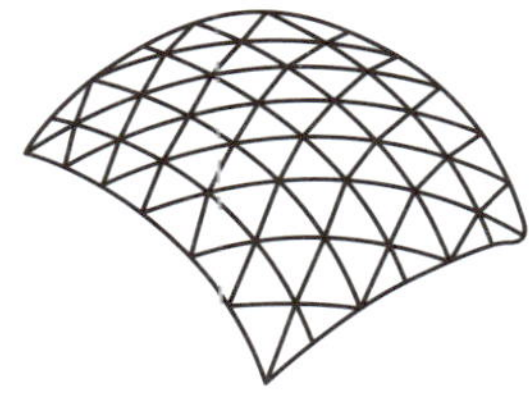
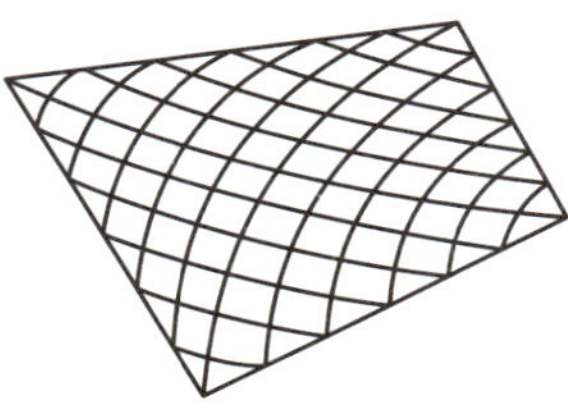

图 1.26 单层网壳的曲面形式

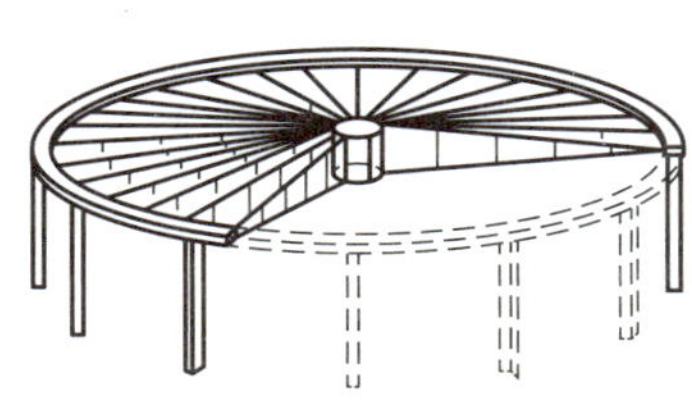

图 1.27 悬索结构实例

悬索结构按照空间结构特征可分为单层悬索结构、双层悬索结构和双向正交索网结构，多用于房屋建筑及桥梁。图 1.27 所示的悬索结构是双层悬索体系，北京工人体育馆（图 1.12）采用的就是这种结构。由图 1.28 可知，悬索结构是指以柔性拉索或将拉索按照一定规律布置成索网来直接承受屋面荷载作用的结构，这些索或索网一般悬挂在支撑结构体系的边缘构件上。在竖向荷载作用下，索或索网承受轴向拉力。

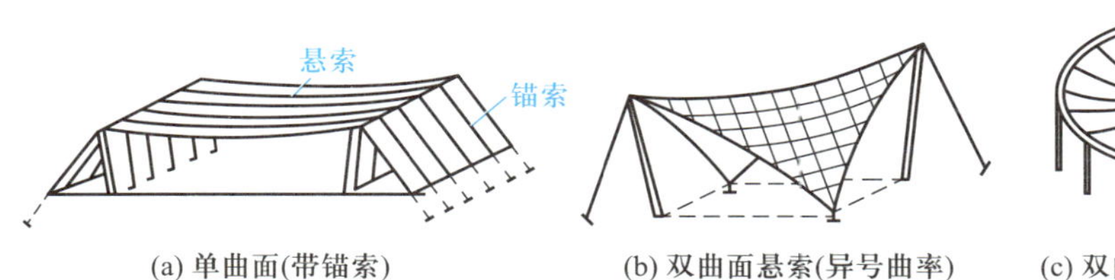

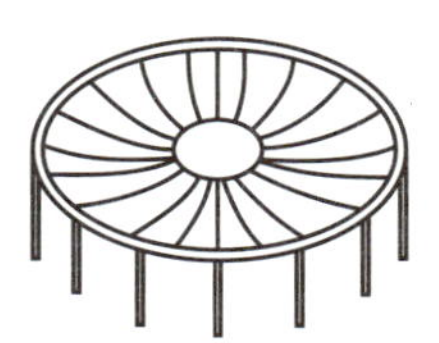

图 1.28 悬索结构（单层）

弦支结构分平面弦支结构和空间弦支结构，平面弦支结构以张弦梁结构为主，图 1.29 所示空间弦支结构是由平面张弦梁组合而成的，属于空间受力结构。张弦梁由下弦杆（高强拉索）、上弦梁（受弯构件）和竖杆（撑杆）组成，是由拉索通过撑杆对受弯构件进行张拉的一种预应力自平衡体系。

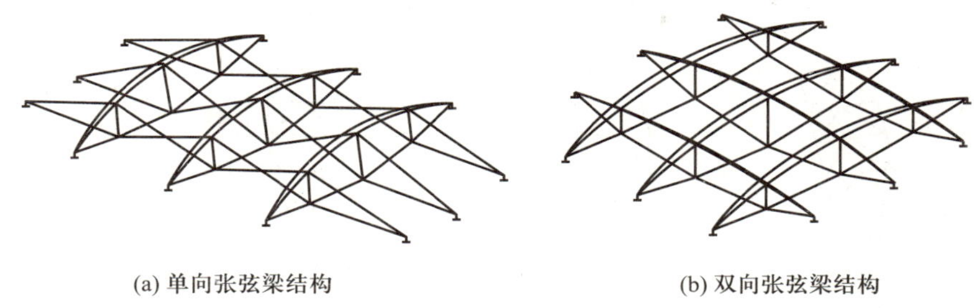

(a) 单向张弦梁结构　　(b) 双向张弦梁结构

图 1.29　空间张弦梁结构

索膜结构是一种由多种高强度薄膜材料及加强构件组成的新型建筑结构形式，如图 1.30 所示，气承式索膜、张拉式索膜是两种代表性索膜结构。气承式索膜结构是在膜空间内充气，利用内外气压差承受荷载，并与钢索共同形成的索膜结构。张拉式索膜结构是将索或膜张紧在刚性或柔性边缘构件上，或通过特殊构造悬挂或支承在若干独立支点上，通过张拉建立预应力，并获得所需形状。

(a) 气承式　　(b) 张拉式

图 1.30　索膜结构实例

1.3.3　多、高层建筑结构体系

多、高层钢结构建筑可采用框架结构、柱–支撑结构、框架–支撑结构及筒体结构等主体结构形式。

框架结构是广泛采用的最基本的主体结构形式，其梁柱连接通常在柱截面抗弯刚度大的方向做成刚接，在另一个方向，视柱截面抗弯刚度的大小，采用不同的连接形式。平面框架既可作为主要承重构件也可作为抗侧力构件，以构件的抗弯和抗剪来抵抗水平荷载（图 1.31b），不适用于 20 层以上的建筑物。框架梁所受轴力较小，按照受弯构件设计；对于框架柱，考虑轴压和弯矩共同作用。

图 1.31a 所示柱–支撑结构的构件间连接做成铰接，节点构造简单，其侧向刚度全部由支撑

体系提供。单独的柱-支撑结构中弯曲变形较大,单独的框架结构剪切成分较大,从图 1.31c 所示框架-支撑结构的变形特性可以看出,框架-支撑结构使两种变形相互协调,支撑结构上部产生反向剪力,框架低层部分产生拉力。框架-支撑结构是框架结构和支撑结构共同抵抗侧力,框架结构部分通过杆件抗弯提供侧向刚度,竖向支撑部分通过杆件轴向受力提供侧向刚度。对于中低层建筑,柱-支撑结构和框架-支撑结构均可采用,但用于高层建筑前者不适合。

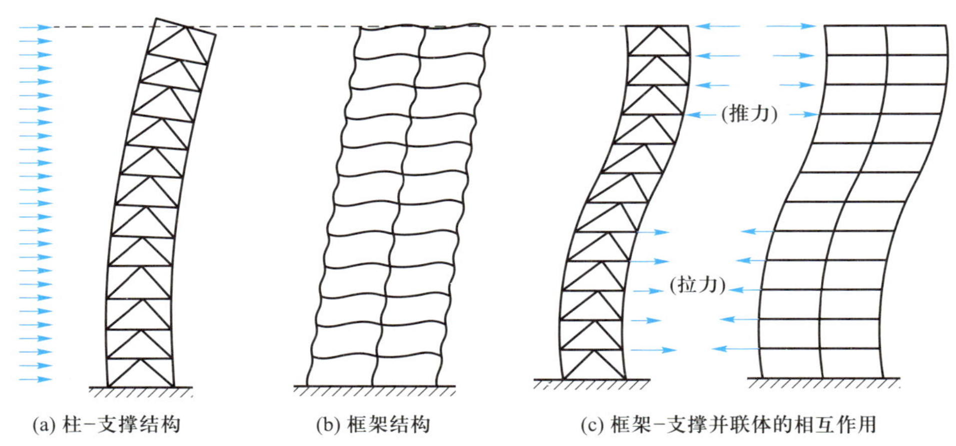

图 1.31 框架-支撑结构的变形特性

高层房屋建筑的典型结构形式之一是筒体结构,包括框筒、筒中筒、束筒等代表性结构体系。如图 1.32a 所示,框筒体系由外部框筒和内部承重框架组成,其外圈柱网做成密柱深梁的框筒结构,以承担很大水平荷载引起的水平剪力和倾覆力矩,而内部承重框架主要承担重力荷载。如图 1.32b 所示,筒中筒体系由分别置于内外的两个以上筒体通过有效的连接组成一个共同工作的结构体系。外筒一般采用钢框筒、支撑钢框筒,内筒可采用钢框筒、支撑钢框筒、钢筋混凝土核心筒或钢骨混凝土核心筒。如图 1.32c 所示,束筒体系是由两个以上的框筒并列组合在一起形成的框筒束及其内部承重框架共同组成的结构体系。

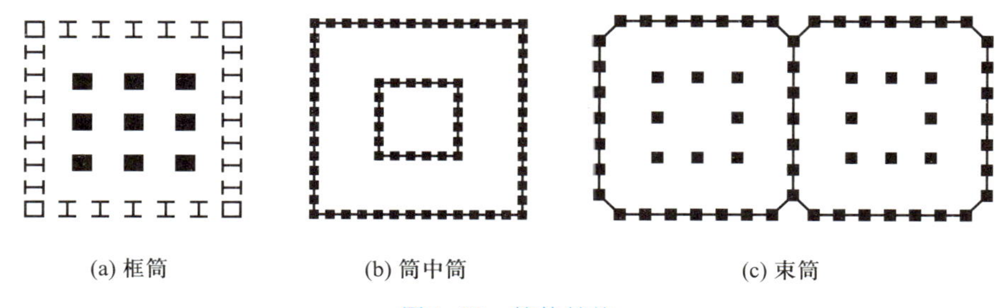

图 1.32 筒体结构

1.4 钢结构设计计算概要

钢结构工程应遵照现行国家设计规范、规程、标准的要求进行设计、施工和监理。常用的钢结构国家设计规范、规程、标准有 GB 50009—2012《建筑结构荷载规范》、GB 50011—2010《建筑抗震设计规范》、GB 50017—2017《钢结构设计标准》、GB 50018—2002《冷弯薄壁型钢结构技术规范》、GB 51022—2015《门式刚架轻型房屋钢结构技术规范》及 JGJ 99—2015《高层民用建筑钢结构技术规程》等,此外还应遵照与结构设计相关的专业标准。

钢结构设计可以采用容许应力设计法和极限状态设计法。容许应力设计法用线弹性理论方法算出结构在标准荷载下的结构构件应力,并要求不得超过规定的材料容许应力。材料的容许应力由材料的屈服强度或极限强度除以安全系数而得。在应力分布不均匀的情况下,如受弯构件、受扭构件等,采用该法较为保守。按照现行 GB 50068—2001《建筑结构可靠度设计统一标准》,除疲劳计算外,钢结构设计计算一般采用以概率论为基础的极限状态设计法,也有其他采用容许应力设计法的情况,如钢索的强度计算等。

1.4.1 钢结构的极限状态

结构或其组成部分超过某一特定状态就不能满足设计规定的某一功能要求时,把该特定状态称为该功能的极限状态。一般分承载力极限状态和正常使用极限状态两类。

当结构或构件达到最大承载力、出现疲劳破坏或达到不适于继续承载的变形状态时,该结构或构件即达到承载力极限状态。例如,构件或连接的强度破坏(包括疲劳破坏)、结构或构件的失稳破坏、过度的塑性变形(不适合于继续承载)、结构变为机动体系,以及结构的倾覆等。

当结构或构件达到正常使用的某项规定限值状态时,该结构或构件即达到正常使用极限状态,包括影响正常使用或外观的变形、影响正常使用或耐久性的局部破坏、影响正常使用的振动等。

1.4.2 极限状态设计法

结构的工作性能可以用表示结构完成预定功能状态的函数(即功能函数 Z)进行描述。对于一般的工程结构,影响结构可靠性的基本变量是荷载效应 S 和结构抗力 R,在工程实践中可能出现以下三种情况:

(1) $Z=R-S>0$ 时,结构满足预定功能要求,处于安全状态;

(2) $Z=R-S=0$ 时,结构处于临界状态,也称为极限状态;

(3) $Z=R-S<0$ 时,结构不能实现预定功能,处于失效状态。

影响荷载效应 S 的主要因素是荷载取值,作用于结构的荷载有时会存在变异,是随机变量;而影响结构抗力 R 的主要因素是材料的力学性能、结构的几何参数和抗力计算模式等,也都是随机变量。随机性因素的量值虽然具有不确定性,但服从概率和统计规律。只要安全的概率足够大,便可以判定结构设计可靠。

概率极限状态设计法中,结构可靠度是指结构在规定时间内,在规定条件下完成预定功能($Z\geqslant0$)的概率,若以 p_s 表示结构的安全概率(结构的可靠度),则可表达为 $p_s=p(Z\geqslant0)$。结构的安全概率大,也意味着结构的失效概率小,若以 p_f 表示结构的失效概率,则可表达为 $p_f=p(Z<0)$。结构的可靠度 p_s 和结构的失效概率 p_f 存在以下关系:

$$p_s=1-p_f \tag{1-1}$$

可见，结构可靠度计算与结构失效概率计算可以相互转换。现实中无绝对安全可靠的结构，可靠的结构设计是将设计控制目标设成失效概率小至可以接受的程度。

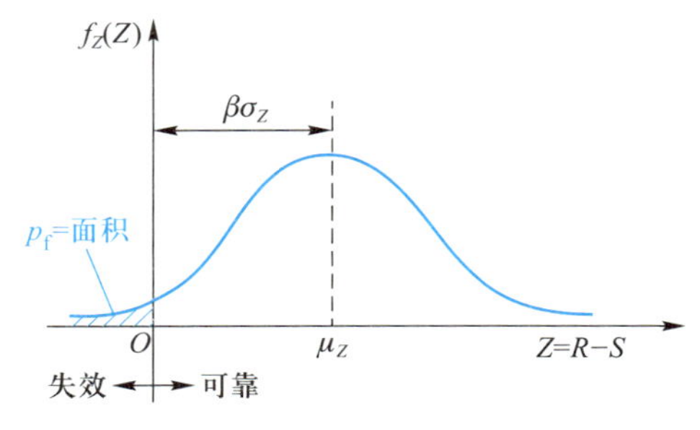

图 1.33　概率密度 $f_Z(Z)$

为了计算结构的失效概率 p_f，需获得关于功能函数随机变量 Z 的分布信息。理论上 p_f 可以用式(1-2)表示，实用时采用不直接计算 p_f 的一次二阶矩计算方法，即引入可靠指标 β 度量结构的可靠度，$\beta=\mu_Z/\sigma_Z$，其中，μ_Z 为 Z 的平均值，σ_Z 为 Z 的标准差。

$$p_f=\int_{-\infty}^{0} f_Z(Z)\,\mathrm{d}Z \tag{1-2}$$

图 1.33 为概率密度 $f_Z(Z)$ 曲线，提供 β 值后即可由标准正态分布函数值表查得 p_f 值，β 和 p_f 的对应关系如表 1-1 所示。

表 1-1　β 和 p_f 的对应值表

β	4.2	3.7	3.2	2.7
p_f	1.34×10^{-5}	1.08×10^{-4}	6.87×10^{-4}	3.47×10^{-3}

现行 GB 50017—2017《钢结构设计标准》除疲劳计算外采用极限状态设计方法，依据 GB 50068—2001《建筑结构可靠度设计统一标准》采用分项系数设计表达式，这与以往的安全系数设计方法不同，这些分项系数以可靠指标 β 为基础用概率方法算得。GB 50068—2001 对应不同安全等级的可靠指标 β，将安全等级根据结构破坏后果和建筑物类型划分为三级。表 1-2 列举了结构构件承载力极限状态的可靠指标 β，可以看出，级数低则意味着破坏后果严重。

表 1-2　结构构件承载力极限状态的可靠指标 β

破坏类型	安全等级		
	一级	二极	三级
延性破坏	3.7	3.2	2.7
脆性破坏	4.2	3.7	3.2

1.4.3　设计表达式

1. 承载力极限状态设计表达式

按承载力极限状态设计时，应考虑荷载效应的基本组合（可变荷载为主的组合或永久荷载为主的组合），必要时还应考虑荷载效应的偶然组合，用荷载设计值进行计算，并采用下列表达式：

不考虑地震作用时
$$\gamma_0 S\leqslant R \tag{1-3}$$

考虑多遇地震作用时
$$S_E\leqslant R/\gamma_{RE} \tag{1-4}$$

式中：γ_0——结构重要性系数，对于安全等级为一级、二级和三级的结构构件，γ_0 取值分别不小于 1.1、1.0 和 0.9；

S——不考虑地震作用时，荷载效应组合设计值（力或应力）；

S_E——考虑多遇地震作用时，荷载和地震效应组合的设计值（力或应力），按 GB 50011—2010《建筑抗震设计规范》的规定采用；

R——结构构件承载力（或钢材强度）设计值；

γ_{RE}——承载力（或应力）抗震调整系数，按 GB 50011—2010 的规定采用，如表 1-3 所示。

表 1-3　承载力抗震调整系数

结构构件	柱、梁	支撑	节点板件、连接螺栓	连接焊缝
γ_{RE}	0.75	0.80	0.85	0.90

（1）荷载基本组合的效应设计值 S 应从下列组合值中取最不利值确定：

$$S=\sum_{j=1}^{m}\gamma_{Gj}S_{GjK}+\gamma_{Q1}\gamma_{L1}S_{Q1K}+\sum_{i=2}^{n}\gamma_{Qi}\gamma_{Li}\psi_{ci}S_{QiK} \tag{1-5}$$

式中：γ_{Gj}——第 j 个永久荷载的分项系数，当永久荷载效应对结构构件承载力不利时取 1.3，当永久荷载效应对结构构件承载力有利时取值不应大于 1.0；

γ_{Q1}、γ_{Qi}——第 1 个和第 i 个可变荷载的分项系数，当可变荷载效应对结构构件承载力不利时取 1.5，有利时取值为 0；

S_{GjK}——按第 j 个永久荷载标准值 G_{jK} 计算的荷载效应值；

S_{Q1K}、S_{QiK}——第 1 个和第 i 个可变荷载标准值 Q_{1K}、Q_{iK} 计算的荷载效应值，其中 S_{Q1K} 为诸可变荷载效应中起控制作用者；

γ_{L1}、γ_{Li}——可变荷载考虑设计使用年限的调整系数，结构设计使用年限为 5 年、50 年和 100 年时分别取 0.9、1.0 和 1.1；

ψ_{ci}——可变荷载 Q_i 的组合值系数；

m、n——参与组合的永久荷载数、可变荷载数。

（2）考虑地震作用效应的基本组合 S 则按下式计算：

$$S=\gamma_G S_{GE}+\gamma_{Eh}S_{Ehk}+\gamma_{Ev}S_{EvK}+\psi_W\gamma_W S_{WK} \tag{1-6}$$

式中：γ_G——重力荷载的分项系数，一般情况下取 1.3，当重力荷载效应对结构构件承载力有利时取值不应大于 1.0；

γ_W——风荷载的分项系数，取 1.5；

γ_{Eh}、γ_{Ev}——水平和竖向地震作用分项系数，仅计算水平（或竖向）地震作用时取 1.3；同时计算水平和地震作用时，对主要作用项取 1.3，对另一作用项则取 0.5；

S_{GE}——重力荷载代表值的效应，有吊车时还包括悬吊物重力标准值的效应；

S_{EhK}、S_{EvK}——水平、竖向地震作用标准值的效应；

S_{WK}——风荷载标准值的效应；

ψ_W——风荷载组合值系数，一般结构取值为 0，风荷载起控制作用的结构取 0.2。

2. 正常使用极限状态设计表达式

对于正常使用极限状态，应采用荷载的标准组合（对钢与混凝土组合梁还应考虑荷载效应的准永久组合），并按下列设计表达式进行验算：

$$\nu \leqslant [\nu] \tag{1-7}$$

式中：ν——荷载效应组合的设计值（挠度或变形）；

$[\nu]$——结构或结构构件达到正常使用要求的规定限值，容许挠度或变形。

标准组合效应设计值按下式计算：

$$\nu = \sum_{j=1}^{m} \nu_{GjK} + \nu_{Q1K} + \sum_{i=2}^{n} \psi_{ci} \nu_{QiK} \tag{1-8}$$

式中：ν_{GjK}——按第 j 个永久荷载标准值 G_{jK} 计算的挠度或变形值；

ν_{Q1K}、ν_{QiK}——第 1 个（起控制作用）和第 i 个可变荷载标准值 Q_{1K}、Q_{iK} 计算的挠度或变形值。

1.4.4 钢结构设计步骤

结构分析、构件和连接计算首先要用到工程力学知识，学习钢结构基本原理需要了解或掌握构件和连接的工作形态及设计计算方法，为今后钢结构设计奠定基础。

钢结构初步设计阶段的主要工作包括结构选型和结构布置、估算主要构件的截面尺寸、选择合理的计算方法进行结构分析、进行构件设计和节点设计等。主要的技术问题应尽量在初步设计中予以考虑和解决，对复杂的建筑物或构筑物尚需要进行结构方案比较，以便确定经济合理的结构方案。一般性的钢结构设计步骤如图 1.34 所示。

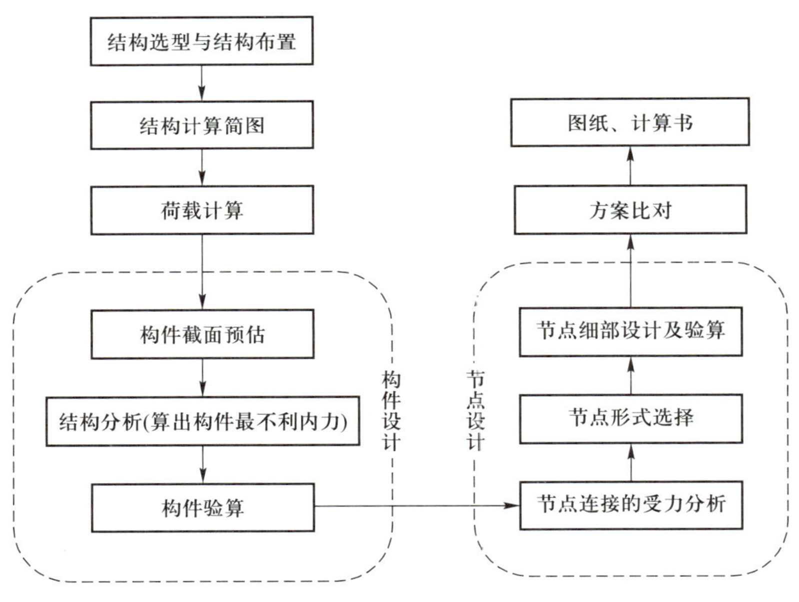

图 1.34　钢结构设计步骤

第 2 章　钢结构的材料

我们要关注的钢材是建造用钢，指的是用于建筑、桥梁、船舶、锅炉或其他工程上的钢制结构构件。建筑及工程用结构钢（即建造用钢）多为低碳钢，主要包括普通碳素钢和低合金钢两类。结构钢须具有良好的力学性能和加工性能，应满足如下要求：具有较高的抗拉强度 f_u 和屈服强度 f_y；具有较好的塑性和韧性性能；具有良好的加工性能；特殊条件下还应具有适应低温、高温和腐蚀性环境的能力。那么我们就要先了解钢材，它是怎样生产出来的？用什么性能指标评估钢材的好坏？哪些因素影响钢材的性能？

2.1　钢材的生产

钢铁的基本生产过程是：获得铁矿石和焦煤等原料后，在炼铁高炉内炼制成生铁；再以生铁为原料，视需要用不同的炼钢炉冶炼成钢；铸成钢锭或连铸坯形状后，再送到轧钢机进行轧制加工，最终成为可用的型材。为了获得达到性能目标的钢材，有时还采用热处理方式。

2.1.1　冶炼

根据炼钢炉的不同，钢材的冶炼方法主要有平炉炼钢、转炉炼钢和电炉炼钢。平炉炼钢的冶炼周期长，且热能损耗大，该炼钢方法已基本被淘汰；电炉炼钢是冶炼特种钢常用的炼钢方法；转炉炼钢包括氧气顶吹转炉和碱性侧吹转炉，后者目前已基本被淘汰。建造用钢主要使用氧气顶吹转炉炼钢方法进行生产，如图 2.1 所示。氧气顶吹转炉炼钢法具有冶炼速度快、炼出的钢种较多、质量较好，以及建厂速度快、投资少等优点。

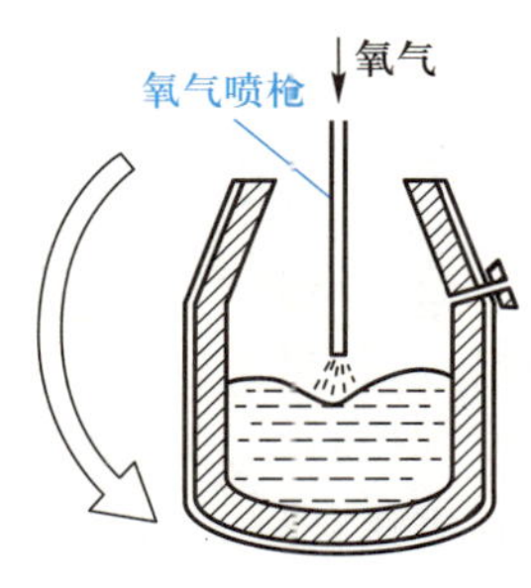

图 2.1　氧气顶吹转炉

在冶炼这步形成钢的化学成分与含量，也很大程度上决定了钢的金相组织结构，故可以确定钢号及相应的力学性能。

2.1.2　浇铸

将经冶炼调整好化学成分的钢水浇铸成钢锭或钢坯，方法有两种，即浇入铸模做成钢锭、浇入连续浇铸机做成钢坯。前者为传统方法，需要对钢锭进行初轧才能形成钢坯，后者采用浇铸和脱氧同时进行的工艺。钢在冶炼和浇铸过程中不可避免会产生冶金缺陷。常见的冶金缺陷有偏析、非金属夹杂、气孔及裂纹等。偏析是指金属结晶后化学成分分布不匀；非金属夹杂是指钢中含有硫化物等杂质；气孔是指浇铸时因 FeO 与 C 作用生成的 CO 气体不能充分逸出而滞留在钢锭内形成的微小孔洞。这些冶金缺陷影响钢的力学性能。

铸锭过程中，针对镇静钢、半镇静钢和沸腾钢的要求加入相应的脱氧剂。镇静钢加强脱氧剂，如硅，有时还加铝或钛，使保温时间得以加长，氧气杂质少且晶粒较细，偏析等缺陷也不严重。沸腾钢加弱脱氧剂，如锰，其钢锭在凝固过程中因钢水的沸腾作用，存在气孔、偏析等缺陷，但钢锭成坯率高，脱氧合金消耗少。镇静钢的钢材性能比沸腾钢好，但传统的浇铸方法因存在缩孔，故成材率较低。

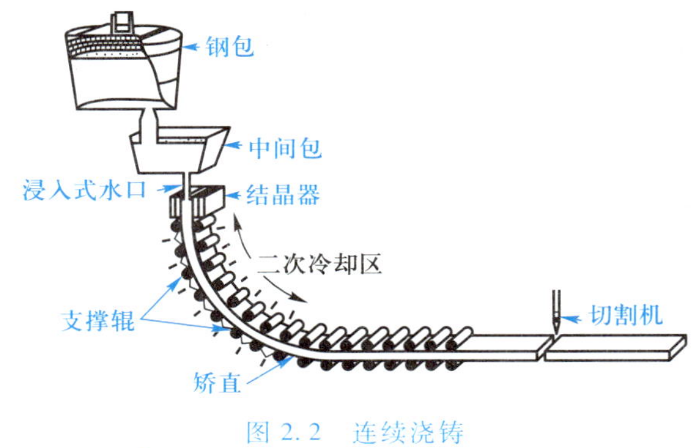

图 2.2　连续浇铸

连续浇铸由钢水直接铸成接近最终产品尺寸的钢坯，可以产出镇静钢而无缩孔，且化学成分分布比较均匀，只有轻微的偏析现象。如图 2.2 所示，连续浇铸的主要设备包括钢包、中间包、结晶器、二次冷却和铸坯导向装置、拉坯矫直装置、切割装置等。采用这种技术既提高产品质量又降低成本，已成为主流方法。

2.1.3　轧制

轧制钢材，简称轧钢，即在旋转的轧辊间改变钢锭、钢坯形状的压力加工过程。该过程可以获得需要的形状，如钢板、各种型钢等，还可以使金属的晶粒变细，并使气泡、裂纹等焊合，进而改善钢材的力学性能。薄板因辊轧次数多，其强度比同牌号的厚板略高，以热轧 H 型钢为例，其翼缘和腹板厚度不同，屈服强度也会有差异。不过浇铸时的非金属夹杂物在轧制后会造成钢材的分层，而分层是钢材的一种缺陷，故设计时尤其对厚板，应注意尽量避免垂直于板面方向受拉（包括约束应力），以防止层间撕裂。

2.1.4　热处理

一般钢材不经热处理直接以热轧状态交货，但某些高强度钢材则需在轧制后进行热处理才能出厂，其目的在于实现高强度的同时兼顾良好的塑性和韧性。钢材性能的改善与金相组织的改变密切相关，国家标准 GB/T 1591—2018《低合金高强度结构钢》规定，钢材以热轧、正火、正火轧制或热机械轧制（TMCP）等状态交货，其中正火状态包含正火加回火状态，热机械轧制状态包含热机械轧制加回火状态。

正火是钢材加热到高于临界温度（例如 850～900 ℃），保温一段时间，然后在空气中自然冷却的热处理工艺，是最为简单的热处理。如果钢材在终止轧制时温度正好控制在上述温度范围，可得到正火的效果，称为正火轧制。回火是钢件淬硬后，再加热至临界温度以下的某一温度（例如 650 ℃），并保温一段时间，然后在空气中冷却至室温。热机械轧制也称为“温度-形变控轧控冷”，控制轧制温度和轧制挤压量在适当范围内，并在轧毕后加速冷却。

热机械轧制得到的高强度钢材较普通轧制具有以下优点：可焊性好（碳当量较低）；屈服强度随厚度增大而下降的幅度较小；屈强比不太大，可以保持较高的伸长率；屈服强度波动范围小，不会大幅度超过其标准值。抗震设防的钢结构设计应该留意后面的一条，虽然按强柱弱梁设计了框架，但如果梁的钢材实际屈服强度高于标准值很多，有可能发生梁和柱的塑性铰出现顺序颠倒问题，存在结构倒塌隐患。

钢材的热处理工艺方法还有淬火，即将钢材加热至临界温度（例如 900 ℃）以上，保温一段时间，然后放入水或油中快速冷却。淬火加回火又称调质处理，强度很高的钢材，包括高强度螺栓的材料都要经过调质处理。

2.2 钢材的主要性能

2.2.1 钢材在单向拉伸时的工作性能

钢材的强度和塑性指标采用标准试件的单向拉伸试验获得。常温条件下普通碳素钢标准试件单向均匀受拉时的应力-应变关系如图 2.3 所示。

1. 应力-应变曲线特征

P 点：比例极限。*OP* 段为直线，表示钢材具有完全弹性性质，应力与应变关系符合胡克定律。应力与应变的比值定义为弹性模量 *E*，*P* 点应力 σ_p 称为比例极限。

E 点：弹性极限。*PE* 段曲线呈非线性，但是卸载后应变仍可以恢复到原点，因此属于非线性弹性阶段。*E* 点的应力 σ_e 称为弹性极限，与比例极限相距很近，从试验结果较难区分，故通常忽略弹性极限点 *E*，把 σ_p 视为弹性极限，这样 *OP* 段称为弹性阶段。

Y 点：上屈服点。从 *E* 点继续加载后一直到屈服点，应力-应变关系不再成正比，这时的变形包含塑性变形成分，卸载后会留下永久性的残余变形。屈服开始时，应力-应变曲线会有锯齿状波动，波动的最高点称为上屈服点。

上屈服点易受加载速度影响，一般来说，加载速度快该值有上升趋势，而对于缓慢加载或采用高强钢试件的情况，这种上屈服点也有不出现的时候。高强钢等没有明显屈服点和屈服平台的钢材，采用图 2.4 所示名义屈服点，即规定永久变形为 0.2% 时的应力为屈服点，用 $\sigma_{0.2}$ 表示。

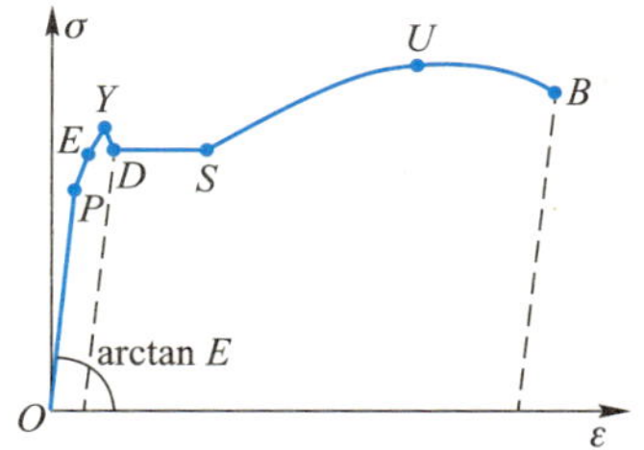

图 2.3 普通碳素钢拉伸试件的应力-应变关系

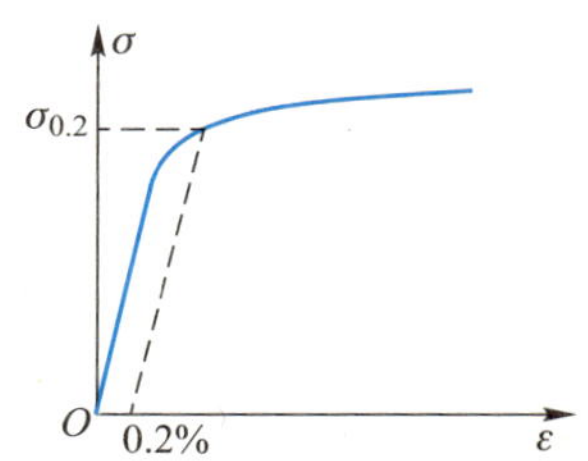

图 2.4 名义屈服点

D 点：下屈服点。锯齿状波动的最低点称为下屈服点，由于下屈服点的应力值对试验条件不敏感，可以形成稳定的屈服平台（应力不变但应变持续发展），所以计算时以下屈服点作为材料抗力的标准，即屈服强度 σ_y 的取值标准，设计时用 f_y 表示。为了便于应用，通常在 σ_p 和 σ_y 之间简化成 *P* 点至 *D* 点的光滑曲线，这样把 *PD* 段视为弹塑性阶段。而屈服平台对应的 *DS* 段处于塑性流动阶段。

S 点：应变硬化阶段（SU 段）的开始点。超过屈服平台的末端 S 点后，应变持续增加但应力再次上升，这种现象称为应变硬化。

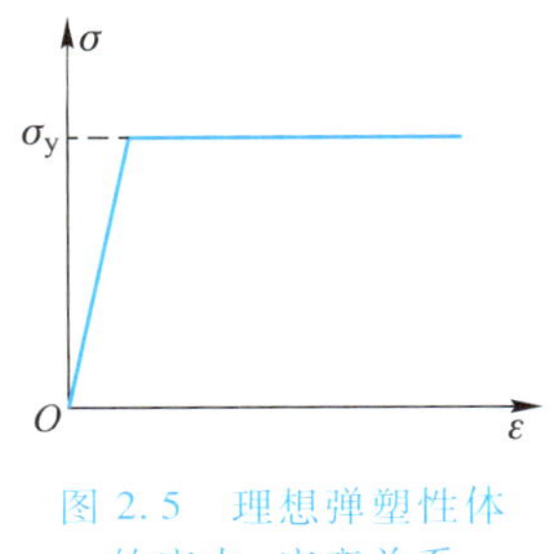

图 2.5　理想弹塑性体的应力-应变关系

GB 50017—2017《钢结构设计标准》对塑性设计的规定是以材料是理想弹塑性体的假设为依据，忽略应变硬化阶段。因 σ_y 和 σ_p 对应的应变大约分别为 0.15% 和 0.1%，相差较小，可近似地把屈服点作为弹性变形的终点，这样在 σ_y 之前，钢材近于理想弹性体。σ_y 之后塑性应变范围很大，屈服平台末端的应变可达到约 2.5%，有足够的塑性变形来保证截面上的应力都达到 σ_y，所以可用图 2.5 所示双折线的理想弹塑性体的应力-应变模型进行塑性设计。

U 点：抗拉强度或极限强度。材料出现应变硬化后应力增加至曲线最高点 U，该点的应力 σ_u 即为抗拉强度或极限强度，设计时用 f_u 表示。

B 点：断裂点。超过最高点 U 后，试件产生局部横向收缩变形，即发生颈缩现象，应力会急速下降，至 B 点时断裂。

由于断裂是在 U 点后发生，达到该点时钢材已经产生很大的塑性变形，使用功能上不满足要求，但抗拉强度 σ_u 高可增大结构的安全保障。σ_y/σ_u 为屈强比，屈强比越低说明钢材的安全储备越大，因此把屈强比作为衡量钢材强度储备的一个参数。塑性设计时要求屈强比不大于 0.85。

2. 钢材的塑性性能

钢材的塑性一般指应力超过屈服点后产生显著塑性变形而不会很快断裂的性质，衡量钢材塑性好坏的主要指标是伸长率 δ。伸长率 δ 是试件被拉断后的原标距间长度的伸长量与原标距之比的百分数。以直径为 d 的圆形试件为例，试件标距长为 $10d$ 或 $5d$ 时，相应的伸长率用 δ_{10} 或 δ_5 表示。δ_{10} 和 δ_5 在数值上存在一定差异，δ_{10} 偏小，原因在于试件拉断后的残余变形包括均匀的塑性变形和颈缩区塑性变形两部分，如果仅是均匀的塑性变形，二者大小相同；但颈缩区塑性变形在两种标距的试件中是一样的，故原标距大的伸长率偏小。

实际结构和构件中难免会存在几何缺陷或材料缺陷，利用钢材的良好塑性，可使初始缺陷导致的应力集中得以调整，不至于因个别部位损坏扩展到整个构件并致破坏。对于动力荷载作用下的结构构件，材料塑性好坏是决定结构是否安全可靠的主要因素之一。

结合拉伸试件的应力-应变关系曲线特征分析可知，屈服强度、抗拉强度和伸长率是钢材最重要的三个力学性能指标。建造用钢应满足钢结构设计标准对此三项指标的要求。

2.2.2　钢材的冷弯性能

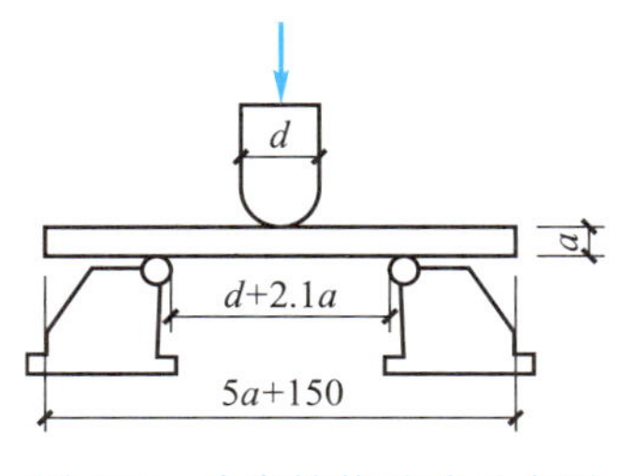

图 2.6　冷弯性能试验示意图

钢结构制作和安装过程中常进行冷加工（即常温下加工）。冷弯性能是指钢材冷加工产生塑性变形时，对产生裂缝的抵抗能力。钢材的冷弯性能由冷弯试验确定（图 2.6）。冷弯试验在材料试验机上通过冲头加压，使试件弯成 180°后，检查试件弯曲处的外侧有无裂纹或分层等缺陷，若无即认为合格。重要结构涉及冷加工工艺时，需把冷弯性能试验作为单向拉伸试验的补充，冷弯性能可以反映弯曲状态下的塑性变形能力。因此，冷弯性能是衡量钢材塑性变形能力和冶金质量的综合指标。

2.2.3 钢材的抗冲击性能

钢结构在动力荷载作用下，尤其处于低温环境时，钢材的初始缺陷（如缺口、裂纹等）常常是诱发脆性断裂的源头，而测定钢材的强度和塑性指标采用的是静力试验，尚需要加入新的性能指标。钢材的韧性是钢材断裂时吸收能量的量度，可以通过对带缺口的标准试件进行冲击韧性试验（图 2.7）测定，我国冲击韧性试验采用的是夏比 V 形缺口试件。

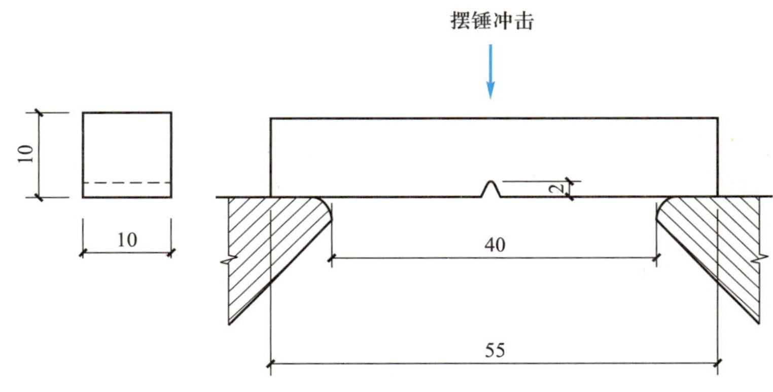

图 2.7 冲击韧性试验示意图

冲击韧性反映材料在冲击荷载作用下吸收塑性变形功和断裂功的能力，它与钢材的塑性有关，又有别于塑性，是表现强度和塑性的一个综合指标。一般以冲击韧性值 α_k 表示，即断口处单位面积上消耗的冲击功，断口处面积应按照净截面面积计算，冲击功（单位为 J）由刻度盘上读取或按照 $W(h_1-h_2)$ 计算，h_1 和 h_2 分别为冲断前后摆锤的高度。

由于钢材的冲击韧性值随温度降低而减小，对于直接承受动力荷载或需要验算疲劳的构件、低温工作环境下的钢材需要提供合格的冲击韧性指标，设计寒冷地区的钢结构时，其钢材不仅要求常温（20±5 ℃）下的冲击韧性指标，还要求低温或负温（0 ℃、-20 ℃或-40 ℃）冲击韧性指标。

2.2.4 钢材的可焊性

焊接连接是钢结构中常用的连接方法。钢材的可焊性是指采用一般的焊接工艺（包括焊接方法、焊接材料、焊接规范及焊接结构形式等）可获得合格焊缝的性能。

可焊性包括两方面内容：在一定焊接工艺条件下形成焊缝缺陷（如裂纹）的敏感性；在一定的焊接工艺条件下焊接接头对使用要求的适应性。后者包括承受荷载（如冲击荷载、疲劳荷载等）的能力，以及抗低、高温性能和抗氧化、抗腐蚀性能等。因此，可焊性好意味着焊接安全、可靠，不发生裂纹等焊接缺陷，焊缝的冲击韧性和热影响区的塑性等力学性能不低于母材。

钢材可焊性好坏主要取决于其化学成分含量，其中影响最大的是碳含量。随着碳含量的增加，淬硬倾向也会增大，于是塑性下降，易产生焊接裂纹，因此应该控制碳含量。以碳素钢为例，碳含量控制在 0.12%～0.20% 内可焊性最好。此外，提高钢材强度的合金元素也应得到控制，否则也会降低可焊性。低合金钢的可焊性可用碳当量评估,我国采用国际焊接学会(IIW)推荐的碳当量计算公式,如式(2-1)所示,对合金元素以一定的比例近似换算成相应的碳含量,式(2-1)中的元素符号代表其质量分数,即钢中该元素的亘量百分比。将碳当量控制在规定限值内即可认为可焊性达到要求。

$$CE=C+\frac{1}{6}Mn+\frac{1}{5}(Cr+Mo+V)+\frac{1}{15}(Ni+Cu) \tag{2-1}$$

2.3 钢材的塑性破坏和脆性破坏

钢材是弹塑性材料,但在特殊条件(例如低温)下塑性发展受到限制,因此,钢材有两种性质完全不同的破坏形式,即塑性破坏和脆性破坏。

1. 塑性破坏

塑性破坏也称为延性破坏,是结构或构件的应力超过钢材的屈服强度 f_y 并达到钢材的抗拉强度 f_u 后才断裂的破坏形式。塑性破坏的断口常为杯形,并因金属晶体在剪切下的相互滑移而呈纤维状。塑性破坏前有明显的塑性变形,且变形持续时间较长,易于及时发现并采取补救措施。

2. 脆性破坏

脆性破坏是结构或构件破坏前无塑性变形或发生很小塑性变形的破坏形式,破坏时的计算应力较小,一般低于钢材屈服强度 f_y。脆性破坏的断口平直并呈现光泽的晶粒状。脆性破坏前无明显的预兆,造成损害的危险性极大,应设法避免。

2.4 钢材的疲劳破坏

疲劳破坏是微观裂纹在连续重复荷载作用下逐渐扩展直至断裂的脆性破坏,其破坏过程分三个阶段,即裂纹形成、裂纹扩展和最后迅速断裂。断裂时构件截面应力低于材料的抗拉强度,甚至低于屈服强度,而且塑性变形极小,发生的是没有预兆的突然断裂,所以断口平直,可能贯穿于母材,也可能贯穿于连接焊缝。

钢结构的构件或连接会有初始缺陷,例如,非焊接结构在冲孔、剪边、气割部位的微裂纹,焊缝中的微观裂纹或孔穴、夹杂等缺陷,可以统一称为"类裂纹",破坏过程中没有经过裂纹形成阶段。因此,对于钢结构来说,疲劳破坏过程主要体现在后两个阶段,即裂纹扩展和最后迅速断裂。与疲劳破坏相关的影响因素包括钢材种类、构造细节、加工制作方法、应力状态(拉应力、压应力、剪应力或复杂应力等)、初始缺陷(含残余应力)和应力集中程度等,对于长期承受连续反复荷载作用的结构,设计时不能忽视钢材的疲劳问题。

GB 50017—2017《钢结构设计标准》规定:对于直接承受动力荷载重复作用的钢结构构件及其连接,应力变化的循环次数超过 5×10^4 时,应进行疲劳强度计算。钢材的疲劳强度主要取决于连续反复荷载作用下钢材内部产生的应力循环特征和应力循环次数,应力往复变化一周即一个循环(图 2.8)。反映应力循环特征常用应力比 $\rho=\sigma_{min}/\sigma_{max}$ 来表示(拉应力为正、压应力为负),

$\rho = -1$ 时为完全对称循环，$\rho = 1$ 时相当于静荷载作用。

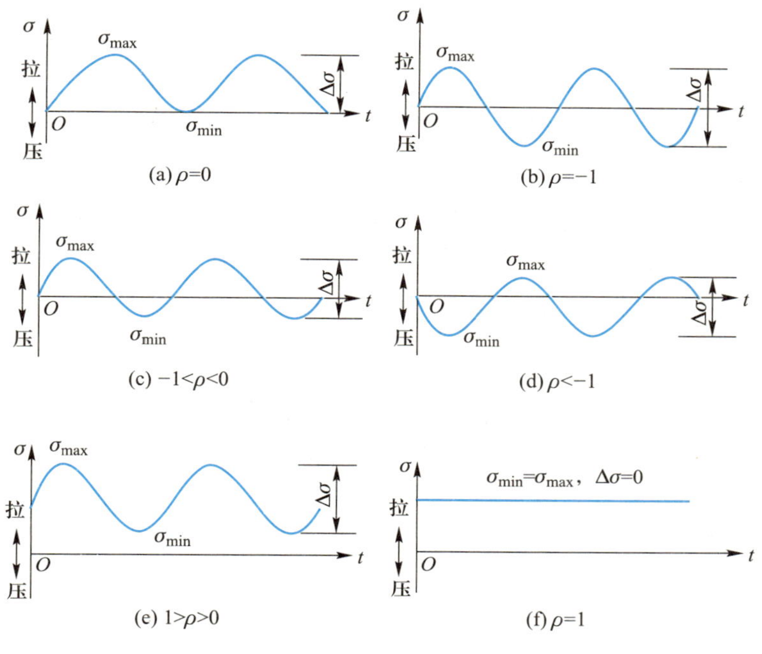

图 2.8　循环应力谱

目前疲劳强度计算采用弹性状态下的“容许应力幅”设计方法。应力幅 $\Delta\sigma$ 为应力谱中最大应力与最小应力之差，即

$$\Delta\sigma = \sigma_{max} - \sigma_{min} \tag{2-2}$$

式中：σ_{max}——每次应力循环中的最大拉应力；

σ_{min}——每次应力循环中的最小拉应力。

从图 2.8 所示的应力循环可以看出，各应力循环中的应力幅若为常量，对应的是常幅疲劳。实际结构（如吊车梁）所受荷载常小于计算荷载，在一次循环中应力幅并非常量，发生的是变幅疲劳。

2.4.1　$\Delta\sigma-n$ 曲线

根据疲劳试验数据可以绘制构件或连接的应力幅 $\Delta\sigma$ 与相应的致损循环次数 n 的关系曲线（图 2.9a），致损循环次数也称为疲劳寿命。对应一定的疲劳寿命，例如 $n = 2\times10^6$，$\Delta\sigma-n$ 曲线中就会有对应的应力幅 $\Delta\sigma$，即以该应力幅 $\Delta\sigma$ 循环 2×10^6 次时，构件或连接将破坏。目前国内外均采用双对数坐标轴的方法将曲线简化为直线（图 2.9b），疲劳直线方程为

$$\lg n = b - \beta\lg(\Delta\sigma) \tag{2-3}$$

式中：β——疲劳直线的斜率；

b——疲劳直线在横坐标轴上的截距；

n——循环次数。

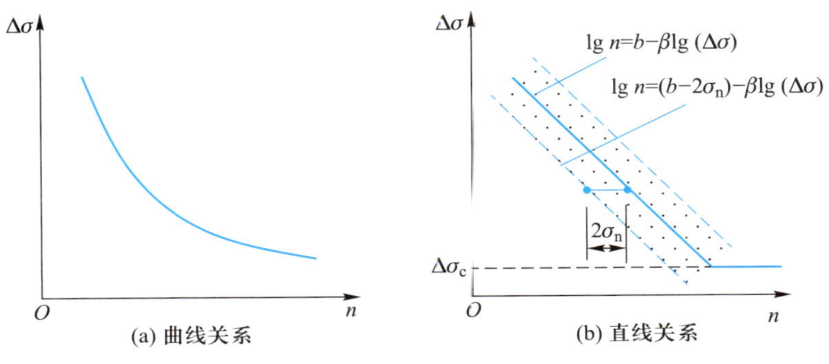

图 2.9　$\Delta\sigma - n$ 曲线

一般钢材在 n 达到一定次数后 $\Delta\sigma - n$ 曲线呈水平线，应力幅值不高于水平线则不会产生疲劳破坏，称限值 $\Delta\sigma_c$ 为疲劳极限。由于疲劳试验数据具有离散性，式(2-3)是利用统计理论得到的回归方程，得到的是平均值曲线。采用平均值曲线的话，构件不破坏的保证率只有 50%，因为该直线下面还有 50% 的试验点。因此，将平均值曲线方程右侧减去 2 倍的标准差(σ_n)，形成下限值的直线方程式(2-4)。$\lg\Delta\sigma$ 呈正态分布时，利用该直线方程可以使构件不破坏的保证率达到 97.7%。

$$\lg n = b - \beta\lg(\Delta\sigma) - 2\sigma_n = (b - 2\sigma_n) - \beta\lg(\Delta\sigma) \tag{2-4}$$

在相同 n 值下，有足够安全度的应力幅即为容许应力幅，计算式如下：

$$[\Delta\sigma] = \left(\frac{10^{b-2\sigma_n}}{n}\right)^{1/\beta} \tag{2-5}$$

对于不同焊接构件和连接形式，按照上述方法得到的直线方程斜率有所不同。应力循环中的应力种类包括正应力、剪应力等，我国 GB 50017—2017《钢结构设计标准》将正应力幅、剪应力幅作用下的 $\Delta\sigma - n$ 曲线按照构件和连接类别分别绘制 14 条、3 条，每条曲线对应着相关疲劳计算参数，包括容许应力幅。

2.4.2　疲劳强度计算

对于焊接结构的焊接部位的常幅疲劳，按下式进行疲劳验算：

$$\Delta\sigma = \sigma_{max} - \sigma_{min} \leqslant [\Delta\sigma] \tag{2-6}$$

非焊接部位不存在焊接残余应力的影响，疲劳强度除了应力幅以外，还受最大应力影响，可采用折算应力幅进行疲劳验算。试验分析结果表明，将式(2-6)中的第二项改为 $0.7\sigma_{min}$ 后，可以较简便地验算非焊接部位疲劳强度，如式(2-7)所示：

$$\Delta\sigma = \sigma_{max} - 0.7\sigma_{min} \leqslant [\Delta\sigma] \tag{2-7}$$

实际结构在往复荷载作用下的应力循环经常是变幅的，即应力幅并非保持常量。可以取变幅疲劳应力循环中的最大应力幅 $\Delta\sigma_{max}$，并利用式(2-6)进行快速计算。若计算不满足，将变幅疲劳问题换算成等幅疲劳进行计算，即换算出等效应力幅，这需要利用等幅疲劳时的 $\Delta\sigma - n$ 曲线和 Miner 损伤定律。

以吊车梁的疲劳强度计算为例，对于重级、重级工作制吊车桁架的变幅疲劳，以循环次数为

2×10^6 的疲劳强度为基准计算出欠载效应系数 α_f，即等效应力幅与变幅疲劳应力循环中的最大应力幅 $\Delta\sigma_{max}$ 的比值，进而采用等效应力幅进行疲劳强度验算，计算式如下：

$$\alpha_f\Delta\sigma_{max}\leqslant[\Delta\sigma]_{2\times10^6} \tag{2-8}$$

式中：$[\Delta\sigma]_{2\times10^6}$——循环次数为 2×10^6 的容许应力幅。

2.5 影响钢材性能的因素

由前几节可知，衡量钢材质量好坏的力学性能指标有屈服强度、抗拉强度、伸长率、冷弯性能及冲击韧性，此外，反映钢材工艺性能的可焊性和疲劳性能也是钢材性能中的重要部分。现在回顾 2.1 节（钢材的生产）的内容，更能理解成材过程（冶炼、浇铸、轧制、热处理）与钢材性能的关系，需要重视冶金缺陷对钢材力学性能和加工性能的影响。以下考虑的影响钢材性能的因素包括化学成分、钢材硬化、温度、应力集中及加载速率。

2.5.1 化学成分的影响

钢和铁从本质上有很大区别。钢材按碳含量多少可分为低碳钢（<0.25%）、中碳钢（0.25%～0.6%）和高碳钢（>0.6%），而纯铁中碳含量不到 0.01%。纯铁的屈服强度和抗拉强度都远低于钢，碳含量是主要影响因素。建造用钢的碳素钢中 99% 是 Fe 元素，其他化学成分包括 C、Si、Mn、P、S、N、O 等元素，低合金钢中除了上述元素外还会添加少量合金元素。以下分别分析各元素的影响。

1. 碳（C）的影响

碳是体现钢材强度优势的主要成分。碳含量的增加虽然可以提高钢材强度，但塑性、韧性、冷弯性能及疲劳性能等会随之下降，可焊性和抗锈蚀性也会变差。因此，应该控制碳含量。建造用钢的碳含量一般不大于 0.22%，对于焊接结构，为了获得良好的可焊性，宜控制在 0.2% 以下，可见建造用钢属于低碳钢。

2. 硅（Si）的影响

硅具有脱氧作用，很多钢材内都有该成分，属于强脱氧剂。硅可以在冶炼过程中细化钢材晶粒，适用于质量较高的镇静钢。若控制适量，可提高强度且不阻碍获得预期的塑性、韧性、冷弯性能及可焊性。碳素钢宜控制硅含量在 0.35% 以内，低合金钢宜控制硅含量在 0.20%～0.60%。

3. 锰（Mn）的影响

锰和碳一样可以显著提高钢材的强度，但和碳不同的是，它不会显著降低塑性和冲击韧性。锰还能消除硫、氧对钢材的热脆影响，可改善钢材的加工性能。锰是一种弱脱氧剂，碳素钢和低合金钢中均有锰,但在低合金钢中锰是主要的合金元素。锰在低合金钢中含量宜控制在 1.0% ~ 1.7%,在碳素钢中含量宜控制在 1.5% 以下。锰可使钢材的可焊性有所降低,故需要适量控制,并通过调整使锰和碳的含量在更合理的范围内。

4. 磷(P)的影响

磷的存在对提高钢材的强度和抗锈蚀性能有利,但易引起偏析,在加工或焊接时它又是易导致裂纹出现的影响因素,特别在低温时磷易使钢变脆(冷脆),因此会降低钢材的塑性、冲击韧性及冷弯性能等。可见,磷既是有害元素,也有可利用之处,需要合理控制其含量。一般钢材中磷含量控制在 0.05% 以内,低合金钢用于焊接结构时控制在 0.045% 以内。

5. 硫(S)的影响

硫在钢中是以硫化物夹杂形式存在。硫和锰结合形成硫化锰,会降低钢的耐腐蚀性;由于会形成低熔点的 FeS 化合物,当热加工及焊接使温度达到 1 000 ℃以上时,由于 FeS 化合物的过早熔化而导致钢材变脆而开裂,这种现象称为“热脆”,对钢的塑性、韧性、可焊性、疲劳性能等也有不利影响。因此,硫是有害元素,其含量应严格控制,一般不得超过 0.05%,用于焊接结构的低合金钢一般不超过 0.035%。

6. 氧(O)和氮(N)的影响

氧和氮亦是有害元素。氧能使钢材发生热脆,甚至比硫带来的热脆影响更大;氮与磷类似,能使钢材发生冷脆。因此,一般要求氮含量低于 0.008%,氧含量低于 0.05%。考虑氧和氮容易在熔炼过程中逸出,含量有限,通常不要求做它们的含量分析。

7. 几种合金元素的影响

钢材中除了锰以外,还视需要而加入少量的铝(Al)、铬(Cr)、镍(Ni)、钼(Mo)、钛(Ti)、钒(V)等合金元素。

铝是强脱氧剂,用以补充脱氧,还可用来细化晶粒。为了确保一定的低温韧性,要求 C~E 级低合金钢的铝含量不低于 0.015%。铬和镍对提高强度和抗腐蚀性有利,铬、镍和铁组成不锈钢;镍还能在提高强度的同时,保持良好的塑性和韧性,适用于高性能钢材。钼、钛、钒均能细化钢材晶粒,既提高钢材强度,又不降低塑性、韧性,在低合金钢中可加入这些合金元素。

2.5.2 钢材硬化的影响

低碳钢的拉伸试验应力-应变关系表明,在弹性阶段,间断性地重复卸载、再加载基本上不影响钢材的工作性能;但产生塑性变形后,重复卸载、再加载会改变钢材的工作性能。以图 2.10 所示钢材应力-应变关系为例,假设钢材应力达到 D 点后卸载至 F 点,产生残余应变(OF 段);然后再加载,应力沿 FD 上升至 D 点后开始产生塑性应变,最后达到 B 点时断裂。再加载后的屈服点(D 点)较原屈服点(A 点)提高,但塑性变形能力较原钢材降低。这种在重复卸载、再加载后,钢材弹性极限有所提高的现象称为钢材的硬化。

钢材在常温下的加工称为冷加工。钢材在制造加工时因冷拉、冷弯、冲孔、机械剪切等,会产生很大的塑性变形。对因冷加工产生残余变形的钢材重新加载,钢材会表现出屈服点提高、塑性和韧性降低的性质,称为冷加工硬化或应变硬化。这种硬化现象的产生原因是:塑性变形时晶粒产生滑移,滑移面和其附近的晶格扭曲,使晶粒伸长、破碎,导致金属内部产生残余应力等,约束塑性变形发展。普通钢结构中一般不利用钢材硬化所提高的强度,对于重要结构(如重型吊车梁)，为了消除因剪切钢板边缘或冲孔等引起的局部冷加工硬化的不利影响，可将钢板剪断处边缘刨边，对冲孔处则进行扩钻。

图 2.10 中虚线部分显示钢材随时间增长而转脆的特性，即时效硬化。产生该硬化的原因在于：随着时间的增长，纯铁体内部析出的碳化物和氮化物微粒散布在晶粒的滑移面上，约束纯铁体的塑性变形发展。时效硬化使钢材的屈服强度和抗拉强度提高，但塑性和韧性降低，对韧性影响更为显著，使钢材变脆。对于重要结构，有时要求对钢材进行人工时效硬化，并测定其冲击韧性，以保证结构具有长期的抗脆性破坏能力。

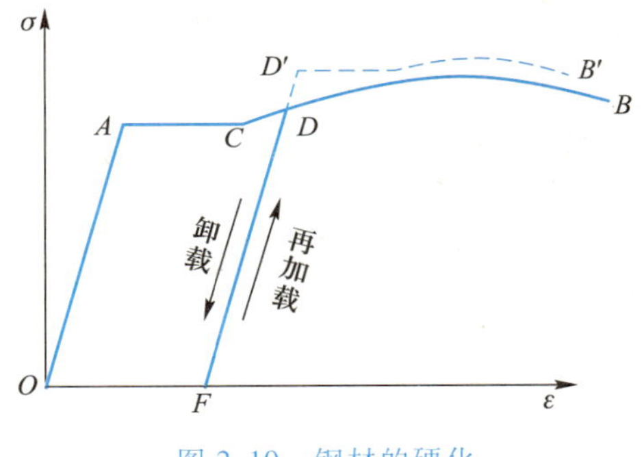

图 2.10　钢材的硬化

图 2.10 中，将上述卸载(至 F 点)后的试件放置一段时间(如 1 周)，再加载至 D'点后出现屈服平台，屈服强度(D'点)高于未考虑时效时的屈服强度(D 点)。原因是经过应变硬化后的时效硬化，发生的是应变硬化加时效硬化，即应变时效。从断裂点 B'点和 B 点看，应变时效后的变形能力较应变硬化后的变形能力更低。

2.5.3　温度的影响

钢材性能随温度变化而发生变化。高温时的性能变化与防火设计相关，低温时的性能变化关乎脆性破坏问题。

图 2.11 为一般钢结构在常温(20 ℃)到 600 ℃范围内的力学性能变化情况。可以看出，抗拉强度起初随温度升高而提高，达到 250 ℃左右时，抗拉强度最高，但伸长率较小，这个温度附近有蓝脆现象，即钢材表面氧化膜呈蓝色。在蓝脆温度范围内进行热加工，可能引起裂纹，应控制热加工时的温度。

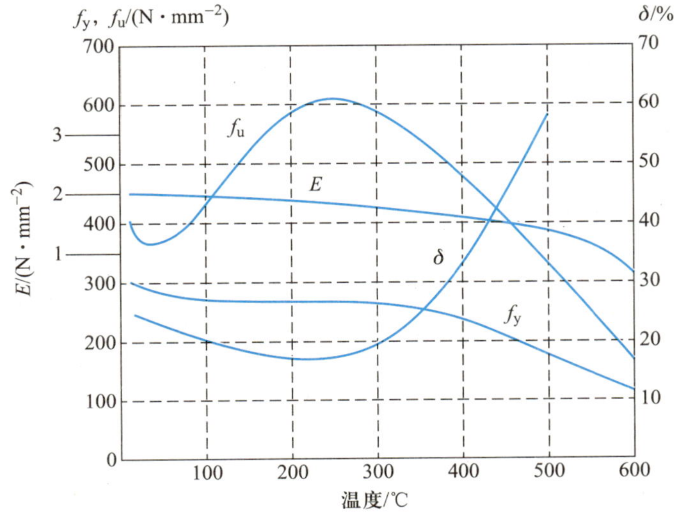

图 2.11　温度的影响

温度超过蓝脆区后，抗拉强度急速下降，变形能力(伸长率)则不断增大。随温度的升高，屈服强度和弹性模量开始缓慢下降，弹性模量在 500 ℃左右开始下降速度增大，屈服强度在 600 ℃左右时仅为室温时的 1/3 左右。

钢材中添加钼(Mo)、铬(Cr)、钒(V)、铌(Nb)等合金元素后，高温下的力学性能得以改善，近年耐火钢开始应用于实际工程，当温度达到 600 ℃时，耐火钢的屈服强度和弹性模量降低幅度较小。

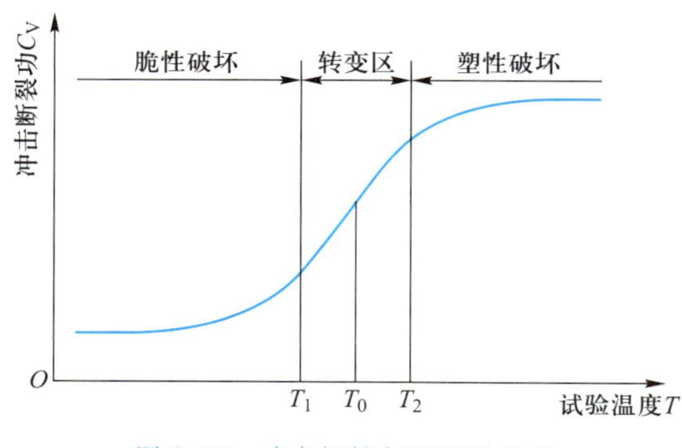

图 2.12　冲击韧性与温度的关系

钢材在负温范围内，抗拉强度和屈服强度均有提高，但其塑性和韧性降低，材料变脆，这种性质称为低温冷脆。由于冲击韧性的影响突出，故采用负温范围内的冲击韧性试验确定钢材变脆时的冷脆临界温度。图 2.12 为冲击韧性试验测得的冲击断裂功 C_v 与温度的关系，可以看出，C_v 随温度降低而变小，高韧性部分和低韧性部分的曲线均比较平缓，而中间区段 C_v 随温度而急剧变化，曲线最陡点(反弯点)所对应的温度 T_0，即为钢材的冷脆转变温度(或称冷脆临界温度)。试验统计数据中，温度 T_0 时对应的脆性断面率在 50% 左右，说明钢材随温度下降由完全塑性破坏转为完全脆性破坏，是在 T_0 两侧一定温度区间 T_2T_1 内完成的(图 2.12)，该温度区间称为钢材的脆性转变温度区。T_1 与 T_2 需要结合实践经验和试验统计数据来确定，考虑结构设计中应避免完全脆性破坏，要求结构所处温度大于 T_1，因实际结构的缺陷不如冲击试件缺口严重，加荷速率也低于试验条件。

2.5.4　应力集中的影响

钢材的主要力学性能指标是以轴心受拉杆件中应力沿截面均匀分布的情况为基础的。实际构件中有时存在孔洞、槽口、凹角、截面突变及钢材内部缺陷等，这时构件中的应力分布将不再保持均匀，而是在某些区域产生局部高峰应力，在另外一些区域则应力降低，形成应力集中现象，如图 2.13 所示。孔边缘最大应力 σ_{max} 与净截面平均应力 σ_0($\sigma_0=N/A_n$，其中 A_n 为净截面面积)的比值称为应力集中系数，即 $K=\sigma_{max}/\sigma_0$。

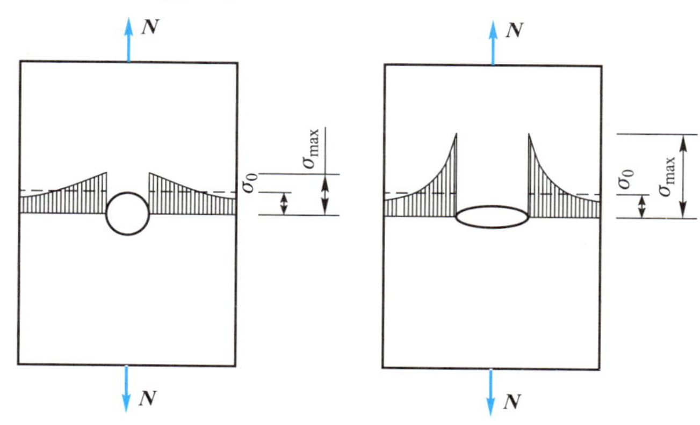

图 2.13　带孔平板的应力集中

应力集中现象的严重与否取决于构件形状变化程度。构件形状变化越急剧，则高峰应力就越大，钢的塑性降低程度也越大。构件上的裂纹、尖锐的凹角处等都会出现严重的应力集中。

在负温或动力荷载作用下工作的结构，应力集中的不利影响会比较突出，往往是导致脆性破坏的主要诱因。但是，由于钢材具有良好的塑性性能，在内力增大时，应力分布会由不均匀逐渐变得相对平缓。因此，承受静力荷载作用的构件在常温下工作时，在计算中可不考虑应力集中的影响。对于承受动力荷载的结构，因应力集中对疲劳强度影响较大，在设计中应采取措施避免或减小应力集中。

2.6 结构钢的分类

2.6.1 钢材的种类

建造用钢按脱氧方法可分为沸腾钢（F）、半镇静钢（b）、镇静钢（Z）和特殊镇静钢（TZ）；按照成型方法可分为轧制钢（含热轧、冷轧）、锻制钢和铸钢；按照化学成分可分为碳素钢和合金钢。我国建筑钢结构中主要采用碳素结构钢、低合金结构钢和优质碳素结构钢等。

1. 碳素结构钢

碳素结构钢强度相对较低，但塑性、韧性和冷变形性能好，一般不做热处理而直接使用。GB/T 700—2006《碳素结构钢》规定了碳素结构钢的牌号，即 Q195、Q215、Q235、Q255、Q275，GB 50017—2017《钢结构设计标准》推荐采用的是 Q235。钢的牌号由代表屈服点（屈服强度）的字母 Q、屈服点数值、质量等级符号（A、B、C、D）、脱氧方法代号四个部分依次构成。质量等级分为四级，由 A 到 D 表示质量由低到高。不同质量等级要求的交货条件有所不同，A 级钢要求保证抗拉强度、屈服强度、伸长率，必要时追加冷弯性能要求，不把化学成分中的碳、锰含量作为交货条件。B、C 和 D 级钢均要求抗拉强度、屈服强度、伸长率、冷弯性能和冲击韧性，并需要提供化学成分碳、硫、磷的极限含量。B、C 和 D 级钢的冲击韧性指标要求对应温度（B 级 20 ℃、C 级 0 ℃、D 级 -20 ℃）时的冲击功不小于 27 J（纵向）。

对于 Q235 钢材来说，考虑脱氧方法，A、B 级钢可采用镇静钢（Z）或沸腾钢（F），C 级采用镇静钢（Z），D 级采用特殊镇静钢（TZ），其中代号 Z 和 TZ 在表示钢材牌号时可以省略。举例如下：

Q235AF 表示屈服强度为 235 N/mm^2 的 A 级沸腾钢；

Q235B 表示屈服强度为 235 N/mm^2 的 B 级镇静钢；

Q235C 表示屈服强度为 235 N/mm^2 的 C 级镇静钢；

Q235D 表示屈服强度为 235 N/mm^2 的 D 级特殊镇静钢。

2. 低合金高强度结构钢

低合金高强度结构钢强度较高，同时具有良好的塑性和韧性，低温冲击韧性好是其优势，还可以获得耐腐蚀和耐低温等性能。建筑钢结构采用低合金结构钢可以减轻结构自重，节省钢材，延长使用寿命。GB/T 1591—2018《低合金高强度结构钢》规定了低合金高强度结构钢的牌号，即 Q345、Q390、Q420、Q460、Q500、Q550、Q620、Q690。

目前常用的是 Q345、Q390、Q420，这几种牌号的钢材质量等级分 A、B、C、D、E 五级，由 A 到 E 表示质量由低到高。作为交货条件，抗拉强度、屈服强度、伸长率和冷弯性能是必须提供的指标，还需满足化学成分含量要求，除了碳、锰、硅、硫和磷外，还包括钒、铌和钛等合金元素。不同质量等级的钢材对冲击韧性的要求有别，一般来说，A 级钢不要求冲击韧性指标；B、C、D 和 E 级钢的冲击韧性指标要求对应温度（B 级 20 ℃、C 级 0 ℃、D 级 -20 ℃、E 级 -40 ℃）时的冲击功不小于 34 J（纵向）。不同质量等级对碳、硫、磷和铝的极限含量要求不同。

Q460、Q500、Q550、Q620 和 Q690 的质量等级分 C、D、E 三级，由 C 到 E 表示质量由低到高。

按照脱氧方法，低合金钢属于镇静钢（Z）或特殊镇静钢（TZ），故交货条件中还要提交热轧、控轧、正火或回火及热机械轧制等状态。A、B 级采用镇静钢（Z），C、D、E 级采用特殊镇静钢（TZ），同样在钢材牌号中，代号 Z 和 TZ 可以省略。举例如下：

Q345A 表示屈服强度为 345 N/mm^2 的 A 级镇静钢；

Q390B 表示屈服强度为 390 N/mm^2 的 B 级镇静钢；

Q390C 表示屈服强度为 390 N/mm^2 的 C 级特殊镇静钢；

Q420D 表示屈服强度为 420 N/mm^2 的 D 级特殊镇静钢；

Q420E 表示屈服强度为 420 N/mm^2 的 E 级特殊镇静钢。

3. 优质碳素结构钢

优质碳素结构钢与普通碳素结构钢的主要区别在于：其含杂质元素少，硫和磷的极限含量较普通碳素结构钢更严格，均在 0.035% 以下，对非金属夹杂等材料缺陷也进行严格控制。因可以通过热处理改善碳素结构钢的力学性能，优质碳素结构钢具有综合性能好（强度高、塑性和韧性好）的优势。

GB/T 699—2015《优质碳素结构钢》规定的优质碳素结构钢中，分低碳钢、中碳钢和高碳钢。其中，低碳钢的碳含量低于 0.25%，中碳钢的碳含量为 0.25% ~ 0.60%，高碳钢的碳含量为 0.60% ~ 0.80%。优质碳素结构钢的牌号用两位数字表示，代表钢中平均碳含量的万分位数。例如，25 号钢表示平均碳含量为 0.25% 的优质碳素结构钢。对于经过热处理的优质碳素结构钢，交货条件中需要注明热处理状态。

在建筑钢结构中 20、45 号钢应用较广，20 号钢可用于制造螺钉、螺母、垫圈和焊接件等，45 号钢可用于制造高强螺栓。锰含量较高的优质碳素结构钢，应标注锰元素，如 45Mn；沸腾钢、半镇静钢及专门用途的优质碳素结构钢也应在钢号最后标注，如平均碳含量为 0.20% 的半镇静钢的钢号为 20b。

4. 其他钢种

（1）高性能建筑结构用钢板

高性能建筑结构用钢板通常简称为“高建板”，是为高层钢结构或其他重要建（构）筑物专门研发的产品。GB/T 19879—2015《建筑结构用钢板》规定了 Q235GJ、Q345GJ、Q390GJ、Q420GJ、Q460GJ 等牌号，在屈服点数值后面加的“GJ”代表建筑结构用钢板。Q235GJ、Q345GJ 的质量等级有 B、C、D、E 四级，Q390GJ、Q420GJ、Q460GJ 的质量等级有 C、D、E 三级。GB 50017—2017《钢结构设计标准》推荐采用 Q345GJ，钢牌号中在“GJ”后加质量等级符号，例如 Q345GJC，表示屈服强度为 345 N/mm^2 的 C 级“高建板”。

与同级别的普通低合金钢相比，“高建板”中的磷和硫极限含量较低，一般不超过 0.015%，焊接碳当量也相对较低，具有更好的可焊性；因塑性性能较好，适于冷加工成型或有抗震要求的构件。

（2）Z 向性能钢板

当板件沿厚度方向受拉产生较大应变时，受钢材质量和焊接构造等影响，厚板（厚度不小于 40 mm）容易出现层状撕裂。对于重要的焊接结构，为避免焊接时产生层状撕裂，可采用含硫量很低的厚板方向性能钢板，即 Z 向性能钢板。

GB/T 5313—2010《厚度方向性能钢板》规定 Z15、Z25 和 Z35 三个等级，“Z”代表 Z 向性能钢板，后面的数字代表断面收缩率指标，例如，Z25 表示断面收缩率不小于 25% 的 Z 向性能钢板。

（3）耐候钢

为了提高钢材的耐腐蚀性，可按 GB/T 4171—2008《耐候结构钢》采用耐候钢。这种钢通过添加少量的铜（Cu）、铬（Cr）、镍（Ni）等合金元素，使其钢材基体表面形成保护层，提高耐大气腐蚀性能，具有较高的抗锈蚀能力。耐候钢比碳素结构钢的力学性能好，尤其是低温冲击韧性较好。耐候钢分为高耐候钢（含磷比较高）和焊接耐候钢（含磷较低），分别在原碳素结构钢钢号之后加上“GNH”和“NH”。

（4）国外结构钢

国内的一些钢结构工程项目有时会用到国外钢材，实际项目中一般把国外材料转换成对等的国标材料，无法转换时，需要进行相应的检测试验。

常见国外结构钢主要有美国标准（简称美标）、欧洲标准（简称欧标）、日本标准（简称日标）及澳洲标准几大类。美国、欧洲（以英、德、法等国为代表）及日本的钢铁行业发展较早，实力居于世界前列。以下仅介绍美标结构钢常用的标准 ASTM、欧标结构钢常用的标准 EN10025，以及日标结构钢常用的标准 JIS 中的代表性结构钢。

① 美国标准

ASTM（American Society for Testing and Materials）是美国试验与材料协会制定的标准，广泛用于钢铁材料。ASTM 结构钢分 A36、A242、A514 及 A588 等多种标准。

A36 是关于碳素结构钢的标准，适用于桥梁和建筑用铆接、螺栓连接或焊接结构的碳素型钢、钢板和棒钢。最小屈服强度为 250 N/mm^2，抗拉强度为 400～550 N/mm^2。与我国的 Q235 钢相当。

A242 是关于高强度低合金结构钢的标准，适用于铆接、螺栓连接或焊接结构的低合金钢型材、钢板和棒材。受板厚的影响，单独钢板和构件板件的最小屈服强度在 290～345 N/mm^2，抗拉强度为 430～480 N/mm^2。和我国耐大气腐蚀用钢相似，可用 Q345GNHL（L 为主要或分含有铬、镍的高耐候钢代号）或 Q295GNH 等来替代。

A588 是关于厚度不超过 100 mm 的耐候钢板的标准，其最小屈服强度为 345 N/mm^2，抗拉强度为 485 N/mm^2，相当于国标 Q345NH。

A514 是关于高强度淬火加回火合金钢的标准，主要用于焊接桥梁和其他结构的厚度小于 150 mm 的经淬火与回火处理的合金结构钢板，最小屈服强度大于 620 N/mm^2，最小抗拉强度在 690 N/mm^2 以上，该类钢板具有高强度与良好的焊接性能，力学性能因厚度而异。A514 标准下共有八个不同级别：Gr. A、Gr. B、Gr. E、Gr. F、Gr. H、Gr. P、Gr. Q、Gr. S，不同级别钢板的化学成分与性能有所不同。目前国内尚无对应的钢牌号。

② 欧洲标准

EN10025 是欧洲标准化组织 CEN 制定的结构钢标准。主要钢号有：S235、S275、S355、S420、S275N、S355N、S420N、S460N、S275M、S355M、S420M、S460M 等。首字母“S”代表“结构钢”，字母后面用数字表示最低屈服强度值，单位为 N/mm^2。N 表示退火钢材，M 表示热机械轧制钢材，后面不带字母的几种钢号代表热轧非合金钢。欧洲标准与我国标准相同之处是在首字母后面加钢材的屈服强度。S235、S355、S420 分别与我国的 Q235、Q345、Q420 相对应。

③ 日本标准

JIS 是日本工业标准的简称。普通结构钢中，有 SS400、SS490 和 SS540 等牌号，首字母 S 表示“钢”（steel），其后的 S 表示“结构”（structure）；焊接结构用碳素钢号则用 SM490A 等表示，M 表示“中碳”钢，后缀 A 表示质量等级；而在 SM 后面直接加上 A 则表示焊接结构用热轧耐候钢，例如 SMA400、SMA490 等。以上数字表示最小抗拉强度，单位为 N/mm^2。

类似于我国的优质碳素结构钢，JIS 用 S15C 和 S20CK 表示两种优质碳素结构钢，数字“20”代表平均碳含量为 0.20%，C 表示碳，CK 表示表面硬化钢（渗碳钢）。

2.6.2 钢材的选择

钢材的选择原则上应从经济性、适用性、安全性和耐久性角度进行综合考量。具体来说，除了价格因素外，主要考虑以下几方面因素：

1. 结构的重要性

工程结构设计应根据结构破坏可能产生后果的严重性采用不同的安全等级。对重要的结构，其安全等级可取为一级；对一般的结构，其安全等级宜取为二级；对次要的结构，其安全等级可取为三级。因此，对应不同的安全等级，钢材的质量要求亦应不同。在尽可能节省钢材的前提下，对不同使用条件的钢材应提出不同的质量要求，不能盲目选择，重要的结构应考虑优质钢材的选用，而一般结构则不轻易选用。

2. 连接方法

按照连接方法可将钢结构分为焊接结构和非焊接结构两种。焊接结构中，由于焊接过程中会产生焊接残余应力、焊接残余变形，还可能存在其他焊接缺陷（气孔、裂纹、夹杂、咬肉等），这些结构损伤可能是结构产生脆性断裂的诱因，因此焊接结构对材质的要求应严格一些，在化学成分（C、S、P 含量控制）、力学性能（塑性和韧性保证）及可焊性方面需要综合考虑。而对非焊接结构，则可以适当放宽要求。

3. 荷载情况

直接承受动力荷载或强烈地震区的结构，应选用综合性能较好的钢材，需要重视塑性和韧性指标要求。对于需要验算疲劳的焊接结构，例如重级工作制的吊车梁，其钢材质量应至少选择 B 级，工作温度为负温情况下宜选择更高的质量等级（C 级、D 级或 E 级）。而对于一般的常温下承受静力荷载的焊接结构，可选用价格较低的一般质量钢材，如 Q235B 钢。

4. 结构的受力性质和工作环境

衡量钢材质量离不开屈服强度、抗拉强度、伸长率、冷弯性能或冲击韧性等力学性能指标，因此，应综合多方面（如应力集中、温度、有害介质等）影响提出合理的性能指标要求；从设计计算角度而言，保证钢结构承载力的同时，应充分考虑可能导致断裂的影响因素。

构件的受力状态包括受拉、受压及受弯等。由于拉应力区的存在容易使构件在应力集中部位产生三向（或双向）同号应力场，并因此发生断裂破坏，因此，对于有拉应力区的受拉和受弯构件，宜选用质量较好的钢材。

钢材在严酷的工作环境下，力学性能会劣化。例如，钢材在低温环境下因塑性和冲击韧性的降低而变脆，以至于发生突然脆性断裂，这类工程事故国内外均有报道，应引起重视。在低温条件下工作的结构，尤其是焊接结构，应选用具有良好抗低温脆断性能的镇静钢。

5. 钢材厚度

化学成分种类和含量相同的钢材，随着轧制次数的变化，材性也会有所不同。薄钢材辊轧次数较多，内部组织致密，而厚度大的钢材，因辊轧次数较少，钢内的气孔和夹杂等缺陷较薄钢材多，强度较低，而且塑性、冲击韧性和可焊性也较差。因此，设计时需要选用厚板时，特别是对于受拉或受弯的焊接构件应适当提高钢材的质量要求。

实际选用钢材时应结合上述全部或部分因素进行综合考虑。进行钢结构设计时，设计者自然会重视设计强度，却往往忽视钢材的质量等级，然而这是关乎结构可靠性的重要指标。表 2-1 为现行 GB 50017—2017《钢结构设计标准》结合工作温度、是否验算疲劳、是否为焊接结构、受力性质或板厚等提出的钢材质量等级选用方案，可供参考。

表 2-1　钢材质量等级选用

<table>
<tr><td colspan="2">是否焊接</td><td colspan="2">非焊接结构</td><td colspan="2">焊接结构</td></tr>
<tr><td colspan="2">是否验算疲劳</td><td>不验算疲劳</td><td>验算疲劳</td><td>不验算疲劳</td><td>验算疲劳</td></tr>
<tr><td rowspan="4">工作温度/℃</td><td>$T>0$</td><td>B 级（允许用 A）</td><td>B 级</td><td>B 级（允许用 Q345A、Q390A、Q420A）</td><td>B 级</td></tr>
<tr><td>$0 \geq T > -20$ ℃</td><td>B 级</td><td>Q235B、Q345B、Q345GJC、Q390C、Q420C、Q460C</td><td>B 级</td><td>Q235C、Q345C、Q345GJC、Q390D、Q420D、Q460D</td></tr>
<tr><td rowspan="2">-20 ℃ $\geq T > -40$ ℃</td><td>B 级</td><td>Q235C、Q345C、Q345GJC、Q390D、Q420D、Q460D</td><td>B 级</td><td>Q235D、Q345D、Q345GJD、Q390E、Q420E、Q460E</td></tr>
<tr><td colspan="4">受拉构件及承重结构的受拉板件：
1）板厚或直径小于 40 mm 时，选 C 级
2）板厚或直径不小于 40 mm 时，选 D 级
3）重要承重结构的受拉板件宜选建筑结构用钢板</td></tr>
</table>

2.6.3　钢材的规格

钢结构的基本元件是钢板和型钢。钢构件可以由钢板焊接组合而成，也可以由型钢和钢板焊接组合而成，很多时候可以直接选用型钢。型钢的截面形式合理，截面上材料分布对受力有利，选用型钢还可减少制造工作量，降低造价，因此型钢是钢结构中采用的主要钢材。型钢又分热轧型钢和冷弯薄壁型钢。

1. 钢板

钢板有薄板、厚板及特厚板之分，薄板一般采用冷轧法轧制，厚板及特厚板则采用热轧法轧制。薄板厚度为 0. 35~4 mm，是冷弯薄壁型钢的原料；厚板厚度为 4. 5~60 mm，广泛用来组成焊接构件和连接钢板；特厚板厚度大于 60 mm，最厚可达 400 mm，可用于高层钢结构的箱型柱等。图纸中钢板规格的表示方法是："—宽×厚×长"或"—宽×厚"，单位为 mm。例如，—500×10×2 000 或—500×10。

2. 热轧型钢

热轧型钢包括热轧钢板、角钢、槽钢、工字钢、H 型钢、T 型钢及钢管等（图 2. 14）。

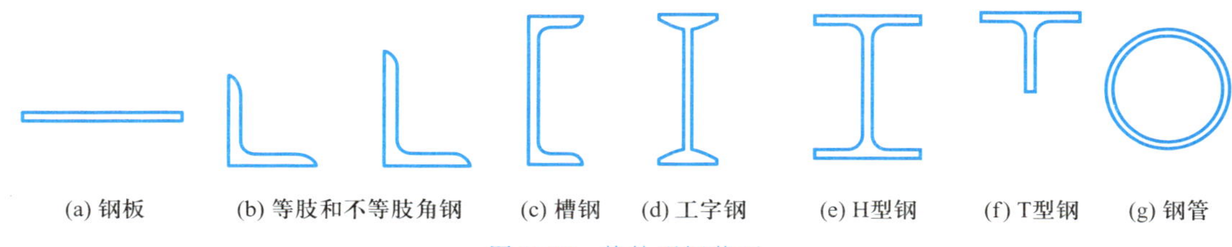

(a) 钢板　(b) 等肢和不等肢角钢　(c) 槽钢　(d) 工字钢　(e) H型钢　(f) T型钢　(g) 钢管

图 2. 14　热轧型钢截面

（1）角钢：分等边角钢和不等边角钢两种，也分别称为等肢角钢和不等肢角钢。等肢角钢用肢宽和肢厚表示，如∠110×12 代表肢宽 110 mm、肢厚 12 mm 的等肢角钢；不等肢角钢则以两肢的宽度和肢厚表示，如∠110×70×8 代表长肢宽 110 mm、短肢宽 70 mm、肢厚 8 mm 的不等肢角钢（参见附表 3-4）。我国目前生产的等肢角钢的肢宽最大可达 200 mm，不等肢角钢长肢宽和短肢宽最大分别可达 200 mm 和 125 mm。

（2）槽钢：我国槽钢有热轧普通槽钢和热轧轻型槽钢两类。热轧普通槽钢用截面高度（单位：cm）加腹板厚度类别表示，腹板厚度分 a、b 类或 a~c 类，a 类腹板最薄、翼缘最窄，b 类腹板较厚、翼缘较宽。如[28a 代表槽钢截面高度为 28 cm，腹板厚度类别为 a 类（参见附表 3-3）。热轧轻型槽钢表示方法略有不同，在表示截面高度数字后边加字母 Q，即汉语拼音"轻"的拼音字首，如[24Q。相同号数时，热轧轻型槽钢具有腹板薄、翼缘宽而薄的特点，回转半径相对较大，能节约钢材减少自重，但相对于热轧普通槽钢来说规格较少。

（3）工字钢：与槽钢一样分热轧普通和热轧轻型两类。普通工字钢如 I32c，表示截面高度为 32 cm，腹板厚度类别为 c 类（腹板最厚、翼缘最宽）（参见附表 3-1）。轻型工字钢的号数后面同样加字母 Q。

（4）H 型钢和 T 型钢：这里的 T 型钢是由 H 型钢剖分而成的。H 型钢分宽翼缘 H 型钢（HW）、中翼缘 H 型钢（HM）、窄翼缘 H 型钢（HN）及薄型 H 型钢（HT）。H 型钢规格用符号 H（或 HW、HM 和 HN）表示型钢的类别，其后加"高度×宽度×腹板厚度×翼缘厚度"，如 HN400×150×8×13 代表截面高度为 400 mm、翼缘宽度为 150 mm、腹板和翼缘厚度分别为 8 mm 和 13 mm 的窄翼缘 H 型钢（参见附表 3-2）。T 型钢可分为宽翼缘 T 型钢（TW）、中翼缘 T 型钢（TM）和窄翼缘 T 型钢（TN），如 TN250×200×10×16 代表截面高度为 250 mm、翼缘宽度为 200 mm、腹板和翼缘厚度分别为 10 mm 和 16 mm 的窄翼缘 T 型钢（参见附表 3-6）。

（5）钢管：钢管分圆钢管和方钢管两类，圆钢管可采用热轧法和焊接法制成，而方钢管则可采用冷轧法制成。热轧圆钢管为无缝钢管，外径为 10 mm~1 016 mm，长度通常为 3 m~12. 5 m。

圆钢管表示方法为：Φ+外径 d×壁厚 t，如 Φ95×5。

3. 冷弯薄壁型钢

冷弯薄壁型钢采用薄钢板冷轧而成（图 2.15），其壁厚为 2 mm～12 mm，广泛应用于轻型钢结构中，可用于轻钢厂房的檩条、墙梁，也可用作承重柱和梁。冷弯薄壁型钢的规格及截面特性可参考国家标准 GB/T 6725—2017《冷弯型钢通用技术要求》和行业标准 JG/T 178—2005《建筑结构用冷弯矩形钢管》。

图 2.15　冷弯薄壁型钢的截面形式

习　题

2.1　钢材生产过程中常见的冶金缺陷有哪些？

2.2　结构用钢材的主要力学性能有哪些？说明获得这些力学性能指标的试验方法。

2.3　简述塑性破坏和脆性破坏。

2.4　何谓疲劳破坏？试述疲劳破坏过程及断裂时的特征。

2.5　何谓钢材的可焊性？

2.6　钢材中的主要化学成分有哪些？分别对钢材的性能有何影响？

2.7　何谓冷加工硬化（应变硬化）和时效硬化？何谓应变时效？

2.8　试述导致钢材变脆的影响因素。

2.9　钢材的力学性能为何要按厚度进行划分？

2.10　在正温和负温下，随着温度提高或降低钢材力学性能分别会发生怎样的变化？

2.11　选择钢材应主要考虑哪些因素？

2.12　工作温度为−15 ℃的重级工作制吊车梁，采用焊接组合截面形式，试说明应选用何种钢材。

第 3 章　轴心受力构件

对平面和空间桁架、网架、塔架及支撑等杆系结构进行内力计算时，一般假设节点为铰接。当只承受节点荷载时，结构组成杆件只受轴心拉力或轴心压力作用，故称为轴心受拉构件或轴心受压构件，可简称为轴心拉杆或轴心压杆。如图 3.1 所示的支撑，在地震后轴心拉杆端部断裂、轴心压杆屈曲，故有必要了解轴心受力构件的破坏极限，通过合理设计避免发生拉断或屈曲等破坏。

(a) 支撑端部被拉断

(b) 支撑中的压杆屈曲

图 3.1　轴心受力构件的破坏

3.1　轴心受力构件的截面形式

轴心受力构件按照截面形式可以分为实腹式和格构式两类。实腹式构件制作简单，构件间的连接方便，如图 3.2a ~ c 所示。实腹式轴心受压构件一般采用双轴对称截面，以避免弯扭失稳。格构式构件刚度大，抗扭性能好，容易使压杆在两主轴方向实现等稳定性，节省材料，如图 3.2d 所示。

当受力较小时，可采用图 3.2c 或图 3.2a 所示截面，即冷弯薄壁型钢截面或热轧型钢截面。冷弯薄壁型钢截面主要有带卷边或不带卷边的角钢、槽钢及方钢管等，常用于轻型钢结构；热轧型钢截面包括圆钢、圆钢管、槽钢、工字钢、H 型钢、T 型钢和角钢等，可以作为实腹式轴心受力构件直接选用。当受力较大时，可选用图 3.2b 所示的由型钢或钢板组合而成的实腹式组合截面。当构件较长且受力较大时，可选用图 3.2d 所示由缀材（角钢或钢板）和型钢组成的格构式截面。

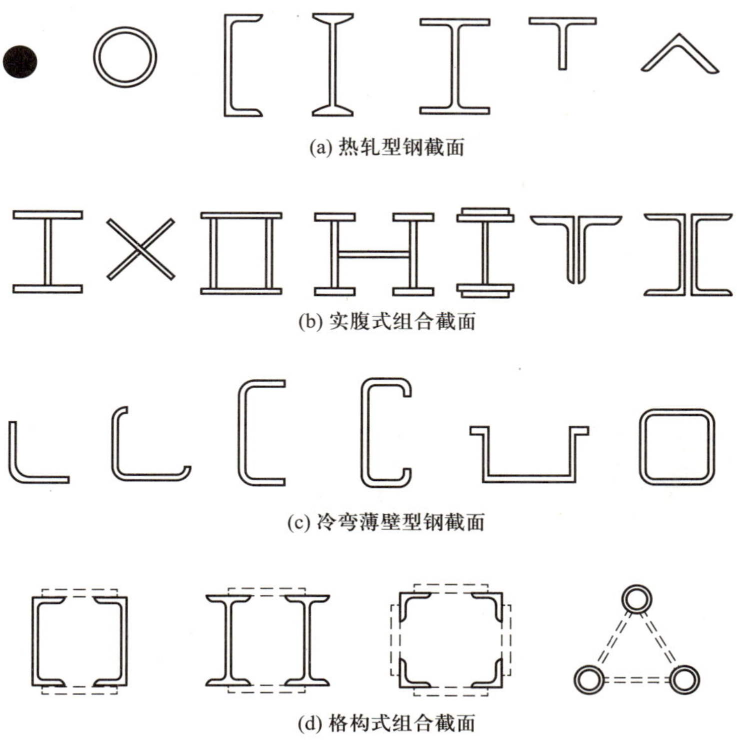

图 3.2　轴心受力构件的截面形式

3.2　轴心受力构件的破坏形式

钢构件的破坏除了材料方面的破坏（塑性破坏、脆性破坏和疲劳破坏）外，结构体系在安全性、适用性等方面不能满足要求的情况下，还会发生构件的强度破坏、整体失稳破坏、局部失稳破坏及变形破坏等。

1. 轴心受力构件的强度破坏

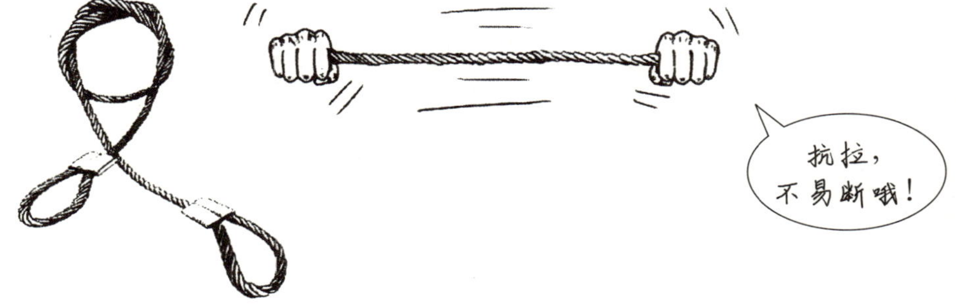

常温下承受静力荷载的轴心受拉构件，若无应力集中、钢材硬化等缺陷影响，随着荷载的逐步增加，构件截面上的内力达到极限承载力时，即发生强度破坏。其破坏过程如下：构件在截面

应力达到材料屈服点后产生塑性变形，并逐渐伸长；在材料进入强化阶段后截面应力继续增加，直至拉应力达到材料的抗拉强度后，构件被拉断。可见，轴心受拉构件发生强度破坏时会出现明显塑性变形。截面削弱较大时，会在最大削弱截面处被拉断。

轴心受压构件在截面削弱较大处或属于短粗构件时，也可能发生强度破坏，其破坏过程与轴心受拉构件类同。

2. 轴心受压构件的失稳破坏

轴心压杆可能会在外荷载尚低于强度破坏荷载的情况下，承载力剧降并产生较大变形，即发生整体失稳破坏。轴心压杆的某些板件可能会由于宽厚比太大出现屈曲（局部的凹凸变形），即发生局部失稳破坏。轴心受压构件的整体失稳形式可能是弯曲失稳、扭转失稳或弯扭失稳。

教学视频 3-1
弯曲失稳

教学视频 3-2
扭转失稳

教学视频 3-3
弯扭失稳

3. 轴心受力构件的变形破坏

钢结构设计中，若构件的刚度不满足使用要求，会因过大变形而导致无法正常使用，轴心拉杆的长细比过大时可能会在水平放置时产生影响使用的挠曲；而轴心压杆的长细比过大时，不但稳定性降低，还会出现很大的侧向挠曲，从而无法正常使用。

因此，轴心受力构件的计算应同时满足承载力极限状态和正常使用极限状态的要求。对于承载力极限状态，轴心拉杆一般以强度控制，轴心压杆需要同时满足强度和稳定性（整体稳定和局部稳定）要求；对于正常使用极限状态，需要保证构件的刚度，轴心拉杆和轴心压杆均需要满足容许长细比要求。

3.3 轴心受力构件的强度与刚度

3.3.1 轴心受拉构件的强度计算

1. 截面无削弱时的强度计算

无孔洞等削弱的轴心受拉构件，其截面上的拉应力是均匀分布的，以全截面上的拉应力达到屈服强度为强度极限状态。虽然该状态之后还能承担荷载，但这时构件塑性变形已经很大，达到不适于继续承载的变形极限状态。因此，截面无削弱时的强度计算以“毛截面屈服”为计算准则，即以下式计算：

$$\sigma=\frac{N}{A}\leqslant\frac{f_y}{\gamma_R}=f \tag{3-1}$$

式中：N——构件的轴心拉力设计值；

A——构件的毛截面面积；

f——钢材抗拉强度设计值，即 f_y/γ_R，f_y 为钢材屈服强度，γ_R 为钢材材料抗力分项系数。

2. 截面有削弱时的强度计算

有孔洞等削弱的轴心受拉构件，其截面上的应力分布不再均匀，在靠近孔边处产生应力集中现象，在弹性阶段，孔边应力 σ_{max} 高于毛截面的平均应力 σ_0(图 3.3a)，甚至可能达到 σ_0 的 3～4 倍。对于理想的弹塑性材料而言，当应力高的纤维达到屈服强度后，若轴力继续增加，应力不增加的状态下塑性变形持续发展，使削弱截面上的应力得以重分布，渐趋均匀，这时可以把净截面平均应力达到屈服强度作为极限状态。但是，有些钢材(如高强钢)的应力-应变曲线并没有明显的屈服平台，发生断裂时削弱截面上的净截面平均应力达到 f_u(图 3.3b)。

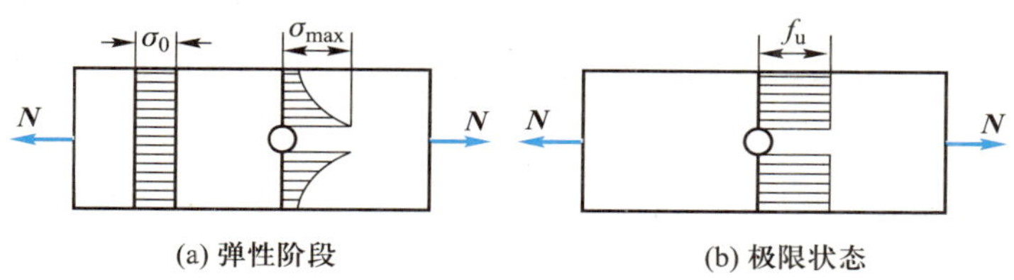

图 3.3　截面有削弱时的应力分布

需要指出的是，截面有削弱构件的净截面应力到达均匀屈服时，其构件总变形要比毛截面应力到达屈服强度时小，此时以净截面应力均匀屈服(简称“净截面屈服”)作为承载力极限状态会偏于保守。因此，现行 GB 50017—2017《钢结构设计标准》采用“毛截面屈服”和“净截面断裂”作为强度计算准则，将二者中的极限承载力较小者作为强度破坏控制条件。

“毛截面屈服”和“净截面断裂”所对应的强度计算公式如下：

毛截面屈服采用式(3-1)：

$$\sigma=\frac{N}{A}\leqslant\frac{f_y}{\gamma_R}=f$$

净截面断裂：

$$\sigma=\frac{N}{A_n}\leqslant\frac{f_u}{\gamma_{Ru}}\approx0.7f_u \tag{3-2}$$

式中：A_n——构件的净截面面积，当构件多个截面有削弱时，取最不利截面；

f_u——钢材抗拉强度最小值；

γ_{Ru}——净截面断裂的抗力分项系数，考虑断裂后果比构件屈服更加严重，取 $\gamma_R/\gamma_{Ru}\approx0.8$。

进行工程设计时需要注意以下事项：

(1) 采用式(3-1)和式(3-2)进行强度计算的方法，适用于端部连接或中部拼接采用螺栓连接的轴心受拉构件。

(2) 以净截面断裂为计算准则时，若采用普通螺栓连接，找出最危险的正交截面算出 A_n 后代入式(3-2)即可；但是，若采用摩擦型高强螺栓，还应考虑截面上每个螺栓所传的力中有部分是通过摩擦力在孔前区域传递，故净截面上所受内力应扣除所传走的该部分力，则净截面强度计算采用下式：

$$\sigma=\left(1-0.5\frac{n_1}{n}\right)\frac{N}{A_n}\leqslant0.7f_u \tag{3-3}$$

式中：n——在节点或拼接处，构件一端连接的螺栓总数；

n_1——所计算截面的螺栓数目。

(3) 当构件为沿全长采用铆钉或螺栓连接而成的组合构件时(图 3.4),应以“净截面屈服”作为其承载力极限状态,以免构件的塑性变形过大,强度计算公式为

$$\sigma=\frac{N}{A_n}\leqslant f \tag{3-4}$$

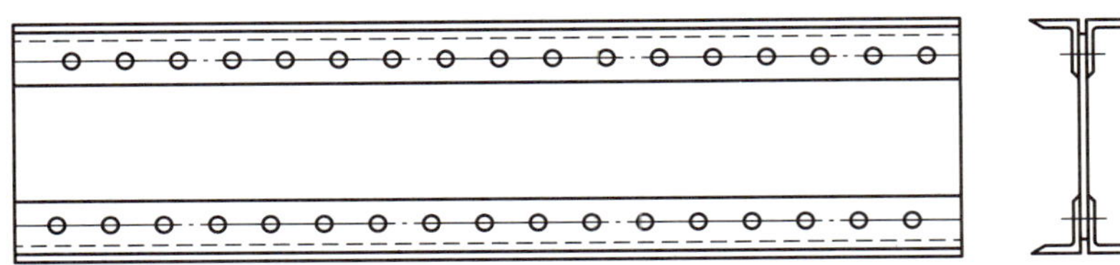

图 3.4 通长采用螺栓连接的组合构件

【例题 3-1】 如图所示为单层厂房普通钢屋架的双角钢拉杆,截面为 2∠100×12,填板厚度(两角钢相并时的间隙)为 10 mm,轴心拉力设计值为 800 kN,拉杆计算长度为 6 m。每根角钢两端有普通螺栓孔(图 3.5 表示了一端,与另一端对称),孔径 d_0 = 20 mm,假定无偏心,钢材为 Q235 钢。试对此拉杆进行强度及刚度的验算。

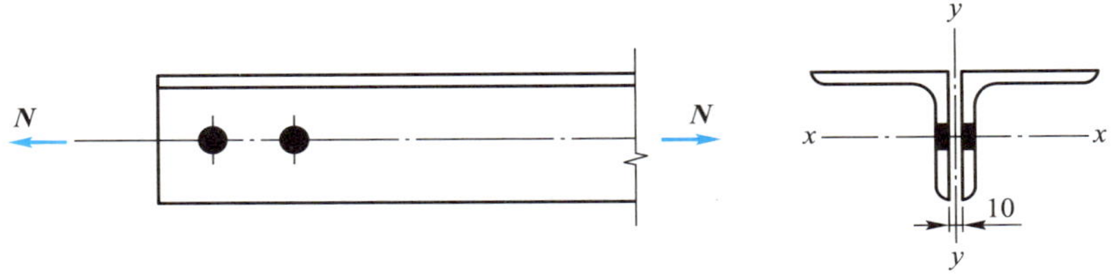

图 3.5 例题 3-1 中的双角钢

【解】 由附表 3-4、附表 2-1 得构件参数及材料强度:2∠100×12 角钢,截面面积 $A=45.60\ \text{cm}^2$,$i_x=3.03\ \text{cm}$,$i_y=4.56\ \text{cm}$;Q235 钢的设计强度 $f_y=215\ \text{N/mm}^2$,最小抗拉强度 $f_u=370\ \text{N/mm}^2$。

(1) 强度计算

两个角钢相靠的两个肢端部各有两个螺栓,外排螺栓所在截面最为危险,肢厚为 10 mm,则最危险的净截面 A_n 为

$$A_n=45.60\times10^2\ \text{mm}^2-2\times10\times20\ \text{mm}^2=4\ 160\ \text{mm}^2$$

采用毛截面屈服准则:

$$\sigma=\frac{N}{A}=\frac{800\times1\ 000\ \text{N}}{4\ 560\ \text{mm}^2}=175.4\ \text{N/mm}^2<f=215\ \text{N/mm}^2$$

采用净截面断裂准则:

$$\sigma=\frac{N}{A_n}=\frac{800\times1\ 000\ \text{N}}{4\ 160\ \text{mm}^2}=192.3\ \text{N/mm}^2<0.7f_u=259\ \text{N/mm}^2$$

(2) 刚度计算

由表 3-1 知该轴心拉杆的容许长细比为 350,因为 i_x 较小,校核最大长细比

$$\lambda_{max}=\frac{l}{i_x}=\frac{600}{3.03}=198<[\lambda]$$

综上述计算可知，该轴心拉杆的强度及刚度均满足要求。

3.3.2 轴心受压构件的强度计算

轴心受压构件的承载能力多取决于稳定条件，截面强度一般不起控制作用。构件截面无孔洞削弱时，可不必计算其截面强度。对于端部连接或中部拼接采用紧固件连接的轴心受压构件，虽然截面有孔洞削弱，因孔洞处有螺栓或铆钉直接传力，视为孔洞压实，可仅采用毛截面强度计算公式(3-1)；若孔洞为无紧固件的虚孔，则尚需要对孔心所在截面按照净截面强度计算公式(3-2)进行计算。

3.3.3 端部部分连接构件的有效截面

轴心受力构件的组成板件在节点或拼接处并非直接传力时，截面不能全部发挥作用。以图3.6所示轴心受拉构件为例，仅在工字形上、下翼缘上设置拼接板，拼接板和上、下翼缘采用侧面角焊缝连接。该构件中的力线由作用位置逐渐向连接处传递，在远离连接处的母材(工字形钢)截面应力分布均匀，当力传递至接近连接处时，截面上应力转为非均匀分布。从1-1截面的应力分布情况看，其截面不能全部发挥作用，在达到全截面屈服之前焊缝处可能会出现裂缝。因此，设计上仍可按照平均应力计算，但采用有效截面面积 A_e，即计算截面(危险截面)的截面面积 A 乘以有效截面系数 η，强度计算式如下：

$$\sigma=\frac{N}{\eta A}\leqslant f \tag{3-5}$$

当采用螺栓连接时，式(3-5)中的 A 应改为 A_n。构件受压时的端部部分连接构件，在危险截面也难以达到均匀屈服，虽然无被拉断的危险，但也采用有效截面进行强度计算。按照现行GB 50017—2017《钢结构设计标准》规定，对于端部部分连接的工字形或H形截面的轴心受力构件，仅翼缘连接时 η 取值为0.9；仅腹板连接时 η 取值为0.7。对于节点或拼接处采用单边连接的角钢截面的轴心受力构件，可取值为0.85。

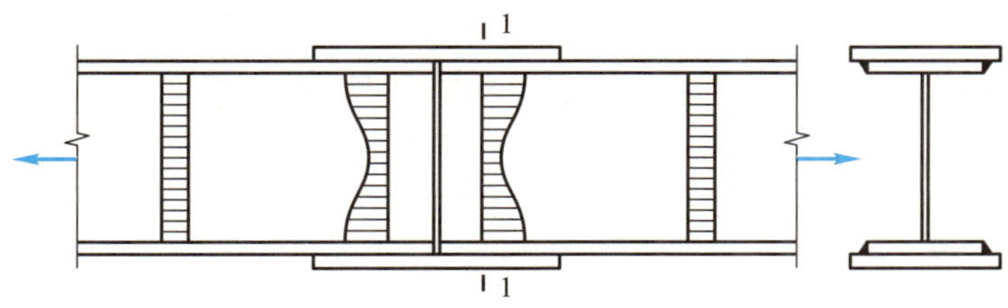

图3.6 工字形截面端部部分连接

3.3.4 轴心受力构件的刚度

轴心受拉构件和受压构件的刚度通常用长细比来衡量，长细比愈小，表示构件刚度愈大，反之则刚度愈小。长细比过大会使构件在使用过程中容易因自重发生挠曲；在动力荷载作用下容易产生振动；在运输和安装过程中容易产生弯曲。此外，对于轴心受压构件，初弯曲或挠曲对构件的整体稳定性具有不利影响。因此，设计时应使构件长细比不超过规定的容许长细比。

计算构件长细比时，应分别考虑绕截面两个主轴即 x 轴和 y 轴的长细比 λ_x 和 λ_y 应都不超过规定的容许长细比，即采用下式进行刚度验算：

$$\lambda = \max\{\lambda_x, \lambda_y\} = \max\left\{\frac{l_{0x}}{i_x}, \frac{l_{0y}}{i_y}\right\} \leqslant [\lambda] \tag{3-6}$$

式中：λ——构件的最大长细比；

l_{0x}、l_{0y}——构件对 x 轴和 y 轴的计算长度；

i_x、i_y——构件截面对 x 轴和 y 轴的回转半径；

$[\lambda]$——容许长细比，参见表 3-1 和表 3-2。

表 3-1　受拉构件的容许长细比

构件名称	承受静力荷载或间接承受动力荷载的结构			直接承受动力荷载的结构
	一般建筑结构	对腹杆提供平面外支点的弦杆	有重级工作制吊车的厂房	
桁架的杆件	350	250	250	250
吊车梁或吊车桁架以下的柱间支撑	300	—	200	—
除张紧的圆钢外的其他拉杆、支撑、系杆等	400	—	350	—

表 3-2　受压构件的容许长细比

构件名称	容许长细比
轴心受压柱、桁架和天窗架中的压杆	150
柱的缀条、吊车梁或吊车桁架以下的柱间支撑	150
支撑	200
用以减小受压杆件长细比的杆件	200

3.4　轴心受压构件的整体稳定性

图 3.7a 所示无缺陷的轴心受压构件，在压力较小时，只有轴向压缩变形，并保持直线平衡状态。若有水平扰动使构件产生微小弯曲，当撤去扰动后，构件可恢复到原来的直线平衡位置，则称此时处于稳定平衡状态。轴压力增加到一定值时，加水平扰动会使构件偏离直线平衡位置，撤去扰动后构件仍停留在所偏离的位置，则称此时处于临界状态，标志着构件开始失稳。

图 3.7b 为轴压力 P 和轴向压缩量 Δl 的关系，当加载至 P_{cr} 后，会突然出现图 3.7a 中的侧向弯曲，而且承载力会迅速降低，该现象称为屈曲，P_{cr} 即为临界力，到了 P_{cr} 点即刻开始失稳。可见，了解临界状态所在才能设法避免构件失稳。

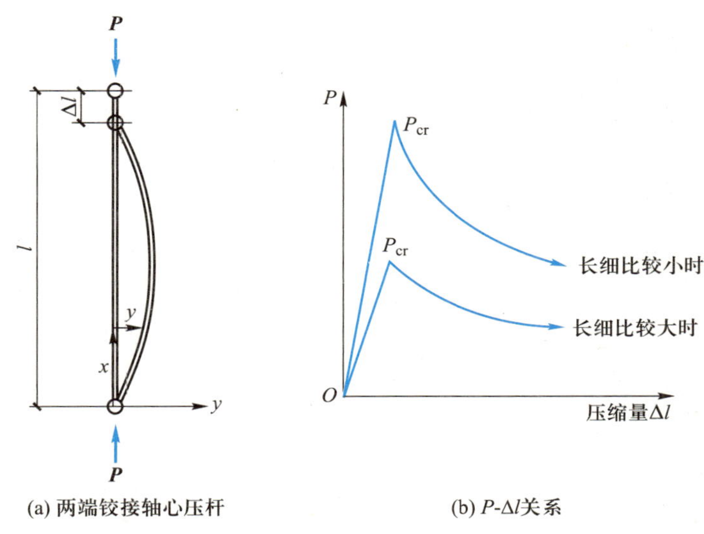

图 3.7　两端铰接的轴压杆屈曲

3.4.1　轴心受压构件的整体失稳形态

轴心受压构件整体失稳的变形形式包括弯曲变形、扭转变形和弯扭变形三种，与截面形式相关。为了解不同截面形式的轴压构件可能发生的失稳形式，首先引入具有初始缺陷的开口薄壁杆件的弹性微分方程（整体失稳变形平衡方程），即以下三个微分方程：

$$EI_x(v''-v_0'')+Nv-Nx_0\theta=0 \tag{3-7a}$$

$$EI_y(u''-u_0'')+Nu-Ny_0\theta=0 \tag{3-7b}$$

$$EI_\omega(\theta'''-\theta_0''')-GI_t(\theta'-\theta_0')-Nx_0v'+Ny_0u'+r_0^2N\theta'-\overline{R}\theta'=0 \tag{3-7c}$$

$$r_0^2=\frac{I_x+I_y}{A}+x_0^2+y_0^2 \tag{3-8a}$$

$$\overline{R}=\int_A\sigma_r(x^2+y^2)\,\mathrm{d}A \tag{3-8b}$$

式中：N——构件的轴心压力；

I_x、I_y——截面对主轴 x 和 y 轴的惯性矩；

I_t——截面抗扭惯性矩；

I_ω——截面扇形惯性矩；

u、v、θ——沿 x、y 方向位移和绕 z 轴的转动角，即三个位移分量；

u_0、v_0、θ_0——三个初始位移分量；

x_0、y_0——剪力中心的坐标（以截面形心为坐标原点）；

σ_r——截面上的残余应力，取拉应力为正。

1. 双轴对称截面轴压构件的弯曲失稳和扭转失稳

双轴对称截面如工字形截面的轴压构件，其截面形心与剪切中心重合，即 $x_0=0$，$y_0=0$，于是上述三个微分方程相互独立，可单独求解，分别求得 v、u 和 θ。沿 y 方向产生位移 v 则说明发生绕 x 轴（强轴）的弯曲变形，沿 x 方向产生位移 u 则说明发生绕 y 轴（弱轴）的弯曲变形，二者均称为弯曲失稳，如图 3.8 所示。两个主轴方向的计算长度相同的情况下，对强轴的长细比较小，相应的临界力 P_{cr} 较大(图 3.7b)，故不易失稳，这时发生绕弱轴的弯曲失稳(图 3.8b)。

求解后得到绕 z 轴的转动角 θ 则说明失稳时呈扭转变形状态，称为扭转失稳。以长度较小的十字形截面构件为例，因抗扭刚度较差，当轴压力达到临界值时，无法保持稳定平衡状态而发生微扭转，继续加载则扭转变形迅速增大，致使构件丧失承载能力，即发生扭转失稳(图 3.9a)。

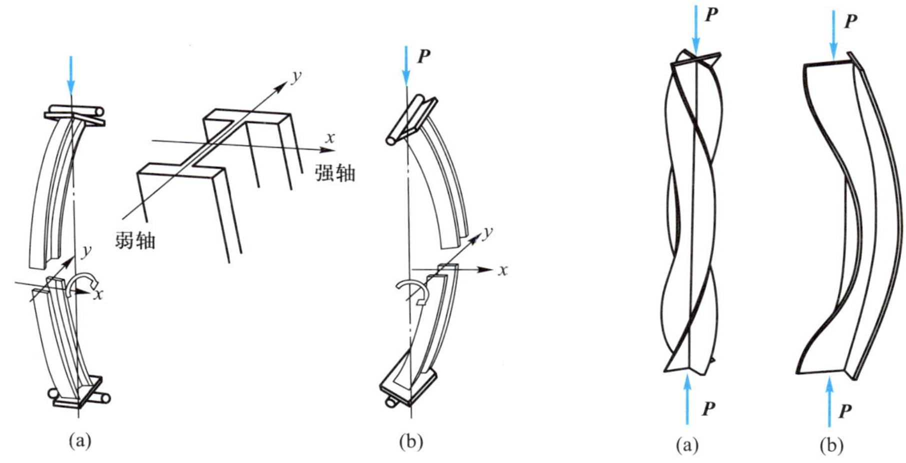

图 3.8　工字形截面轴压构件的弯曲失稳

图 3.9　扭转失稳和弯扭失稳

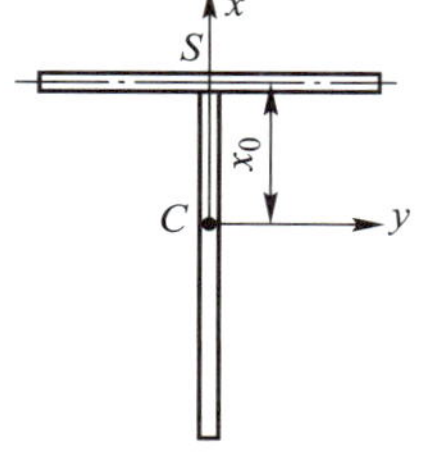

图 3.10　T 形截面

2. 单轴对称截面轴压构件弯曲失稳和弯扭失稳

对于单轴对称截面的轴心受压构件，如 T 形截面构件，截面形心和剪切中心不重合，即 $x_0 \neq 0, y_0 = 0$，如图 3.10 所示。上述三个微分方程中，式(3-7b)可独立求解得 u，而式(3-7a)和式(3-7c)需联立求解得 v 和 θ。沿 x 方向产生位移 u 则说明发生绕 y 轴(非对称轴)的弯曲变形，即发生弯曲失稳。同时得到 v 和 θ 说明绕 x 轴(对称轴)发生弯曲变形的同时还伴有扭转变形，这种失稳形式称为弯扭失稳(图 3.9b)。

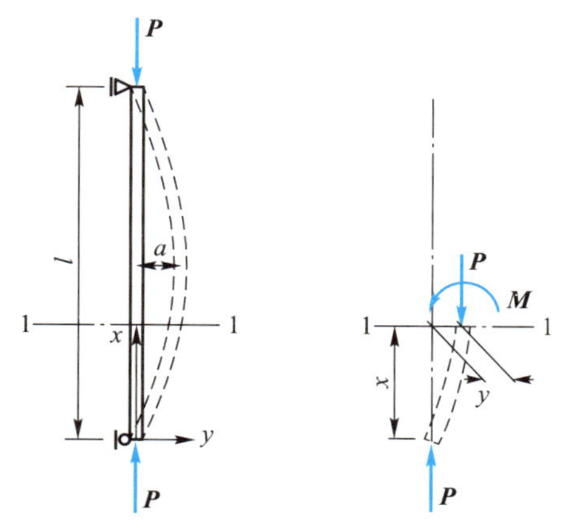

图 3.11　理想压杆屈曲后截面内力

3.4.2　理想轴心压杆的弹性屈曲

理想轴心压杆基于如下假定：杆件为等截面直杆；压力作用线与杆件形心轴重合，不存在偏心；材料为均质、各向同性且无限弹性，符合胡克定律；杆件无初始应力，也无初弯曲等初始缺陷，杆端为铰接。

1. 伴随屈曲产生的截面内力

在轴压力较小时，杆件的截面内力只有轴力；当轴压力增大发生屈曲时，因杆件弯曲，如图 3.11 所示，偏离下面支座任意位置的截面上产生挠度 y，该截面的内力除了

轴力 P 外，还有附加弯矩 $M=Py$。该附加弯矩的变化也反映外力作用对截面内力的影响程度。

2. 压杆变形与截面内力的关系

杆件的变形包括弯曲变形和剪切变形两部分，微挠曲情况下，由于剪切变形很小，故只考虑弯曲变形与截面内力的关系。弯曲变形程度用曲率 K 表示的话，其与抵抗弯曲变形的弯矩之间的关系采用式(3-9)表示，因挠曲 y 方向设为正，故等号右侧带负号。

$$M=-EI\frac{d^2y}{dx^2}=-EIK \tag{3-9}$$

式中：E——弹性模量；

I——截面惯性矩。

3. 欧拉临界荷载

早在 1744 年，欧拉(Euler)对理想轴心压杆的整体稳定问题进行了研究。在弹性微弯状态下，根据外力矩平衡条件，建立平衡微分方程，求解后得到欧拉临界荷载。平衡微分方程来自式(3-9)，即

$$EI\frac{d^2y}{dx^2}+Py=0 \tag{3-10}$$

将挠度曲线用正弦曲线表达，即

$$y=a\sin\frac{\pi}{l}x \tag{3-11}$$

式中，a 为杆件中点的挠度。将式(3-11)微分后代入式(3-10)可得

$$a\left[\frac{P}{EI}-\left(\frac{\pi}{l}\right)^2\right]\sin\frac{\pi}{l}x=0 \tag{3-12}$$

上式有两个解：一个解是 a 为零，杆件处于直线稳定平衡状态；另一个解是中括号部分为零，可以求得 P，即处于临界状态时的欧拉临界荷载：

$$P_E=\frac{\pi^2EI}{l^2}=\frac{\pi^2EA}{\lambda^2} \tag{3-13}$$

该临界状态的截面平均应力称为欧拉临界应力：

$$\sigma_E=\frac{P_E}{A}=\frac{\pi^2E}{\lambda^2} \tag{3-14}$$

3.4.3 中短柱的弹塑性屈曲

通常临界荷载和临界应力用 P_{cr} 和 σ_{cr} 表示，由式(3-14)可知欧拉临界应力 σ_{cr} 与 λ 为双曲线关系(图 3.12)，称为欧拉双曲线。当 σ_{cr} 超过比例极限(近似地以 f_y 为弹性限值)时，材料不能遵守胡克定律。如果是理想弹塑性材料，继续加载会出现 σ_{cr} 维持 f_y 不变的状态，如图 3.12 中的水平线段部分所示。

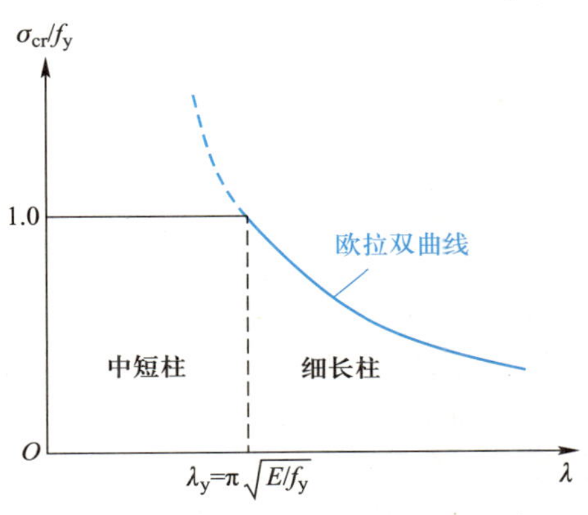

图 3.12 临界应力与长细比的关系

以 $\sigma_{cr}=f_y$ 时的长细比 λ_y 为分界线，λ 大于 λ_y 的区域属于细长柱，发生弹性屈曲，而 λ 小于 λ_y 的区域

是中短柱。有些钢材的应力-应变曲线并无明显的屈服平台，上述理想弹塑性的临界应力显然不适合这种情况，那么如何计算呢？

1947 年香莱（Shanley）利用弹塑性屈曲模型（Shanley 模型）研究了理想轴心压杆的非弹性稳定问题，确定用材料的切线模量 E_t 替代弹性模量计算弹塑性屈曲荷载，即

$$P_t=\frac{\pi^2 E_t A}{\lambda^2} \tag{3-15}$$

式中，P_t 也称为切线模量临界荷载，用应力表示则称为切线模量临界应力 σ_t，即

$$\sigma_t=\frac{\pi^2 E_t}{\lambda^2} \tag{3-16}$$

事实上，早在 1889 年恩格塞尔（Engesser F.）就提出用切线模量理论求非弹性临界荷载，即式（3-15）。但是，1891 年康西德尔（Considere A.）又提出折算模量理论，认为构件微弯时存在着凹面的加压区和凸面的卸压区，并视加压区的变形模量为 E_t，卸压区的变形模量为弹性模量 E，进而用折算模量 $E_r=(E_t I_1+EI_2)/I$ 代替弹性模量 E 计算非弹性临界荷载，其中 I_1 和 I_2 分别为截面的加压区和减压区对中和轴的惯性矩。然而，试验研究表明，实际临界荷载达不到 $P_r=\pi^2 E_r A/\lambda^2$，更加接近 P_t，香莱（Shanley）的研究从理论上阐明了 P_t 计算公式的合理性。

3.4.4 影响轴心受压构件整体稳定性的因素

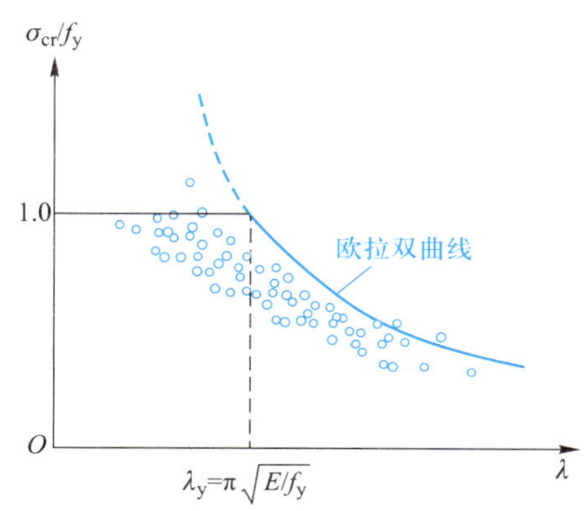

图 3.13 轴心压杆的稳定性试验结果

仅就理想轴压构件而言，构件长度与截面几何尺寸及材料力学性能均会影响到临界荷载。由于实际结构往往是非弹性的，杆端约束方式也不限于铰接，而且难免会有几何缺陷（初弯曲、初偏心）、力学缺陷（残余应力、材料力学性能不均匀等），大量轴心压杆稳定性试验结果表明，试验值分布在图 3.13 所示的较宽分布带，这与各种缺陷的影响程度密切相关。以下就几种主要因素分别阐述。

1. 杆端约束的影响

欧拉临界荷载求解时，利用正弦曲线的形状表现弯曲变形。表 3-3 所示几种端部约束条件下，弹性屈曲的形状各不相同。端部无侧移的情况下，两端铰接时，两端部曲率为零，视为两个反弯点，则半波长度正好是几何长度 l；一端铰接、一端刚接时，反弯点间距为 $0.7l$；两端刚接时，反弯点间距为 $0.5l$。端部有侧移的情况下，一端刚接、一端铰接时，形成一个半波的反弯点间距为 $2l$；两端刚接时，形成一个半波的反弯点间距为 l。

欧拉临界荷载计算中取正弦曲线的半波长度作为计算长度，引入计算长度系数 μ，则计算长

度 $l_0=\mu l$，l 为几何长度。欧拉临界荷载 $P_E=\pi^2 EI/(\mu l)^2$，支承端的约束程度越大，计算长度系数越小，临界荷载越大。实际工程很难做到完全固接，所以计算长度系数 μ 可以根据经验适当增加，表 3-3 中提供了 μ 的建议值。

表 3-3　轴压构件计算长度系数 μ

侧移条件	无侧移			有侧移	
支承条件	两端铰接	两端刚接	一端铰接 一端刚接	一端铰接 一端刚接	两端刚接
屈曲形式	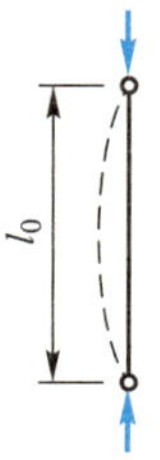 l_0	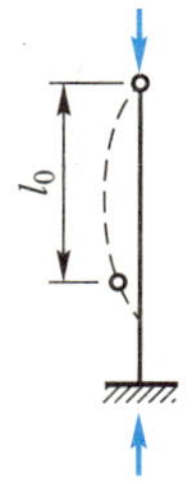 l_0	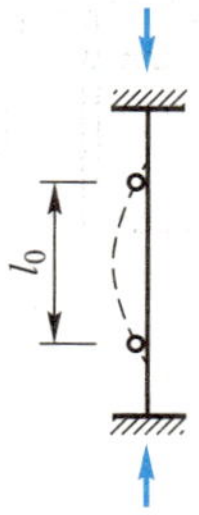 l_0	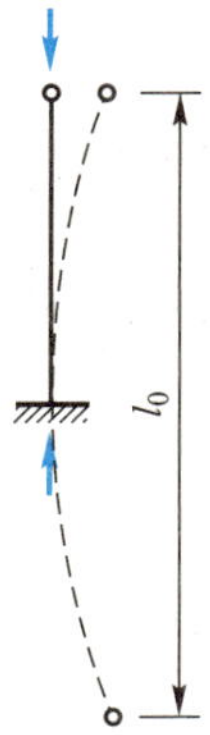 l_0	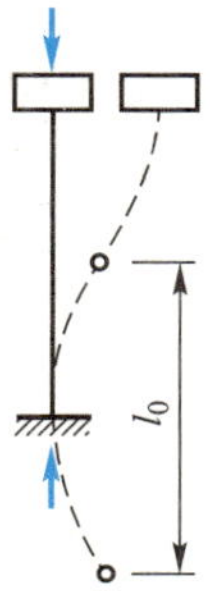 l_0
μ 理论值	1.0	0.7	0.5	2.0	1.0
μ 建议值	1.0	0.8	0.65	2.1	1.2

对于整体结构中的受压杆件，例如刚架柱等，把杆件分离出来计算时，需要考虑实际支承条件（包括侧向支承）确定合适的计算长度。关于框架柱的计算长度计算方法，可在后续学习中参考相关教材，例如参考文献［3］《钢结构设计》。

2. 残余应力的影响

型钢轧制、组合截面钢构件制作过程中的焊接及火焰切割等，都可以在构件中产生自相平衡的应力，即残余应力。其产生原因主要有：型钢轧制后的不均匀冷却；焊接时的不均匀加热和不均匀冷却；板边缘经火焰切割后的热塑性收缩；构件经冷校正产生的塑性变形。

（1）残余应力分布

残余应力包括纵向残余应力（平行于杆轴）、横向残余应力（垂直于杆轴）和厚度方向的残余应力。横向和厚度方向的残余应力绝对值一般很小，对杆件承载力影响也不大，通常只考虑纵向残余应力。为了分析残余应力对轴压构件承载力的影响，利用经过简化的几种典型截面的残余应力分布图进行讨论，其中，压应力取负值，拉应力取正值。残余应力的简图一般用直线或简单的曲线组成。

如图 3.14a～d 及图 3.14f～g 所示均为纵向残余应力的分布图，而图 3.14e、h 体现了厚板或厚壁截面的残余应力。

① 图 3.14a 为热轧普通工字钢截面，因腹板较薄，热轧以后首先冷却，翼缘在冷却的过程中受到腹板的约束作用，故在翼缘产生拉应力，而腹板的中部受到压缩产生压应力。

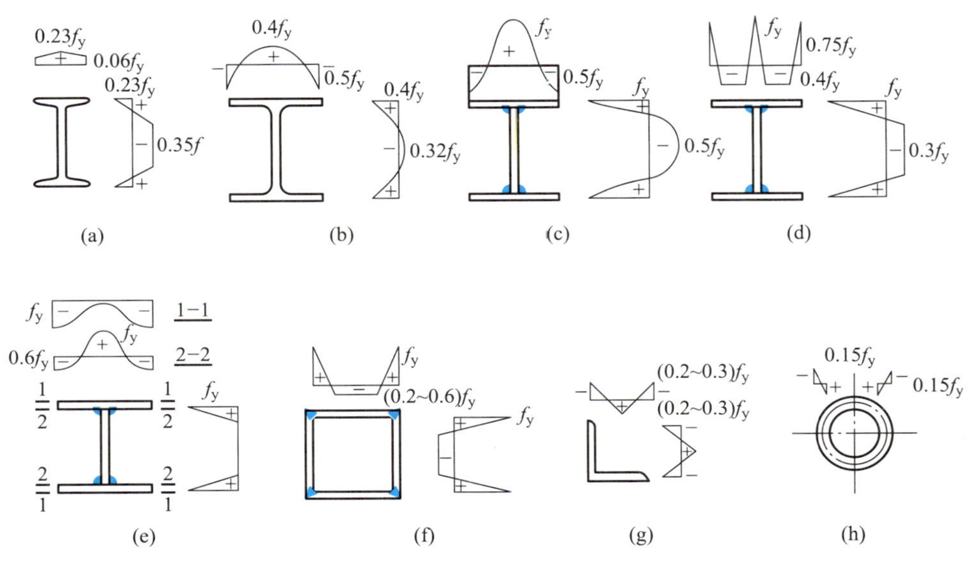

图 3.14　典型截面的残余应力分布简图

② 图 3.14b 为热轧 H 型钢截面，因翼缘较宽，其外伸端部先冷却故产生较高的残余压应力。

③ 图 3.14c 为翼缘是轧制边或火焰切割后刨边的焊接工字形截面，其残余应力分布情况与 H 型钢类似，但翼缘与腹板连接处的残余拉应力较高，一般会达到屈服强度。

④ 图 3.14d 为翼缘是火焰切割边的焊接工字形截面，翼缘切割时也存在不均匀的温度场，因此边缘产生拉应力，翼缘与腹板连接处的残余拉应力也一般会达到屈服强度。

⑤ 图 3.14e 为采用厚翼缘板的焊接组合工字形截面，其沿翼缘厚度方向的残余应力有较大变化。图中，翼缘板的外表面具有残余压应力，翼缘外伸端部的应力可高达屈服强度；而翼缘板的内表面，在翼缘与腹板连接处具有可达到屈服强度的残余拉应力。

⑥ 图 3.14f 为焊接箱形截面，在连接焊缝处的残余拉应力可高达屈服强度，因残余应力自平衡，在侧板的中部存在残余压应力，并随板件的宽厚比和焊缝的大小而变化。

⑦ 图 3.14g 为热轧等边角钢截面，其残余应力峰值与角钢肢宽有关。

⑧ 图 3.14h 为轧制无缝钢管沿壁厚变化的残余应力，其外表面先冷却，内表面冷却时受外表面的约束而产生残余拉应力，而外表面具有残余压应力，但峰值都比较小。

（2）残余应力的影响（以短柱为例）

下面以截面有残余应力的双轴对称工字形钢短柱分析残余应力的影响。柱的长细比 $\lambda \leq 10$，因只为说明问题，忽略对短柱屈曲影响不大的腹板及其残余应力影响，将翼缘的残余应力简化为三角形分布（图 3.15c），并假定短柱材料为理想弹塑性。

本例中残余应力峰值为 $0.4f_y$，图 3.15g 中的 P 点为截面平均应力的比例极限，当应力达到 $0.6f_y$ 时截面外边缘开始屈服，较无残余应力时提前进入弹塑性状态，随着荷载增加，最终应力还是达到屈服强度（图 3.15g 中的 Y 点）。从图 3.15g 所示应力−应变曲线看，有残余应力（实线）和无残余应力（虚线）的确有所不同，但是对稳定承载力有何影响呢？

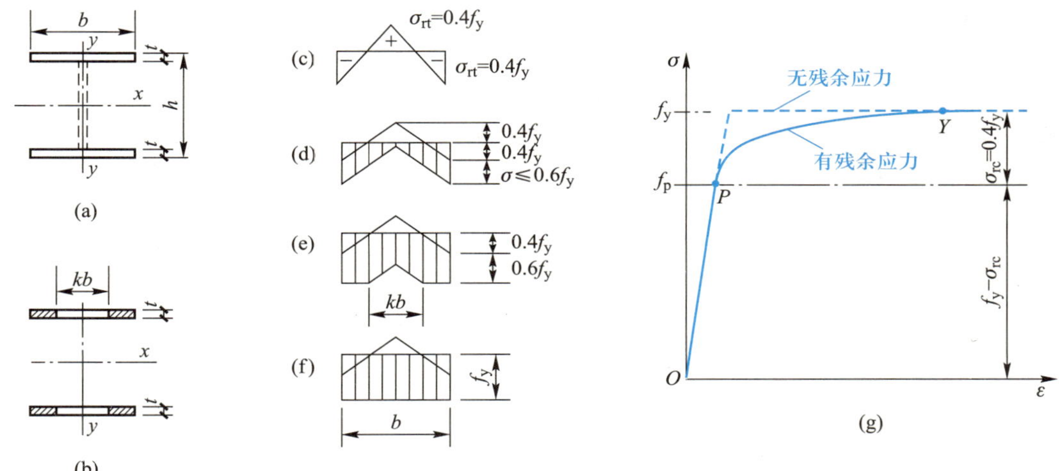

图 3.15　残余应力对短柱影响示意图

① 弹性阶段（$\sigma=N/A<f_y-\sigma_{rc}=0.6f_y$ 或 $\lambda>\lambda_p=\pi\sqrt{E/f_p}$ 时），截面应力分布情况如图 3.15d 所示，全截面处于弹性状态。根据压杆屈曲理论，采用欧拉公式计算临界力和应力：

$$N_{cr}=\frac{\pi^2 EI}{l^2} \tag{3-17a}$$

$$\sigma_{rc}=\frac{\pi^2 E}{\lambda^2} \tag{3-17b}$$

其中，σ_{rc} 为截面中绝对值最大的残余压应力。虽然残余应力使构件截面提前屈服，但是在屈服前发生失稳时，残余应力对临界力和临界应力值无影响。

② 弹塑性阶段（$\sigma\geqslant f_p$ 或 $\lambda\leqslant\lambda_p$ 时），如图 3.15e 所示，形成两端部分塑性、中间尚存在弹性区的分布，随着荷载的增加，弹性区会变小，直至形成全截面屈服（图 3.15f）。弹性区宽度用 kb 表示，b 为翼缘宽度。由于塑性区应力不变而变形增加，这时能够产生抵抗力矩的是截面的弹性区，因此，柱发生微弯的力平衡微分方程中，全截面惯性矩 I 应该用弹性区截面的惯性矩 I_e（也称为有效惯性矩）来代替。于是，临界力和应力应分别采用下式：

$$N_{cr}=\frac{\pi^2 EI_e}{l^2}=\frac{\pi^2 EI}{l^2}\cdot\frac{I_e}{I} \tag{3-18a}$$

$$\sigma_{cr}=\frac{\pi^2 E}{\lambda^2}\cdot\frac{I_e}{I} \tag{3-18b}$$

从上式可以看出，提前进入弹塑性阶段后，受残余应力影响，柱的抗弯刚度降低，并导致临界力（应力）低于无残余应力时的临界力（应力）。

值得注意的是，I_e/I 对截面的两个主轴并不相同。图 3.8 所示工字形截面柱可能发生绕强轴或弱轴的弯曲失稳，残余应力对绕不同主轴的临界应力的影响程度如何呢？

绕 x-x 轴（强轴）屈曲时：

$$\sigma_{crx}=\frac{\pi^2 E}{\lambda_x^2}\cdot\frac{I_{ex}}{I_x}=\frac{\pi^2 E}{\lambda_x^2}\cdot\frac{2t(kb)h^2/4}{2tbh^2/4}=\frac{\pi^2 E}{\lambda_x^2}\cdot k \tag{3-19}$$

绕 $y-y$ 轴（弱轴）屈曲时：

$$\sigma_{cry}=\frac{\pi^2 E}{\lambda_y^2}\cdot\frac{I_{ey}}{I_y}=\frac{\pi^2 E}{\lambda_y^2}\cdot\frac{2t(kb)^3/12}{2tb^3/12}=\frac{\pi^2 E}{\lambda_y^2}\cdot k^3 \tag{3-20}$$

因 $k<1.0$，显而易见，残余应力对绕弱轴稳定承载力的影响比对强轴的影响大得多。图 3.16 为考虑残余应力影响的量纲一柱子曲线，纵坐标为 σ_{cr} 与屈服强度 f_y 的比值，横坐标为正则化长细比 $\bar{\lambda}=(\lambda/\pi)\sqrt{f_y/E}$。采用该横坐标可以使曲线用于不同钢号的构件。对于理想弹塑性材料，无残余应力影响时，截面材料进入塑性后 σ_{cr}/f_y 保持 1.0（水平点划线）。在 $\bar{\lambda}=1.0$ 处残余应力使轴压杆稳定承载力下降幅度最大。

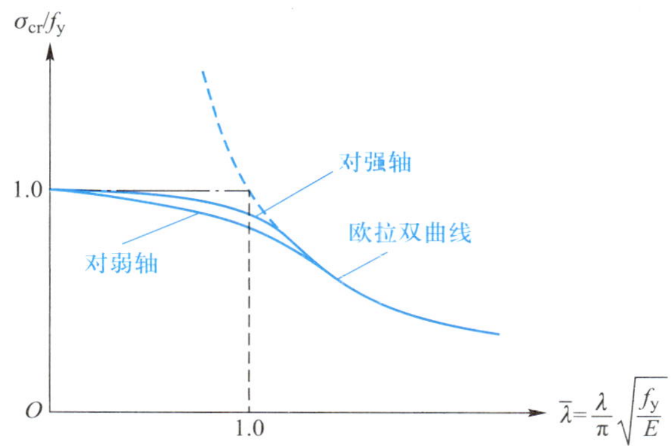

图 3.16　考虑残余应力影响的柱子曲线

总而言之，残余应力使轴压构件的弯曲刚度降低，对其稳定承载力有不利影响，尤其对绕弱轴屈曲的临界力影响更为突出。残余应力的分布情况不同，影响的程度也不同，残余应力值越大，越早提前进入弹塑性阶段；不同长细比的轴压构件，受残余应力的影响程度也不同。

3. 构件初弯曲的影响

实际的轴压构件不可能完全挺直，难免会因加工制造、运输安装等产生微小的初始弯曲。对于两端铰接的轴压构件，通常以图 3.17 所示正弦半波图形表示初弯曲的曲线形式。

（1）有初弯曲的弹性压杆的压力-挠度关系

在距下端原点为 x 处有初弯曲为 $y_0=v_0\sin(\pi x/l)$ 的压杆，受压力 N 作用后，杆件挠度增加 y，则总挠度为 y_0+y。根据图 3.17 所示隔离体的计算简图，建立弯曲构形下的弹性压杆的力平衡方程

$$-EIy''=N(y+y_0) \tag{3-21}$$

即

$$EIy''+N\left(y+v_0\sin\frac{\pi x}{l}\right)=0 \tag{3-22}$$

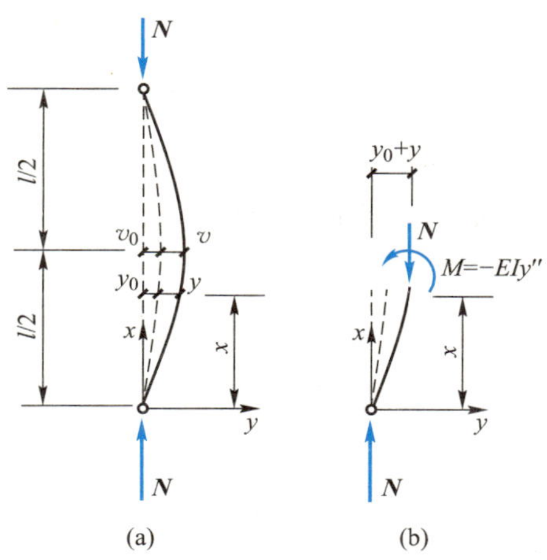

图 3.17　有初弯曲的轴压杆件计算简图

解此微分方程可得压杆的弹性挠曲线，总挠度值为

$$Y=y_0+y=\frac{v_0}{1-N/N_E}\sin\frac{\pi x}{l} \tag{3-23}$$

其中，N_E 为欧拉临界荷载。

式(3-23)右端的$\frac{1}{1-N/N_E}$称为挠度放大系数，即具有初挠度 v_0 的轴心压杆在轴力 N 作用下总挠度 v_m 的放大倍数，如下式：

$$v_m=v_0+v=\frac{v_0}{1-N/N_E} \tag{3-24}$$

可知，杆的总挠度 v_m 与压力 N 的关系并非按比例增加，当压力 N 达到杆的欧拉临界力 N_E 时，对于有不同初弯曲的压杆，v_m 均趋近于无限大，如图 3.18 所示，挠度开始增加较慢，随后增加较快。从图中还可以看出，相同轴压力下，初弯曲越大，杆件的总挠度越大；初弯曲即使很小，压杆的承载力也会低于理想压杆的欧拉临界力。

图 3.18 中用两条实曲线表示了弹性体材料的压杆在初挠度为 0.1 cm 和 0.3 cm 时的压力-挠度关系，可是实际压杆并非完全弹性，特别是长细比不很大的压杆，在压力尚未达到 N_E 前即出现塑性变形，截面在边缘屈服后，随着荷载增加，塑性区扩大，致使其稳定承载力降低，图中的虚线表示弹塑性阶段的压力-挠度曲线。

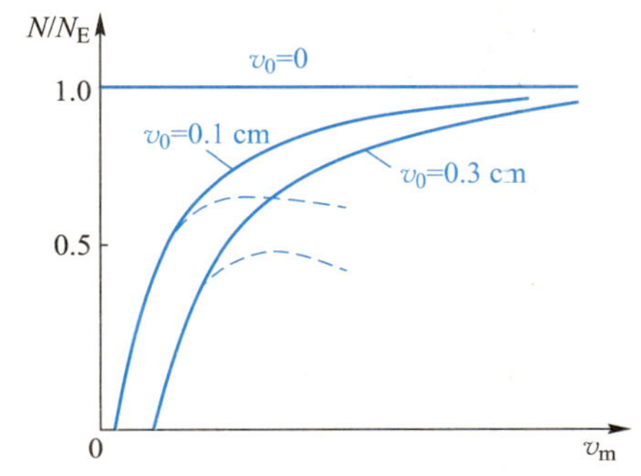

图 3.18　有初弯曲压杆的压力-挠度关系

(2) 考虑初弯曲影响的压杆临界应力

利用上述压力-挠度曲线并不能反映初弯曲影响下不同长细比与压杆承载力的关系。那么我们先进行以下推导：

对于无残余应力仅有初弯曲的轴心压杆，截面开始屈服的条件为

$$\frac{N}{A}+\frac{Nv_m}{W}=\frac{N}{A}+\frac{Nv_0}{W\left(1-\frac{N}{N_E}\right)}=f_y \tag{3-25}$$

式中,W 为受压最大纤维毛截面抵抗矩。

由上式可以看出,初弯曲的大小会影响轴心压杆截面开始屈服的时间,初弯曲越大,开始屈服越早,这一点从图 3.18 也可以看出。

在这里引入相对初弯曲 $\varepsilon_0=v_0/(W/A)=v_0/\rho$,也称为初弯曲率,其中 ρ 为截面核心距。则式(3-25)可以整理成以下形式:

$$\frac{N}{A}\left[1+\frac{\varepsilon_0}{1-\frac{N}{N_E}}\right]=f_y \tag{3-26}$$

改成用应力表达则为

$$\sigma\left[1+\frac{\varepsilon_0\sigma_E}{\sigma_E-\sigma}\right]=f_y \tag{3-27}$$

求解上式,并将其有效解用临界应力 σ_{cr} 表示,可得

$$\sigma_{cr}=\frac{f_y+(1+\varepsilon_0)\sigma_E}{2}-\sqrt{\left[\frac{f_y+(1+\varepsilon_0)\sigma_E}{2}\right]^2-f_y\sigma_E} \tag{3-28}$$

上式称为 Perry 公式,是基于边缘屈服准则推导而来的,因此代表边缘纤维开始屈服时的临界应力。我国 GB 50205—2020《钢结构工程施工质量验收标准》规定普通钢构件初弯曲的最大允许值为 $v_0=l/1\,000$,故 GB 50017—2017《钢结构设计标准》标准采用初弯曲允许值计算相对初弯曲 ε_0,即

$$\varepsilon_0=\frac{\lambda}{1\,000}\times\frac{i}{\rho} \tag{3-29}$$

式中,i/ρ 与截面形式相关,该值越大,则截面边缘纤维屈服越早,初弯曲的不利影响也越大,图 3.19 为几种压杆截面 i/ρ 的近似值,图中显示的 x 或 y 轴代表弯曲轴。可以看出,材料聚集在弯曲轴或其附近时 i/ρ 较大。

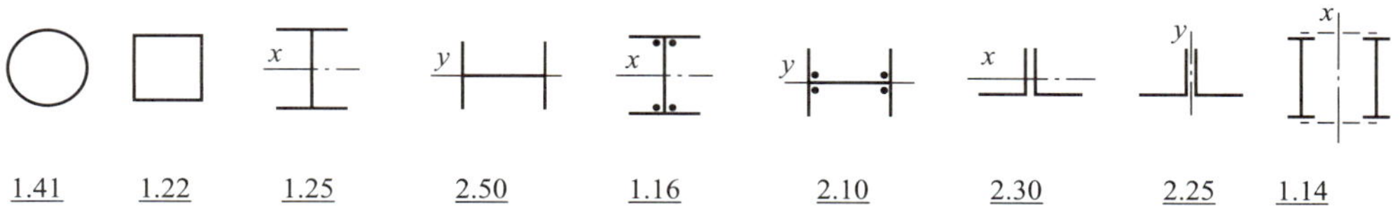

图 3.19 几种截面的 i/ρ 值

将欧拉临界应力公式代入式(3-28)后,用 σ_{cr} 除以 f_y,并整理成以正则化长细比 $\bar{\lambda}$ 和相对初弯曲 ε_0 为自变量的形式,则

$$\bar{\sigma}=\frac{\sigma_{cr}}{f_y}=\frac{1}{2}\left\{1+\frac{1}{\bar{\lambda}^2}(1+\varepsilon_0)-\sqrt{\left[1+\frac{1}{\bar{\lambda}^2}(1+\varepsilon_0)\right]^2-\frac{4}{\bar{\lambda}^2}}\right\} \tag{3-30}$$

由上式可以绘制仅考虑初弯曲的量纲一的柱子曲线。与图 3.16 所示的考虑残余应力时的

柱子曲线类似，也是绕弱轴的柱子曲线低于绕强轴的柱子曲线，但是不同影响因素下绕同一主轴的柱子曲线位置不同。

4. 构件初偏心的影响

由于杆件尺寸偏差或安装误差等原因，使作用在杆端的轴压力偏离截面的形心，即所谓初偏心。有初偏心的压杆计算简图如图 3.20 所示，e_0 为偏心距。假设杆轴在受力前是平直的，在弹性工作阶段，杆件在微弯状态下建立的平衡微分方程为

$$EIy''+N(y+e_0)=0 \tag{3-31}$$

引入 $k^2=N/(EI)$，改写成以下形式：

$$y''+k^2y=-k^2e_0 \tag{3-32}$$

解微分方程可以得到杆中央的最大挠度为

$$v=e_0\left[\sec\frac{kl}{2}-1\right]=e_0\left[\sec\left(\frac{\pi}{2}\cdot\sqrt{\frac{N}{N_E}}\right)-1\right] \tag{3-33}$$

由式(3-33)可知，和初弯曲影响类似，当压力达到欧拉临界力 N_E 时，不同初偏心时的压杆挠度 v 均趋近于无限大。图 3.21 显示了偏心距为 0.1 cm 和 0.3 cm 的两种轴心压杆的压力-挠度曲线，图中虚线表示两种压杆的弹塑性阶段压力-挠度曲线。

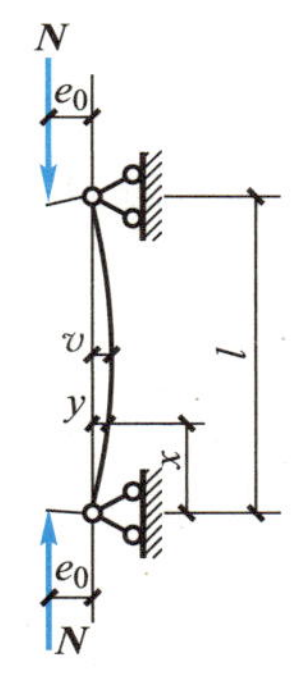

图 3.20　有偏心压杆

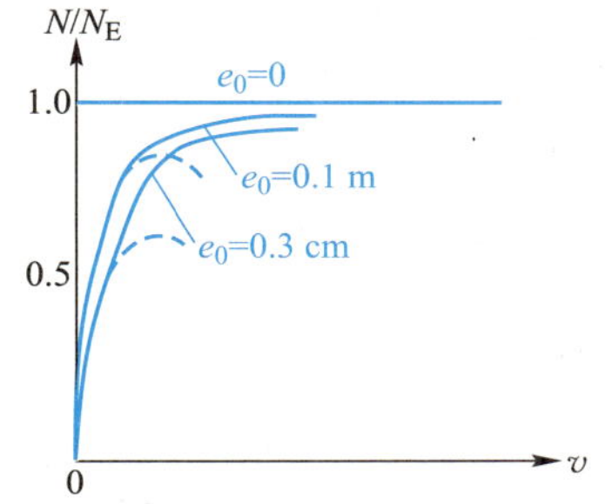

图 3.21　有初偏心压杆的压力-挠度曲线

初偏心对压杆的影响和初弯曲影响本质上相同，但影响程度有差别。因为初偏心值一般很小，除了对短杆稍有明显的影响外，杆件愈长影响愈小。因此，在确定实际构件稳定承载力时，通常将两者的影响一并考虑。

3.4.5　轴心受压构件的整体稳定性计算

1. 轴心受压构件的实际承载力

理想轴心压杆屈曲后的压力-挠度曲线如图 3.22 中的 DB 或 DB'、FC 或 FC'所示，即达到临界点 D 和 F 后分别呈现两个可能的平衡路径，属于平衡分叉失稳（第一类失稳），其中 D 点为弹性弯曲屈曲临界点，F 点为弹塑性弯曲屈曲临界点，对应的临界力分别为欧拉临界力 N_E 和切线

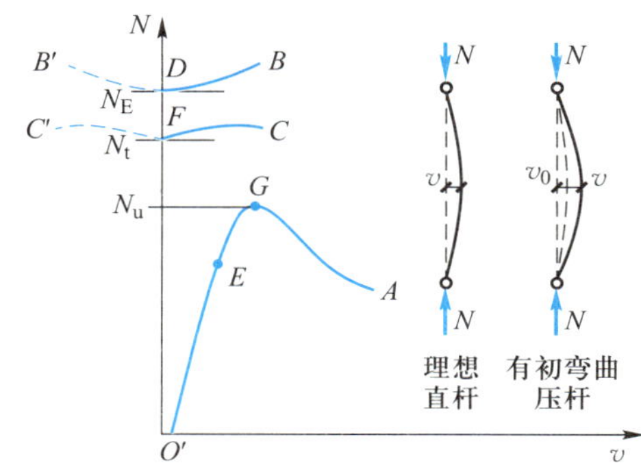

图 3.22 轴压构件的压力-挠度曲线

模量临界力 N_t。由上一节中的图 3.18 和图 3.21 可知，有初弯曲和初偏心时的弹塑性阶段的压力-挠度曲线都有极值点，属于第二类失稳（极值点失稳）。实际构件还经常不可避免地存在残余应力，有残余应力同时还有初弯曲或初偏心的压杆压力-挠度曲线如图 3.22 中的 $O'EGA$ 所示。残余应力会导致杆件截面边缘提前屈服（达到 E 点），之后构件进入弹塑性阶段，G 点达到极限承载力。G 点后，因压杆的抵抗能力小于外力作用，承载力开始下降，并不能维持稳定平衡状态。因此，轴压杆件的实际承载力应该是 N_u，以此作为极限状态进行设计计算，即采用最大强度准则。

由于各种缺陷同时达到最不利的可能性很小，对于普通钢结构，通常只考虑影响最大的两种缺陷，即残余应力和初弯曲。采用最大强度准则进行计算时，若同时考虑残余应力和初弯曲，很难列出临界力的解析式，因为沿横截面的各点和沿杆件纵向的各截面的初始应力和初始应变均是变数，需要借助数值方法（常用数值积分法）求解。

2. 轴心受压构件稳定系数

图 3.16 绘制的是工字形截面考虑残余应力影响的柱子曲线。然而，在钢结构中轴压构件的截面形式多，即便构件长细比相同，稳定承载力也往往有很大差别。由图 3.13 所示的轴压构件的稳定性试验结果也可以看出，大量数据分布在一定的区域，形成较宽的分布带，试验中考虑了轴压构件的不同截面形式和不同的加工条件。由于这个分布带的上、下限差异较大，若用一条曲线来代表显然不合理，所以国内外多数国家采用多条柱子曲线代表这个分布带。

我国现行 GB 50017—2017《钢结构设计标准》采用四条柱子曲线，如图 3.23 所示。图中两条虚线表示系列柱子曲线所在分布带的上限和下限。柱子曲线的纵坐标为轴压构件临界应力（截面平均应力）σ_{cr} 与屈服强度 f_y 的比值，可用符号 φ 表示，称为轴压构件的稳定系数。柱子曲线横坐标通常用构件的正则化长细比 $\overline{\lambda}$ 表示，也可以用 $\lambda\sqrt{f_y/235}$ 表示，以直观反映稳定系数与长细比的对应情况。对于 Q235 钢，横坐标正好是 λ，引入钢号调整系数 $\varepsilon_k=\sqrt{235/f_y}$，则横坐标也可用 λ/ε_k 表示。

获得 a、b、c 和 d 四条曲线，需要首先通过理论计算并结合工程实际，合并归纳出四组柱子曲线，然后计算各组稳定系数的平均值。实际工程设计中的轴压构件长细比范围一般在 $\lambda=40\sim120$，在此范围内的 a 类柱子曲线较 b 类高 4%～15%，b 类柱子曲线较 c 类高 7%～13%，d 类曲线最低，主要用于厚板截面。GB 50017—2017《钢结构设计标准》的 a、b、c 和 d 四类截面的轴压构件稳定系数如附录 7 所示，表中数值根据 λ/ε_k 查得。

图 3.23 中列举了部分典型截面，属于 b 类的截面占钢结构中轴压构件的 75%，如轧制 H 型钢、焊接 H 型钢、焊接钢管及各种组合截面等。格构式构件绕虚轴的稳定性计算因不考虑截面上的塑性深入发展，采用边缘纤维屈服准则确定稳定系数 φ，研究分析后发现其柱子曲线与 b 类曲线相近，故选用 b 类截面的稳定系数计算。当槽形截面用于格构式构件的分肢时，因分肢的扭转变形受缀材牵制，故计算分肢绕其自身对称轴的稳定性时，也可采用 b 类曲线。

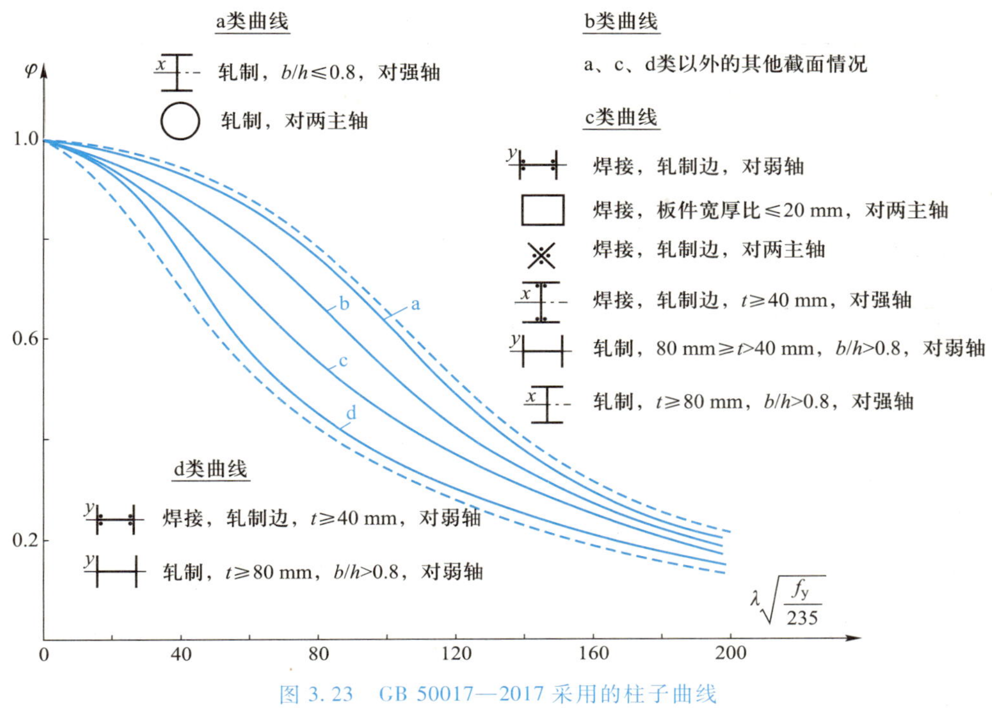

图 3.23　GB 50017—2017 采用的柱子曲线

关于图 3.23 中列举的 a、c 和 d 类截面归属，可从残余应力和初弯曲两方面的影响来理解。从残余应力峰值大小看，不难理解焊接截面较轧制截面所受残余应力影响大，而工字形截面对弱轴不利影响更大，用厚板时还会增加厚度方向残余应力的不利影响。翼缘为轧制或剪切边的焊接工字形截面，绕弱轴失稳时最外边缘为残余压应力，促使截面较早屈服，进而降低稳定系数。而对于初弯曲的影响，再看图 3.19 中 i/ρ 与截面形式的关系，由于 i/ρ 值大，会促使截面边缘纤维屈服早，初弯曲的不利影响变大，而且工字形截面对弱轴更加不利。

表 3-4a 和表 3-4b 分别是 GB 50017—2017《钢结构设计标准》按照板厚小于和不小于 40mm 分别归纳的截面分类表。注意表 3-4 中有 a* 类和 b* 类，表示对不同强度等级的钢材采用不同的类别，两类对应的都是热轧截面，而热轧型钢的残余应力峰值与钢材屈服强度增大与否无关，那么相对于高强度钢材的屈服强度而言，因残余应力与屈服强度比值相对较小，对稳定性带来的不利影响减弱，因此稳定系数相应提高。

表 3-4a　轴心受压构件的截面分类（板厚 $t<40$ mm）

截面形式		对 x 轴	对 y 轴
轧制（圆管）		a 类	a 类
轧制（工字形）	$b/h\leq0.8$	a 类	b 类
	$b/h>0.8$	a* 类	b* 类

续表

截面形式	对 x 轴	对 y 轴
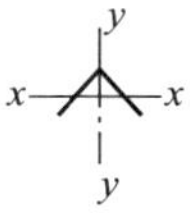 轧制等边角钢	a* 类	a* 类
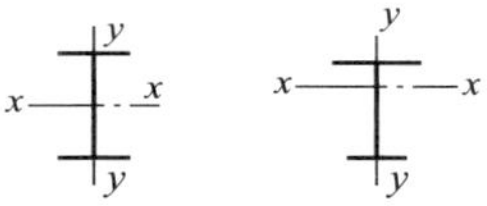 焊接、翼缘为焰切边 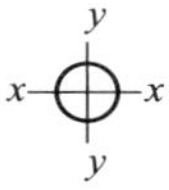 焊接 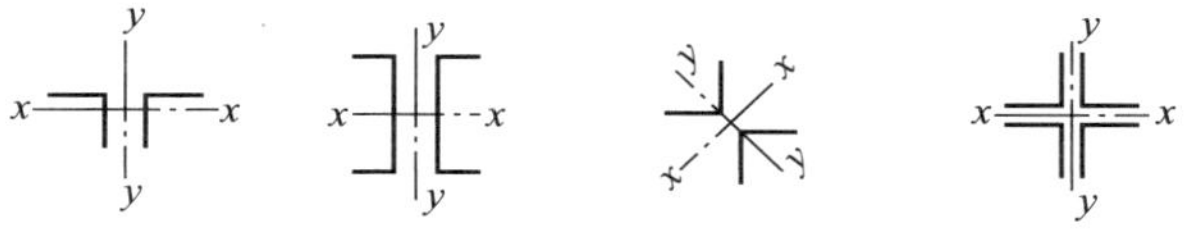 轧制 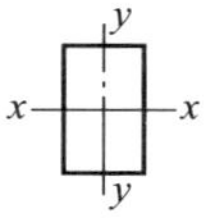 轧制、焊接(板件宽厚比>20) 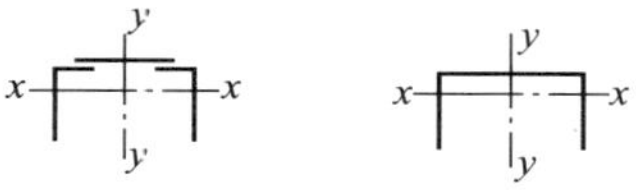 轧制或焊接	b 类	b 类
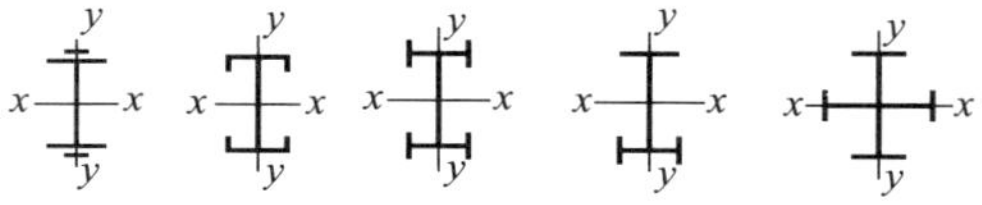 焊接 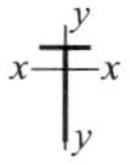 轧制截面和翼缘为焰切边的焊接截面 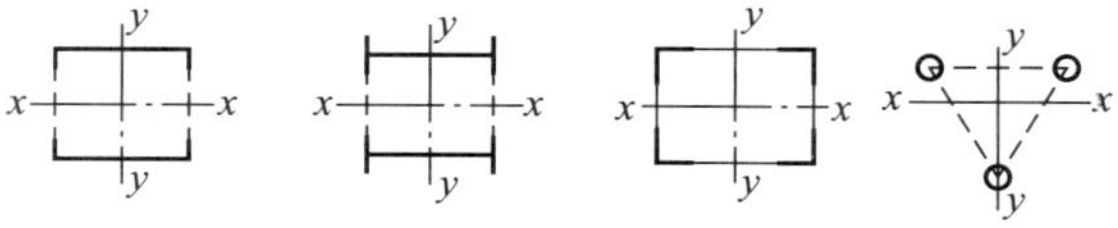 格构式 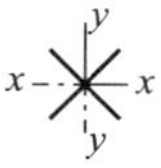 焊接，板件边缘焰切	b 类	b 类
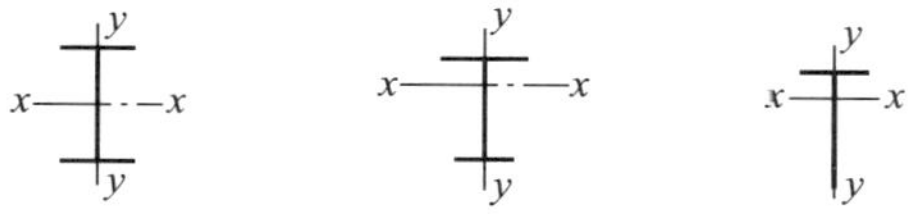 焊接，翼缘为轧制或剪切边	b 类	c 类
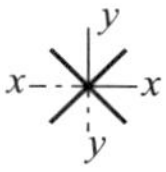 焊接，翼缘为轧制或剪切 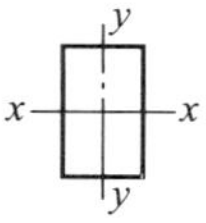 轧制、焊接(板件宽厚比≤20)	c 类	c 类

表 3-4b　轴心受压构件的截面分类(板厚 $t \geqslant 40$ mm)

截面形式		对 x 轴	对 y 轴
轧制工字形或 H 形截面	$t<80$ mm	b 类	c 类
	$t \geqslant 80$ mm	c 类	d 类
焊接工字形截面	翼缘为焰切边	b 类	b 类
	翼缘为轧制或剪切边	c 类	d 类
焊接箱形	板件宽厚比>20	b 类	b 类
	板件宽厚比≤20	c 类	c 类

注:1. a* 含义为 Q235 钢取 b 类,Q345、Q390、Q420 和 Q460 钢取 a 类;b* 类含义为 Q235 钢取 c 类,Q345、Q390、Q420 和 Q460 钢取 b 类;

2. 无对称轴且剪心和形心不重合的截面,其截面分类可按有对称轴的类似截面确定,如不等边角钢采用等边角钢的类别;当无类似截面时,可取 c 类。

3. 轴心受压构件的整体稳定性计算

(1) 稳定性计算公式

轴心受压构件截面所受平均压应力不应大于其临界应力,考虑抗力分项系数 γ_R 后,$\sigma=N/A \leqslant \sigma_{cr}/\gamma_R=(f_y/\gamma_R)(\sigma_{cr}/f_y)$。因为 $\varphi=\sigma_{cr}/f_y$,则整体稳定性计算采用下式:

$$\frac{N}{\varphi A f} \leqslant 1.0 \tag{3-34}$$

关于 φ 的计算,先看式(3-30),计算的也是 σ_{cr}/f_y,即利用边缘纤维屈服准则并引入相对初弯曲 ε_0,考虑初弯曲和残余应力等综合影响,改造 ε_0 后即可得到用于实际设计计算的稳定系数 φ。对于 GB 50017—2017《钢结构设计标准》中的四条柱子曲线,ε_0 取值如下:

a 类截面:　$\varepsilon_0=0.152\bar{\lambda}-0.014$

b 类截面:　$\varepsilon_0=0.300\bar{\lambda}-0.035$

c 类截面:　$\varepsilon_0=0.595\bar{\lambda}-0.094(\bar{\lambda} \leqslant 1.05)$;$\varepsilon_0=0.302\bar{\lambda}+0.216\quad(\bar{\lambda}>1.05)$

d 类截面:　$\varepsilon_0=0.915\bar{\lambda}-0.132(\bar{\lambda} \leqslant 1.05)$;$\varepsilon_0=0.432\bar{\lambda}+0.375\quad(\bar{\lambda}>1.05)$

上述 ε_0 适用于 $\bar{\lambda}>0.215$(即 $\lambda>20\varepsilon_k$)的情况,将 ε_0 代入式(3-30)则 φ 的计算式为

$$\varphi=\frac{1}{2\bar{\lambda}^2}\left[\alpha_2+\alpha_3\bar{\lambda}+\bar{\lambda}^2-\sqrt{(\alpha_2+\alpha_3\bar{\lambda}+\bar{\lambda}^2)^2-4\bar{\lambda}^2}\right] \tag{3-35}$$

而 $\bar{\lambda} \leqslant 0.215$($\lambda \leqslant 20\varepsilon_k$)时,Perry 公式不再适用,而采用近似曲线式(3-36),使 $\bar{\lambda}=0.215$ 时

与式(3-35)对应曲线衔接,且使 $\overline{\lambda}=0$ 时 $\varphi=1$。

$$\varphi=1-\alpha_1\overline{\lambda}^2 \tag{3-36}$$

式中,系数 α_1、α_2 和 α_3 根据截面类别取值,如表 3-5 所示。实际设计计算时可以根据截面类别和构件长细比通过附录 7 查得 φ 值。

表 3-5　系数 α_1、α_2 和 α_3

截面类别		α_1	α_2	α_3
a 类		0.41	0.986	0.152
b 类		0.65	0.965	0.300
c 类	$\overline{\lambda}\leqslant 1.05$	0.73	0.906	0.595
	$\overline{\lambda}>1.05$		1.216	0.302
d 类	$\overline{\lambda}\leqslant 1.05$	1.35	0.868	0.915
	$\overline{\lambda}>1.05$		1.375	0.432

(2) 非弯曲屈曲时的轴压构件整体稳定性计算

3.4.1 节中已说明轴心受压构件有三种屈曲模式,即弯曲屈曲、扭转屈曲和弯扭屈曲。上述稳定承载力计算针对的是弯曲屈曲,对于可能发生扭转屈曲的双轴对称截面和可能发生弯扭屈曲的单轴对称截面的轴压构件,如何进行整体稳定性计算尚需补充说明。

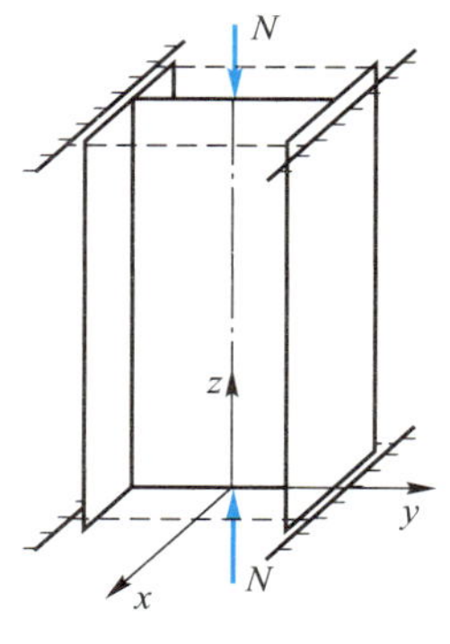

图 3.24　两端夹支的轴压构件

① 双轴对称截面的扭转屈曲承载力计算

图 3.24 所示两端采用夹支(或称简支)的工字形截面轴压构件,其上下端部截面只能绕两个主轴(x 或 y 轴)自由转动,而不能绕纵轴 z 轴扭转。当构件内存在不均匀的扭转变形时,端部截面的翼缘可以自由翘曲。根据弹性稳定理论,该轴压构件的扭转屈曲临界力 N_z 为

$$N_z=\frac{1}{i_0^2}\left(GI_t+\frac{\pi^2EI_\omega}{l_0^2}\right) \tag{3-37}$$

式中:I_0——截面关于剪切中心的极惯性矩,$I_0=I_x+I_y$;

G——材料的切变模量;

I_t——截面抗扭惯性矩,$I_t\approx k\left(\sum\limits_{i=1}^{n}b_it_i^3\right)\Big/3$,$b_i$ 和 t_i 表示组成截面的第 i 个矩形的宽度(高度)和厚度,焊接组合截面时 k 取 1.0;

I_ω——截面扇性惯性矩,对于工字形截面 $I_\omega=I_yh^2/4$,对于十字形截面 $I_\omega\approx 0$;

I_x、I_y——截面对主轴 x 和 y 轴的惯性矩;

l_0——扭转屈曲的计算长度。

引进扭转屈曲换算长细比表达扭转屈曲临界力 N_z,则

$$N_z=\frac{\pi^2EA}{\lambda_z^2}=\frac{1}{i_0^2}\left(GI_t+\frac{\pi^2EI_\omega}{l_0^2}\right) \tag{3-38}$$

因钢材接近各向同性，所以 $G=0.5E/(1+\nu)$，泊松比 ν 取 0.3，则整理式(3-38)后得到 λ_z 的表达式：

$$\lambda_z=\sqrt{I_0\left(\frac{I_t}{25.7}+\frac{I_\omega}{l_0^2}\right)^{-1}} \tag{3-39}$$

比较 λ_z、λ_{Ex} 和 λ_{Ey} 或者比较 N_z、N_{Ex} 和 N_{Ey}，若 λ_z 最大或者 N_z 最小则判断容易发生扭转屈曲，否则易发生弯曲屈曲。因热轧型钢和焊接组合截面的轴压构件的板件厚度比较大，因而 GI_t 也比较大，而且存在一定的翘曲刚度 EI_ω，因此 N_z 较小，失稳通常以弯曲形式发生。而十字形截面的轴压构件，因 $I_\omega\approx0$，N_z 较小，且 N_z 与构件长度没有了关系，而与板件的宽厚比相关，如式(3-40)所示。对于十字形截面的轴压短柱，因 $N_{Ex}(N_{Ey})$ 较大而发生扭转屈曲。

$$\lambda_z=\sqrt{I_0\left(\frac{I_t}{25.7}\right)^{-1}}=\sqrt{25.7\times\frac{I_0}{I_t}}=\sqrt{25.7\times\left(\frac{b}{t}\right)^2}=5.07\left(\frac{b}{t}\right) \tag{3-40}$$

上式是基于图 3.25 所示的十字形截面通过计算 I_0 与 I_t 后得到的，$I_0\approx2t(2b)^3/12$，$I_t\approx4bt^3/3$。

弹性范围内工作的三边简支一边自由轴压构件的临界应力计算公式为关于翼缘宽厚比的函数(式(3-53))，根据等稳定性原则(局部失稳不先于整体失稳)可得式(3-56)，取 $k=0.425$ 等代入整理后可得 $b_1/t=0.2\lambda$，b_1 为板件的自由外伸宽度，λ 为最大长细比。就图 3.25 而言，$b_1=b-t/2\approx b$，说明构件发生扭转屈曲时的临界应力与板件发生局部失稳时的临界应力相等，只要控制板件不失稳，这类扭转失稳问题也就不出现。

② 单轴对称截面的弯扭屈曲承载力计算

3.4.1 节已经说明，绕单轴对称截面的对称轴(x 轴)发生弯曲变形的同时还伴有绕 z 轴的扭转变形，即发生弯扭屈曲。根据弹性稳定理论，采用下式求出开口薄壁轴压构件发生弯扭屈曲的临界力 N_{xz}：

$$i_0^2(N_{Ex}-N_{xz})(N_z-N_{xz})-N_{xz}^2e_0^2=0 \tag{3-41}$$

式中，e_0 为截面形心 C 至剪切中心 S 的距离(图 3.26)；i_0 为截面对剪切中心 S 的极回转半径，$i_0^2=e_0^2+i_x^2+i_y^2$。引进弯扭屈曲换算长细比 λ_{xz} 表达弯扭屈曲临界力 N_{xz}，即

$$N_{xz}=\frac{\pi^2EA}{\lambda_{xz}^2} \tag{3-42}$$

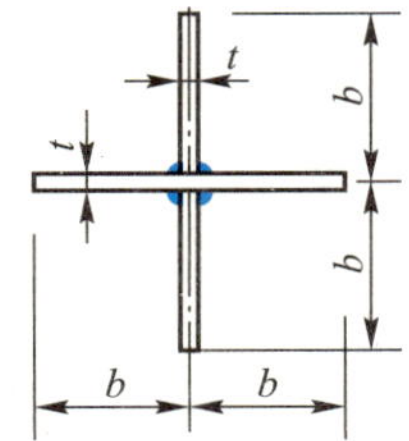

图 3.25　十字形截面(焊接组合)

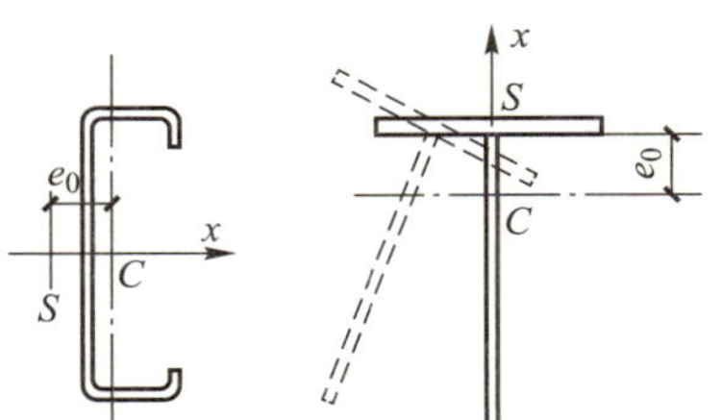

图 3.26　槽形和 T 形截面

连同绕 x 轴的欧拉临界力 N_{Ex} 一起代入式(3-41)后得

$$\lambda_{xz}=\frac{\sqrt{2}}{2}\left[\lambda_x^2+\lambda_z^2+\sqrt{(\lambda_x^2+\lambda_z^2)^2-4\left(1-\frac{e_0^2}{i_0^2}\right)\lambda_x^2\lambda_z^2}\right]^{\frac{1}{2}} \tag{3-43}$$

采用上述换算长细比 λ_{xz} 查稳定系数表得到 φ 值后，即可代入式(3-34)进行稳定性校核。虽然式(3-43)得出的 λ_{xz} 由弹性理论推导而来，但稳定系数表中的 φ 值考虑了弹塑性和初始缺陷。

关于槽形和 T 形截面构件绕对称轴屈曲时的弯扭屈曲问题，旧规范 GBJ 17—1988《钢结构设计规范》把它们都列为 c 类截面，分析表明不妥。GB 50017—2017《钢结构设计标准》规定这类问题需要通过换算长细比转换为弯曲屈曲，截面类别如表 3-4a 所示，轧制槽形和 T 形截面绕对称轴弯曲为 b 类截面，翼缘为轧制或剪切边的焊接 T 形截面绕对称轴弯曲为 c 类截面。

【例题 3-2】 如图 3.27a 所示某支撑体系，AB、CD 为轴心受压柱，两端铰接。柱所承受的压力设计值 $N=1\ 200$ kN，钢材为 Q235 钢，截面无孔洞削弱，柱的长度为 4.8 m。试分别验算采用以下三种截面时柱 AB 的整体稳定性。

(1) 普通轧制工字钢 I40b(图 3.27c)；

(2) 热轧 H 型钢 HW250×250×9×14(图 3.27d)；

(3) 焊接组合工字形截面，翼缘为火焰切边(图 3.27e)。

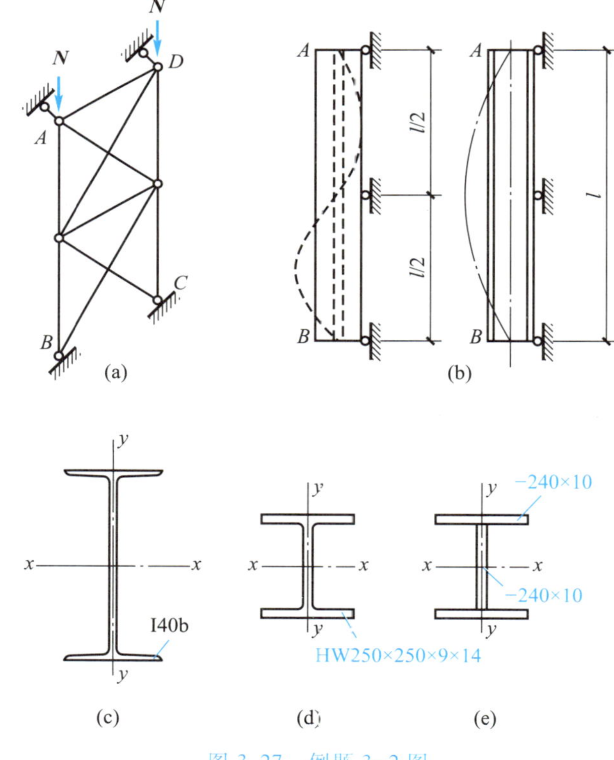

图 3.27 例题 3-2 图

【解】 由图 3.27a、b，柱在两个方向的计算长度分别为 $l_{0x}=4\ 800$ mm、$l_{0y}=2\ 400$ mm。由附

表 2-1 得钢材设计强度 $f=215\ \text{N/mm}^2$，钢号修正系数 $\varepsilon_k=1.0$。

(1) 轧制工字钢(图 3.27c)

查附表 3-1，截面 I 40b 的截面面积为 $A=94.1\ \text{cm}^2$，绕两主轴的回转半径分别为 $i_x=15.6\ \text{cm}$、$i_y=2.71\ \text{cm}$。

对两主轴的长细比分别为

$$\lambda_x=\frac{l_{0x}}{i_x}=\frac{4\ 800}{15.6\times10}=30.8<[\lambda]=150$$

$$\lambda_y=\frac{l_{0y}}{i_y}=\frac{2\ 400}{2.71\times10}=88.6<[\lambda]=150$$

查表 3-4a，对于轧制工字钢，$b/h=0.4<0.8$，绕 x 轴失稳时属于 a 类截面，绕 y 轴失稳时属于 b 类截面。

由 $\lambda_x/\varepsilon_k=30.8$ 查附表 7-1，得 $\varphi_x=0.961$。

由 $\lambda_y/\varepsilon_k=88.6$ 查附表 7-2，得 $\varphi_y=0.630$。

因 $\varphi_y<\varphi_x$，构件的整体稳定承载力由 y 轴(弱轴)方向控制。

$$\frac{N}{\varphi_y Af}=\frac{1\ 200\times10^3}{0.630\times94.1\times10^2\times215}=0.941<1.0$$

整体稳定性满足要求。

(2) 热轧 H 型钢(图 3.27d)

查附表 3-2，截面 HW250×250×9×14 的截面面积为 $A=91.43\ \text{cm}^2$，绕两主轴的回转半径分别为 $i_x=10.80\ \text{cm}$、$i_x=6.31\ \text{cm}$。

$$\lambda_x=\frac{l_{0x}}{i_x}=\frac{4\ 800}{10.80\times10}=44.4<[\lambda]=150$$

$$\lambda_y=\frac{l_{0y}}{i_y}=\frac{2\ 400}{6.31\times10}=38.0<[\lambda]=150$$

查表 3-4，对于热轧 H 型钢，$b/h=1.0>0.8$，绕 x 轴失稳时属于 b 类截面，绕 y 轴失稳时属于 c 类截面。

由 $\lambda_x/\varepsilon_k=44.4$ 查附表 7-2，得 $\varphi_x=0.880$。

由 $\lambda_y/\varepsilon_k=38.0$ 查附表 7-3，得 $\varphi_y=0.852$。

因 $\varphi_y<\varphi_x$，构件的整体稳定承载力由 y 轴方向控制。

$$\frac{N}{\varphi_y Af}=\frac{1\ 200\times10^3}{0.852\times91.43\times10^2\times215}=0.716<1.0$$

整体稳定性满足要求。

(3) 焊接组合工字形截面(图 3.27e)

截面几何特征计算如下：

$$A=2\times240\times14\ \text{mm}^2+240\times10\ \text{mm}^2=9\ 120\ \text{mm}^2$$

$$I_x=\frac{1}{12}(240\times268^3-230\times240^3)\ \text{mm}^4=12\ 002\times10^4\ \text{mm}^4$$

$$I_y=\frac{1}{12}(2\times14\times240^3+240\times10^3)\ \text{mm}^4=3\ 228\times10^4\ \text{mm}^4$$

$$i_x=\sqrt{\frac{I_x}{A}}=\sqrt{\frac{12\ 002\times10^4}{9\ 120}}=114.7\ \text{mm}$$

$$i_y=\sqrt{\frac{I_y}{A}}=\sqrt{\frac{3\ 228\times10^4}{9\ 120}}=59.5\ \text{mm}$$

整体稳定承载力验算：

$$\lambda_x=\frac{l_{0x}}{i_x}=\frac{4\ 800}{114.7}=41.8<[\lambda]=150$$

$$\lambda_y=\frac{l_{0y}}{i_y}=\frac{2\ 400}{59.5}=40.3<[\lambda]=150$$

查表 3-4a，翼缘为焰切边的焊接工字形钢，绕 x 轴和 y 轴失稳时均属于 b 类截面。由于 $\lambda_x>\lambda_y$，由 $\lambda_x/\varepsilon_k=41.8$ 查附表 7-2，得 $\varphi_x=0.892$。

构件的稳定承载力由 x 轴控制。

$$\frac{N}{\varphi_x Af}=\frac{1\ 200\times10^3}{0.892\times9\ 120\times215}=0.686<1.0$$

整体稳定性满足要求。

综合以上计算结果可知，三种不同截面支柱的截面面积相近（即用钢量相近），热轧 H 型钢截面和焊接工字形截面的稳定承载力相当，但轧制普通工字钢截面的稳定承载力最弱，原因在于普通工字钢绕弱轴的回转半径太小。本例题中，对于轧制 H 型钢和焊接工字形截面，由于两个方向的整体稳定系数比较接近，基本上做到了在两个主轴方向的等稳定性，用料较为经济，但因焊接工字形截面的焊接工作量大，宜优先选择轧制 H 型钢。

3.5 轴心受压构件的局部稳定性

钢构件的基本组成单元是板件，其单独受压时会发生类似上面纸张的局部鼓曲，称为局部屈曲。钢构件中的板件通常为长方形，一定程度上会受到相邻板件的约束，四边支承条件不同，发生的屈曲形态也不同。例如，图 3.28a 所示一对边自由、另一对边简支的板件沿自由边方向受压时，产生类似轴压柱的弯曲波形；而图 3.28b 所示四边简支板沿长边方向受压时，与柱的屈曲不同，在简支边无挠度，相对于两方向的支承边在各自方向具有弯曲。以下着重说明轴压构件中的板件的屈曲形状、屈曲临界应力及板件稳定性判别条件。

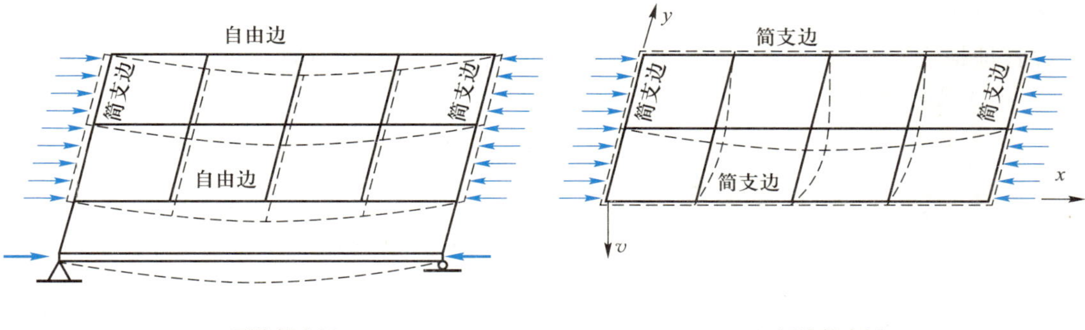

(a) 两边简支板　　(b) 四边简支板

图 3.28　支承条件不同时的屈曲示意图

3.5.1　板件的屈曲变形

图 3.28b 所示简支板发生弹性屈曲变形的时候，挠度曲线可以用下式表示：

$$w = A\sin\frac{\pi x}{a}\sin\frac{\pi y}{b} \tag{3-44}$$

式中：a——板件的长度；

b——板件的宽度；

A——最大挠度值。

上式中，板屈曲产生半波，但事实上随板长宽比的变化，屈曲形状会发生变化，如图 3.29 所示，出现多个半波。反映波数的挠度曲线采用以下双重三角函数表示：

$$w = \sum_{m=1}^{\infty}\sum_{n=1}^{\infty} A_{mn}\sin\frac{m\pi x}{a}\sin\frac{n\pi y}{b} \tag{3-45}$$

式中：m——板纵向的半波数；

n——板横向的半波数。

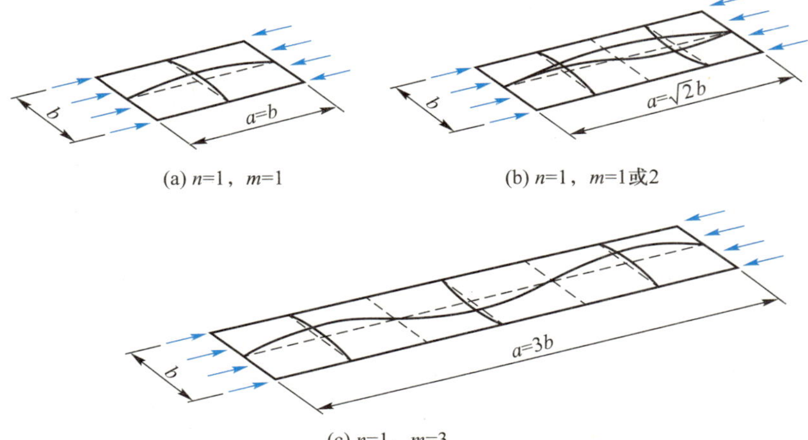

(a) n=1，m=1　　(b) n=1，m=1或2

(c) n=1，m=3

图 3.29　受长宽比影响的板屈曲形状

图 3.29 中表示的是板横向波数为 1，纵向波数逐渐增加的情况。从式（3-44）和式（3-45）看，波高（即挠度）后乘了双重三角函数。不妨举例说明，假设板横向（y 方向）$n=1$，纵向取任意位置（$y=y_1$）截面，则式（3-45）变为

$$w=\sum_{m=1}^{\infty} B_m \sin\frac{m\pi x}{a} \tag{3-46}$$

其中，$B_m=A_{m1}\sin\dfrac{\pi y_1}{a}$。由式（3-46）看，在纵向（$x$ 方向）的屈曲变形为有 m 个半波的正弦波形。

3.5.2 板件的弹性临界应力

1. 四边简支的矩形板

图 3.28b 即为四边简支板，假设板两端纵向均布压力为 N_x，屈曲产生的挠度为 w。依据弹性理论，板中面的屈曲平衡微分方程如下：

$$D\left(\frac{\partial^4 w}{\partial x^4}+2\frac{\partial^4 w}{\partial x^2\partial y^2}+\frac{\partial^4 w}{\partial y^4}\right)+N_x\frac{\partial^2 w}{\partial x^2}=0 \tag{3-47}$$

式中，D 为板的柱面刚度（单位宽度的抗弯刚度），$D=Et^3/[12(1-\nu^2)]$，t 为板厚，ν 为钢材的泊松比，通常取 0.3。

将式（3-45）代入式（3-47），则可以得到 N_x 的临界值 N_{crx}：

$$N_{crx}=\frac{\pi^2 D}{b^2}\left(\frac{mb}{a}+\frac{n^2 a}{mb}\right)^2 \tag{3-48}$$

$n=1$ 时，N_{crx} 最小，则上式可表达为

$$N_{crx}=\left(\frac{mb}{a}+\frac{a}{mb}\right)^2\times\frac{\pi^2 D}{b^2}=k\frac{\pi^2 D}{b^2} \tag{3-49}$$

式中，k 为板的屈曲系数，则临界应力为

$$\sigma_{crx}=\frac{N_{crx}}{t}=\frac{k\pi^2 E}{12(1-\nu^2)}\left(\frac{t}{b}\right)^2 \tag{3-50}$$

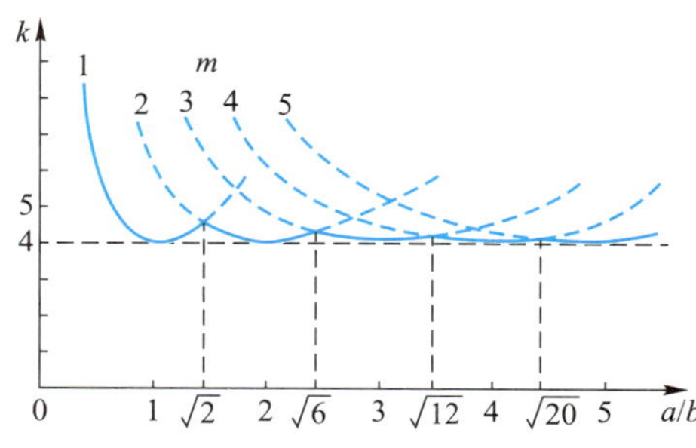

图 3.30 四边简支板的屈曲系数

图 3.30 为纵向（x 方向）半波数 m 取 1～5 时对应不同 a/b 的屈曲系数，由于临界应力随 k 值变小而降低，较小 k 值对临界应力的确定更有意义。例如，对应 a/b 稍大于$\sqrt{2}$的情况，$m=1$ 时的 k 值虽然较小，但 $m=2$ 时的 k 值更小，故板屈曲会产生 2 个半波。可见，图 3.30 中的实线是实际屈曲时应选取的屈曲系数曲线。图中最小屈曲系数 k 为 4.0，由于 $a/b>1$ 时 k 值变化较小，随着 a/b 值增加，k 值几乎都趋近于 4.0，因此，对应 $k=4.0$ 的板的弹性临界应力为

$$\sigma_{crx}=\frac{\pi^2 E}{3(1-\nu^2)}\left(\frac{t}{b}\right)^2 \tag{3-51}$$

2. 三边简支、一边自由的矩形板

板的支承条件发生变化后临界应力也会变化。这里要说的是,加载边与图 3.28b 相同,仍为简支,而另外两边为一边简支、一边自由的情况,即所谓三边简支、一边自由。此时的临界应力计算仍可采用式(3-50)。对于较长板,k 值的计算公式可以采用下式:

$$k=0.425+\left(\frac{b}{a}\right)^2 \tag{3-52}$$

对于很长板($a\gg b$),取 $k=0.425$ 计算。

3. 支承条件对矩形板临界应力的影响

加载边为简支,与压力平行的两边支承条件不同时,屈曲系数 k 值如表 3-6 所示。可以看出,约束程度越大,k 值越大,板的临界应力也越大。

表 3-6 各支承条件下的矩形板屈曲系数 k

与压力平行的两边支承条件	屈曲系数 k
两边简支	4.0
一边简支、一边自由	0.425
一边固定、一边自由	1.28
一边简支、一边固定	5.42
两边固定	6.97

4. 板组中板件弹性临界应力

轴心受压构件一般是由多个板件组成的板组构件,板组间有相互约束因素。以工字形截面的轴压构件为例,翼缘厚度较腹板大很多,翼缘面积一般也大于腹板面积,相对于腹板而言,翼缘算强者,强者对弱者有约束作用。这种约束一般不同于表 3-6 中的固定或简支,而是介于二者之间,受到这样约束的板边缘称为弹性嵌固边,则板件的屈曲系数为 χk,χ 为不小于 1 的系数,称为嵌固系数,其最大值为 6.97/4.0=1.74,对于工字形截面的腹板,其嵌固系数 $\chi=1.3$。板组中板件的弹性临界应力采用下式:

$$\sigma_{\mathrm{crx}}=\frac{\chi k\pi^2 E}{12(1-\nu^2)}\left(\frac{t}{b}\right)^2 \tag{3-53}$$

3.5.3 板组中板件的弹塑性临界应力

板件在纵向所受平均压应力高于钢材的比例极限时发生的屈曲,视为非弹性屈曲。此时,弹性模量 E 将降为切线模量 $E_{\mathrm{t}}=\eta E$,η 为弹性模量折减系数。但在与纵向压应力相垂直方向的材料属性仍然是弹性,即弹性模量 E 保持不变,这时矩形板呈正交异性,因此可用 $\sqrt{\eta}E$ 代替弹性模量 E,以考虑纵向进入弹塑性工作而横向仍为弹性工作的情况。于是,板组中板件的弹塑性临界应力可以用下式确定:

$$\sigma_{\mathrm{crx}}=\frac{\chi\sqrt{\eta}k\pi^2 E}{12(1-\nu^2)}\left(\frac{t}{b}\right)^2 \tag{3-54}$$

我国早期制定钢结构设计规范时,根据一系列轴心压杆局部稳定性试验资料概括出弹性模

量折减系数 η，即

$$\eta=0.1013\lambda^2(1-0.0248\lambda^2 f_y/E)f_y/E\leqslant 1.0 \tag{3-55}$$

3.5.4 板件的容许宽厚比

轴压实腹式构件的局部稳定性计算需要考虑与构件整体稳定性的相关性，以及板件屈曲后强度的利用等，基于不同考虑方法得到的容许宽厚比也不同。目前有两种考虑方法：其一是不允许板件屈曲先于构件整体屈曲；其二是允许板件先屈曲。采用后一种方法时利用板件屈曲后强度，本节基于前一种方法以钢结构常用构件——热轧型钢和焊接结构为例进行说明。

利用前一种方法可以列出等稳定性条件：板件屈曲临界应力 $\sigma_{cr局部}\geqslant$ 构件整体屈曲临界应力 $\sigma_{cr整体}$，弹塑性范围内考虑构件缺陷影响时取 $\sigma_{cr整体}=\varphi_{min}f_y$，则

$$\frac{\chi\sqrt{\eta}k\pi^2E}{12(1-\nu^2)}\left(\frac{t}{b}\right)^2\geqslant\varphi_{min}f_y \tag{3-56}$$

由式(3-56)可以确定的板件宽厚比称为宽厚比限值。对于工字形截面的轴压构件，翼缘和腹板的宽厚比限值考虑如下：

1\. 翼缘宽厚比

图 3.31 中的 b_1 为翼缘的外伸宽度，t 为翼缘的厚度。从板组间约束程度角度考虑，腹板相对翼缘为弱者，取嵌固系数 $\chi=1.0$；式(3-56)中的 η 采用式(3-55)计算；取 $k=0.425$；φ_{min} 值则以整体稳定性计算时按 b 类截面考虑算得。于是，可以得到图 3.31 中的虚线，即 b_1/t 与 λ（构件两个方向长细比的较大者）的关系曲线。

而实线是 GB 50017—2017《钢结构设计标准》为了便于实际应用而提出的简化关系曲线，$\lambda<30$ 时，取 $\lambda=30$，是一段水平线段；$\lambda>100$ 时，取 $\lambda=100$，也呈水平直线。因此，实际应用采用下式计算翼缘宽厚比限值：

$$\frac{b_1}{t}\leqslant(10+0.1\lambda)\varepsilon_k \tag{3-57a}$$

2\. 腹板高厚比

图 3.32 中的 h_0 为腹板的高度，t_w 为腹板的厚度，用以分别取代式(3-56)中的 b 和 t。为了确定腹板高厚比限值，取嵌固系数 $\chi=1.3$，$k=4.0$，φ_{min} 和 η 的取值同翼缘计算。由此可以得到图 3.32 中的虚线，即 h_0/t_w 与 λ（构件两个方向长细比的较大者）的关系曲线。

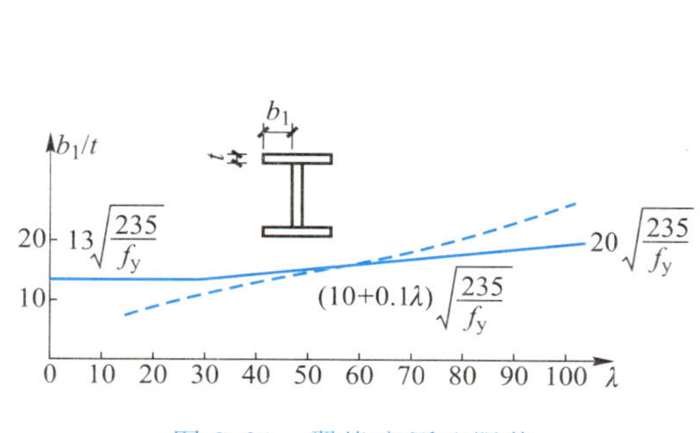

图 3.31 翼缘宽厚比限值

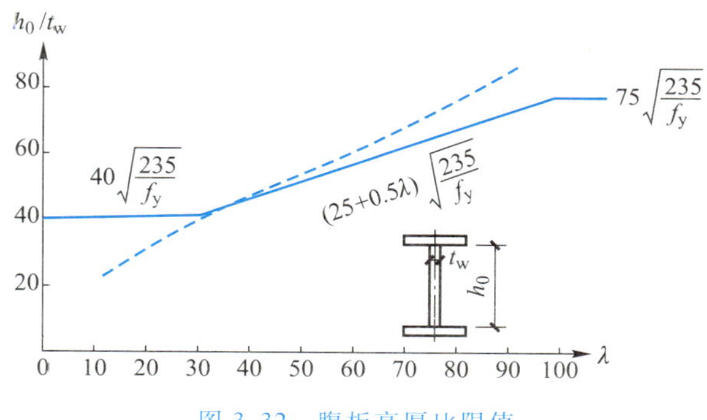

图 3.32 腹板高厚比限值

与翼缘宽厚比限值确定方法相同，为了便于实际应用，采用图 3.32 中的简化关系曲线，$\lambda<30$ 时，取 $\lambda=30$，是一段水平线段；$\lambda>100$ 时，取 $\lambda=100$，也呈水平直线。实际应用采用下式计算腹板高厚比限值：

$$\frac{h_0}{t_w}\leqslant(25+0.5\lambda)\varepsilon_k \tag{3-57b}$$

3.5.5 腹板屈曲后强度的利用

四边支承的矩形板在面内受轴向压力屈曲时，其弹性范围内的屈曲与轴压柱的屈曲有所不同，如图 3.33 所示，板件屈曲后仍然可以承受继续增加的荷载，这就说明板件具有屈曲后强度。柱屈曲后平衡路径呈不稳定平衡状态，可能会诱发重大事故发生；而板件屈曲后的平衡路径仍保持稳定平衡状态，因此，相较于轴压柱整体屈曲，仅板件产生屈曲的情况下，设计上一般取相对较小的安全系数。

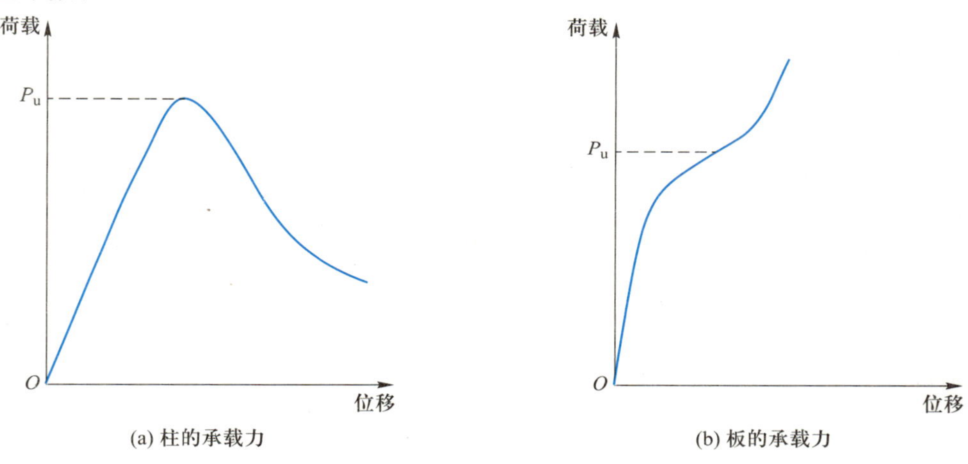

图 3.33　板与柱屈曲性能的比较

板之所以具有屈曲后强度，是因为板面内横向存在因平面延展产生的膜张力作用，而此时支承也发挥着作用，以至于板中某部分在某一方向的屈曲发展会受到限制。可以用图 3.28 来理解：图 3.28a 的情况下，板只有受压边受支承作用，这时不存在上面所说的膜张力；而在图 3.28b 的情况下，在与受压边垂直的方向，因存在支承作用，产生膜张力，如图 3.34 中的 N_1、N_2 所示。

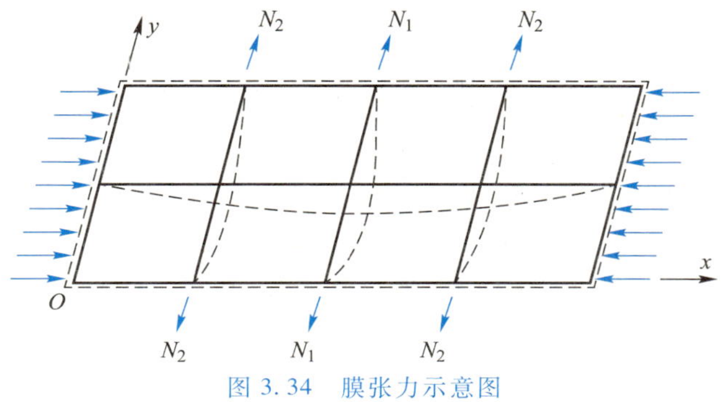

图 3.34　膜张力示意图

在四角部位，由于两个方向的支承离得较近，这部分板不容易屈曲。板面内横向的膜张力对板的进一步弯曲起着约束作用，使受压板能够继续承受更大的压力。

1. 板屈曲后的应力分布

图 3.33b 通过荷载-位移（挠度）关系表示了板屈曲后的性能，从板内的平均应力和位移（挠度）关系讲，当平均应力达到屈曲临界应力 σ_{cr} 时，板开始挠曲，以后板仍能够承受后续加载产生的超过 σ_{cr} 的轴向压应力。

式（3-44）中的 A 用最大挠度 f 表示后，可以改写为

$$w=f\sin\frac{\pi x}{a}\sin\frac{\pi y}{b} \tag{3-58}$$

上式为根据弯曲条件假定的挠度表达式的一级近似公式。代入表示大变形问题的微分方程并求解后，可以得到以下表示承载力和变形的关系：

$$\sigma_x=\frac{N_x}{t}=\frac{E\pi^2f^2}{8b^2}\cos\frac{2\pi y}{b}+\sigma_{xa} \tag{3-59a}$$

$$\sigma_{xa}=\sigma_{xcr}+\frac{E\pi^2f^2}{8b^2} \tag{3-59b}$$

式中：σ_{xa}——板在 $x=0$ 和 $x=a$ 边的平均压应力；

σ_{xcr}——x 方向受压板的弹性屈曲临界应力。

由式（3-59a）和式（3-59b）可得 x 方向应力分布表达式

$$\sigma_x=\sigma_{xa}+(\sigma_{xa}-\sigma_{xcr})\cos\frac{2\pi y}{b} \tag{3-60a}$$

同理可得 y 方向应力分布表达式

$$\sigma_y=(\sigma_{xa}-\sigma_{xcr})\cos\frac{2\pi x}{a} \tag{3-60b}$$

上面两式反映板面内应力的分布规律，进而可以得到沿着四边的应力分布图，如图 3.35 所示。板屈曲前应力 σ_x 分布均匀，且 $\sigma_y=0$；从图 3.35 可以看出，屈曲后 σ_x 不再均匀分布，中部区域的压应力减小；而且产生了 y 方向应力 σ_y，σ_y 在中部区域是拉应力，正是因为这样的拉应力存在，使板屈曲后仍具有继续承受更大荷载的能力。四角部位负担的应力最大。

2. 屈曲后强度的利用

屈曲后虽然能够继续承担更大的荷载，但板的挠度增长也很快，因此板的屈曲后强度的利用准则中需要考虑挠度的影响。目前，基于理论分析方法难以提出板屈曲后强度利用的计算公式，通常采用有效宽厚比法并结合试验确定有效宽厚比的计算公式。

有效宽厚比的概念可以用图 3.36 进行说明，以图中均匀受压的加劲板件屈曲后的应力分布情况为例，图中实线表示板达到屈曲后稳定极限承载力时的中面应力分布，可以等效成虚线部分，要求等效前后的合力一致。虚线部分即为有效部分，其宽度称为有效宽度，虚线中的无应力部分为失效部分，从截面中扣除，计算中不予考虑。对于宽度为 b 的板件区格，两端的有效宽度分别为 $b_e/2$，图 3.36 中的 σ_{max} 取为 f_y。

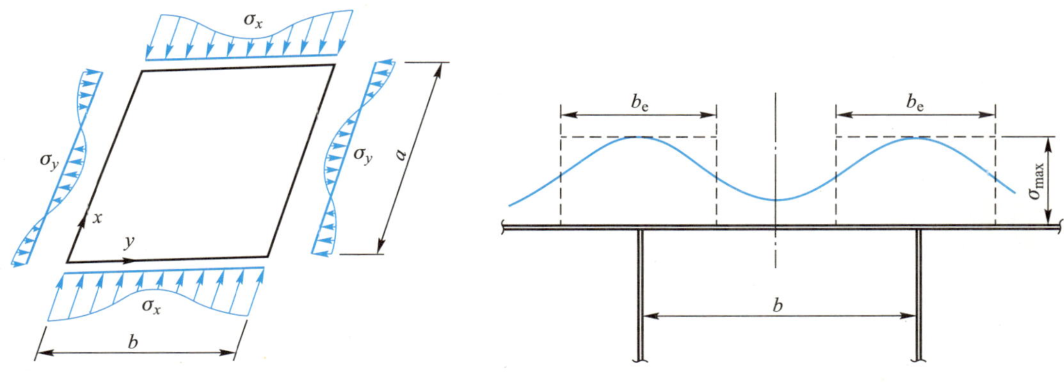

图 3.35　板屈曲后的平均应力　　　图 3.36　板的有效宽度

有效宽度的计算，目前采用以下最为通用的计算公式：

$$\frac{b_e}{b}=\frac{1}{\overline{\lambda}}\left(1-0.22\frac{1}{\overline{\lambda}}\right) \tag{3-61}$$

$$\overline{\lambda}=\sqrt{\frac{f_y}{\sigma_{cr}}} \tag{3-62}$$

式中：$\overline{\lambda}$——正则化宽厚比；

σ_{cr}——板件的屈曲临界应力。

于是，单向均匀受压的四边简支板的极限承载力 N_u 可采用下式计算：

$$N_u=b_e t f_y=56.2\varepsilon_k t^2 f_y\left(1-\frac{12.4\varepsilon_k}{b/t}\right) \tag{3-63}$$

3.6　轴心受压构件的设计

3.6.1　实腹式轴心受压构件的设计

1. 截面形式的选择

进行实腹式轴心受压构件的截面设计时，首先要选择合适的截面形式，应考虑如下原则：尽量选择壁薄而宽敞的截面，以便在获得较大的截面惯性矩和回转半径的同时，用料也相对经济；使构件两个主轴方向的稳定系数接近，即提供接近等稳定性的条件，以达到经济效果；尽可能构造简单，便于与其他构件的连接；制造省工，取材方便，便于运输。图 3.2 中列举了角钢、热轧工字钢或 H 型钢、焊接组合工字形截面、十字形截面、圆管、方管及冷弯薄壁型钢等截面形式，实际设计时应根据结构特点和承载力需要等合理选择。

角钢适用于塔桅结构、起重机臂杆等，也可用于桁架结构。通常采用双角钢截面形式，更容易形成接近于等稳定性的压杆截面，一般用于由节点板连接杆件的平面桁架。

热轧型钢在制造上具有省工优势。热轧工字钢的两主轴方向的惯性矩和回转半径相差较大，腹板也较厚，不够经济，很少以单根压杆的形式应用；宽翼缘的热轧 H 型钢截面的强轴回转半径约为弱轴回转半径的 2 倍,适用于二分点处设置一道侧向支撑的支柱。

焊接组合工字形截面具有设计灵活的特点,其腹板按局部稳定性要求可做得较薄,从这一点看,能够节省钢材,应用广泛。为了便于翼缘和腹板的焊接,一般使截面高度和宽度大致相同,这样的工字形截面两个主轴方向的回转半径之比值接近 2,为了达到等稳定性要求,两个主轴方向的计算长度应该相差近 1 倍。

十字形截面在两个主轴方向的回转半径相同,可用于重型的中心受压柱,特别是当两个主轴方向的计算长度相等时,采用十字形截面比较有利。

圆钢管轴心受压构件具有承载力较强的优点,随着轧制钢管取材难度的降低,应用逐渐增多。焊接圆钢管具有腐蚀面小的特点,且可作为封闭构件,风载系数又小,可用于海洋平台结构。

焊接方钢管的承载力和刚度均较大,虽然和其他构件连接时构造相对复杂,有轻型或较高空间要求的承重支柱可以选择方钢管。

冷弯薄壁型钢构件在轻型钢结构中得到广泛应用,具有较好的经济效果。轻型钢屋架中常用冷弯薄壁方钢管,也可以利用各种冷弯薄壁型钢截面组成压杆。

2. 设计计算步骤

确定结构体系并进行结构内力分析后,可以确定构件的压力设计值和计算长度,接着选择截面形式和钢号,可以按照一定步骤设计截面尺寸,最后进行构件的强度、稳定性和刚度验算。当截面有较大削弱时,强度计算中还应考虑净截面强度的验算(参见 3.3.2 节)。对于内力较小的压杆,若仅依照整体稳定性控制条件选择截面尺寸,可能会导致构件过于细长,刚度问题也不应忽视,具体要求参见 3.3.4 节。截面尺寸设计步骤如下:

(1) 根据经验假定压杆的长细比,荷载低于 1 500 kN、计算长度为 5~6 m 的情况下,可假定长细比为 80~100;荷载为 3 000~3 500 kN 的情况下,可假定长细比为 60~70。还要根据截面形式和加工条件判断截面类别(查表 3-4),并查表得出稳定系数 φ,算出对应假定长细比的回转半径 i。

(2) 基于整体稳定性计算要求算出所需截面的面积 A,利用附表 5-1 中的回转半径和相关轮廓尺寸的近似关系,确定截面的高度和宽度,并结合等稳定性条件、板件局部稳定性要求及加工便利性要求等确定截面各部分尺寸。如果已有设计资料具备足够的参考价值,未必从假定长细比开始进行截面选择。

【例题 3-3】 试对例题 3-2 支撑体系中的 AB 柱,按照实腹式压杆的计算步骤进行设计。

【解】 由例题 3-2 可知,热轧 H 型钢具有优势,故在此作为优选截面形式。选择 Q235 钢,例 3-2 题设条件:$l_{0x}=4\ 800\ \text{mm}$、$l_{0y}=2\ 400\ \text{mm}$、$f=215\ \text{N/mm}^2$。

(1) 由 $N=1\ 200\ \text{kN}$,假定长细比 $\lambda=75$,查表 3-4a,对于热轧 H 型钢,$b/h=1.0>0.8$,绕 x 轴失稳时属于 b 类截面,绕 y 轴失稳时属于 c 类截面,由附表 7-2 和附表 7-3,分别查得 $\varphi_x=0.720$、$\varphi_y=0.610$。

支柱所需要的截面面积为

$$A=N/(\varphi f)=1\ 200\times10^3\ \text{N}/(0.610\times215)\ \text{N/mm}^2=9\ 150\ \text{mm}^2=91.50\ \text{cm}^2$$

截面所需要的回转半径为

$$i_x=l_{0x}/\lambda=480\ \text{cm}/80=6.00\ \text{cm}$$

$$i_y=l_{0y}/\lambda=240\ \text{cm}/70=3.00\ \text{cm}$$

(2) 确定热轧 H 钢的型号

选择较为接近的 HW250×250×9×14，其截面面积为 $A=91.43\ \text{cm}^2$，绕两主轴的回转半径分别为 $i_x=10.81\ \text{cm}$、$i_y=6.32\ \text{cm}$。

(3) 整体稳定性验算

同例题 3-2 中的热轧 H 型钢构件的验算。

3.6.2 格构式轴心受压构件的设计

1. 格构式压杆的组成

如图 3.37 所示，格构式压杆由两个或两个以上相同截面的肢件和缀材相连而成，肢件截面常为热轧槽钢、工字钢、H 型钢及角钢等，缀材包括缀条和缀板两类。格构式构件截面的主轴有实轴和虚轴之分，截面上与肢件腹板相交的轴线为实轴，如图 3.37a、b 中的 y 轴；与缀材所在平面相垂直的轴线则为虚轴，如图 3.37c、d 中的 x 轴和 y 轴。

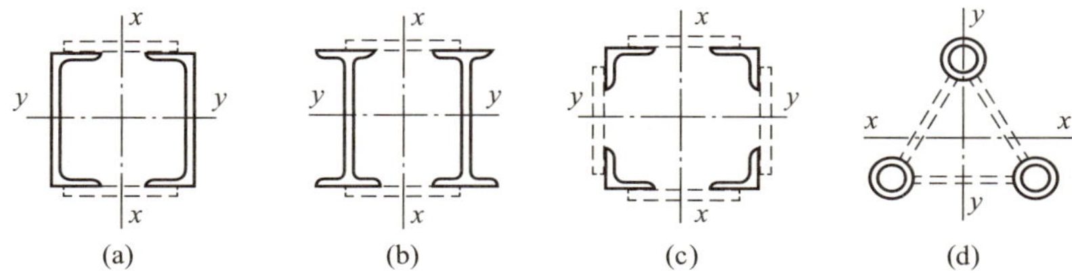

图 3.37　格构式截面的实轴与虚轴

格构式的肢件间的距离可以根据需要调整，以使截面对虚轴有较大的惯性矩，进而实现对两个主轴的等稳定性，达到节省钢材的目的。对于荷载不大而柱身较高的钢柱，可以采用四肢或三肢格构柱，当格构柱截面宽度较大时，采用缀板式的柱刚度可能不够，宜采用缀条式。缀条一般采用单角钢，如图 3.38a 所示，可以只用斜杆，也可以在斜杆之间加上横杆。缀板用钢板，一般采用焊接方式与肢件连接。

2. 格构式压杆对虚轴的整体稳定性

轴心受压构件发生弯曲失稳时，沿杆长各截面上存在弯矩和剪力，对于实腹式压杆，剪力所引起的附加变形很小，可以忽略不计。格构式构件绕实轴失稳时考虑的是实腹式压杆失稳，而绕虚轴失稳时，因缀材所在面存在不连续性，导致构件在缀材平面内的抗剪刚度较低，柱的剪切变形影响不可忽视。以下先分析剪切变形的影响。

(1) 剪切变形的影响

① 剪切变形对双肢缀条柱整体稳定性的影响

如图 3.38 所示，将带有横杆和斜杆的缀条格构柱视为一平行弦桁架，并取其中一个节间进行分析。

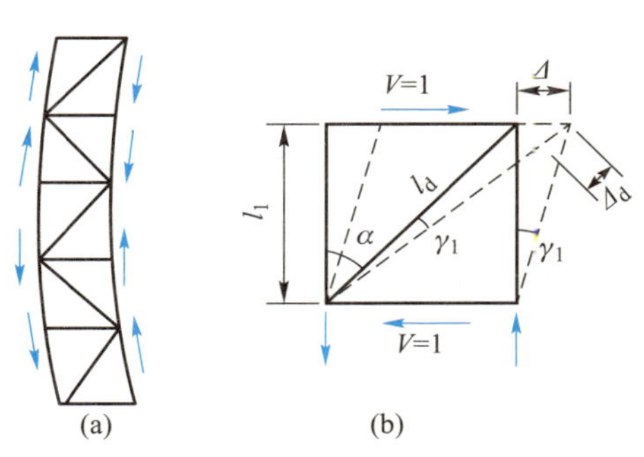

图 3.38　缀条柱的剪切变形

设一个节间两侧斜缀条面积之和为 A_1；节间长度为 l_1。单位剪力作用下斜缀条的轴向变形为

$$\Delta_d=\frac{N_d}{EA_1}\cdot l_d=\frac{l_1}{EA_1\sin\alpha\cos\alpha} \tag{3-64}$$

其中，$l_d=l_1/\cos\alpha$，$N_d=1/\sin\alpha$。假设变形和剪切角为有限的微小值，故水平位移 Δ 为

$$\Delta\approx\frac{\Delta_d}{\sin\alpha}=\frac{l_1}{EA_1\sin^2\alpha\cos\alpha} \tag{3-65}$$

则单位剪力作用下的剪切角 γ_1 为

$$\gamma_1=\frac{\Delta}{l_1}=\frac{1}{EA_1\sin^2\alpha\cos\alpha} \tag{3-66}$$

根据弹性稳定理论考虑剪切变形影响后的临界力为

$$N_{cr}=\frac{\pi^2EA}{\lambda_{0x}^2} \tag{3-67}$$

其中，λ_{0x} 为将格构柱绕虚轴临界力换算成实腹柱临界力的换算长细比：

$$\lambda_{0x}=\sqrt{\lambda_x^2+\pi^2EA\gamma_1} \tag{3-68}$$

由式(3-65)和式(3-67)可得下式：

$$\lambda_{0x}=\sqrt{\lambda_x^2+\frac{\pi^2}{\sin^2\alpha\cos\alpha}\frac{A}{A_1}} \tag{3-69}$$

式中：A——整个柱的毛截面面积；

A_1——两侧斜缀条的总面积；

α——斜缀条与柱轴线间的夹角。

GB 50017—2017《钢结构设计标准》规定斜缀条与肢件轴线间的夹角在 40°~70°之间时，采用下式计算换算长细比：

$$\lambda_{0x}=\sqrt{\lambda_x^2+27\frac{A}{A_1}} \tag{3-70}$$

夹角不在 40°~70°范围内时，$\pi^2/\sin^2\alpha\cos\alpha$ 会比 27 大很多，采用上式计算换算长细比偏于不安全，应采用式(3-69)。显然，按式(3-67)算得的稳定承载力比不考虑剪切变形时稳定承载力要低。

② 剪切变形对双肢缀板柱整体稳定性的影响

如图 3.39 所示，将双肢缀板柱视为一多层框架，且把缀板和肢件的连接视为刚接。假定变形时反弯点在各节间的中点。

取图 3.39b 所示分离体算得单位剪力作用下缀板弯曲变形引起的分肢位移 Δ_1：

$$\Delta_1=\frac{l_1}{2}\cdot\theta_1=\frac{l_1}{2}\cdot\frac{al_1}{12EI_b}=\frac{al_1^2}{24EI_b} \tag{3-71}$$

肢件本身弯曲变形引起的位移 Δ_2 为

$$\Delta_2=\frac{l_1^3}{48EI_1} \tag{3-72}$$

则单位剪力作用下的剪切角 γ_1 为

$$\gamma_1=\frac{\Delta_1+\Delta_2}{0.5l_1}=\frac{l_1^2}{24EI_1}\left(1+2\frac{I_1/l_1}{I_b/a}\right) \tag{3-73}$$

代入式(3-68)，并令柱分肢的线刚度 $K_1=I_1/l_1$、两块缀板线刚度之和 $K_b=\sum I_b/a$，得以下换算长细比计算公式：

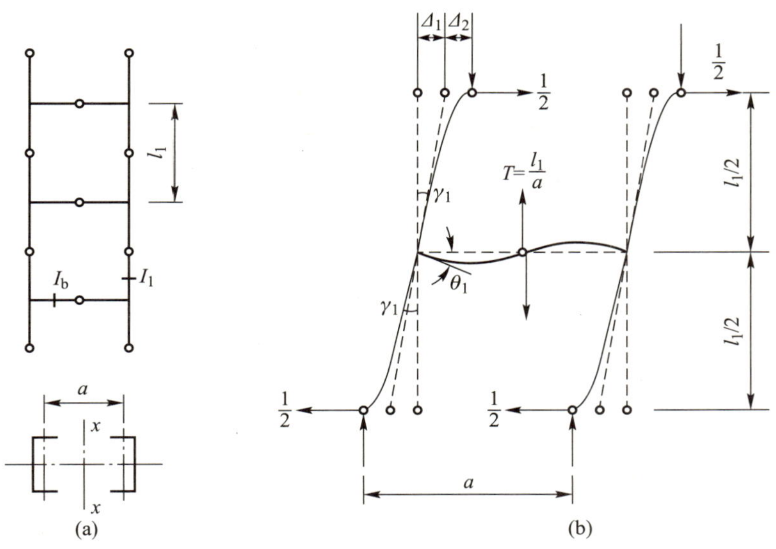

图 3.39　缀板柱的剪切变形

$$\lambda_{0x}=\sqrt{\lambda_x^2+\frac{\pi^2 A l_1^2}{24 I_1}\left(1+2\frac{K_1}{K_b}\right)} \tag{3-74}$$

假设分肢截面面积 $A_1=0.5A$，则 $Al_1^2/I_1=\lambda_1^2$，上式改写为

$$\lambda_{0x}=\sqrt{\lambda_x^2+\frac{\pi^2}{12}\left(1+2\frac{K_1}{K_b}\right)\lambda_1^2} \tag{3-75}$$

式中：λ_1——单个肢件的长细比，$\lambda_1=l_{01}/i_1$，l_{01} 为缀板间的净距离，i_1 为分肢弱轴的回转半径；

l_1——缀板中心距；

a——分肢轴线间距离；

I_1——分肢绕其弱轴的惯性矩；

I_b——缀板的惯性矩。

GB 50017—2017《钢结构设计标准》规定，$K_b/K_1\geqslant 6$ 时采用下式计算换算长细比：

$$\lambda_{0x}=\sqrt{\lambda_x^2+\lambda_1^2} \tag{3-76}$$

无法满足 $K_b/K_1\geqslant 6$ 要求时，应采用式(3-75)。同样，按式(3-76)算得的稳定承载力比不考虑剪切变形时稳定承载力要低。

(2) 格构式轴压构件的整体稳定性验算

① 对实轴的整体稳定性验算

同实腹柱的验算方法。

② 对虚轴的整体稳定性验算

根据上述换算长细比计算方法算出 λ_{0x}，然后查表得整体稳定系数 φ，并代入压杆整体稳定性计算公式进行验算即可。

(3) 格构式轴压构件的分肢的稳定性

除了上述稳定性计算外，还应考虑构件分肢的稳定性。满足以下规定的分肢稳定性可以得到保证,不需要再进行分肢的稳定性验算。

① 对于缀条式压杆,考虑杆件几何缺陷的影响,一个分肢的受力可能会大于另一个分肢,因此单肢的长细比 λ_1 应不超过杆件最大长细比 λ_{max} 的 0.7 倍,以保证分肢的稳定性。

② 对于缀板式压杆,选择截面时需要假定单肢的长细比 λ_1,为了不使分肢先于构件整体发生失稳,需要控制单肢长细比 λ_1,要求 λ_1 不应大于 $40\varepsilon_k$,且不大于杆件最大长细比 λ_{max} 的 0.5 倍(当 $\lambda_{max}<50$ 时取 $\lambda_{max}=50$)。

3. 杆件的截面选择

对于格构式轴压构件,首先要确定肢件的截面尺寸,和实腹式压杆一样,可以采用假定长细比的方法,利用对实轴的整体稳定性计算公式计算所需截面面积和回转半径。

肢件的截面尺寸确定后,需要确定肢件间的距离。这时,利用等稳定性条件 $\lambda_{0x}=\lambda_y$ 和式(3-70)、式(3-76)得到对虚轴的长细比 λ_x:

$$\lambda_x=\sqrt{\lambda_{0x}^2-27A/A_{1x}}=\sqrt{\lambda_y^2-27A/A_{1x}} \tag{3-77a}$$

$$\lambda_x=\sqrt{\lambda_{0x}^2-\lambda_1^2}=\sqrt{\lambda_y^2-\lambda_1^2} \tag{3-77b}$$

进而可以算出对应的回转半径 i_x,并利用附表 5-1 中的截面宽度与回转半径的近似关系确定肢件间的距离。

4. 缀材的设计计算

(1) 格构式压杆的剪力

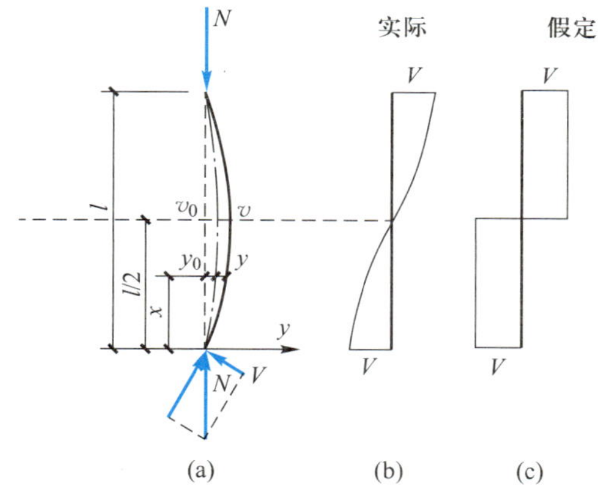

图 3.40　压杆剪力的计算简图

如图 3.40 所示,梁端铰接的轴压构件中央截面存在初始挠度 v_0,由式(3-23)知表示任意截面处的总挠度 Y,最大挠度为 $v_m=v_0/(1-N/N_E)$,因此可以得到任意截面的剪力为

$$V=\frac{dM}{dx}=\frac{N\pi v_0}{l(1-N/N_E)}\cos\frac{\pi x}{l}=\frac{N\pi v_m}{l}\cos\frac{\pi x}{l} \tag{3-78}$$

最大剪力为

$$V_{max}=\frac{N\pi v_m}{l} \tag{3-79}$$

规范在规定剪力时,以压杆弯曲至中央截面边缘纤维屈服为条件,即

$$\frac{N}{A}+\frac{Nv_m}{I_x/(h/2)}=f_y \tag{3-80}$$

可改写成以下形式:

$$\frac{N}{Af_y}\left(1+\frac{v_m}{i_x^2/(h/2)}\right)=1 \tag{3-81}$$

令 $N/Af_y=\varphi$,并利用附表 5-1 中回转半径与截面高度的关系 $i_x=\alpha_1 h$,则上式可改写成

$$\varphi\left(1+\frac{v_m}{i_x\alpha_1 h/(h/2)}\right)=1 \tag{3-82}$$

可以得到最大挠度 v_m:

$$v_m = 2i_x\alpha_1 \frac{1-\varphi}{\varphi} \tag{3-83}$$

则得到最大剪力与稳定因数 φ 的关系：

$$V_{max} = \frac{2\pi\alpha_1(1-\varphi)}{\lambda_x} \cdot \frac{N}{\varphi} = \frac{2\pi\alpha_1(1-\varphi)}{\lambda_x} \cdot Af_y \tag{3-84}$$

GB 50017—2017《钢结构设计标准》对双肢格构式柱进行计算分析后，对 Q235 钢构件取上式结果中 Af_y 前面的 $2\pi\alpha_1(1-\varphi)/\lambda_x$ 为 1/85，考虑钢种的不同，采用下式作为最大剪力 V_{max} 的实用计算公式：

$$V_{max} = \frac{Af}{85\varepsilon_k} \tag{3-85}$$

式中：φ——按虚轴（x 轴）换算长细比确定的整体稳定系数；

h——格构式构件的截面高度，即在截面 y 轴方向的高度；

I_x——截面绕虚轴（x 轴）的惯性矩；

i_x——截面绕虚轴（x 轴）的回转半径。

（2）缀条的计算

缀条可以采用单缀条（图 3.41a）和交叉缀条（图 3.41b），前者更为常用。设计缀材及其连接时认为剪力沿杆全长不变化。

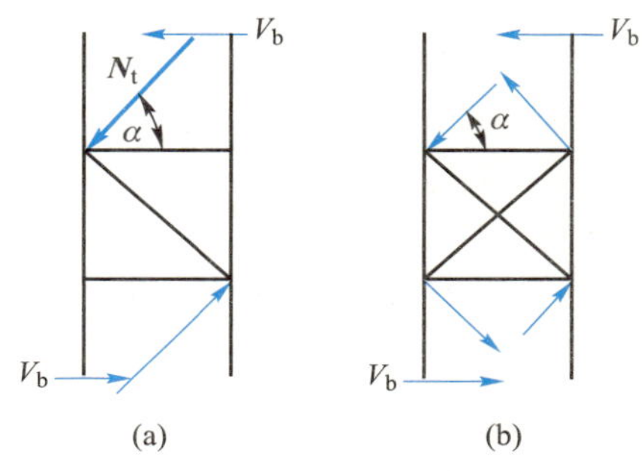

图 3.41 缀条的内力

在最大剪力 V_{max} 作用下，缀条的内力可同平行弦桁架腹板一样进行计算，一个斜缀条所受轴力 N_t 为

$$N_t = \frac{V_b}{n\cos\alpha} \tag{3-86}$$

式中：V_b——分配到一个缀材面的剪力；

n——承受剪力 V_b 的斜缀条数，单缀条时 $n=1$，交叉缀条时 $n=2$；

α——缀条的倾角。

因剪力方向不定，斜缀条可能受压，也可能受拉，应按轴压构件进行计算。考虑到缀条通常为单角钢，其与柱单面连接会受到偏心的不利影响，故引入折减系数 η 进行缀条稳定性验算：

$$\sigma = \frac{N_t}{\eta\varphi A_t f} \leqslant 1 \tag{3-87}$$

式中：φ——斜缀条的轴压稳定系数；

A_t——斜缀条的截面面积。

关于折减系数 η 的取值，采用等边角钢时，$\eta = 0.6+0.001\,5\lambda$；采用短边连接的不等边角钢时，$\eta=0.5+0.002\,5\lambda$；采用长边连接的不等边角钢时，$\eta=0.7$。这里的 λ 为按照角钢最小回转半径计算而得的斜缀条长细比，当 $\lambda<20$ 时，取 $\lambda=20$。

（3）缀板的计算

计算缀板内力时，可将缀板看作缀板和肢件组成多层刚架进行计算，计算简图如图 3.42

所示。

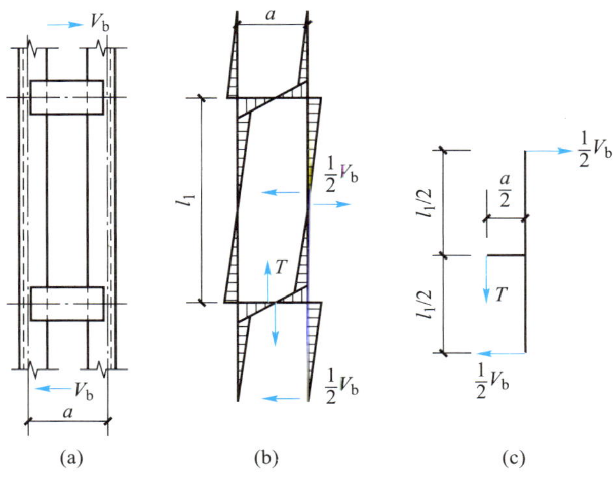

图 3.42　缀板计算简图

取图 3.42c 所示隔离体，得缀板所受剪力 T 和端部（与肢件连接处）弯矩 M：

$$T=\frac{V_b l_1}{a} \tag{3-88a}$$

$$M=\frac{V_b l_1}{2} \tag{3-88b}$$

式中：a——单肢轴线间的距离；

l_1——缀板中心线间的距离。

由于缀板和肢件一般采用角焊缝连接，所以强度计算时需要验算剪力 T 和弯矩 M 作用下的焊缝强度（详见第 6 章）。为了保证缀板的局部稳定性，缀板厚度应不小于 $a/40$，且不小于 6 mm；缀板宽度一般不小于 $2a/3$，端缀板可以取其宽度等于 a。缀板应该具有一定刚度，采用 $K_b/K_1 \geqslant 6$ 作为控制条件。

【例题 3-4】 某轴心受压柱，两端铰接，柱身肢件用图 3.43 所示两个槽钢，柱高 7 m，钢材为 Q235，轴压力设计值为 1 500 kN，缀材采用缀条和缀板两种方案，试分别进行设计。

【解】（1）肢件截面选择

首先按实轴（y 轴）选择柱的截面，需要先假定长细比，根据该柱轴力大小，假定两方向的长细比为 $\lambda_x=\lambda_y=60$。格构柱绕实轴和虚轴失稳时都属于 b 类截面，查附表 7-2 可得，$\varphi_x=\varphi_y=0.807$，Q235 钢的设计强度 $f=215\ \text{N/mm}^2$，则所需要的构件截面面积为

$$A=\frac{N}{\varphi f}=\frac{1\ 500\times10^3\ \text{N}}{0.807\times215\ \text{N/mm}^2}=8\ 645\ \text{mm}^2$$

则实轴所需要的回转半径为

$$i_y=\frac{l_{0y}}{\lambda}=\frac{7\ 000\ \text{mm}}{60}=117\ \text{mm}$$

根据所需要的截面面积 A，实轴的回转半径 i_y 查附表 3-3 选用两个槽钢，可知 2[32a 的截面面积 $A=97.0\ \text{cm}^2$，绕 y 轴的回转半径 $i_y=12.50$ cm，基本符合所需要的条件，初选 2[32a。

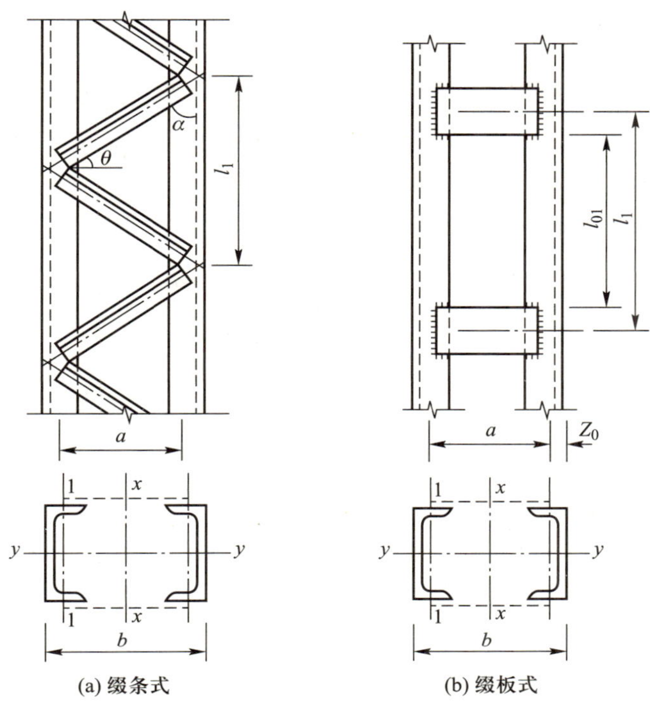

图 3.43 例题 3-4 图

（2）验算实轴（y 轴）的整体稳定性

绕实轴的长细比：

$$\lambda_y=\frac{l_{0y}}{i_y}=\frac{700}{12.50}=56.0<[\lambda]=150$$

查附表 7-2（b 类截面）得整体稳定系数 $\varphi_y=0.828$，代入轴心受压柱整体稳定性验算公式：

$$\frac{N}{\varphi Af}=\frac{1\ 500\times10^3}{0.828\times97.0\times10^2\times215}=0.869<1.0$$

满足要求。

以下分别采用图 3.43 所示双肢缀条柱和双肢缀板柱进行后续设计。

（3）对于双肢缀条柱

按照对实轴的整体稳定性，柱肢已选择采用 2［32a，单个槽钢［32a 的截面参数如下：

$$A=48.50\ \text{cm}^2,\quad Z_0=2.24\ \text{cm},\quad I_1=305\ \text{cm}^4,\quad i_1=2.50\ \text{cm}$$

缀条截面可采用角钢∠50×5，$\theta=45°$，查附表 3-4 得一个角钢的截面面积 A_t 为 4.803 cm^2，因此两侧斜缀条的总面积 $A_1=2A_t=9.606\ \text{cm}^2$。

为了计算缀板柱绕虚轴的长细比，需要首先确定柱宽 b。考虑两个主轴的等稳定性，计算虚轴所需要的长细比：

$$\lambda_x=\sqrt{\lambda_y^2-27\frac{A}{A_1}}=\sqrt{56.0^2-27\times\frac{2\times48.5}{9.606}}=53.5$$

再计算出虚轴所需要的回转半径：

$$i_x=\frac{l_{0x}}{\lambda_x}=\frac{700\ \text{cm}}{53.5}=13.1\ \text{cm}$$

利用附表 5-1,因截面宽度与回转半径的近似关系为 $i_x\approx 0.44b$,故 $b\approx 29.77$ cm,取 $b=300$ mm,则两肢件轴线间的距离 $a=300\ \text{mm}-22.4\ \text{mm}\times 2=255.2$ mm。

① 绕虚轴的整体稳定性

下面计算整个截面对虚轴(x 轴)的几何参数:

$$I_x=2\times\left[305\ \text{cm}^4+48.5\times\left(\frac{30.0-2.24\times 2}{2}\right)^2\ \text{cm}^4\right]=16\ 403.3\ \text{cm}^4$$

$$i_x=\sqrt{\frac{16\ 403.3}{97}}\ \text{cm}=13\ \text{cm},\lambda_x=\frac{700}{13}=53.8$$

考虑剪切变形的影响,采用换算长细比计算缀条柱绕虚轴的长细比:

$$\lambda_{0x}=\sqrt{\lambda_x^2+27\frac{A}{A_1}}=\sqrt{53.8^2+27\times\frac{97}{9.606}}=56.3<[\lambda]=150$$

根据 $\lambda_{0x}=56.3$ 查附表 7-2(b 类截面),得 $\varphi_x=0.827$,代入轴心受压柱整体稳定性验算式得

$$\frac{N}{\varphi_x Af}=\frac{1\ 500\times 10^3}{0.827\times 97.0\times 10^2\times 215}=0.870<1.0$$

满足要求。

通过对缀条柱绕实轴和虚轴的计算,证明所设计的格构柱不会丧失整体稳定性。

② 单肢的稳定性

计算柱单肢在平面内(绕 1 轴)的长细比。

缀条的节间长度:$l_1=2a\tan\alpha=2\times 255.2\ \text{mm}\times\tan 45^\circ=510.4$ mm

$$\lambda_1=\frac{l_1}{i_1}=\frac{510.4}{25.0}=20.4<0.7\{\lambda_{0x},\lambda_y\}_{\max}=0.7\times 56.3=39.4$$

单肢的稳定性能满足。

③ 缀条计算

缀条所受的剪力:

$$V=\frac{Af}{85}=\frac{97.0\times 10^2\ \text{mm}^2\times 215\ \text{N/mm}^2}{85}=24\ 535\ \text{N}$$

一个斜缀条所受轴力:

$$N_1=\frac{V/2}{\cos\theta}=\frac{24\ 535\ \text{N}/2}{\cos 45^\circ}=17\ 349\ \text{N}$$

缀条长度:

$$l_0=\frac{a}{\cos 45^\circ}=\frac{255.2\ \text{mm}}{\sqrt{2}/2}=360.9\ \text{mm}$$

缀条长细比:

$$\lambda=\frac{l_0}{i_{\min}}=\frac{360.9}{0.98\times 10}=36.8<[\lambda]=150$$

查附表 7-2(b 类截面)得 $\varphi=0.911$。

因等边单角钢与柱单面连接，计算折减系数后代入整体稳定性计算公式：

$$\eta = 0.6+0.0015\lambda = 0.655$$

$$\frac{N}{\eta\varphi A_t f}=\frac{17\ 349}{0.655\times0.911\times4.803\times10^2\times215}=0.28<1.0$$

缀条满足要求。

(4) 对于双肢缀板柱

同样，按照对实轴(y 轴)的整体稳定性，柱肢已选择采用 2[32a，单个槽钢 [32a 的截面参数同缀条柱。沿柱子长度方向两块缀板中心线之间的距离取 $l_1 = 850$ mm。

绕虚轴的整体稳定性计算同样需首先确定柱宽 b，假定 $\lambda_1 = 28$(约 $0.5\lambda_y$)，考虑两个主轴的等稳定性，计算绕虚轴所需要的长细比：

$$\lambda_x = \sqrt{\lambda_y^2-\lambda_1^2} = \sqrt{56.0^2-28^2} = 48.5$$

再计算绕虚轴所需要的回转半径：

$$i_x = \frac{l_{0x}}{\lambda_x} = \frac{700\ \text{cm}}{48.5} = 14.43\ \text{cm}$$

采用图 3.37 中的截面形式，利用附表 5-1 得到截面宽度与回转半径的近似关系：$i_x \approx 0.44b$，则 $b \approx i_x/0.44 = 32.8$ cm，取 $b = 330$ mm。则 $a = 330\ \text{mm} - 22.4\ \text{mm}\times2 = 285.2$ mm。

缀板截面可初选为在两个缀材面上各采用一块钢板—200×8，厚度大于 285.2 mm/40 = 7.13 mm，宽度大于 2×285.2 mm/3 = 190.13 mm，满足构造要求。

$K_b = 2\times0.8\times20^3/(12\times28.52) = 37.40$，$K_1 = 305/85 = 3.59$，$K_b/K_1 = 37.40/3.59>6$，说明缀板刚度满足要求。

① 绕虚轴的整体稳定性

计算出整个截面对虚轴(x 轴)的几何参数。

$$I_x = 2\times\left[305\ \text{cm}^4+48.5\times\left(\frac{33.0-2.24\times2}{2}\right)^2\ \text{cm}^4\right] = 20\ 334.7\ \text{cm}^4$$

$$i_x = \sqrt{\frac{20\ 334.7}{97}}\ \text{cm} = 14.48\ \text{cm},\ \lambda_x = \frac{700}{14.48} = 48.3$$

缀板之间的净距离：

$$l_{01} = l_1 - 200\ \text{mm} = 850\ \text{mm} - 200\ \text{mm} = 650\ \text{mm}$$

分肢的长细比：

$$\lambda_1 = \frac{l_{01}}{i_1} = \frac{650}{25.0} = 26$$

考虑剪切变形的影响，采用换算长细比计算缀板柱绕虚轴的长细比：

$$\lambda_{0x} = \sqrt{\lambda_x^2+\lambda_1^2} = \sqrt{48.3^2+26^2} = 54.9<[\lambda] = 150$$

查附表 7-2(b 类截面)得 $\varphi_x = 0.834$，代入轴心受压柱整体稳定性验算公式得

$$\frac{N}{\varphi_x Af} = \frac{1\ 500\times10^3}{0.834\times97.0\times10^2\times215} = 0.862<1.0$$

满足要求。

② 单肢的稳定性

已知单肢的长细比为 $\lambda_1=26<40$，且小于 $0.5\{\lambda_{0x},\lambda_y\}_{max}=0.5\times56=28$。

说明单肢的稳定性满足要求。

习　题

3.1　轴心受压构件和轴心受拉构件的承载力验算内容有何异同？

3.2　截面因开孔而被削弱时，轴心受压构件和轴心受拉构件的强度计算方法有无差别？

3.3　轴心受拉构件的刚度也需要限制吗？为什么？

3.4　影响轴心受压构件的整体稳定系数 φ 的主要因素有哪些？

3.5　工字形截面轴心受压构件翼缘和腹板的局部稳定性计算公式中，λ 为什么应取构件两方向长细比的较大值？

3.6　轴心受压构件的整体稳定性不能满足要求时，若不增大截面面积，是否还可以采取其他措施提高其承载力？

3.7　提高轴心压杆钢材的抗压强度能否提高其稳定承载力？为什么？

3.8　格构式和实腹式轴心受压构件临界力的确定有什么不同？双肢缀条式和双肢缀板式柱为什么对虚轴用换算长细比？

3.9　当实腹式轴心受压构件腹板局部稳定性不满足要求时，可采取哪些措施？

3.10　轴压实腹式构件的局部稳定性计算基于什么样的方法确定板件宽厚比限值？

3.11　水平放置的轴心拉杆，截面由 2∠140×90×8 组成，试验算其强度和刚度。轴心拉力设计值为 500 kN（不计杆件自重），只承受静力作用，计算长度为 6 m。杆两端各设一排直径为 20 mm 的栓孔（图 3.44），忽略连接偏心影响，假定栓孔中心与杆件轴线重合，钢材为 Q235 钢。

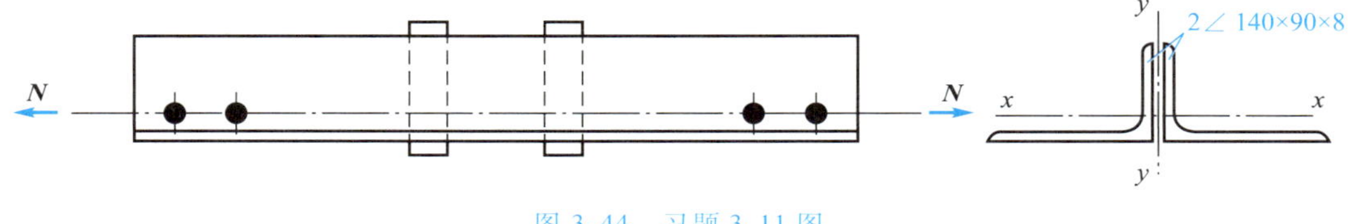

图 3.44　习题 3.11 图

3.12　一两端铰接的热轧型钢 I63a 轴压柱，截面如图 3.45 所示，杆长为 3 m，轴力设计值 $N=600$ kN，钢材为 Q235 钢，图中孔洞为虚孔。试验算该柱的强度和整体稳定性是否满足。

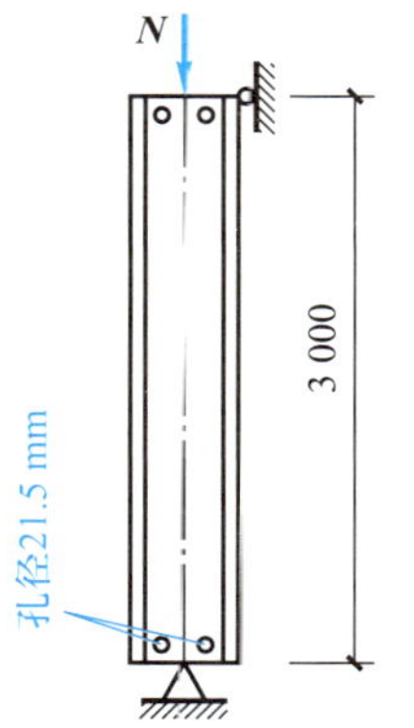

图 3.45　习题 3.12 图

3.13　图 3.46 为两种支撑条件的轴心受压实腹柱，一种在柱中央有侧向支撑，另一种柱侧向无支撑，柱两端均为铰接，轴心压力设计值 $N=3\ 000$ kN，柱高为 9 m，采用 Q235 钢，截面为焊接组合工字形，翼缘为剪切边。试验算两种条件下柱的整体稳定性及板件的局部稳定性是否满足。

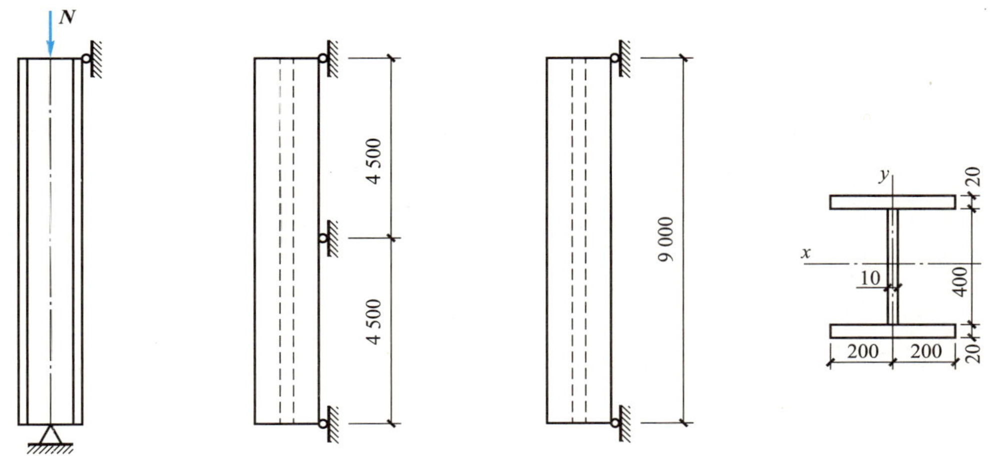

图 3.46　习题 3.13 图

3.14　一缀条式格构式轴心受压构件，两端铰接，柱高为 6 m，肢件采用 [28a，缀条采用 ∠45×5（图 3.47）。轴心压力设计值为 $N=1\ 350$ kN，采用 Q235 钢。试验算该柱的整体稳定性。

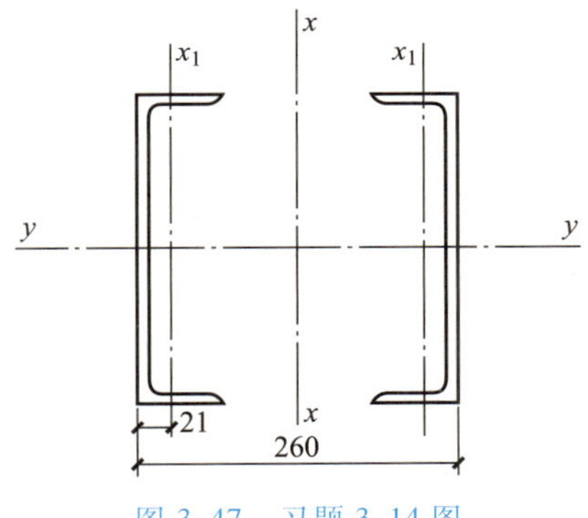

图 3.47　习题 3.14 图

第4章 受弯构件

承受弯矩为主的构件称为受弯构件,钢结构的受弯构件主要以梁的形式出现。如图 4.1 所示,在均布荷载作用下的工字钢梁,以截面中和轴为界,分压应力区和拉应力区,随着弯矩 M 值的增大,压应力与拉应力也相应增大。

钢梁的破坏类型包括超过承载力极限状态的破坏和超过正常使用极限状态的失效,计算内容主要包括截面强度、整体稳定性、局部稳定性、挠度,有时还要进行疲劳强度等计算。

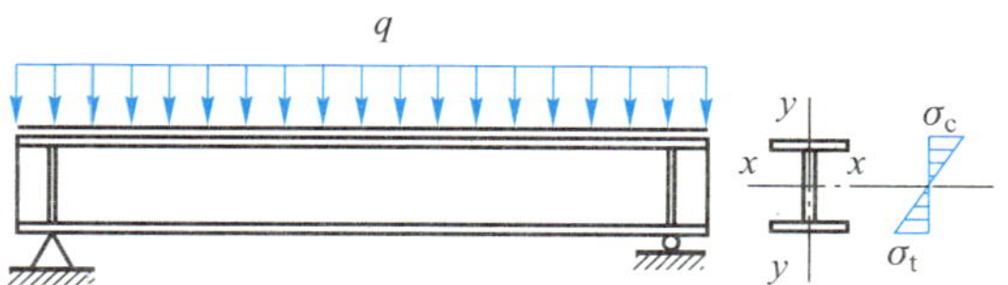

图 4.1 简支钢梁在均布荷载作用下的受力情况

4.1 受弯构件的类型和应用

4.1.1 受弯构件(梁)的应用

钢结构中最常用的受弯构件是用型钢或钢板制造的实腹式钢梁,另外还有由多杆件组成的格构式构件,例如,图 4.2a 中的桁架。本章学习内容包含实腹式钢梁的受力性能和设计方法。

钢梁按使用功能可分为多高层房屋中的楼盖梁、工业厂房中的吊车梁、工作平台梁、墙架梁、檩条、各类钢桥中的桥面梁、水工闸门及海洋采油平台梁等。图 4.2 为几种代表性应用实例。

(a) 厂房中的吊车梁、屋架

(b) 平台中的主梁、次梁

(c) 住宅中的楼盖梁、屋盖梁

(d) 梁式钢桥中的桥面钢梁

图 4.2　受弯构件(梁)的应用

4.1.2　受弯构件(梁)的类型

按受力情况的不同,可以分为单向弯曲梁和双向弯曲梁,图 4.3 所示的屋面檩条及吊车梁都是双向受弯梁,不过吊车梁的水平荷载主要使上翼缘受弯。

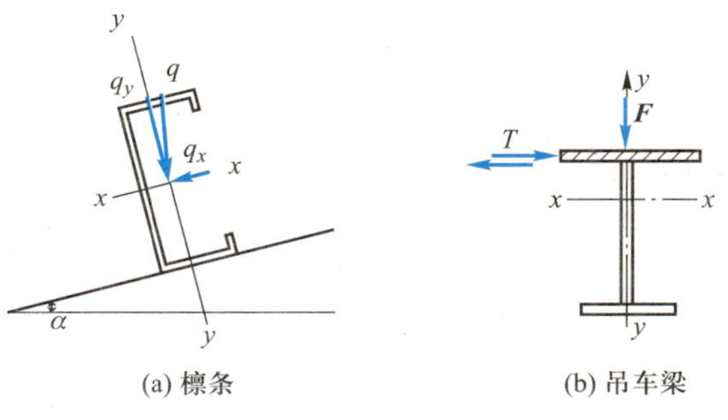

(a) 檩条　　(b) 吊车梁

图 4.3　双向受弯梁

按支承条件的不同,可以分为简支梁、连续梁、固端梁、悬臂梁等。单跨简支梁与多跨连续梁相比,虽然用钢量较多,但因简支梁制作安装方便,其内力不受支座沉陷、温度变化的影响,故在工程中得到广泛应用。

按制作方法的不同,可以分为型钢梁和组合梁两大类,如图 4.4 所示。型钢梁又可分为热轧型钢梁和冷弯薄壁型钢梁两种。热轧型钢梁常用普通工字钢、槽钢或 H 型钢制作(图 4.4a、b、c),应用最为广泛。对受荷较小,跨度不大的梁,用带有卷边的冷弯薄壁型钢(图 4.4d、e),可有效节省钢材。受荷很小的梁,有时也可采用热轧角钢。由于型钢梁具有加工方便和成本较低的优点,在结构设计中宜优先采用。

荷载和跨度较大时,既有的型钢梁的尺寸和规格,可能不满足承载能力或刚度要求,此时可考虑采用组合梁。相对型钢梁而言,组合梁截面组成比较灵活,可通过设计使材料在截面上的分

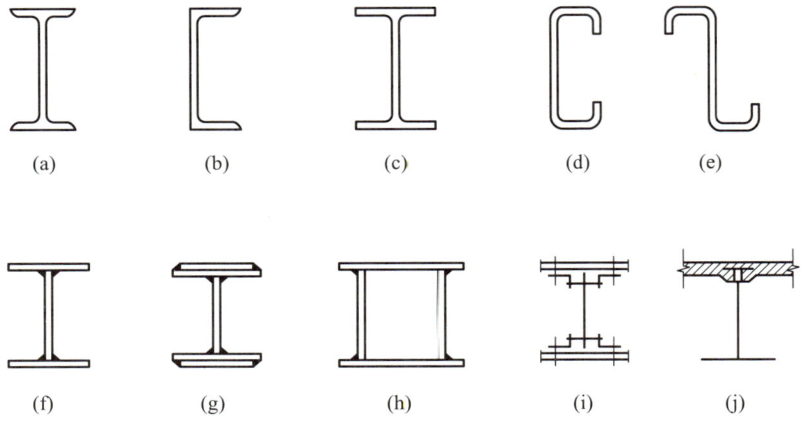

图 4.4　型钢梁与组合梁

布更加合理。按照连接方法和使用材料的不同，组合梁可分为焊接组合梁（简称焊接梁）、铆接或螺栓连接组合梁、钢与混凝土组合梁等。

关于组合梁，形式多样，概述如下：

（1）图 4.4f～h 均为焊接组合梁，其中图 4.4f 较为常用，其构造简单、制作方便；抗弯承载力不足时也会采用图 4.4g 所示双层翼缘板组成的焊接组合梁；当荷载较大且梁高度受限时，可考虑采用图 4.4h 所示双腹板的箱形梁，该截面形式具有较好的抗扭刚度。

（2）少数特重荷载或动力荷载作用时要求截面高度较大，可采用图 4.4i 所示组合梁，除翼缘板和腹板外还需要增加角钢连接件，可通过铆接或高强摩擦型螺栓连接实现。铆接费时费工，属被淘汰的连接形式。

（3）钢与混凝土组合梁（图 4.4j）充分利用了混凝土的抗压强度和钢材的抗拉强度，应用较广，具有较好的经济效益。

此外，在保证结构受力合理的同时，为节约钢材，可以设计成特殊形式的钢梁，例如蜂窝梁、楔形梁、预应力钢梁等。

将工字钢或 H 型钢的腹板如图 4.5a 所示沿折线切开，焊成图 4.5b 所示截面高度有所增加

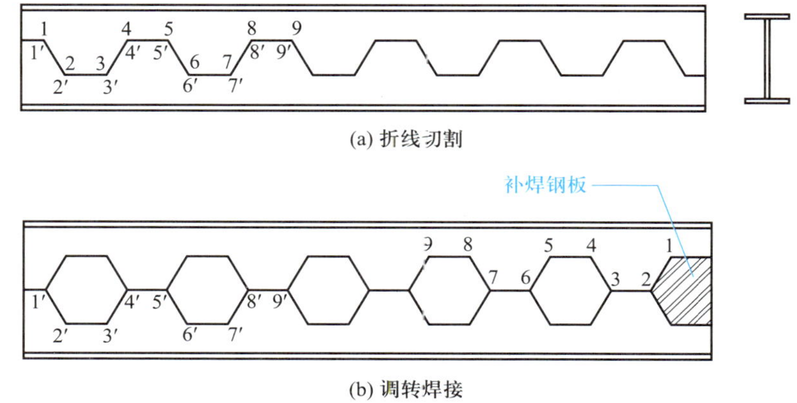

图 4.5　蜂窝梁

的空腹梁，即所谓“蜂窝梁”，适用于弯矩较大、剪力较小的楼盖梁；也可依据弯矩变化制成图 4.6 所示变截面的楔形梁，即将工字形或 H 型钢的腹板斜向切开，调转其中一半与另一半相焊而成。

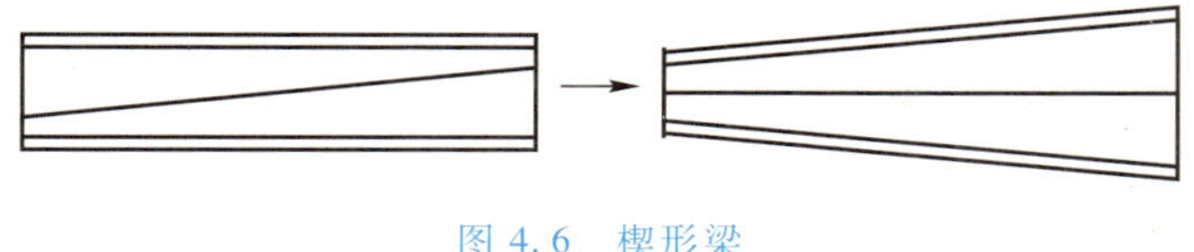

图 4.6　楔形梁

为了改善使用阶段的受力性能并节约钢材，可将预应力技术用于钢梁。其基本原理是：钢梁在承受荷载前或承受部分使用荷载时，通过在受拉侧设置具有较高预拉力的高强度钢筋或钢索，使钢梁受反向的弯曲作用，从而提高钢梁在外荷载作用下的承载能力。图 4.7 为三种预应力钢梁构成形式的示意图，具体制作、施工过程较为复杂。

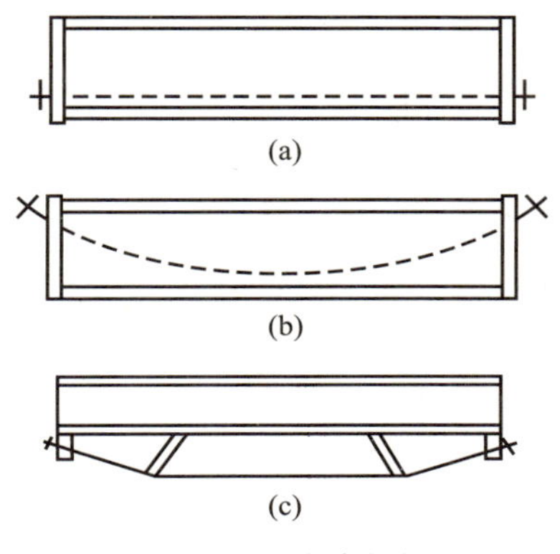

图 4.7　预应力钢梁

4.2　梁的强度

依据现行 GB 50017—2017《钢结构设计标准》，梁的设计采用极限状态设计法。对于承载力极限状态，应计算强度、整体稳定性和局部稳定性。对于直接受到重复荷载作用的钢构件及其连接，如吊车梁，当应力循环次数 $n \geqslant 5\times10^4$ 时，尚应进行疲劳验算。对于正常使用极限状态，应计算挠度，使所选截面符合刚度要求。图 4.8 所示钢梁在横向荷载作用下，截面上会产生纵向正应力、剪应力，还会有局部压应力。因此，钢梁的强度计算包括抗弯强度、抗剪强度、局部承压强度及复合应力条件下的折算应力验算。

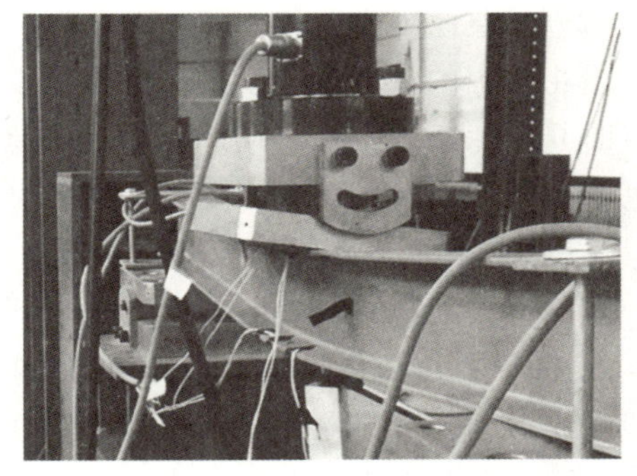

图 4.8　钢梁在横向荷载下的实验

4.2.1 抗弯强度

钢梁在纯弯曲作用下的纤维应变沿杆长为定值，其弯矩-挠度（$M-v$）关系与钢材抗拉试验的应力-应变关系形式上大体相同，如图 4.9 所示。图中，M_e 为截面边缘纤维应力达到屈服强度时的弯矩，M_p 为全截面达到屈服时的弯矩。由于钢材存在硬化阶段，最终弯矩超过 M_p 值。梁的强度计算中，通常忽略残余应力的影响，并将钢材理想化为图 4.10 所示的弹塑性应力-应变关系。钢梁在不同工作阶段的正应力分布特征如图 4.9 所示。

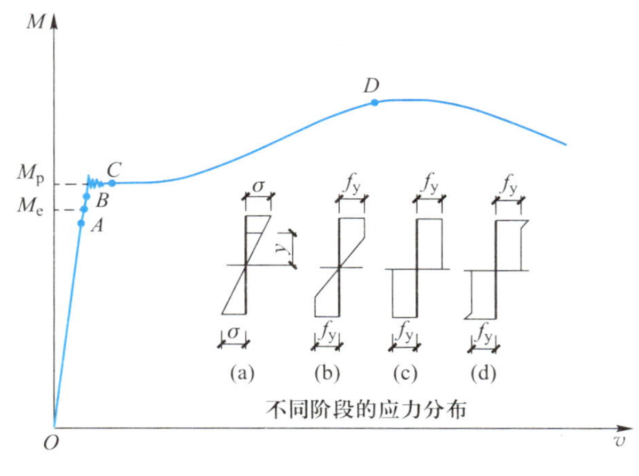

图 4.9　梁的 $M-v$ 曲线

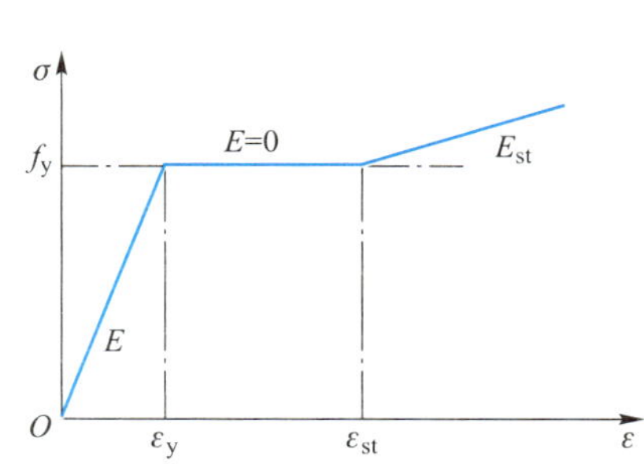

图 4.10　简化的应力-应变关系

1. 钢梁的工作阶段

（1）弹性工作阶段

图 4.9 中的 A 点弯矩小于 M_e 的情况下，截面上的正应力分布如图 4.9 中的应力分布图 a 所示，最外纤维的应力小于材料的屈服点，属于弹性工作阶段。对需要计算疲劳强度的梁，常以最外纤维应力达到 f_y 作为强度的限值。以冷弯薄壁型钢梁为例，因其壁薄，一般不考虑截面的塑性发展，以截面边缘屈服准则进行设计。

（2）弹塑性工作阶段

图 4.9 中的 B 点弯矩大于 M_e 但小于 M_p 的情况下，截面上的正应力分布如图 4.9 中的应力分布图 b 所示。以图 4.8 所示的简支 H 型钢梁为例，这阶段上、下翼缘板先屈服，随后腹板上、下侧也部分屈服。GB 50017—2017《钢结构设计标准》中对一般受弯构件的计算，考虑截面的塑性发展，以部分截面塑性发展准则进行设计，即以截面部分进入塑性作为承载能力的极限。

（3）塑性工作阶段

图 4.9 中的 C 点弯矩为 M_p，截面上的正应力分布如图 4.9 中的应力分布图 c 所示，截面出现塑性铰。通常静定梁的一个截面处弯矩达到 M_p 后即判断为发生塑性破坏，这时将塑性铰弯矩 M_p 作为承载力极限状态；但若梁的一个区段同时达到弯矩最大值，则达到 M_p 之前，梁就已经发生过大的变形，这时构件设计受"因过度变形而不适于继续承载"极限状态的制约。超静定梁的塑性设计允许出现若干个塑性铰，直至形成机构。以 M_p 作为设计极限的前提是采用理想弹塑性模型。

（4）应变硬化阶段

图 4.9 中的 D 点弯矩大于 M_p，截面上的正应力分布如图 4.9 中的应力分布图 d 所示，随着塑性变形的增大，应力分布不再是矩形，这时钢材进入应变硬化阶段，弹性模量为 E_{st}。工程设计中，梁的强度计算一般不利用该阶段，但不意味着该阶段无意义。采用 H 型钢梁的情况下，实际极限弯矩的大小会达到 M_p 的 1.3~1.4 倍，该阶段对于把握实际极限承载力很重要。

2. 不同工作阶段的最大弯矩

总结以上几个阶段的工作情况，弹性工作阶段和塑性工作阶段的最大弯矩分别为 M_e 和 M_p，计算公式如下：

$$M_e = W_n f_y \tag{4-1}$$

$$M_p = (S_{1n}+S_{2n})f_y = W_{pn} f_y \tag{4-2}$$

式中：f_y——钢材屈服强度；

W_n——梁净截面模量；

W_{pn}——梁塑性净截面模量，为 S_{1n} 和 S_{2n} 之和；

S_{1n}——中和轴以上净截面面积对中和轴的面积矩，中和轴即和弯曲主轴平行的截面面积平分线，对于双轴对称截面即为形心主轴；

S_{2n}——中和轴以下净截面面积对中和轴的面积矩。

从式（4-1）和式（4-2）可以看出，梁的塑性铰弯矩 M_p 与弹性阶段最大弯矩 M_e 的比值为 W_{pn}/W_n，说明截面塑性发展与截面几何特性有关，而与材料强度无关。一般将毛截面的模量比值称为截面的形状系数 F，即

$$F = W_p/W \tag{4-3}$$

从表 4-1 中的几种截面形状系数看，圆形截面的最大，其次是矩形截面，工字形截面受翼缘和腹板的面积比影响，对强轴的 F 值在 1.10 左右浮动。

表 4-1　截面形状系数 F

		A_1, A_w, A_1	A_1, A_w, A_w, A_1		
1.5	1.5	$A_w=A_1$ 时 1.07 $A_w=1.5A_1$ 时 1.12	$A_w=A_1/2$ 时 1.07 $A_w=A_1$ 时 1.13	1.7	1.7

关于弹塑性阶段的最大弯矩，需要控制截面的塑性发展深度。虽然考虑塑性工作状态进行钢梁设计具有一定的经济效益，但过大的塑性变形会导致梁的挠度过大，同时还会对梁的稳定性等带来不利影响。我国 GB 50017—2017《钢结构设计标准》规定，对不需要计算疲劳的受弯构件，允许截面有一定程度的塑性发展，引入定值的截面塑性发展系数 γ_x 和 γ_y，使截面两侧的塑性发展深度不超过梁截面高度的 1/8。

对比 γ_x 和 F，二者的含义存在差别，γ_x 不仅与截面形状有关，还与塑性发展的允许深度有关，采用边缘纤维屈服准则设计时 γ_x 为 1.0，采用全截面塑性发展准则设计时 γ_x 为 F，显然，弹塑性阶段梁的设计极限介于式(4-1)和式(4-2)之间。不同截面的塑性发展系数取值如表 4-3 所示。

3. 正应力计算公式

GB 50017—2017《钢结构设计标准》规定，梁的正应力计算采用下列公式：

单向受弯时

$$\sigma=\frac{M_x}{\gamma_x W_{nx}}\leqslant f \tag{4-4}$$

双向受弯时

$$\sigma=\frac{M_x}{\gamma_x W_{nx}}+\frac{M_y}{\gamma_y W_{ny}}\leqslant f \tag{4-5}$$

式中：M_x、M_y——绕 x 轴和绕 y 轴的弯矩设计值；

W_{nx}、W_{ny}——对 x 轴和 y 轴的净截面模量，当截面板件宽厚比等级为 S1、S2、S3 或 S4 级时，应取全截面模量，当截面板件宽厚比等级为 S5 级时，考虑腹板屈曲后强度，取有效净截面模量 W_{enx}，截面板件宽厚比等级的划分情况如表 4-2 所示；

f——钢材的抗弯强度设计值；

γ_x、γ_y——截面塑性发展系数(表 4-3)，当截面板件宽厚比为 S4 或 S5 级时，按照弹性设计，截面塑性发展系数应取 1.0；对需要计算疲劳的梁，不考虑截面塑性发展，取 $\gamma_x=\gamma_y=1.0$。

式(4-5)为双向受弯构件的强度计算公式，涉及两个弯矩，应为同一个截面处的弯矩，因为强度校核考虑的是截面承载力问题。如果两个方向的弯矩最大值不在同一截面，需考虑两个危险截面进行计算并比较。

表 4-2　受弯构件(梁)的截面板件宽厚比等级及限值

板件宽厚比等级		S1 级	S2 级	S3 级	S4 级	S5 级
工字形截面	翼缘 b_1/t	$9\varepsilon_k$	$11\varepsilon_k$	$13\varepsilon_k$	$15\varepsilon_k$	20
	腹板 h_0/t_w	$65\varepsilon_k$	$72\varepsilon_k$	$93\varepsilon_k$	$124\varepsilon_k$	250
箱形截面	壁板(腹板)间翼缘 b_0/t	$25\varepsilon_k$	$32\varepsilon_k$	$37\varepsilon_k$	$42\varepsilon_k$	—

注：1. S1 级截面，即一级塑性截面或塑性转动截面，采用塑性设计或弯矩调幅设计时需要形成塑性铰并发生塑性转动，应采用该级截面，一般用于不直接承受动力荷载的超静定梁和框架梁的塑性设计；

2. S2 级截面，即二级塑性截面，构件弯矩达到 M_p 后因组成板件的局部屈曲，使塑性铰的转动能力有限，虽然该级截面也可用于塑性设计或弯矩调幅设计，但适于作为最后形成塑性铰的构件截面；

3. S3 级截面，即弹塑性截面，普通钢梁不考虑疲劳计算时，可以用该级截面，按弹塑性方法设计；

4. S4 级截面，即弹性截面，对于直接承受动力荷载并需要计算疲劳的钢梁，可采用该级截面，按弹性方法设计；

5. S5 级截面，即薄壁截面，需要运用屈曲后强度理论，一般用于普通钢结构受弯及压弯构件腹板高厚比较大时，或冷弯薄壁型钢截面构件的设计。

表 4-3 截面塑性发展系数 γ_x、γ_y 值

项次	截面形式	γ_x	γ_y
1		1.05	1.2
2			1.05
3		$\gamma_{x1}=1.05$ $\gamma_{x2}=1.2$	1.2
4			1.05
5		1.2	1.2
6		1.15	1.15
7		1.0	1.05
8			1.0

注：表中几种单轴对称截面绕非对称轴弯曲时，与截面边缘 1 和 2 对应的地方有 γ_{x1} 和 γ_{x2}；格构式构件绕虚轴弯曲时，将边缘纤维开始屈服看作是构件发生强度破坏的标志，$\gamma_x=1.0$。

【例题 4-1】 试比较图 4.11 所示截面面积相等的两种焊接工字形截面的惯性矩与截面模量，并比较二者所承受弯矩，钢材为 Q235。

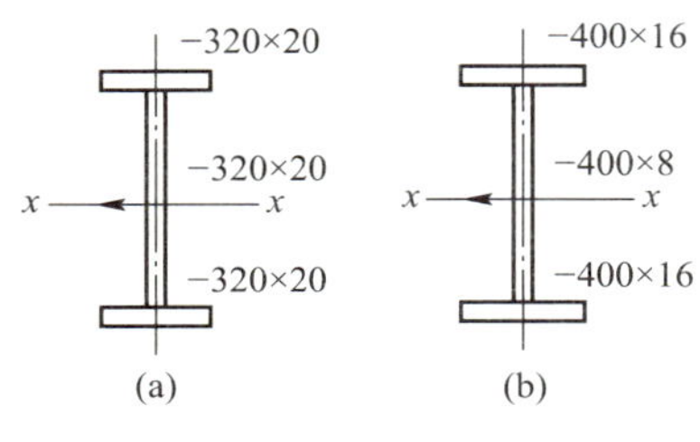

图 4.11　例题 4-1 图

【解】（1）截面几何特性

截面 a：

$$I_{x1}=\frac{1}{12}\times10\times320^3\ \mathrm{mm}^4+320\times20\times(160+10)^2\times2\ \mathrm{mm}^4=3.97\times10^8\ \mathrm{mm}^4$$

$$W_{x1}=\frac{I_x}{y}=\frac{3.97\times10^8\ \mathrm{mm}^4}{(160+20)\ \mathrm{mm}}=2.21\times10^6\ \mathrm{mm}^3$$

截面 b：

$$I_{x2}=\frac{1}{12}\times8\times400^3\ \mathrm{mm}^4+400\times16\times(200+8)^2\times2\ \mathrm{mm}^4=5.96\times10^8\ \mathrm{mm}^4$$

$$W_{x2}=\frac{I_x}{y}=\frac{5.96\times10^8\ \mathrm{mm}^4}{(200+16)\ \mathrm{mm}}=2.76\times10^6\ \mathrm{mm}^3$$

（2）所承受的弯矩

截面 a：

因$\frac{b_1}{t_f}=\frac{320-10}{2\times20}=7.75<13\varepsilon_k=13$，取 $\gamma_x=1.05$。

$$M_{1,\max}=\gamma_x W_{x1}f=1.05\times2.21\times10^6\ \mathrm{mm}^3\times205\ \mathrm{N/mm}^2=475.7\ \mathrm{kN\cdot m}$$

截面 b：

因$\frac{b_2}{t_f}=\frac{400-8}{2\times16}=12.25<13\varepsilon_k=13$，取 $\gamma_x=1.05$。

$$M_{2,\max}=\gamma_x W_{x2}f=1.05\times2.76\times10^6\ \mathrm{mm}^3\times215\ \mathrm{N/mm}^2=623.07\ \mathrm{kN\cdot m}$$

通过比较可知，截面 b 的板较薄，强度设计值较截面 a 大些；又因截面 b 高度较大，惯性矩也较大；虽然截面 b 的截面模量仅高出 25%，但综合起来，截面 b 承载力高出约 31%。

4.2.2　抗剪强度

横向荷载作用下的钢梁所受弯矩沿纵轴向是变化的，这时在构件中也会产生剪力 V，并在截面中产生剪应力 τ。材料力学中的开口薄壁构件理论表明，工字形和槽形截面钢梁的剪应力的分布如图 4.12 所示，即在截面的自由端剪应力为零，最大剪应力 $\tau_{\max}$ 出现在腹板中和轴处，因此设计时应该考虑腹板上的剪应力分布。

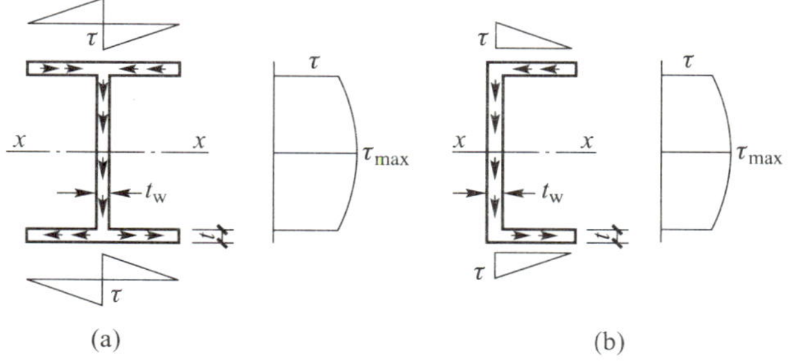

图 4.12　梁截面上弯曲剪应力的分布

对于在主平面内受弯的实腹式构件，当不考虑腹板屈曲后强度时，其抗剪强度应满足下式要求：

$$\tau=\frac{VS}{I_x t_w}\leqslant f_v \tag{4-6}$$

式中：V——计算截面沿腹板平面的剪力设计值；

S——计算剪应力处以上毛截面对中和轴的面积矩；

I_x——截面对主轴 x 轴的毛截面惯性矩；

t_w——腹板厚度；

f_v——钢材的抗剪强度设计值。

实际钢梁截面会因螺栓孔等稍有削弱，为简化起见，工程上仍采用毛截面参数 I_x、S 来进行抗剪强度计算。虽然增加腹板高度 h_0 和厚度 t_w 都能提高抗剪承载力，但是腹板高度一般由梁的刚度条件和构造要求确定，所以设计时若仅抗剪强度不满足，一般采用加大腹板厚度 t_w 的措施。

4.2.3 局部承压强度

局部承压是指构件表面上仅有部分面积承受压力的受力状态。梁在固定集中荷载或集中约束力作用位置未设支承加劲肋（图 4.13a、b），或在移动集中荷载（如吊车轮压）作用时（图 4.13c），均应考虑局部承压问题。这时荷载通过翼缘传至腹板，使之受压。腹板在压力作用点处的边缘承受的压应力最大，并沿梁跨度方向一定范围内扩散。如图 4.13d 所示，实际的压应力 σ_c 分布并不均匀，但为了便于设计进行简化，假定局部压应力 σ_c 均匀分布在长度范围 l_z 内。梁腹板计算高度边缘的局部承压应力按式(4-7)计算。

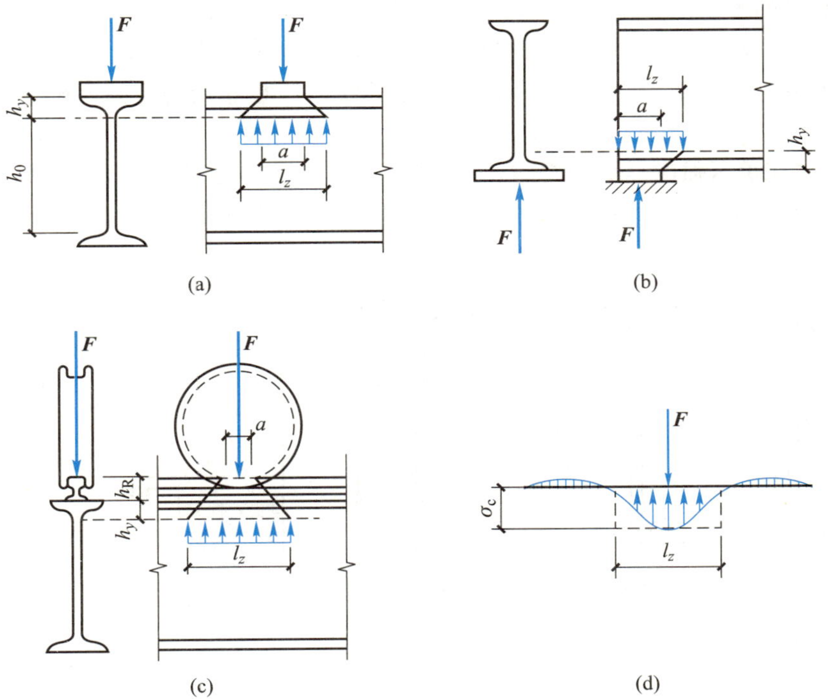

图 4.13 钢梁腹板的局部压应力

$$\sigma_c=\frac{\psi F}{t_w l_z}\leqslant f \tag{4-7}$$

式中：F——集中荷载设计值，对动力荷载，应考虑动力系数；

ψ——集中荷载增大系数；对重级工作制吊车梁，$\psi=1.35$；对其他梁，$\psi=1.0$；梁支座处不设支承加劲肋时，也取 $\psi=1.0$；

l_z——集中荷载在腹板计算高度边缘的假定分布长度，图 4.13a、c 所示腹板上边缘的 l_z，宜采用式(4-8a)计算，也可采用简化式(4-8b)计算：

$$l_z=3.25\left(\frac{I_R+I_f}{t_w}\right)^{\frac{1}{3}} \tag{4-8a}$$

$$l_z=a+5h_y+2h_R \tag{4-8b}$$

而图 4.13b 所示腹板下边缘的 l_z，应根据支座具体尺寸采用式(4-9)计算：

$$l_z=a+a_1+2.5h_y \tag{4-9}$$

式中：I_R——轨道绕自身形心轴的惯性矩；

I_f——梁上翼缘绕其中面的惯性矩；

a——集中荷载沿梁跨度方向的支承长度，对吊车轮压可取为 50 mm；

h_y——自梁的承载面边缘到腹板计算高度边缘的距离；

h_R——轨道的高度，计算处无轨道时取 0；

a_1——梁端到支座板外边缘的距离，按实际取，但不得大于 $2.5h_y$。

关于腹板的计算高度 h_0，按如下规定取值：① 对于轧制型钢梁(图 4.14a)，$h_0=h-2h_y$，$h_y=t+r$，t 为型钢梁翼缘的平均厚度，r 为翼缘与腹板连接处圆角半径，h_0 取腹板与上、下翼缘相连接处内圆弧起点间的距离；② 对于焊接组合梁(图 4.14b)，h_0 为腹板高度，即 $h_0=h_w$；③ 对于高强度螺栓连接(或铆接)组合梁(图 4.14c)，h_0 为上、下翼缘与腹板连接的高强度螺栓(或铆钉)间最近距离。

受弯构件局部承压强度不满足式(4-7)的要求时，一般应在支座处或固定集中荷载作用处设置支承加劲肋，如图 4.15 所示。但对于移动集中荷载作用的情况，则需采用加大腹板厚度的方法。

(a) 热轧型钢　(b) 焊接组合梁　(c) 铆接组合梁

图 4.14　钢梁的腹板的计算高度 h_0

(a) 支座处　(b) 集中荷载作用处

图 4.15　支承加劲肋

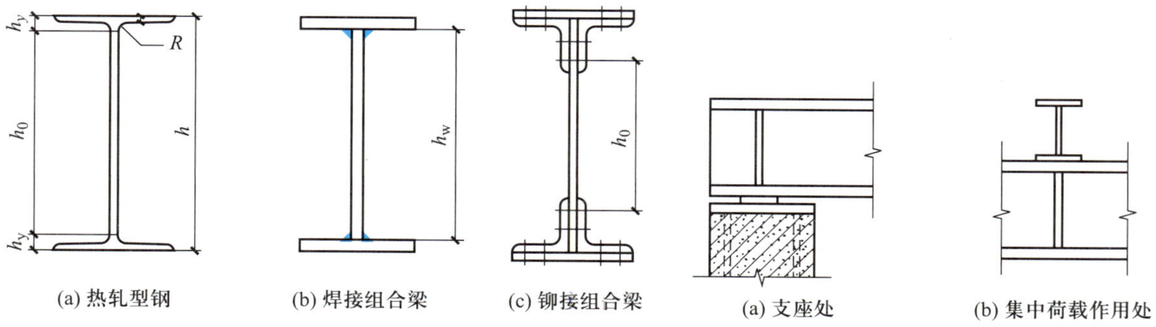

4.2.4 复杂应力作用下的折算应力

钢梁截面通常同时承受弯矩和剪力。在同一截面上，最大正应力所在位置与最大剪应力所在位置一般并不在同一处。考虑边缘纤维屈服准则的情况下，如图 4.16 所示，最大正应力发生在边缘纤维，且无塑性发展深度；最大剪应力则发生在中和轴位置。这些位于不同位置的最大应力，并不能同时考虑，应该分别进行校核。

而同一截面上同一点处（如图 4.16 中的翼缘与腹板相交处）同时存在较大的弯曲正应力 σ、剪应力 τ 和局部压应力 σ_c 时（图 4.16），需要考虑各种应力的组合效应。计算方法是：根据材料力学中的第四强度理论，判断复杂应力作用点的钢材是否达到屈服。折算应力验算公式为

$$\sqrt{\sigma^2+\sigma_c^2-\sigma\sigma_c+3\tau^2}\leqslant\beta_1 f \tag{4-10}$$

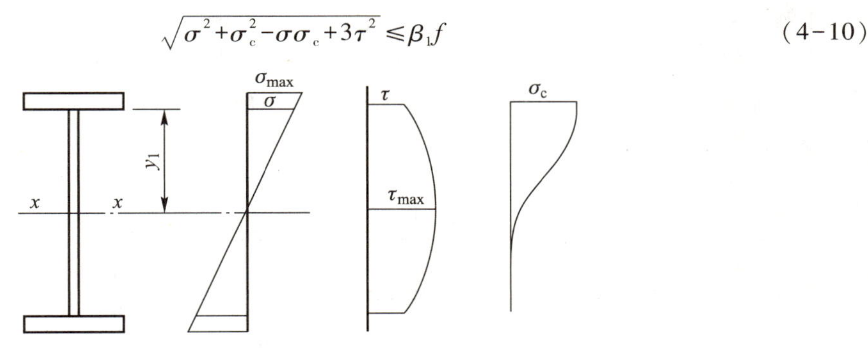

图 4.16 同一截面同一点的多种应力

若不考虑局部压应力 σ_c，则

$$\sqrt{\sigma^2+3\tau^2}\leqslant\beta_1 f \tag{4-11}$$

式中：σ——腹板计算高度边缘的弯曲正应力，按 $\sigma=M\cdot y_1/I_{nx}$ 计算，I_{nx} 为梁净截面惯性矩，y_1 为所计算点至梁中和轴的距离；

σ_c——局部承压应力，其方向与弯曲正应力方向垂直，按式(4-7)计算；

τ——剪应力，按式(4-6)计算；

β_1——强度设计值增大系数；σ 与 σ_c 均以拉为正、压为负，当 σ 与 σ_c 异号时，取 $\beta_1=1.2$；当 σ 与 σ_c 同号或 $\sigma_c=0$ 时，取 $\beta_1=1.1$。

折算应力计算公式利用的强度理论，是以钢材在复杂受力状态下处于弹性状态为条件的。为了与最大正应力校核时考虑的部分截面塑性发展准则相协调，同时考虑到折算应力计算部位的塑性对钢梁整体性能影响不大，故允许折算应力少量放大，引入强度设计值增大系数 β_1。

图 4.17a 和图 4.17b 分别表示了多跨连续梁中间支座截面和简支组合梁翼缘截面改变处的折算应力验算部位，支座处和变截面处不设置加劲肋时均应考虑局部承压影响。前者因支座负

弯矩作用，梁下部受压，σ 与 σ_c 同号；而后者的梁下部受拉，σ 与 σ_c 异号。

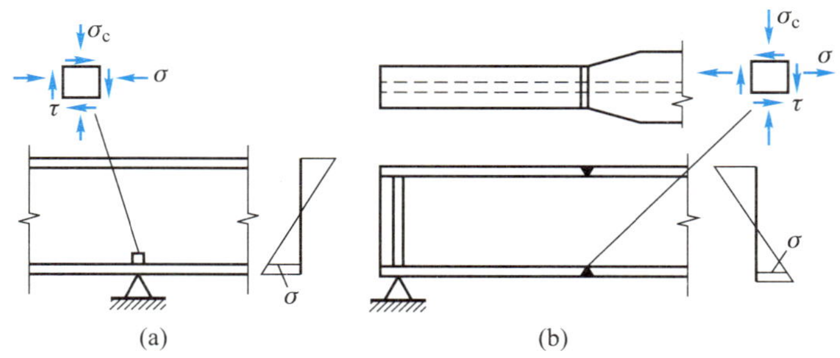

图 4.17　折算应力的验算部位

【例题 4-2】 一简支梁承受静荷载作用，梁跨度 6 m，焊接组合工字形截面（图 4.18），梁上作用有均布恒荷载（标准值，未含梁自重）18.7 kN/m、均布活荷载 7.5 kN/m，距梁端 2 m 处有集中恒荷载（标准值）65 kN，支承长度 200 mm，荷载作用面距钢梁顶面 120 mm。钢材采用 Q235B，试验算钢梁截面是否满足强度要求。

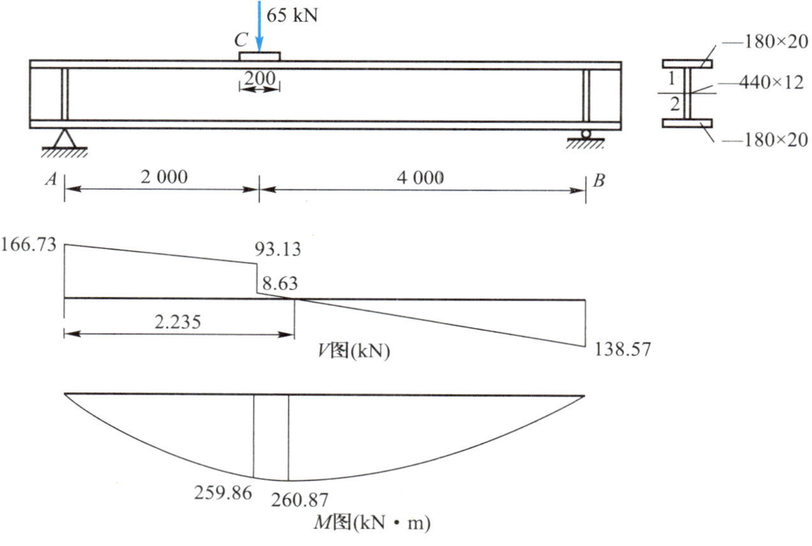

图 4.18　例题 4-2 图

【解】（1）截面的几何特性

$$A=180\times20\times2\ \text{mm}^2+440\times12\ \text{mm}^2=12\ 480\ \text{mm}^2$$

$$I_x=\frac{1}{12}\times12\times440^3\ \text{mm}^4+180\times20\times(220+10)^2\times2\ \text{mm}^4=4.66\times10^8\ \text{mm}^4$$

$$W_x=\frac{I_x}{y}=\frac{4.66\times10^8\ \text{mm}^4}{(440/2+20)\ \text{m}}=2.03\times10^6\ \text{mm}^3$$

$$S_1=180\times20\times230\ \text{mm}^3=828\ 000\ \text{mm}^3$$

$$S_2=180\times20\times230\ \text{mm}^3+12\times220^2/2\ \text{mm}^3=1\ 118\ 400\ \text{mm}^3$$

（2）荷载与内力计算

钢梁自重：$q_1 = A\rho g = 12\ 480\times10^{-6}\ \text{m}^2\times7\ 850\ \text{kg/m}^3\times9.8\times10^{-3}\ \text{kN/kg} = 0.96\ \text{kN/m}$

均布荷载设计值：$q = 1.3\times(18.7+0.96)\ \text{kN/m} + 1.5\times7.5\ \text{kN/m} = 36.8\ \text{kN/m}$

集中荷载设计值：$F = 1.3\times65\ \text{kN} = 84.5\ \text{kN}$

由此得到的弯矩和剪力分布如图 4.18 所示，$M_{\max} = 260.87\ \text{kN}\cdot\text{m}$，$V = 166.73\ \text{kN}$。

（3）截面强度验算

① 抗弯强度

$$\sigma = \frac{M_{\max}}{\gamma_x W_x} = \frac{260.87\times10^6\ \text{N}\cdot\text{mm}}{1.05\times2.03\times10^6\ \text{mm}^3} = 122.4\ \text{N/mm}^2 < f = 205\ \text{N/mm}^2\text{，满足要求。}$$

② 抗剪强度：A 支座处剪力最大，即

$$\tau = \frac{VS_2}{I_x t_w} = \frac{166.73\times10^3\ \text{N}\times1\ 118\ 400\ \text{mm}^3}{4.66\times10^8\ \text{mm}^4\times12} = 33.3\ \text{N/mm}^2 < f_v = 125\ \text{N/mm}^2\text{，满足要求。}$$

③ 局部承压强度：支座处虽有较大的支座约束力，但因设置了加劲肋，可不计算局部承压应力。

集中荷载作用处 C 截面的局部压应力计算如下：

$l_z = a + 5h_y = 200\ \text{mm} + 5\times20\ \text{mm} = 300\ \text{mm}$

$$\sigma_c = \frac{\psi F}{l_z t_w} = \frac{1.0\times84.5\times10^3\ \text{N}}{300\ \text{mm}\times12\ \text{mm}} = 23.5\ \text{N/mm}^2 < f = 205\ \text{N/mm}^2\text{，满足要求。}$$

（4）折算应力

集中荷载作用点 C 的左侧截面存在很大的弯矩、剪力，同时也是集中力所在截面，存在局部压应力，应考虑该截面的折算应力，计算点取在腹板与翼缘的交界处，即图 4.18 中 1 点，则

正应力：$\sigma_1 = \dfrac{M_C y_1}{I_x} = \dfrac{259.86\times10^6\ \text{N}\cdot\text{mm}\times220\ \text{mm}}{4.66\times10^8\ \text{mm}^4} = 122.7\ \text{N/mm}^2$

剪应力：$\tau_1 = \dfrac{VS_1}{I_x t_w} = \dfrac{93.13\times10^3\ \text{N}\times828\ 000\ \text{mm}^3}{4.66\times10^8\ \text{mm}^4\times12\ \text{mm}} = 13.8\ \text{N/mm}^2$

局部压应力：$\sigma_c = 23.5\ \text{N/mm}^2$

折算应力：
$$\sqrt{\sigma_1^2+\sigma_c^2-\sigma_1\sigma_c+3\tau_1^2} = \sqrt{122.7^2+23.5^2-122.7\times23.5+3\times13.8^2}\ \text{N/mm}^2$$
$$= 115.3\ \text{N/mm}^2 < 1.1\times205\ \text{N/mm}^2 = 225.5\ \text{N/mm}^2$$

满足要求。

4.3 梁 的 刚 度

梁的刚度是指其抵抗变形的能力。梁的刚度不足会有一些不利影响：过大的挠度影响梁的正常使用；动力荷载作用下可能产生较大的振动；还可能引起依附于钢梁的其他部件的损坏。为使钢梁满足正常使用极限状态的要求，完成预定的适用性功能，应按下式验算梁的刚度：

$$v \leqslant [v] \tag{4-12}$$

式中：v——梁在荷载标准值作用下(不考虑荷载分项系数和动力系数)产生的最大挠度,简支梁在常用荷载作用下的最大挠度公式见表4-4。

$[v]$——梁的挠度容许值,可根据梁的类别查表4-5;包括全部荷载标准值产生的挠度(如有起拱应减去拱度)的容许值$[v_T]$和可变荷载标准值产生的挠度的容许值$[v_Q]$。

对于楼盖梁和工作平台梁,应分别验算全部荷载标准值产生的挠度和仅有可变荷载标准值产生的挠度。

表4-4　简支梁在常用荷载作用下的最大挠度公式

荷载类型	均布荷载 q,跨度 l	跨中集中荷载 F($l/2$, $l/2$)	两个集中荷载 F($l/3$, $l/3$, $l/3$)	三个集中荷载 F($l/4$, $l/4$, $l/4$, $l/4$)
计算公式	$\frac{5}{384}\cdot\frac{ql^4}{EI}$	$\frac{1}{48}\cdot\frac{Fl^3}{EI}$	$\frac{23}{648}\cdot\frac{Fl^3}{EI}$	$\frac{19}{384}\cdot\frac{Fl^3}{EI}$

表4-5　受弯构件的挠度容许值

项次	构件类别	容许挠度值	
		$[v_T]$	$[v_Q]$
1	吊车梁和吊车桁架(按自重和起重量最大的一台吊车计算挠度) (1) 手动起重机和单梁起重机(含悬挂起重机) (2) 轻级工作制桥式起重机 (3) 中级工作制桥式起重机 (4) 重级工作制桥式起重机	 $l/500$ $l/750$ $l/900$ $l/1\,000$	—
2	手动或电动葫芦的轨道梁	$l/400$	—
3	有重轨(质量等于或大于38 kg/m)轨道的工作平台梁 有轻轨(质量等于或小于24 kg/m)轨道的工作平台梁	$l/600$ $l/400$	—
4	楼(屋)盖梁或桁架、工作平台梁(第3项除外)和平台板 (1) 主梁或桁架(包括设有悬挂起重设备的梁和桁架) (2) 仅支承压型金属板屋面和冷弯型钢檩条 (3) 除支承压型金属板屋面和冷弯型钢檩条外,尚有吊顶 (4) 抹灰顶棚的次梁 (5) 除(1)~(4)款外的其他梁(包括楼梯梁) (6) 屋盖檩条 支承压型金属板屋面者 支承其他屋面材料者 有吊顶 (7) 平台板	 $l/400$ $l/180$ $l/240$ $l/250$ $l/250$ $l/150$ $l/200$ $l/240$ $l/150$	 $l/500$ $l/350$ $l/300$ — — — —

续表

项次	构件类别	容许挠度值	
		$[v_T]$	$[v_Q]$
5	墙架构件(风荷载不考虑阵风系数) (1) 支柱(水平方向) (2) 抗风桁架(作为连续支柱的支承时,水平位移) (3) 砌体墙的横梁(水平方向) (4) 支承压型金属板的横梁(水平方向) (5) 支承其他墙面材料的横梁(水平方向) (6) 带有玻璃窗的横梁(竖直和水平方向)	 — — — — — $l/200$	 $l/400$ $l/1\ 000$ $l/300$ $l/100$ $l/200$ $l/200$

注:1. l 为受弯构件的跨度(对悬臂梁和伸臂梁为悬臂长度的 2 倍)。

2. 当吊车梁或吊车桁架跨度大于 12 m 时,其挠度容许值$[v_T]$应乘以 0.9。

3. 当墙面采用延性材料或与结构采用柔性连接时,墙架构件的支柱水平位移容许值可采用 $l/300$,抗风桁架(作为连续支柱的支承时)水平位移容许值可采用 $l/800$。

梁的挠度 v 可以按材料力学和结构力学的方法计算,也可由结构静力计算手册查取。对于承受多个集中荷载的简支梁,因采用精确公式计算挠度较为复杂,可按下列近似计算公式验算梁的挠度:

(1) 等截面简支梁

$$\frac{v}{l}=\frac{5}{385}\frac{q_k l^3}{EI_x}=\frac{5}{48}\cdot\frac{M_{xk}l}{EI_x}\approx\frac{M_{xk}l}{10EI_x}\leqslant\frac{[v]}{l} \tag{4-13}$$

(2) 变翼缘宽度的简支梁

$$\frac{v}{l}=\frac{M_{xk}l}{10EI_x}\left(1+\frac{3}{25}\cdot\frac{I_x-I_{x1}}{I_x}\right)\leqslant\frac{[v]}{l} \tag{4-14}$$

式中: q_k——均布线荷载标准值;

M_{xk}——荷载标准值产生的最大弯矩;

I_x——跨中毛截面惯性矩;

I_{x1}——支座附近毛截面惯性矩。

上述挠度计算中的截面惯性矩采用的是毛截面参数,因为挠度体现的是受弯构件整体的受力行为。

4.4 梁的扭转

开口薄壁构件的截面,由于剪力流的合力形成一扭矩,因此,除构件弯曲外还可能发生扭转。

4.4.1 梁的剪切中心

以一槽形截面的受弯构件为例,其截面内力有弯矩 M_x 和剪力 V_y,截面的剪应力分布图如图

4.19 中三部分阴影图所示。假定上、下翼缘的剪应力合力大小均为 V_x,方向相反,形成对于形心的力矩 $V_x h$。若平衡该力矩使截面不发生扭转,剪力 V_y 须通过某一点,如图中的 S 点,采用式(4-15)可以计算出该点的位置。这一特定点即为剪切中心(或剪力中心,可简称为剪心)。图4.20 为几种典型截面的形心和剪心位置示意图。

$$V_y(e-x_0)=V_x h \tag{4-15}$$

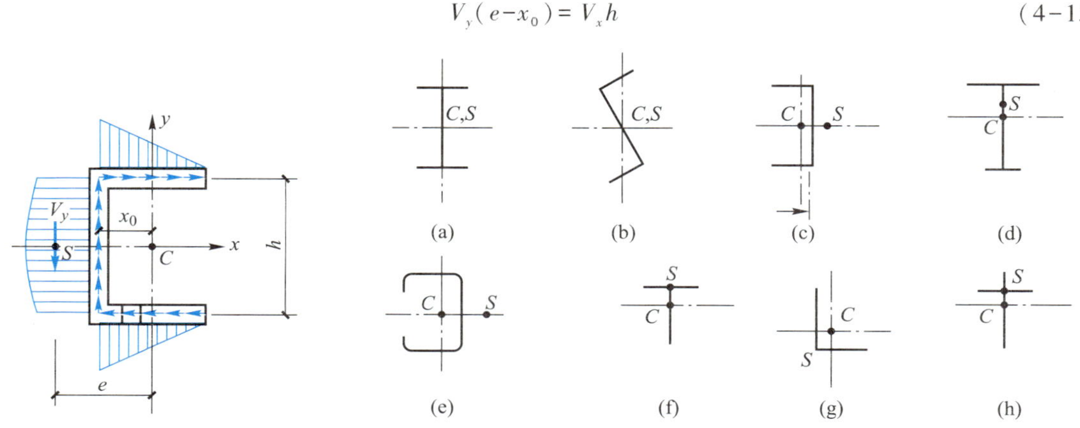

图 4.19 槽钢截面的剪切中心及剪应力分布

图 4.20 开口薄壁截面的剪切中心位置示意图

对于单轴对称截面,当横向荷载作用线不通过剪心的时候,梁受弯的同时还伴随扭转。以图4.21 为例,分析槽形截面悬臂梁在端部集中荷载作用下产生的变形情况:图 4.21a 中,荷载作用线通过形心 C 在 x 方向加载,截面未转动,构件弯曲变形;图 4.21b 中,荷载作用线通过形心 C 在 y 方向加载,构件弯曲同时伴随着截面的转动,因此发生的是弯扭变形;图 4.21c 中,集中荷载作用线通过形心外侧的剪切中心 S 在 y 方向加载,只产生弯曲变形。因此,对于剪心 S 和形心 C 不重合的单轴对称截面构件,荷载作用线不通过剪切中心 S 时,设计时需要注意扭转问题。构件在扭矩作用下,按照荷载和支承条件的不同,可出现两种不同形式的扭转,即自由扭转和约束扭转。

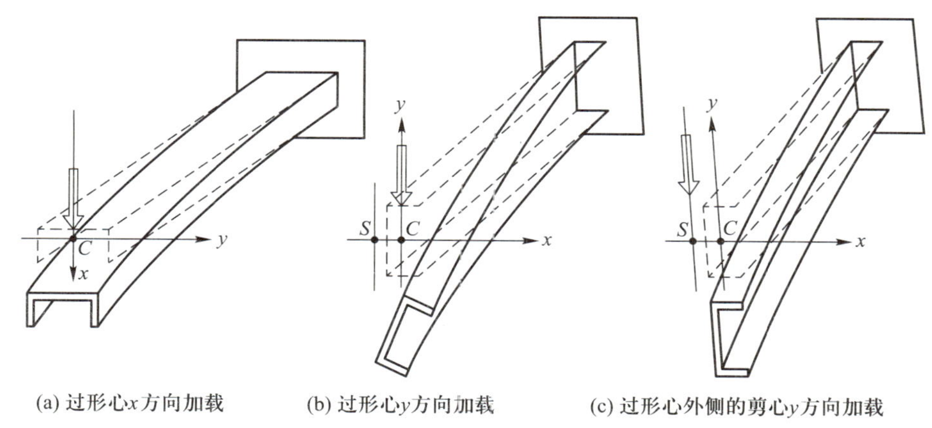

图 4.21 集中荷载作用下单轴对称截面悬臂钢梁的变形

4.4.2 自由扭转与约束扭转

1. 自由扭转

等截面构件受到等值反向的一对扭矩作用时发生扭转,截面上各点的纵向位移不受约束,这种扭转即称为自由扭转,又称为圣维南扭转、纯扭转、均匀扭转。圆形截面构件扭转时,截面不产生翘曲变形,即扭转前的各截面扭转发生后仍保持为平面。所谓翘曲,是指非圆形截面构件扭转时,截面不再保持为平面,截面上的各点沿杆轴方向产生位移,有些点凹进,有些点凸出。自由扭转有以下特点:

(1) 各截面的翘曲相同,各纵向纤维既无伸长也无缩短;

(2) 在扭转作用下梁截面上只产生剪应力,没有正应力;

(3) 纵向纤维保持为直线,构件单位长度上的扭转角处处相等。

大多数钢梁是由狭长矩形截面板件组合而成的,根据弹性力学分析,对于图 4.22a 所示的狭长矩形截面(假设均符合 $b \gg t$)的扭转,可得到与圆形杆件相似的扭矩与扭转率之间的关系,即

$$M_s = GI_t\theta = GI_t\frac{d\varphi}{dz} = GI_t\varphi' \tag{4-16}$$

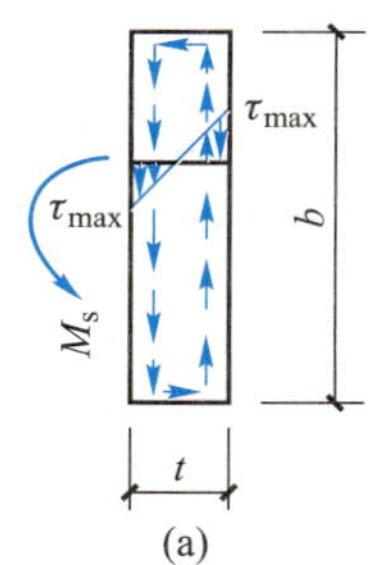

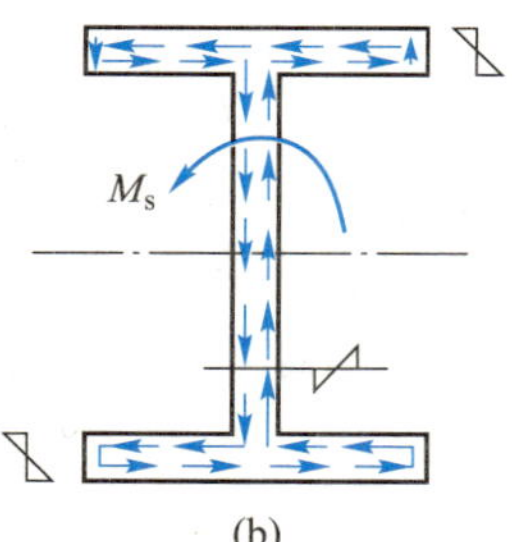

图 4.22 自由扭转时的剪应力分布图

则最大剪应力为

$$\tau_{max} = \frac{M_s t}{I_t} \tag{4-17}$$

式中:M_s——自由扭转扭矩;

G——材料的切变模量;

I_t——扭转常数或扭转惯性矩,$I_t \approx \frac{1}{3}bt^3$;

θ——杆件单位长度的扭转角(或称为扭转率),$\theta = \frac{d\varphi}{dz}$,当自由扭转时,$\theta = \frac{\varphi}{l}$;

φ——扭转角,自由扭转中 φ 沿杆件纵向为一常量。

2. 约束扭转

构件扭转时,若截面上各点的纵向位移受到约束,即截面的翘曲受到约束,称为约束扭转,又称为弯曲扭转、非均匀扭转。

翘曲约束可以是由荷载的分布形式或支座约束条件引起的。如图 4.23 所示悬臂梁,其固定

端截面不能翘曲变形，而自由端截面变形最大。

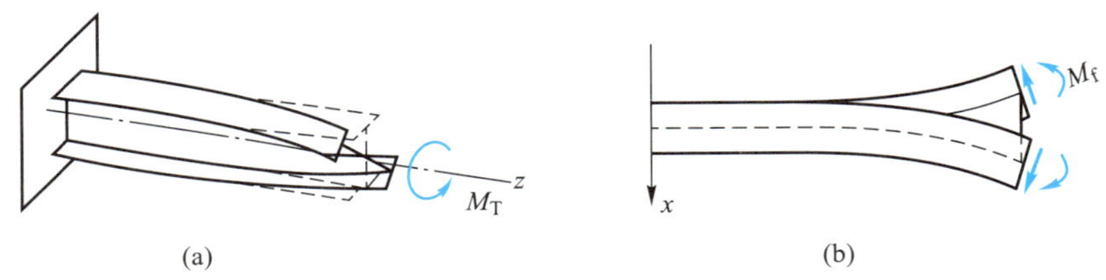

图 4.23　梁的约束扭转

(1) 约束扭转时截面应力

由于翘曲约束影响，梁各截面的翘曲变形不同，两相邻截面间构件的纵向纤维因出现伸长或缩短(即纵向纤维产生弯曲变形)而产生正应力。这种正应力称为翘曲正应力(或称为扇性正应力)σ_ω(图 4.24a)。

各截面上的翘曲正应力的大小不等，为了与之平衡，截面上还会产生翘曲剪应力 τ_ω(图 4.24c)；此外，由于约束扭转时相邻截面间发生转动，截面上也存在与自由扭转中相同的自由扭转剪应力 τ_s(图 4.24b)。

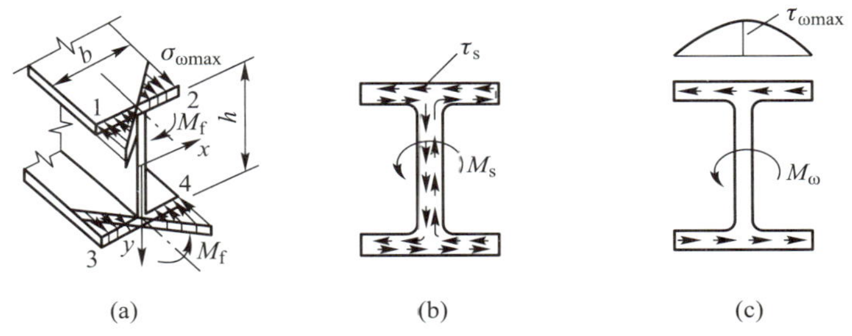

图 4.24　约束扭转时截面的应力分布

(2) 约束扭转时内外力矩的平衡微分方程

τ_s 合成为自由扭转扭矩 M_s，τ_ω 合成为翘曲扭矩 M_ω。这两个扭矩之和与外扭矩 M_T 平衡，即

$$M_T = M_s + M_\omega \tag{4-18}$$

因为把一个翼缘作为独立的受弯构件考察，两翼缘分别有沿 x 轴方向的挠度，则在微小变形时，

$$M_f = -EI_f u'' = -EI_f \frac{h}{2}\varphi'' \tag{4-19}$$

翘曲时两个翼缘存在等值反向的弯矩 M_f，二者合力矩为零，但是形成双力矩 B_ω，这里的 B_ω 为

$$B_\omega = M_f h = -EI_f \frac{h^2}{2}\varphi'' = -EI_\omega \varphi'' \tag{4-20}$$

式中，φ 为绕纵轴 z 的扭转角，$u=\varphi h/2$。由图 4.23b 可知，两个翼缘存在等值反向的剪力 V_f，而且 φ 在 z 轴方向是变化的，则

$$V_{f}=\frac{\mathrm{d}M_{f}}{\mathrm{d}z}=-EI_{f}\frac{h}{2}\varphi''' \tag{4-21}$$

若剪力间的力臂为 h,则形成一内部扭矩 M_{ω}:

$$M_{\omega}=V_{f}h=-EI_{f}\frac{h^{2}}{2}\varphi'''=-EI_{\omega}\varphi''' \tag{4-22}$$

式中: I_{ω}——扇性惯性矩(也称为翘曲常数或翘曲惯性矩),是构件的截面几何特性,对于双轴对称工字形截面,$I_{\omega}=\frac{1}{2}I_{f}h^{2}=\frac{1}{4}I_{y}h^{2}$;

I_{y}——构件截面对 y 轴的惯性矩。

将式(4-16)、式(4-22)代入式(4-18),可以得到约束扭转时的内外扭矩平衡微分方程

$$M_{T}=GI_{t}\varphi'-EI_{\omega}\varphi''' \tag{4-23}$$

式中,GI_{t}、EI_{ω} 分别称为截面的扭转刚度和翘曲刚度。

式(4-23)虽然是由双轴对称工字形截面推导出来的,但它也适用于其他截面的梁,只是式中 I_{t}、I_{ω} 取值不同。找出满足上述平衡微分方程及边界条件的解,求出位移函数 φ 后,即可得到截面上的 M_{ω} 和 B_{ω},从而求出截面正应力和剪应力,即

$$\sigma_{\omega}=\frac{B_{\omega}}{I_{\omega}}\omega \tag{4-24}$$

$$\tau_{\omega}=\frac{M_{\omega}S_{\omega}}{I_{\omega}t} \tag{4-25}$$

式中: ω——应力计算点的扇性坐标,对于工字形截面梁 $\omega=hx/2$ 称为 $(x,h/2)$ 点的扇性坐标,翼缘边缘的扇性坐标为 $hb/4$;

W_{ω}——截面扇性模量,对于工字形截面梁 $W_{\omega}=I_{\omega}/\omega=I_{\omega}/(hx/2)$;

S_{ω}——扇性面积矩,双轴对称工字形截面 $S_{\omega}=hb^{2}t^{2}/16$。

4.5 梁的整体稳定性

4.5.1 梁的侧向失稳及其影响

为了提高构件的单向抗弯强度和刚度,并考虑节省钢材,钢梁大多采用截面高而窄的工字形截面,两个主轴惯性矩相差极大,即 $I_{x}\gg I_{y}$(x 轴为强轴,y 轴为弱轴)。因此,当梁在其最大刚度平面内受到不太大的横向荷载 F 作用时(图 4.25a),此梁只在最大平面内发生弯曲变形。但是,当横向荷载 F 逐渐增大到某一数值时,由于抗侧向弯曲刚度 EI_{y} 很小,梁突然出现侧向弯曲并伴有扭转,进而丧失承载能力,呈现侧向失稳现象,称为钢梁的整体失稳(图 4.25)。

发生侧向失稳原因如下:以上翼缘受压的钢梁为例,上翼缘如果作为单独的受压铰板,应该有沿刚度较小方向即翼缘板平面外的方向发生屈曲的可能。但事实上,腹板对翼缘有一定的约束作用,使该方向的实际刚度得以提高,故受压的上翼缘在板平面内发生屈曲的可能性加大。梁受压翼缘在板平面内开始发生屈曲失稳的同时,总受到梁受拉部分的牵制,尽管受拉侧翼缘也会

被带动产生侧向位移，结果是受压翼缘侧倾严重而受拉部分的侧倾较小，以至于梁失稳形式为侧向弯扭屈曲(图 4.25)。

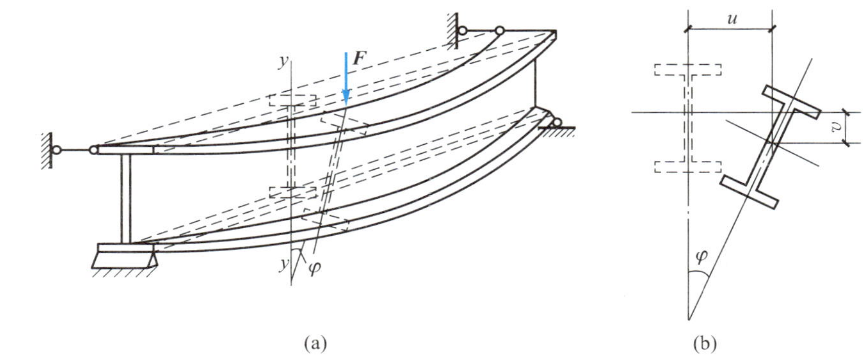

教学视频 4-1
钢梁整体失稳

图 4.25　简支钢梁的整体失稳

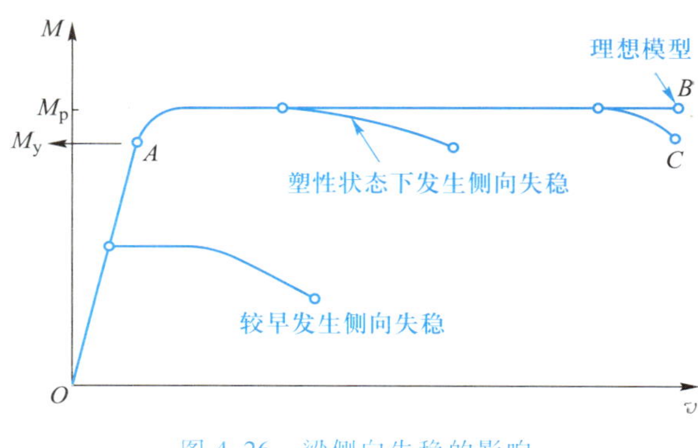

图 4.26　梁侧向失稳的影响

如图 4.26 所示，从弯矩与挠度的关系可以看出，较早发生梁的整体失稳不仅会急速降低抗弯承载力，还大大降低了钢梁本应发挥的变形能力。由于梁的整体失稳破坏是突然发生的，事前没有明显征兆，比梁的强度破坏更危险，设计时需要高度重视该类失稳问题。对于跨间无侧向支撑的较大跨度的梁，其丧失整体稳定性时的承载能力一般低于按其强度确定的承载能力。因此，这些梁截面尺寸的确定往往由整体稳定性控制。

4.5.2　梁的临界弯矩

梁丧失整体稳定之前所能承受的最大弯矩称为临界弯矩 M_{cr}。梁丧失整体稳定之前所能承受的最大弯曲压应力称为临界应力 σ_{cr}。$\sigma_{cr}=M_{cr}/W_x$，W_x 为受压最大纤维的毛截面模量。

1. 临界弯矩的计算

(1) 纯弯曲下双轴对称工字形简支梁的临界弯矩

下面分析图 4.27 所示双轴对称工字形截面简支梁在纯弯曲下达到临界状态发生微小侧向弯曲和扭转的情况。这里的简支是指梁的两端在 Oxz 平面和 Oyz 平面内能够自由转动，但梁端不能绕 z 轴扭转，即支座截面在 x 轴和 y 轴方向的位移受到约束，绕 z 轴的扭转也受到约束，但支座处截面可以翘曲，能绕 x 轴和 y 轴自由转动。以截面形心为坐标原点，固定坐标系为 $Oxyz$，截面发生位移后的移动坐标系为 $O'\xi\eta\zeta$。产生沿 x、y 轴方向的位移 u、v 和绕 z 轴扭转角 φ，梁发生微小的弯曲屈曲变形情况下，截面上除面内弯矩 M_ξ 作用外，还产生了侧向弯矩 M_η 和扭矩 M_ζ。

$$M_\xi=-EI_xv''\approx M_x \tag{4-26a}$$

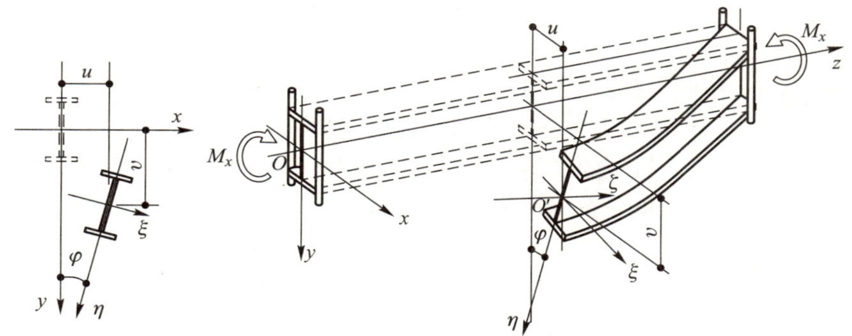

图 4.27　简支梁的整体失稳

$$M_\eta = -EI_y u'' \approx M_x \varphi \tag{4-26b}$$

$$M_\zeta = GI_t \varphi' - EI_\omega \varphi''' \approx M_x u' \tag{4-26c}$$

式(4-26a)是对强轴的弯曲平衡微分方程,只含有未知量 v,可单独求解,可以反映梁弯曲工作形态。式(4-26b)和式(4-26c)都包含两个位移分量 u 和 φ,必须联立求解,反映梁弯扭变形性质。

由式(4-26b)可得 $u''=-M_x\varphi/(EI_y)$,代入式(4-26c)对 z 取一阶导数后的方程,则

$$EI_\omega \varphi^{\mathrm{IV}} - GI_t \varphi'' - \frac{M_x^2 \varphi}{EI_y} = 0 \tag{4-27}$$

设 $k_1=\dfrac{GI_t}{2EI_\omega}$,$k_2=\dfrac{M_x^2}{EI_\omega EI_y}$,则微分方程(4-27)可改写为

$$\varphi^{\mathrm{IV}} - 2k_1\varphi'' - k_2\varphi = 0 \tag{4-28}$$

根据边界条件,可求得其通解为

$$\varphi = A\sin\frac{n\pi z}{l} \tag{4-29}$$

将式(4-29)代入式(4-27)可得

$$\left[\frac{EI_\omega n^4\pi^4}{l^4} + \frac{GI_t n^2\pi^2}{l^2} - \frac{M_x^2}{EI_y}\right] A\sin\frac{n\pi z}{l} = 0 \tag{4-30}$$

因该方程源自梁发生弯扭失稳后的平衡位形,$A\neq 0$,且对于任意 z 值上式都要成立,则中括号内必须为零,即

$$\frac{EI_\omega n^4\pi^4}{l^4} + \frac{GI_t n^2\pi^2}{l^2} - \frac{M_x^2}{EI_y} = 0 \tag{4-31}$$

满足上式的 M_x 即为整体失稳时的临界弯矩 M_{cr},当 $n=1$ 时,为 M_{cr} 的最小值。

$$M_{cr} = \frac{\pi^2 EI_y}{l^2}\sqrt{\frac{I_\omega}{I_y}\left(1+\frac{GI_t l^2}{\pi^2 EI_\omega}\right)} \tag{4-32}$$

式(4-32)所表达的 M_{cr} 是纯弯曲下双轴对称工字形简支梁的临界弯矩。式中根号前 π^2EI_y/l^2 是绕 y 轴屈曲的轴心受压构件的欧拉临界力。从上式可以看出,影响该临界弯矩 M_{cr} 的因素包含梁的侧向弯曲刚度 EI_y、抗扭刚度 GI_t、翘曲刚度 EI_ω 及梁的侧向无支承长度 l。

(2) 考虑截面不对称性和荷载作用形式影响的临界弯矩

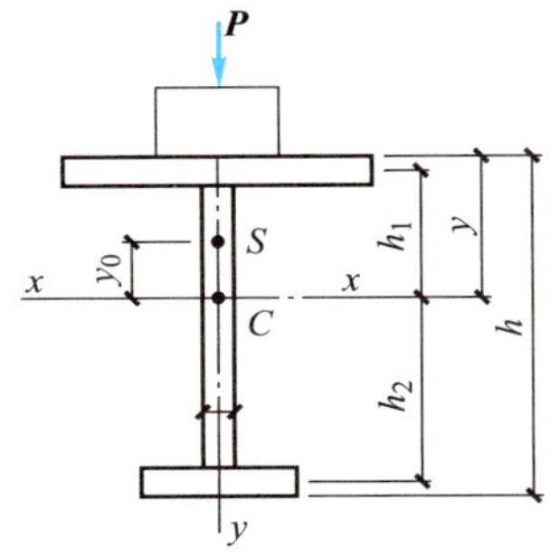

图 4.28　单轴对称焊接工字型截面

以图 4.28 所示单轴对称工字形截面受弯构件为例，考虑有横向荷载作用时该类梁的临界弯矩。该截面的剪心 S 与形心 C 不重合，但都在对称轴上，存在剪心距 y_0，不对称性影响应该在反映约束扭转的平衡微分方程(4-26c)中有所体现。在横向荷载作用下，弯矩分布不均匀，偶联的微分方程不再是常系数微分方程，可用数值法或能量法求出近似解。对于两端铰接的单轴对称截面，失稳前横向荷载作用使构件绕非对称轴挠曲时，其临界弯矩计算表达式为

$$M_{\mathrm{cr}}=C_1\frac{\pi^2EI_y}{l^2}\left[C_2a+C_3B_y+\sqrt{(C_2a+C_3B_y)^2+\frac{I_\omega}{I_y}\left(1+\frac{l^2GI_{\mathrm{t}}}{\pi^2EI_\omega}\right)}\right] \tag{4-33}$$

式中：C_1、C_2 和 C_3——与荷载类型有关的系数，参见表 4-6；

a——横向荷载作用点至截面剪心的距离，当荷载作用点到剪心的指向与挠度方向一致时取负，反之取正；

B_y——反映截面不对称程度的系数，当截面为双轴对称时，$B_y=0$；当截面不对称时，$B_y=\frac{1}{2I_x}\int_A y(x^2+y^2)\mathrm{d}A-y_0$；

y_0——剪心 S 到形心 C 的距离(剪心距)，当剪心到形心的指向与挠曲方向一致时取负，反之取正；$y_0=(I_2h_2-I_1h_1)/I_y$；

I_1、I_2——受压翼缘和受拉翼缘对 y 轴的惯性矩；

h_1、h_2——受压翼缘和受拉翼缘形心至整个截面形心的距离。

表 4-6　两端简支梁侧扭屈曲临界弯矩公式(4-33)中的系数

荷载形式	系数		
	C_1	C_2	C_3
跨度中点集中荷载	1.35	0.55	0.40
满跨均布荷载	1.13	0.47	0.53
纯弯曲	1.00	—	1.00

(3) 梁非弹性屈曲的临界弯矩

式(4-32)、式(4-33)只适用于求解弹性弯扭屈曲钢梁的临界弯矩 M_{cr}，即梁失稳时临界应力 $\sigma_{\mathrm{cr}}\leqslant f_{\mathrm{p}}$(比例极限)的情况。这样的钢梁往往属于细长构件，且跨中没有侧向支承，其临界应力 σ_{cr} 较小。

较短粗或有足够多侧向支承的钢梁可能发生弹塑性屈曲，即梁整体失稳时临界应力 $\sigma_{\mathrm{cr}}>f_{\mathrm{p}}$。实际工程中的钢构件中都有残余应力，因此在分析钢梁材料是否进入弹塑性工作阶段时，在结构荷载引起的应力之外加上残余应力的影响才与实际情况相符。

对纯弯曲且截面对称于弯矩作用平面的简支梁，可以采用切线模量理论表达弹塑性弯扭屈曲临界弯矩。对非纯弯曲梁，因各截面的弹性区和塑性区分布不同，以至于各截面的有效抗弯刚度分布不同，这时临界弯矩 M_{cr} 的计算将变得非常复杂，一般情况下难以得到解析解。

2. 影响钢梁整体稳定性的主要因素

(1) 荷载类型

从表 4-6 中的三种荷载条件下的荷载作用方式系数 C_1 看,纯弯曲情况下最低,即整体稳定承载力最低。这是因为,此时梁上受压翼缘的应力在全长范围内不变,纯弯曲显然是最不利荷载。均布荷载情况稍有利于纯弯曲荷载,其弯矩图较为饱满。集中力作用于跨中形心上时 C_1 值最高,此时只有在跨中上翼缘处压力最大,其后按线性折减。

(2) 荷载作用位置

如图 4.29 所示,当荷载作用于双轴对称工字形截面上翼缘时,梁一旦扭转,荷载会对剪心 S 产生不利的附加扭矩,加速失稳。而当荷载位于下翼缘时,会产生减缓梁扭转的附加扭矩,延缓失稳,从而提高了梁的整体稳定性能。

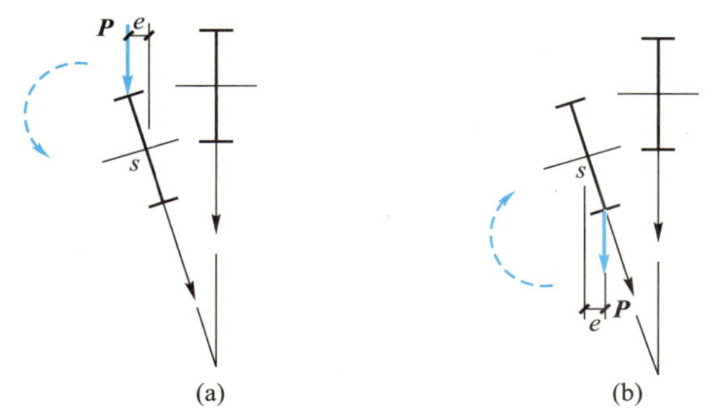

图 4.29 荷载作用点位置对梁稳定性的影响

(3) 侧向支承

式(4-32)和式(4-33)中的 l 为无支承梁长度或受压翼缘侧向支承点间距,l 越大,临界弯矩越小。沿梁的长度方向设置一定数量的侧向支承,可以有效地提高梁的整体稳定性。同时,侧向支承点在梁截面的位置对整体稳定性也有较大的影响,如果在梁的剪心处设置支承,虽然可以阻止梁的剪心发生侧向移动,但并不能有效地阻止截面扭转;若在梁的受压翼缘设置支承,可以有效地阻止该翼缘发生侧移,这样,扭转也就不易发生,效果显著;如果在梁的受拉翼缘设置支承,效果最差,因为它既不能阻止侧移,也不能阻止扭转的发生。

(4) 梁截面形式

从式(4-32)和式(4-33)均可以看出,截面的侧向弯曲刚度 EI_y、抗扭刚度 GI_t 和翘曲刚度 EI_ω 越大,临界弯矩越大。由于梁的整体失稳是由受压翼缘侧向失稳引起的,因此对于同一种截面形式,如图 4.30 所示,加强受压翼缘比加强受拉翼缘有利。加强受压翼缘时,截面的剪心 S 位于形心 C 之上,减小了截面上荷载作用点至剪心 S 的距离,即扭矩的力臂,从而减小了扭矩,提高了梁的整体稳定承载力。

提高梁整体稳定性的有效而经济的方法包括增大受压翼缘的宽度、设置侧向支承。当梁跨内无法增设侧向支承时,宜采用闭合箱形截面,因其 I_y、I_t 和 I_ω 均较开口截面的大。

(5) 梁的约束条件

梁两端的支承条件对整体稳定性也有不可忽视的影响,约束程度越高,则抵抗弯扭屈曲的能力越强,整体稳定承载力越高。需要采取构造措施使梁端不能发生扭转。

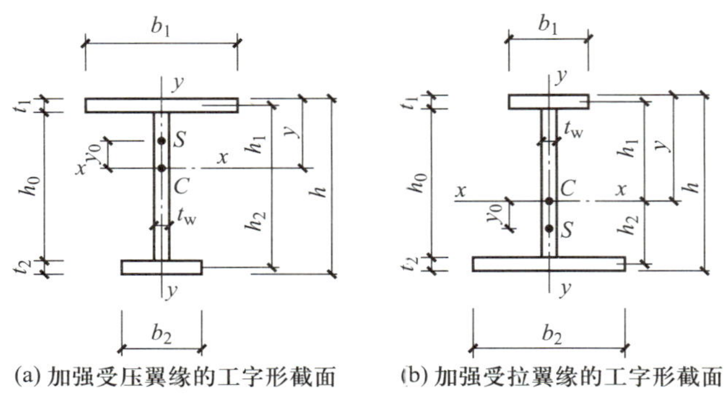

图 4.30　梁的截面形式对整体稳定性的影响

4.5.3　梁的整体稳定性计算方法

1. 梁整体稳定性计算公式

对应上文中临界弯矩 M_{cr},梁临界应力的计算式为

$$\sigma_{cr}=\frac{M_{cr}}{W_x} \tag{4-34}$$

为保证梁不丧失整体稳定,应使其最大受压纤维弯曲正应力不超过梁整体稳定的临界应力除以抗力分项系数,取梁的整体稳定系数 $\varphi_b=\frac{\sigma_{cr}}{f_y}$,则

$$\frac{M_x}{W_x}\leqslant\frac{\sigma_{cr}}{\gamma_R}=\frac{\sigma_{cr}}{f_y}\cdot\frac{f_y}{\gamma_R}=\varphi_b\cdot f \tag{4-35}$$

$$\varphi_b=\frac{\sigma_{cr}}{f_y}=\frac{M_{cr}}{W_x f_y}=\frac{M_{cr}}{M_x^y} \tag{4-36}$$

可见,梁的整体稳定系数 φ_b 既是 σ_{cr} 与 f_y 的比值,同时也是梁的临界弯矩 M_{cr} 与边缘纤维屈服弯矩 M_x^y 的比值。将式(4-35)改写成 GB 50017—2017《钢结构设计标准》中的梁整体稳定计算公式:

$$\frac{M_x}{\varphi_b W_x f}\leqslant 1.0 \tag{4-37}$$

式中:M_x——绕强轴作用的最大弯矩设计值;

W_x——按受压最大纤维确定的梁毛截面模量,当截面板件宽厚比等级为 S1、S2、S3 或 S4 级时,应取全截面模量,当截面板件宽厚比等级为 S5 级时,应取有效截面模量,均匀受压翼缘有效外伸宽度可取 $15\varepsilon_k$,腹板有效截面可按 GB 50017—2017 规定采用。

双向受弯的 H 型钢截面或工字形截面构件,其整体稳定性应按下式计算:

$$\frac{M_x}{\varphi_b W_x f}+\frac{M_y}{\gamma_y W_y f}\leqslant 1.0 \tag{4-38}$$

式中：W_y——按受压最大纤维确定的对 y 轴的毛截面模量；

φ_b——绕强轴弯曲所确定的梁整体稳定系数；

γ_y——绕 y 轴弯曲的截面塑性发展系数，可查表 4-2 确定。

式(4-38)是一个经验公式，式中第二项表达绕弱轴弯曲的影响，分母中 γ_y 仅起适当降低此项影响的作用，并不表示截面允许发展塑性。

2. 梁整体稳定系数 φ_b 的计算

关于 φ_b 的计算，可以用式(4-33)的临界弯矩 M_{cr} 算出，但较为烦琐。设计时可利用较为便捷的实用计算公式算得或查表取得，参见附录 6。但是，从附录 6 得到的 φ_b 均源自基于弹性工作阶段的计算式，由于考虑残余应力影响时可取比例极限 $f_p=0.6f_y$，所以当 $\sigma_{cr}>0.6f_y$，即 $\varphi_b>0.6$ 时，梁已经进入弹塑性工作状态，其临界弯矩会有明显降低，因此需要按下式对稳定系数进行修正：

$$\varphi_b'=1.07-\frac{0.282}{\varphi_b}\leqslant 1.0 \tag{4-39}$$

均匀弯曲（纯弯曲）作用的受弯构件，当 $\lambda_y\leqslant 120\varepsilon_k$ 时，其整体稳定系数 φ_b 可按下列近似公式计算，这些计算式中考虑了非弹性屈曲问题，因此算得的 φ_b 大于 0.6 时也不必采用式(4-39)进行修正。

(1) 工字形截面梁

双轴对称截面

$$\varphi_b=1.07-\frac{\lambda_y^2}{44\,000\varepsilon_k^2}\leqslant 1.0 \tag{4-40a}$$

单轴对称截面

$$\varphi_b=1.07-\frac{W_x}{(2\alpha_b-1)Ah}\cdot\frac{\lambda_y^2}{14\,000\varepsilon_k^2}\leqslant 1.0 \tag{4-40b}$$

(2) 弯矩作用在对称轴平面，绕 x 轴的 T 形截面梁

① 弯矩使翼缘受压时

双角钢 T 形截面

$$\varphi_b=1-0.001\,7\lambda_y/\varepsilon_k\leqslant 1.0 \tag{4-41}$$

剖分 T 型钢和两板组合 T 形截面

$$\varphi_b=1-0.002\,2\lambda_y/\varepsilon_k\leqslant 1.0 \tag{4-42}$$

② 弯矩使翼缘受拉且腹板宽厚比不大于 $18\varepsilon_k$ 时

$$\varphi_b=1-0.000\,5\lambda_y/\varepsilon_k\leqslant 1.0 \tag{4-43}$$

式中，λ_y 为梁在侧向支承点之间长度对 y 轴的长细比，$\alpha_b=I_1/(I_1+I_2)$，I_1、I_2 分别为受压翼缘和受拉翼缘对 y 轴的惯性矩。

3. 可不计算梁整体稳定性的情况

在实际工程中，梁经常与其他构件相互连接，这有利于阻止梁丧失整体稳定。符合下列情况之一时，可不计算梁的整体稳定性。

(1) 有铺板（各种钢筋混凝土板和钢板）密铺在梁的受压翼缘上并与其牢固连接，能阻止梁受压翼缘的侧向位移时。

需要指出的是，钢梁整体稳定性计算的理论依据是以梁支座处不产生扭转变形为前提的，在梁支座处须保证截面的扭转角为零。因此，在梁支座处上翼缘应设置可靠的侧向支撑，以避免梁在此处发生扭转。图 4.31a、b 表示两种提高简支梁端抗扭能力的构造措施，图 4.31a 是在梁上翼缘通过钢板连于支承构件上，可防止产生侧向弯扭，效果较好；图 4.31b 为在梁端设置支承加劲肋，使该处形成刚性截面，同时下翼缘与支座采用螺栓连接也可以提供一定的抗扭能力。

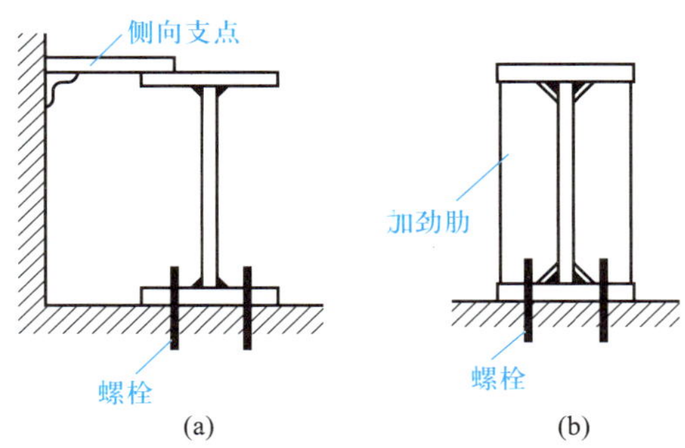

图 4.31　钢梁简支端的抗扭构造措施示意图

（2）当箱形截面简支梁符合上述第（1）条的要求或其截面尺寸（图 4.32）满足 $h/b_0 \leqslant 6$，$l_1/b_0 \leqslant 95\varepsilon_k^2$ 时，可不计算整体稳定性，l_1 为受压翼缘侧向支承点间的距离（梁的支座处视为有侧向支承）。由于箱形截面的抗侧向弯曲刚度和抗扭刚度远远大于工字形截面，整体稳定性很强，所以本条规定的 h/b_0 和 l_1/b_0 的限值容易得到满足。

【例题 4-3】 一简支钢梁，跨度 7 m，跨度中间无侧向支承。上翼缘承受满跨的均布荷载：永久荷载标准值为 80 kN/m（包括梁自重），可变荷载标准值为 160 kN/m。钢材为 Q345 钢，钢梁截面尺寸如图 4.33 所示。试验算此梁的整体稳定性。

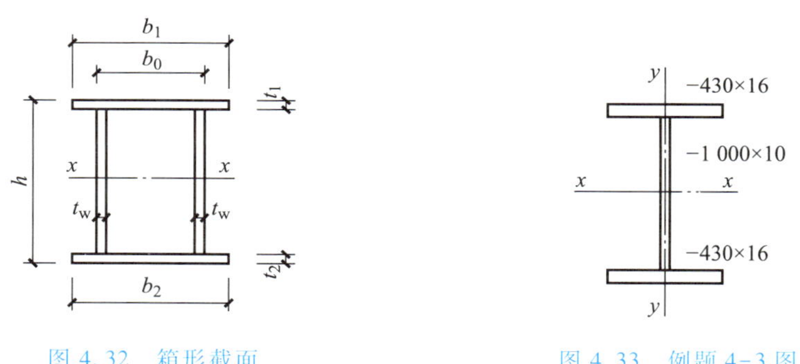

图 4.32　箱形截面　　图 4.33　例题 4-3 图

【解】（1）截面几何特性

$$A=430\times16\times2\ \text{mm}^2+1\ 000\times10\ \text{mm}^2=23\ 760\ \text{mm}^2$$

$$I_x=\frac{1}{12}\times10\times1\ 000^3\ \text{mm}^4+430\times16\times(500+8)^2\times2\ \text{mm}^4=43.84\times10^8\ \text{mm}^4$$

$$I_y=\frac{1}{12}\times16\times430^3\times2\ \text{mm}^4=2.12\times10^8\ \text{mm}^4$$

$$W_x=\frac{I_x}{y}=\frac{43.84\times10^8\ \text{mm}^4}{(1\ 000/2+16)\ \text{mm}}=8.50\times10^6\ \text{mm}^3$$

$$i_y=\sqrt{\frac{I_y}{A}}=\sqrt{\frac{2.12\times10^8}{23\ 760}}\ \text{mm}=94.46\ \text{mm}$$

$$\lambda_y=\frac{l_{0y}}{i_y}=\frac{7\ 000}{94.46}=74.11$$

(2) 荷载与内力计算

荷载设计值：$q=1.3\times80\ \text{kN/m}+1.5\times160\ \text{kN/m}=344\ \text{kN/m}$

弯矩设计值：$M_x=\frac{1}{8}ql^2=\frac{1}{8}\times344\ \text{kN/m}\times7^2\ \text{m}^2=2\ 107\ \text{kN}\cdot\text{m}$

(3) 稳定系数计算

$$\xi=\frac{l_1t_1}{b_1h}=\frac{7\ 000\times16}{430\times1\ 032}=0.25>0.20$$

又跨中无侧向支承，均布荷载作用在上翼缘，查表 6-1 得，$\beta_b=0.95$。

$$\begin{aligned}\varphi_b&=\beta_b\frac{4\ 320}{\lambda_y^2}\cdot\frac{Ah}{W_x}\left[\sqrt{1+\left(\frac{\lambda_yt_1}{4.4h}\right)^2}+\eta_b\right]\cdot\varepsilon_k^2\\&=0.95\times\frac{4\ 320}{74.11^2}\cdot\frac{23\ 760\times1\ 032}{8.50\times10^6}\left[\sqrt{1+\left(\frac{74.11\times16}{4.4\times1\ 032}\right)^2}+0\right]\cdot\left(\sqrt{\frac{235}{345}}\right)^2\\&=1.52>0.6\end{aligned}$$

即梁已进入弹塑性阶段，需用 φ_b'代替 φ_b：

$$\varphi_b'=1.07-\frac{0.282}{\varphi_b}=1.07-\frac{0.282}{1.52}=0.88$$

$$\frac{M_{max}}{\varphi_b'W_xf}=\frac{2\ 107\times10^6}{0.88\times8.50\times10^6\times310}=0.91<1.0$$

故整体稳定性满足要求。

4.6 梁的局部稳定性

为了提高梁的抗弯强度、刚度和整体稳定性，同时节省钢材，焊接组合梁的板件通常宽（或高）度较大而厚度较小。当它们的高厚比（或宽厚比）过大时，可能导致构件在整体失稳或强度破坏前，板中压应力、剪应力和局部压应力达到某一数值后，腹板或受压翼缘有可能偏离其平面位置，出现波形鼓曲，这种现象称为梁局部失稳。图 4.34 表示受横向荷载作用钢梁的翼缘和腹板的局部屈曲情况，上翼缘中部受较大纵向压应力影响产生波形屈曲，腹板在支座附近的剪应力较大，出现斜向的屈曲变形。

梁的受压翼缘或腹板局部失稳后，构件一般尚可以承受继续增大的外荷载。但因板件局部失稳后屈曲部位退出工作，导致梁的刚度降低，可能会使梁提前失去整体稳定性或提前发生强度破坏。为了防止板件的局部失稳，可考虑以下设计准则：

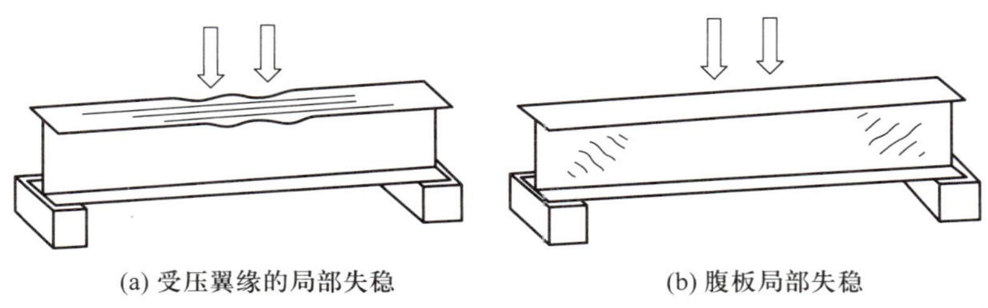

图 4.34　梁组成板件的局部失稳

（1）承载能力由强度控制时，板件局部屈曲临界应力不小于材料的屈服强度，即

$$(\sigma_{cr})_{局部} \geqslant f_y \tag{4-44}$$

（2）承载能力由整体稳定性控制时，板件局部屈曲临界应力不小于构件整体稳定临界应力，即

$$(\sigma_{cr})_{局部} \geqslant (\sigma_{cr})_{整体} \tag{4-45}$$

（3）板件屈曲临界应力不小于实际工作应力，即

$$(\sigma_{cr})_{局部} \geqslant \sigma \tag{4-46}$$

构件强度起控制作用时，可按照准则（1）或（3）处理，准则（3）可能更经济，但承载力储备相对小些；整体稳定性起控制作用时，可按照准则（2）处理。

4.6.1　受压翼缘的局部稳定性

翼缘在梁截面中位于边缘，强度上一般能够得到充分利用。但受压翼缘的局部屈曲会加速梁丧失继续承载的能力。从上述设计准则可知，首先要明确所设计板件的临界应力。

与压杆的翼缘模型相似，梁受压翼缘板可视为三边简支、一边自由的薄板，在两简支对边（短边）上均匀受压的情况下，可根据薄板稳定理论，采用下式计算单向均匀受压板的临界应力 σ_{cr}：

$$\sigma_{cr} = \chi k \frac{\pi^2 E}{12(1-\nu^2)} \times \left(\frac{t}{b_1}\right)^2 \tag{4-47}$$

式中：χ——支承边的弹性嵌固系数，取为 1.0；

k——板的屈曲系数，和荷载种类、分布状态、板的边长比例及边界条件有关，三边简支、一边自由均匀受压矩形板，当横向加劲肋间距 $a \gg b_1$ 时，取为 0.425；

E——钢材的弹性模量，$E=2.06\times10^5\ \text{N/mm}^2$；

t——翼缘板厚度；

b_1——翼缘自由外伸宽度（图 4.35）；

ν——钢材的泊松比，$\nu=0.3$。

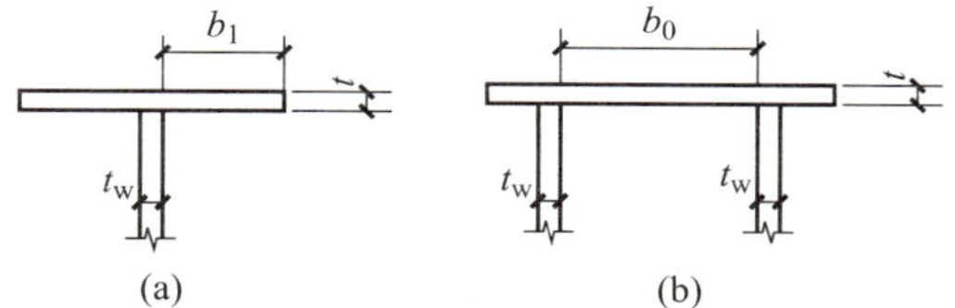

图 4.35　梁的受压翼缘板的计算宽度

采用边缘纤维设计准则时，因弯曲正应力呈三角形分布，只有边缘纤维应力达到 f_y，受压翼缘板沿厚度方向的平均应力达不到 f_y。因此按照设计准则（1），即式（4-44）计算时，不等号右边取为 $0.95f_y$。再考虑实际构件中的残余应力影响，板件会提前进入弹塑性工作状态，故引入弹性模量

折减系数 η，取 $\eta=0.4$。将式(4-47)代入式(4-44)可得

$$(\sigma_{cr})_{局部}=0.425\times1.0\times\frac{\pi^2\sqrt{0.4}\times2.06\times10^5}{12(1-0.3^2)}\times\left(\frac{t}{b_1}\right)^2\geqslant0.95f_y$$

整理后得

$$\frac{b_1}{t}\leqslant15\sqrt{\frac{235\ \text{N/mm}^2}{f_y}}=15\varepsilon_k \tag{4-48}$$

超静定梁采用塑性设计方法时，允许截面上出现塑性铰并要求一定的转动能力，翼缘应变发展较大，甚至达到应变硬化阶段，这时的宽厚比限值应符合表 4-2 中的 S1 级规定，即

$$\frac{b_1}{t}\leqslant9\sqrt{\frac{235\ \text{N/mm}^2}{f_y}}=9\varepsilon_k \tag{4-49}$$

当简支梁截面允许出现部分塑性时，采用弹塑性设计方法，抗弯强度计算时取 $\gamma_x=1.05$，则宽厚比限值应符合表 4-2 中的 S3 级规定，即

$$\frac{b_1}{t}\leqslant13\sqrt{\frac{235\ \text{N/mm}^2}{f_y}}=13\varepsilon_k \tag{4-50}$$

箱形截面梁受压翼缘在两腹板之间部分的计算宽度 b_0 取净宽，如图 4-35b 所示。该部分板件可视为四边简支单向均匀受压板，屈曲系数 $k=4.0$，取弹性嵌固系数 $\chi=1.0$，$\eta=0.25$，同样应用设计准则(1)，式(4-44)的不等号右边取为 $0.90f_y$，可得

$$\frac{b_0}{t}\leqslant42\sqrt{\frac{235\ \text{N/mm}^2}{f_y}}=42\varepsilon_k \tag{4-51}$$

上式中，当翼缘板上设有纵向加劲肋时，b_0 为相邻两个纵向加劲肋之间的或纵向加劲肋与腹板之间的翼缘板宽度。式(4-51)也基于弹性设计方法，满足表 4-2 所示 S4 级截面板件宽厚比限值规定。

4.6.2 梁腹板的局部稳定性

梁腹板高厚比太大时，会导致腹板局部失稳。如果仅通过加大厚度去减小高厚比，用钢量较多，不经济。为了提高梁腹板的局部稳定性，常采用设置加劲肋的构造措施，如图 4.36 所示，纵、横向加劲肋把腹板分成不同高宽的区格。简支梁梁端区格主要受剪力作用，跨中区格主要受弯曲正应力作用；其他区格则受正应力和剪应力共同作用；有时还受有集中荷载引起的局部压应力作用。

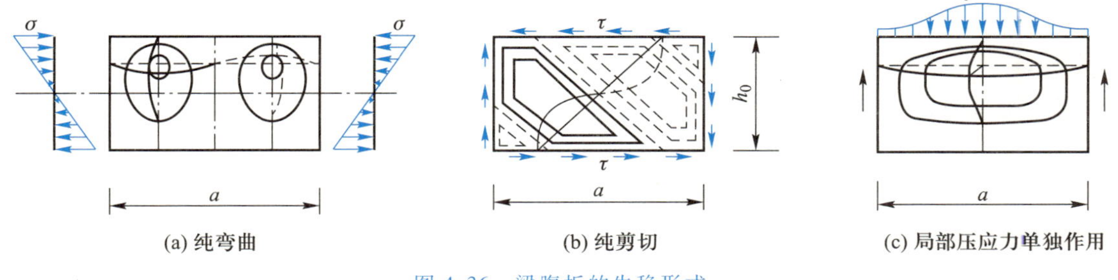

(a) 纯弯曲　(b) 纯剪切　(c) 局部压应力单独作用

图 4.36　梁腹板的失稳形式

在纯弯曲时，腹板的失稳形式如图 4.36a 所示，凸凹波形的中心靠近其压应力合力的作用线。在纯剪切时，腹板在约 45°方向产生主应力，主拉应力和主压应力数值上都等于剪应力。在主压应力作用下，腹板失稳形式如图 4.36b 所示，出现约 45°方向倾斜的凸凹波形。在局部压应力单独作用下，腹板失稳形式如图 4.36c 所示，产生一个靠近压应力作用边缘的鼓曲面。

1. 三种应力单独作用下的腹板临界应力

(1) 在纯弯曲作用下的临界应力 σ_{cr}

如图 4.36a 所示，屈曲后板的横向呈一个半波，板的纵向呈一个或多个半波，波形数量取决于板的长宽比 a/h_0。所取区格的临界应力计算公式为

$$\sigma_{cr}=\frac{\chi k\pi^2 E}{12(1-\nu^2)}\left(\frac{t_w}{h_0}\right)^2 \tag{4-52a}$$

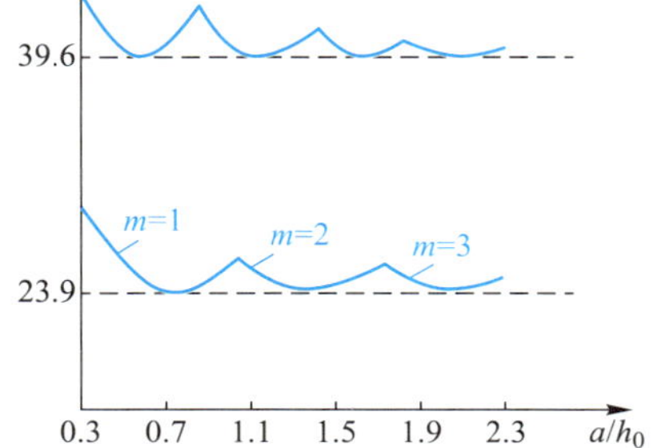

图 4.37　腹板的屈曲系数

式中：χ——支承边的弹性嵌固系数，由翼缘对腹板的嵌固程度确定。

k——板的屈曲系数，和荷载种类、分布状态、板的边长比例及边界条件有关。四边简支单向受弯时，$k_{min}=23.9$（图 4.37），$\chi=1.0$；两侧受荷边简支、上下边固定时，$k_{min}=39.6$（图 4.37），$\chi=39.6/23.9=1.66$；两侧受荷边简支、上边简支、下边固定时，$k_{min}=29.4$，$\chi=29.4/23.9=1.23$。

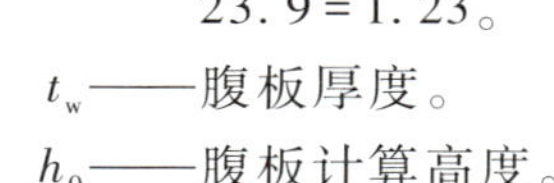

t_w——腹板厚度。

h_0——腹板计算高度。

腹板简支于翼缘（四边简支单向受弯）时：

$$\sigma_{cr}=445\left(\frac{100t_w}{h_0}\right)^2 \tag{4-52b}$$

腹板固定于翼缘（两侧受荷边简支、上下边固定时）时：

$$\sigma_{cr}=737\left(\frac{100t_w}{h_0}\right)^2 \tag{4-52c}$$

基于式(4-44)即设计准则(1)，以保证腹板在边缘屈服前不至发生屈曲，对应上面两个公式，分别可得弹性阶段的腹板高厚比限值。

翼缘扭转未受约束：

$$\frac{h_0}{t_w}\leqslant 138\varepsilon_k \tag{4-53a}$$

翼缘扭转受到约束：

$$\frac{h_0}{t_w}\leqslant 177\varepsilon_k \tag{4-53b}$$

引入国际通行的通用正则化高厚比 $\lambda_{n,b}=\sqrt{f_y/\sigma_{cr}}$ 作为参数计算临界应力，式(4-53a,b)可写成：

翼缘扭转未受约束：

$$\lambda_{n,b}=\frac{h_0/t_w}{138\varepsilon_k} \tag{4-54a}$$

翼缘扭转受到约束：

$$\lambda_{n,b}=\frac{h_0/t_w}{177\varepsilon_k} \tag{4-54b}$$

当梁的中和轴不在腹板中央的时候，上述式中的 h_0 用腹板受压区高度 h_c 的 2 倍代替。由 $\lambda_{n,b}=\sqrt{f_y/\sigma_{cr}}$ 可以改写为 $\sigma_{cr}=f_y/\lambda_{n,b}^2$，这是利用正则化高厚比的弹性临界应力表达式。GB 50017—2017《钢结构设计标准》用 $1.1f$ 代替 f_y，故弹性临界应力计算公式为

$$\sigma_{cr}=1.1f/\lambda_{n,b}^2 \tag{4-55}$$

图 4.38 表示正应力作用下的临界应力与正则化高厚比的关系，曲线(3)的表达式为式(4-55)，当 $\lambda_{n,b}=1.0$ 时，$\sigma_{cr}=f_y$（图中水平虚线）；考虑残余应力等初始缺陷影响，腹板会提前屈服，故取弹性与非弹性的分界点为 $\sigma_{cr}=0.6f_y$，则相应的 $\lambda_{n,b}=1.29$，由于局部屈曲受残余应力影响不如整体屈曲，故取 $\lambda_{n,b}=1.25$ 为分界点。于是，弹性范围推迟到 $\lambda_{n,b}>1.25$。曲线(2)为截面塑性发展阶段，最后塑性范围缩小到 $\lambda_{n,b}\leqslant 0.85$。GB 50017—2017《钢结构设计标准》对应图 4.38 中的三部分实线，提出计算三个 σ_{cr} 的计算公式。

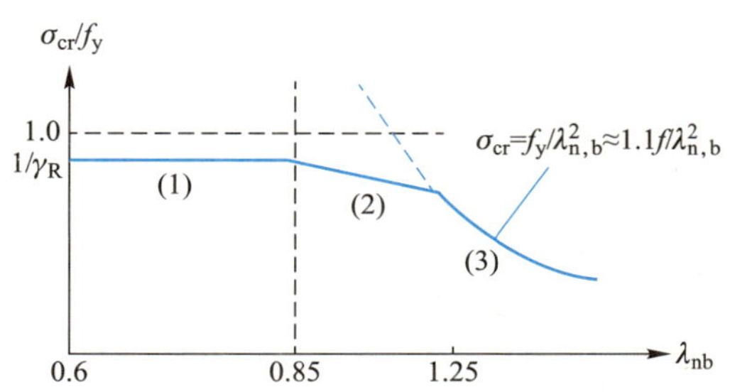

图 4.38 临界应力与正则化高厚比的关系

① $\lambda_{n,b}\leqslant 0.85$ 时

$$\sigma_{cr}=f \tag{4-56a}$$

② $0.85<\lambda_{n,b}\leqslant 1.25$ 时

$$\sigma_{cr}=[1-0.75(\lambda_{n,b}-0.85)]f \tag{4-56b}$$

③ $\lambda_{n,b}>1.25$ 时

$$\sigma_{cr}=1.1f/\lambda_{n,b}^2 \tag{4-56c}$$

(2) 在纯剪切作用下的临界应力 τ_{cr}

与纯弯曲时的计算过程类同，可以计算出腹板受纯剪切作用的弹性屈曲临界应力

$$\tau_{cr}=22.9k\left(\frac{100t_w}{h_0}\right)^2 \tag{4-57}$$

并引入受剪计算时的正则化宽厚比 $\lambda_{n,s}=\sqrt{f_{vy}/\tau_{cr}}$，并注意关系式 $f_{vy}=f_y/\sqrt{3}$（f_{vy} 为钢材的剪切屈服点），则

$$\lambda_{n,s}=\frac{h_0/t_w}{41\varepsilon_k\sqrt{k}} \tag{4-58}$$

关于屈曲系数 k 的计算，根据横向加劲肋的间距 a 与腹板计算高度 h_0 的比值 a/h_0，采用以下近似公式：

$$k=4+5.34(h_0/a)^2 \qquad (a/h_0\leqslant 1.0) \tag{4-59a}$$

$$k=5.34+4(h_0/a)^2 \qquad (a/h_0>1.0) \tag{4-59b}$$

分别代入式(4-58)后得到下列计算式：

$$\lambda_{n,s}=\frac{h_0/t_w}{37\eta\sqrt{4+5.34(h_0/a)^2}}\cdot\frac{1}{\varepsilon_k} \qquad (a/h_0\leqslant 1.0) \tag{4-60a}$$

$$\lambda_{n,s}=\frac{h_0/t_w}{37\eta\sqrt{5.34+4(h_0/a)^2}}\cdot\frac{1}{\varepsilon_k} \qquad (a/h_0>1.0) \tag{4-60b}$$

式中，η 对于简支梁取 1.11，对于框架梁的梁端最大应力区取 1.0。

其取值根据 $\lambda_{n,s}$ 的取值不同，剪切临界应力 τ_{cr} 的计算公式如下：

GB 50017—2017《钢结构设计标准》分塑性、弹塑性和弹性阶段同样提出以下三个 τ_{cr} 的计算公式，不过考虑钢材剪切比例极限为 $0.8f_{vy}$，且引进初始缺陷影响系数 0.9，则弹性和弹塑性的 $\lambda_{n,s}$ 分界值取 1.2。

① $\lambda_{n,s}\leqslant 0.8$ 时

$$\tau_{cr}=f_v \tag{4-61a}$$

② $0.8<\lambda_{n,s}\leqslant 1.2$ 时

$$\tau_{cr}=[1-0.59(\lambda_{n,s}-0.8)]f_v \tag{4-61b}$$

③ $\lambda_{n,s}>1.2$ 时

$$\tau_{cr}=1.1f_v/\lambda_{n,s}^2 \tag{4-61c}$$

当腹板不设加劲肋时，$k=5.34$，若要求 $\tau_{cr}=f_v$，则由式(4-58)

$$h_0/t_w=0.8\times 41\sqrt{5.34}\,\varepsilon_k=75.8\varepsilon_k \tag{4-62}$$

考虑腹板区格平均应力一般低于 f_y，因此，GB 50017—2017 规定这时的高厚比限值为 $80\varepsilon_k$。

(3) 局部压应力单独作用下的临界应力 $\sigma_{c,cr}$

腹板受横向集中荷载作用产生的局部压应力影响下，弹性屈曲临界应力仍可利用下式：

$$\sigma_{c,cr}=\frac{\chi k\pi^2 E}{12(1-\nu^2)}\left(\frac{t_w}{h_0}\right)^2 \tag{4-63}$$

引入局部承压时的正则化宽厚比 $\lambda_{n,c}=\sqrt{f_y/\sigma_{c,cr}}$，也分塑性、弹塑性和弹性阶段提出计算 $\sigma_{c,cr}$ 的三个计算公式。

① $\lambda_{n,c}\leqslant 0.9$ 时

$$\sigma_{c,cr}=f \tag{4-64a}$$

② $0.9<\lambda_{n,c}\leqslant 1.2$ 时

$$\sigma_{c,cr}=[1-0.79(\lambda_{n,c}-0.9)]f \tag{4-64b}$$

③ $\lambda_{n,c}>1.2$ 时

$$\sigma_{c,cr}=1.1f/\lambda_{n,c}^2 \tag{4-64c}$$

$\lambda_{n,c}$ 根据横向加劲肋的间距 a 与腹板计算高度 h_0 的比值 a/h_0，按下式计算：

$$\lambda_{n,c}=\frac{h_0/t_w}{28\sqrt{10.9+13.4(1.83-a/h_0)^3}}\cdot\frac{1}{\varepsilon_k} \qquad (0.5\leqslant a/h_0\leqslant 1.5) \tag{4-65a}$$

$$\lambda_{n,c}=\frac{h_0/t_w}{28\sqrt{18.9-5a/h_0}}\cdot\frac{1}{\varepsilon_k} \qquad (1.5<a/h_0\leqslant 2.0) \tag{4-65b}$$

2. 腹板加劲肋的设计及腹板区格板件局部稳定性验算

(1) 腹板加劲肋的类型

如图 4.39 所示,腹板加劲肋包括横向加劲肋、纵向加劲肋和短加劲肋。腹板设置横向加劲肋,主要防止可能由剪应力和局部压应力引起的腹板局部失稳;纵向加劲肋主要防止可能由弯曲压应力引起的腹板局部失稳;短加劲肋主要防止可能由局部压应力引起的腹板局部失稳。

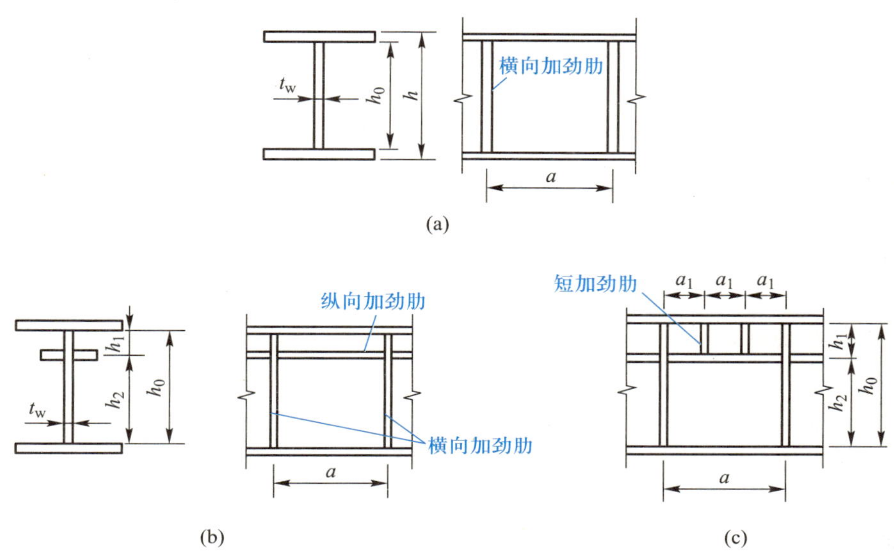

图 4.39 腹板加劲肋的配置

对于焊接组合梁腹板,为了避免过薄的腹板可能出现焊接翘曲问题,h_0/t_w 不宜超过 250,这个限值与钢材牌号无关。GB 50017—2017《钢结构设计标准》关于加劲肋的配置条件和局部稳定性计算条件等规定如下:

① 当 $h_0/t_w \leq 80\varepsilon_k$ 时,对有局部压应力(即 $\sigma_c \neq 0$)的梁,应按构造配置横向加劲肋(一般应满足 $0.5h_0 \leq a \leq 2h_0$);局部压应力较小(即 σ_c 较小)时,可不配置加劲肋。

② 不考虑腹板屈曲后强度的钢梁,当 $h_0/t_w > 80\varepsilon_k$,宜配置横向加劲肋(图 4.39a),并按规定进行腹板区格部分的局部稳定性计算。在此说明一下:承受静力荷载和间接承受动力荷载的焊接组合梁可考虑腹板屈曲后强度,允许腹板在构件整体失稳之前屈曲,可按 GB 50017—2017 相关规定计算其受弯和受剪承载力。

③ 直接承受动力荷载的吊车梁及其他需要计算疲劳的构件,加劲肋配置还要考虑以下情况:受压翼缘扭转受到约束且 $h_0/t_w > 170\varepsilon_k$、受压翼缘的扭转未受到约束且 $h_0/t_w > 150\varepsilon_k$ 的情况,若横向加劲肋配置后计算发现不满足局部稳定性要求时,应在弯曲应力较大区段的腹板受压区再配置纵向加劲肋(图 4.39b)。局部压应力很大的梁,必要时尚宜在受压区配置短加劲肋(图 4.39c)。配置后均应按规定进行腹板区格部分的局部稳定性计算。

h_0 为腹板的计算高度,对单轴对称截面梁,当确定是否要配置纵向加劲肋时,h_0 应取腹板受压区高度 h_c 的 2 倍。

④ 梁的支座处和上翼缘受有较大固定集中荷载处,宜设置支承加劲肋。

(2) 腹板加劲肋配置后的腹板区格局部稳定性计算

① 配置横向加劲肋的腹板区格

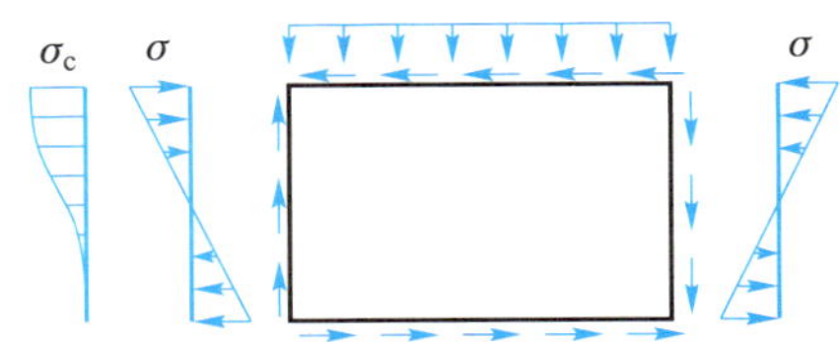

图 4.40 仅用横向加劲肋加强的腹板区格

如图 4.40 所示两横向加劲肋之间的腹板区格,同时承受着弯曲正应力 σ,均布剪应力 τ 及局部压应力 σ_c 的作用。当这些内力达到某种组合值时,腹板将由平板转变为微弯曲平衡状态,这就是腹板失稳的临界状态。此时,可按以下近似相关方程验算腹板的稳定性:

$$\left(\frac{\sigma}{\sigma_{cr}}\right)^2+\left(\frac{\tau}{\tau_{cr}}\right)^2+\frac{\sigma_c}{\sigma_{c,cr}}\leqslant 1.0 \tag{4-66}$$

式中: σ——计算腹板区格内,由平均弯矩 M 产生的腹板计算高度 h_0 边缘的弯曲压应力,即 $\sigma=Mh_c/I$,h_c 为受压区高度,对于双轴对称截面,$h_c=h_0/2$;

τ——计算腹板区格内,由平均剪力产生的腹板平均剪应力,$\tau=V/h_w t_w$,h_w 和 t_w 为腹板的高度和厚度;

σ_c——腹板计算高度边缘的局部压应力,应按 4.2.1 节计算,但取式中的 $\psi=1.0$;

σ_{cr}、τ_{cr}、$\sigma_{c,cr}$——各种应力单独作用下的临界应力。

② 同时配置横向加劲肋和纵向加劲肋的腹板区格

同时配置横向加劲肋和纵向加劲肋的腹板,纵向加劲肋把腹板划分为上Ⅰ、下Ⅱ两个区格,应分别对这两种区格进行局部稳定性计算。

a. 受压翼缘与纵向加劲肋之间高度为 h_1 的上区格Ⅰ(图 4.41a)

$$\frac{\sigma}{\sigma_{cr1}}+\left(\frac{\sigma_c}{\sigma_{c,cr1}}\right)^2+\left(\frac{\tau}{\tau_{cr1}}\right)^2\leqslant 1.0 \tag{4-67}$$

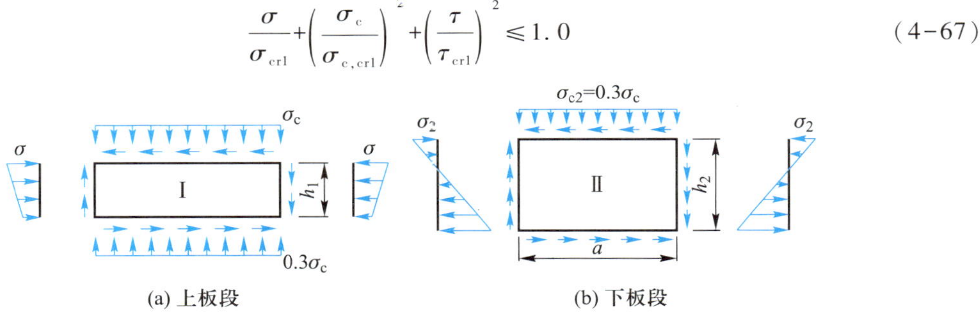

图 4.41 腹板区格的受力状态

(ⅰ) 上区格Ⅰ的 σ_{cr1} 计算:按式(4-56a、b、c)计算,但正则化高厚比 $\lambda_{n,b}$ 改用下列 $\lambda_{n,b1}$ 代替。

受压翼缘扭转受到约束时,

$$\lambda_{n,b1}=\frac{h_1/t_w}{75\varepsilon_k} \tag{4-68a}$$

受压翼缘扭转未受到约束时,

$$\lambda_{n,b1}=\frac{h_1/t_w}{64\varepsilon_k} \tag{4-68b}$$

(ⅱ) 上区格Ⅰ的 τ_{cr1} 计算:按式(4-61a、b、c)计算,但将 h_0 改为 h_1。

（ⅲ）上区格Ⅰ的 $\sigma_{c,cr1}$ 计算：按式（4-64a、b、c）计算，但正则化高厚比 $\lambda_{n,c}$ 改用下列 $\lambda_{n,c1}$ 代替。

受压翼缘扭转受到约束时，

$$\lambda_{n,c1}=\frac{h_1/t_w}{56\varepsilon_k} \tag{4-69a}$$

受压翼缘扭转未受到约束时，

$$\lambda_{n,c1}=\frac{h_1/t_w}{40\varepsilon_k} \tag{4-69b}$$

b. 受拉翼缘与纵向加劲肋之间高度为 h_2 的下区格Ⅱ（图 4.41b）

$$\left(\frac{\sigma_2}{\sigma_{cr2}}\right)^2+\left(\frac{\tau}{\tau_{cr2}}\right)^2+\frac{\sigma_{c2}}{\sigma_{c,cr2}}\leqslant 1.0 \tag{4-70}$$

（ⅰ）下区格Ⅱ的 σ_{cr2} 计算：按式（4-56a、b、c）计算，但 $\lambda_{n,b}$ 改用 $\lambda_{n,b2}$ 代替。

$$\lambda_{n,b2}=\frac{h_1/t_w}{75\varepsilon_k} \tag{4-71}$$

（ⅱ）下区格Ⅱ的 τ_{cr2} 计算：按式（4-61a、b、c）计算，但 h_0 改为 h_2（$h_2=h_0-h_1$）。

（ⅲ）下区格Ⅱ的 $\sigma_{c,cr2}$ 计算：按式（4-64a、b、c）计算，但 h_0 改为 h_2，当 $a/h_2>2$ 时，取 $a/h_2=2$。

其中：h_1——纵向加劲肋至腹板计算高度受压边缘的距离；

h_2——纵向加劲肋至腹板计算高度受拉边缘的距离；

σ_2——所计算区格内由平均弯矩产生的腹板在纵向加劲肋处的弯曲压应力；

σ_{c2}——腹板在纵向加劲肋处的横向压应力，取 $\sigma_{c2}=0.3\sigma_c$。

③ 在受压翼缘与纵向加劲肋之间设有短加劲肋的腹板区格

其局部稳定性应按式（4-67）计算。该式中的 σ_{cr1} 按式（4-67）下面的规定① 计算，τ_{cr1} 应按（4-61a、b、c）计算，但将 h_0 和 a 改为 h_1 和 a_1，a_1 为短加劲肋间距；$\sigma_{c,cr1}$ 按式（4-64a、b、c）计算，但 $\lambda_{n,c}$ 改用下列 $\lambda_{n,c1}$ 代替：

受压翼缘扭转受到约束时，

$$\lambda_{n,c1}=\frac{h_1/t_w}{87\varepsilon_k} \tag{4-72a}$$

受压翼缘扭转未受到约束时，

$$\lambda_{n,c1}=\frac{h_1/t_w}{73\varepsilon_k} \tag{4-72b}$$

对于 $a_1/h_1>1.2$ 的区格，以上两式的右侧应乘以 $1/\sqrt{0.4+0.5a_1/h_1}$。

（3）腹板加劲肋的构造要求

① 加劲肋可用型钢及钢板制作，焊接组合梁一般用钢板。加劲肋宜在腹板两侧成对配置（图 4.42a、c），对非吊车梁的中间加劲肋，为了节约钢材、减少制造工作量，也可单侧配置（图 4.42b、d），但支承加劲肋、重级工作制吊车梁的加劲肋不应单侧配置。

② 为了使加劲肋具有足够的刚度，对截面尺寸和惯性矩有以下要求：

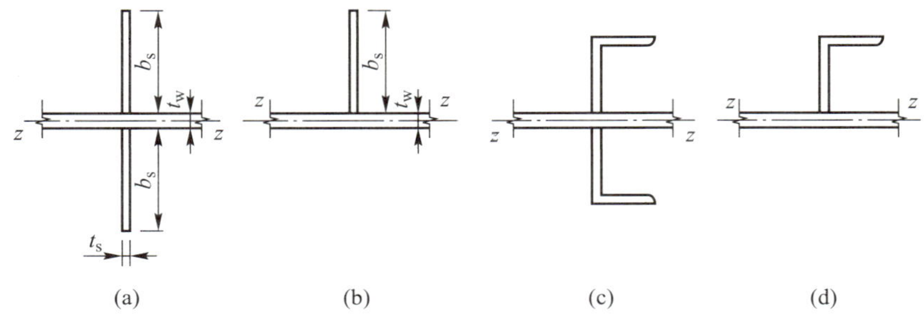

图 4.42　加劲肋在腹板侧面的位置

a. 横向加劲肋和短加劲肋的截面尺寸

成对配置横向加劲肋的外伸宽度 b_s 和厚度 t_s 需满足：

$$b_s \geqslant \frac{h_0}{30}+40\ \text{mm} \tag{4-73a}$$

对于承压加劲肋，

$$t_s \geqslant \frac{b_s}{15} \tag{4-73b}$$

对于不受力加劲肋，

$$t_s \geqslant \frac{b_s}{19} \tag{4-73c}$$

在腹板单侧配置横向加劲肋时，其外伸宽度应大于按式(4-73a)算得的 1.2 倍，厚度应符合式(4-73b、c)要求。此处的 1.2 倍，是根据单侧与双侧配置加劲肋的刚度相同条件得到的。

短加劲肋的外伸宽度应取为横向加劲肋外伸宽度的 0.7～1.0 倍，厚度不应小于短加劲肋外伸宽度的 1/15。

b. 横向加劲肋与纵向加劲肋的截面惯性矩

在同时配置横向加劲肋和纵向加劲肋加强的腹板中(图 4.43a)，横向加劲肋的截面尺寸除应符合上述规定外，其截面惯性矩(对 z-z 轴)尚应符合式(4-74)的要求。在腹板两侧成对配置的加劲肋，其截面惯性矩应按梁腹板中心线为轴线计算；单侧配置的加劲肋，其截面惯性矩应按与加劲肋相连的腹板边缘为轴线计算。

$$I_z \geqslant 3h_0 t_w^3 \tag{4-74a}$$

纵向加劲肋的截面惯性矩 I_y(对 y-y 轴)应符合下列公式要求：

$$I_y \geqslant 1.5h_0 t_w^3 \quad (a/h_0 \leqslant 0.85) \tag{4-74b}$$

$$I_y \geqslant (2.5-0.45a/h_0)(a/h_0)^2 h_0 t_w^3 \quad (a/h_0 > 0.85) \tag{4-74c}$$

c. 用型钢(如 H 型钢、工字钢、槽钢、肢尖焊于腹板的角钢)制成的加劲肋，其截面惯性矩不应小于相应钢板加劲肋的惯性矩。

③ 一般来说，横向加劲肋的最小间距应为 $0.5h_0$，最大间距应为 $2.0h_0$，但无局部压应力的梁在 $h_0/t_w \leqslant 100\varepsilon_k$ 时，最大间距可取 $2.5h_0$。纵向加劲肋至腹板计算高度受压边缘的距离应为 $h_c/2.5 \sim h_c/2$，h_c 为腹板弯曲正应力受压区高度。短加劲肋最小间距为 $0.75h_1$。

④ 为避免焊缝交叉，组合梁横向加劲肋与翼缘相接处应切角(图 4.43b)，可切成斜角，其宽

约为 $b_s/3$（同时不大于 40 mm），高约为 $b_s/2$（同时不大于 60 mm）。对直接承受动力荷载的梁（如吊车梁），中间横向加劲肋下端不应与受拉翼缘焊接，一般在距受拉翼缘 50～100 mm 处断开（图 4.43c）。

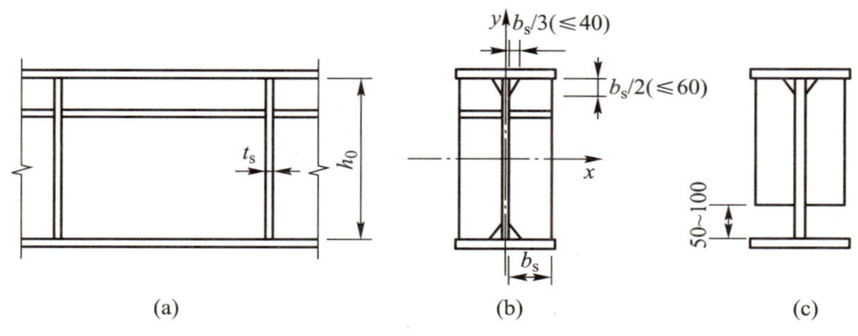

图 4.43　加劲肋构造

（4）支承加劲肋的计算

支承加劲肋是指承受固定集中荷载或支座约束力的横向加劲肋。支承加劲肋的作用是把集中力或支座约束力通过加劲肋传给梁腹板。目的是使集中力间接传给腹板，从而避免腹板的局部压屈。支承加劲肋在梁腹板两侧成对设置，其受力如同轴心受压柱。设计时应进行腹板平面外的整体稳定性和端面承压计算，其截面往往比中间横向加劲肋大。

支承加劲肋在工程实际中主要有两种形式，即平板式支承肋（图 4.44）和突缘式支承肋（图 4.45）。前者与上、下翼缘刨平顶紧，梁端剪力通过焊缝传给翼缘，再传给柱顶板；后者向下伸出下翼缘，且不超过支承加劲肋厚度 t 的 2 倍，梁的最大剪力通过焊缝传给突缘式支承肋，再通过水平焊缝传到柱顶板上去。

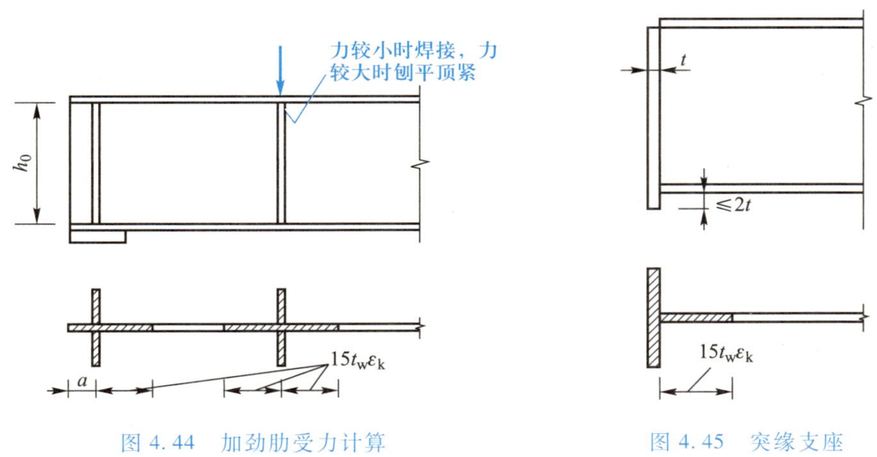

图 4.44　加劲肋受力计算　　　　图 4.45　突缘支座

① 支承加劲肋的稳定性验算

按支承加劲肋承受梁支座约束力或固定集中荷载的轴心受压构件计算其在腹板平面外的稳定性。此受压构件的截面 A 应包括加劲肋和加劲肋每侧 $15t_w\varepsilon_k$ 范围内的腹板面积（支座处长度不足 $15t_w\varepsilon_k$ 时，取实际长度 a），计算长度取 h_0（图 4.44）；关于截面类别，对于集中荷载下和平板式支座处的支承加劲肋按 b 类，突缘支座处的支承加劲肋按 c 类考虑。稳定性计算公式如下：

$$\frac{N}{\varphi A f}\leqslant 1.0 \tag{4-75}$$

式中：N——集中荷载或支座约束力的设计值；

φ——轴心受压构件稳定系数，由 $\lambda_z=h_{0z}/i$ 按照 b 类或 c 类截面查附表 7-2 或 7-3（不考虑扭转效应）。

② 支承加劲肋端承面的承压强度验算

梁支承加劲肋的端部应按其所承受的支座约束力或固定集中荷载进行计算，当端部刨平顶紧于梁翼缘或柱顶时，端面承压强度按式（4-76）计算：

$$\sigma_{ce}=\frac{N}{A_{ce}}\leqslant f_{ce} \tag{4-76}$$

式中：A_{ce}——端面承压面积，即支承加劲肋端部与翼缘或柱顶的接触面积，应考虑加劲肋端部切角损失的面积；

f_{ce}——钢材端面承压强度设计值。

③ 支承加劲肋与腹板的连接焊缝计算

应按承受全部集中力或支座约束力进行计算，计算公式为

$$\frac{N}{0.7h_f\sum l_w}\leqslant f_f^w \tag{4-77}$$

式中，h_f 为角焊缝的焊脚尺寸（详见第 6 章）。确定每条焊缝计算长度 l_w 时，应扣除加劲肋端部的切角长度，且由于计算时假定应力沿焊缝全长均匀分布，故不必考虑 l_w 是否大于 $60h_f$。

【例题 4-4】 某车间工作平台的主梁跨度为 9 m，中间次梁传来的集中荷载设计值 $P=305.2$ kN（静载），如图 4.46a 所示。采用双轴对称工字形截面焊接组合梁，其自重为 $q=1.47$ kN/m（已考虑腹板加劲肋等附件构造用钢量）。已知钢梁的强度、整体稳定性和刚度均满足要求，受压翼缘扭转受到约束。梁截面尺寸和加劲肋布置分别如图 4.46c、d 所示，在离支座 1.5 m 处梁翼缘的宽度改变一次（由 280 mm 变为 140 mm），钢材为 Q235B 钢。试验算该梁的局部稳定性，布置并设计加劲肋（按不考虑腹板屈曲后强度的方法计算）。

【解】（1）梁的内力计算

$$R=1.5\times305.2\text{ kN}+0.5\times1.47\times9\text{ kN}=464.4\text{ kN}$$

$$M_{max}=311.8\times4.5\text{ kN·m}-0.5\times1.47\times4.5^2\text{ kN·m}-305.2\times1.5\text{ kN·m}=930.5\text{ kN·m}$$

经计算，梁在支座处、1.5 m、3.0 m 和 4.5 m 处所承受的弯矩 M 和剪力 V 如图 4.46b 所示。

（2）截面几何特性

支座附近截面的惯性矩和腹板计算高度边缘处截面模量分别为

$$I_{x1}=\frac{1}{12}\times8\times900^3\text{ mm}^4+14\times140\times(450+7)^2\times2\text{ mm}^4=13.05\times10^8\text{ mm}^4$$

$$W_{x1}=\frac{I_{x1}}{y_1}=\frac{13.05\times10^8\text{ mm}^4}{450\text{ mm}}=2.9\times10^6\text{ mm}^3$$

跨中附近截面的惯性矩和腹板计算高度边缘处截面模量分别为

$$I_{x2}=\frac{1}{12}\times8\times900^3\text{ mm}^4+14\times280\times(450+7)^2\times2\text{ mm}^4=21.23\times10^8\text{ mm}^4$$

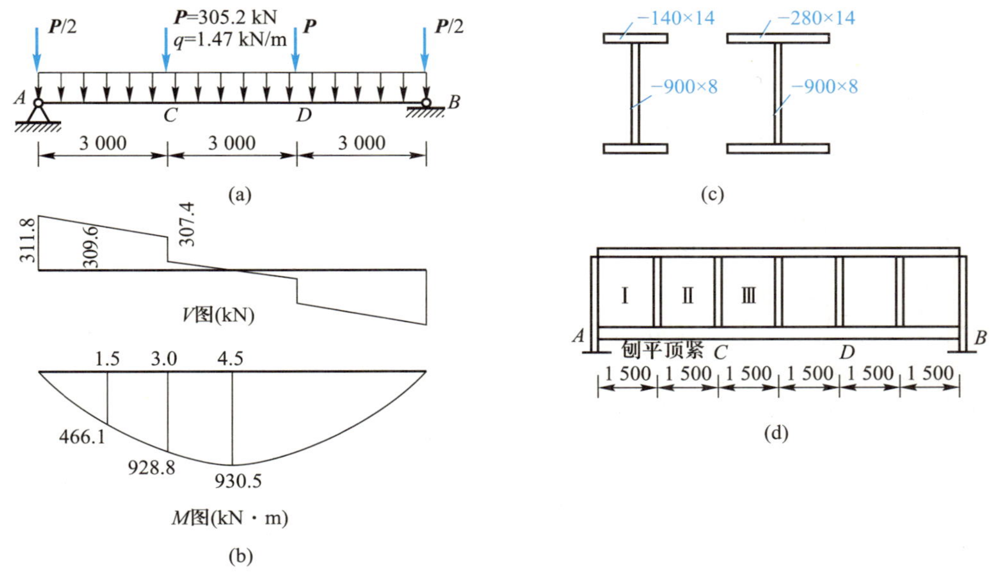

图 4.46　例题 4-4 图

$$W_{x2}=\frac{I_{x2}}{y_2}=\frac{21.23\times10^8\ \text{mm}^4}{450\ \text{mm}}=4.72\times10^6\ \text{mm}^3$$

(3) 受压翼缘的局部稳定验算

$\frac{b_1}{t}=\frac{(280-8)/2}{14}=9.71<13\varepsilon_k=13\times\sqrt{235\ \text{N/mm}^2/f_y}=13$，满足要求。

(4) 腹板加劲肋布置

钢梁腹板高厚比 $h_0/t_w=900/8=112.5>80\varepsilon_k=80\times\sqrt{235\ \text{N/mm}^2/f_y}=80$，因此应配置横向加劲肋并加以计算。

又钢梁在 1/3 处有集中荷载作用，所以该处应设置支承加劲肋，同时因为横向加劲肋的最大间距为 $2h_0=2\times900\ \text{mm}=1\ 800\ \text{mm}$，最小间距 $0.5h_0=0.5\times900\ \text{mm}=450\ \text{mm}$，故取横向加劲肋的间距为 $a=1\ 500\ \text{mm}$，布置如图 4.46d 所示，采用突缘式支承加劲肋。

(5) 验算腹板各区格的局部稳定性

求临界应力 σ_{cr}、τ_{cr}，因为固定集中荷载处均设有支承加劲肋，梁中不产生 σ_c，故无须求临界应力 $\sigma_{c,cr}$。

因梁受压翼缘扭转受到约束，则

$\lambda_{n,b}=\frac{2h_c/t_w}{177}\cdot\frac{1}{\varepsilon_k}=\frac{900/8}{177}\cdot\frac{1}{1}=0.64<0.85$，故 $\sigma_{cr}=f=215\ \text{N/mm}^2$。

$a/h_0=1\ 500/900=1.67>1.0$

$$\lambda_{n,s}=\frac{h_0/t_w}{37\eta\sqrt{5.34+4(h_0/a)^2}}\cdot\frac{1}{\varepsilon_k}=\frac{900/8}{37\times1.11\sqrt{5.34+4(900/1\ 500)^2}}\cdot\frac{1}{1}=1.05<1.2$$

故 $\tau_{cr}=[1-0.59(\lambda_{n,s}-0.8)]f_v=[1-0.59(1.05-0.8)]\times125\ \text{N/mm}^2=106.56\ \text{N/mm}^2$

① 区格Ⅰ(图 4.46d)的验算

区格Ⅰ的平均弯矩：$M_{\mathrm{I}}=(0+466.1)\ \mathrm{kN\cdot m}/2=233.05\ \mathrm{kN\cdot m}$；

区格Ⅰ的平均剪力：$V_{\mathrm{I}}=(311.8+309.6)\ \mathrm{kN}/2=310.7\ \mathrm{kN}$；

区格Ⅰ所受平均正应力：$\sigma=\dfrac{M_{\mathrm{I}}}{W_{x1}}=\dfrac{233.05\times10^6\ \mathrm{N\cdot mm}}{2.9\times10^6\ \mathrm{mm}^3}=80.36\ \mathrm{N/mm^2}$

区格Ⅰ所受平均剪应力：$\tau=\dfrac{V_{\mathrm{I}}}{h_{\mathrm{w}}t_{\mathrm{w}}}=\dfrac{310.7\times10^3\ \mathrm{N}}{900\times8\ \mathrm{mm}^2}=43.15\ \mathrm{N/mm^2}$

$\left(\dfrac{\sigma}{\sigma_{\mathrm{cr}}}\right)^2+\left(\dfrac{\tau}{\tau_{\mathrm{cr}}}\right)^2=\left(\dfrac{80.36}{215}\right)^2+\left(\dfrac{43.15}{106.56}\right)^2=0.3<1.0$，满足要求。

② 区格Ⅱ(图 4.46d)的验算

区格Ⅱ的平均弯矩：$M_{\mathrm{II}}=(928.8+466.1)\ \mathrm{kN\cdot m}/2=697.45\ \mathrm{kN\cdot m}$；

区格Ⅱ的平均剪力：$V_{\mathrm{II}}=(307.4+309.6)\ \mathrm{kN}/2=308.5\ \mathrm{kN}$；

区格Ⅱ所受平均正应力：$\sigma=\dfrac{M_{\mathrm{II}}}{W_{x2}}=\dfrac{697.45\times10^6\ \mathrm{N\cdot mm}}{4.72\times10^6\ \mathrm{mm}^3}=147.76\ \mathrm{N/mm^2}$

区格Ⅱ所受平均剪应力：$\tau=\dfrac{V_{\mathrm{I}}}{h_{\mathrm{w}}t_{\mathrm{w}}}=\dfrac{308.5\times10^3\ \mathrm{N}}{900\times8\ \mathrm{mm}^2}=42.85\ \mathrm{N/mm^2}$

$\left(\dfrac{\sigma}{\sigma_{\mathrm{cr}}}\right)^2+\left(\dfrac{\tau}{\tau_{\mathrm{cr}}}\right)^2=\left(\dfrac{147.76}{215}\right)^2+\left(\dfrac{42.85}{106.56}\right)^2=0.63<1.0$，满足要求。

③ 区格Ⅲ(图 4.46d)的验算

区格Ⅲ的平均弯矩：$M_{\mathrm{III}}=(928.8+930.5)\ \mathrm{kN\cdot m}/2=929.65\ \mathrm{kN\cdot m}$；

区格Ⅲ的平均剪力：$V_{\mathrm{III}}=(2.2+0)\ \mathrm{kN}/2=1.1\ \mathrm{kN}$；

区格Ⅲ所受平均正应力：$\sigma=\dfrac{M_{\mathrm{III}}}{W_{x2}}=\dfrac{929.65\times10^6\ \mathrm{N\cdot mm}}{4.72\times10^6\ \mathrm{mm}^3}=196.96\ \mathrm{N/mm^2}$

区格Ⅲ所受平均剪应力：$\tau=\dfrac{V_{\mathrm{III}}}{h_{\mathrm{w}}t_{\mathrm{w}}}=\dfrac{1.1\times10^3\ \mathrm{N}}{900\times8\ \mathrm{mm}^2}=0.15\ \mathrm{N/mm^2}$

$\left(\dfrac{\sigma}{\sigma_{\mathrm{cr}}}\right)^2+\left(\dfrac{\tau}{\tau_{\mathrm{cr}}}\right)^2=\left(\dfrac{196.96}{215}\right)^2+\left(\dfrac{0.15}{106.56}\right)^2=0.84<1.0$，满足要求。

(6) 加劲肋截面设计

① 集中力作用处的支承加劲肋

a. 由端部承压强度条件求加劲肋截面尺寸(图 4.47)

$$A_{\mathrm{ce}}\geqslant N/f_{\mathrm{ce}}=305.2\times10^3\ \mathrm{N}/325\ \mathrm{N/mm^2}=939.1\ \mathrm{mm^2}$$

取 $b_{\mathrm{s}}=15t_{\mathrm{s}}$，考虑切角宽度为 $b_{\mathrm{s}}/3$，则

$$A_{\mathrm{ce}}=t_{\mathrm{s}}\times\frac{2}{3}b_{\mathrm{s}}=t_{\mathrm{s}}\times\frac{2}{3}\times15t_{\mathrm{s}}=10t_{\mathrm{s}}^2\geqslant\frac{939.1}{2}\ \mathrm{mm^2}$$

即 $t_{\mathrm{s}}\geqslant\sqrt{\dfrac{939.1\ \mathrm{mm}}{2\times10}}=6.85\ \mathrm{mm}$，取 $t_{\mathrm{s}}=8\ \mathrm{mm}$，则

$$b_{\mathrm{s}}=15t_{\mathrm{s}}=15\times8\ \mathrm{mm}=120\ \mathrm{mm}>\frac{h_0}{30}+40\ \mathrm{mm}=70\mathrm{mm}$$

切角宽取 $b_s/3=120\ \mathrm{mm}/3=40\ \mathrm{mm}$；切角高取 $b_s/2=120\ \mathrm{mm}/2=60\ \mathrm{mm}$。

b. 按轴心受压构件验算加劲肋在腹板平面外的稳定性(图 4.47b)

$$A=8\times240\ \mathrm{mm}^2+8\times120\times2\ \mathrm{mm}^2=3\ 840\ \mathrm{mm}^2$$

$$I_z=\frac{1}{12}\times8\times248^3\ \mathrm{mm}^4+\frac{1}{12}\times(240-8)\times8^3\ \mathrm{mm}^4=10\ 178\ 560\ \mathrm{mm}^4$$

$$i_z=\sqrt{\frac{I_z}{A}}=\sqrt{\frac{10\ 178\ 560\ \mathrm{mm}^4}{3\ 840\ \mathrm{mm}^2}}=51.48\ \mathrm{mm}$$

$\lambda_z=\dfrac{h_0}{i_z}=\dfrac{900}{51.48}=17.48$，按 b 类截面，查附表 7-2，得 $\varphi=0.977$。

$\dfrac{N}{\varphi Af}=\dfrac{305.2\times10^3}{0.977\times3840\times215}=0.38<1.0$，满足要求。

c. 端面承压强度

此支承加劲肋顶面应与上翼缘板底面之间刨平顶紧，并加角焊缝连接(图 4.47a)。

$\sigma_{ce}=\dfrac{N}{A_{ce}}=\dfrac{305.2\times10^3\ \mathrm{N}}{8\times(120-40)\times2\ \mathrm{mm}^2}=238.44\ \mathrm{N/mm}^2<f_{ce}=325\ \mathrm{N/mm}^2$，满足要求。

② 支座处的支承加劲肋

采用突缘式加劲肋(图 4.48)，支座约束力 $R=464.4\ \mathrm{kN}$。

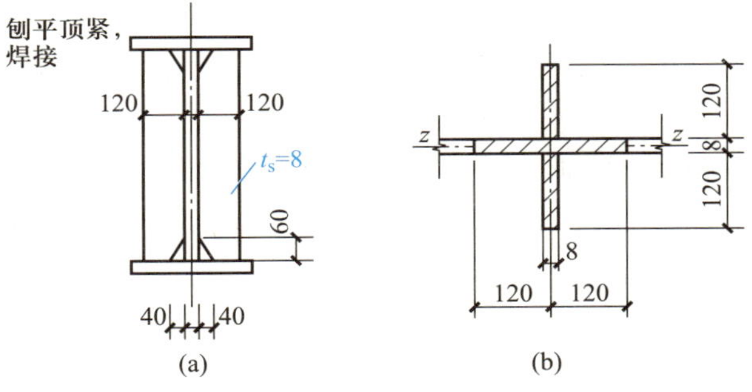

图 4.47 中间加劲肋的计算截面

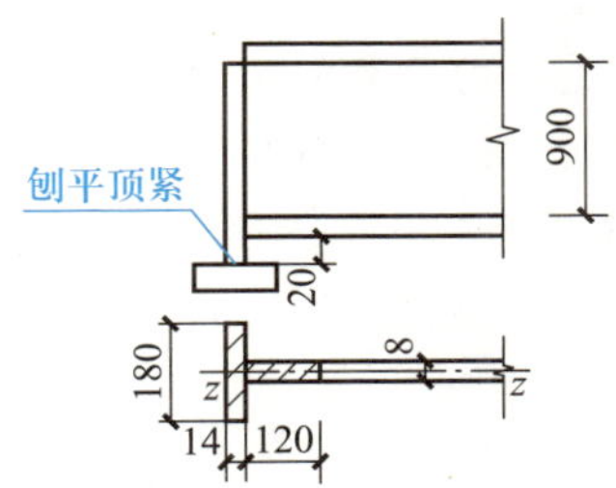

图 4.48 支座加劲肋截面

a. 由端部承压强度条件求加劲肋截面尺寸

$$A_{ce}\geqslant N/f_{ce}=464.4\times10^3\ \mathrm{N}/325\ \mathrm{N/mm}^2=1\ 429\ \mathrm{mm}^2$$

先取 $t_s=14\ \mathrm{mm}$，则 $b_s=1\ 429\ \mathrm{mm}^2/14\ \mathrm{mm}=102.1\ \mathrm{mm}$，取 $b_s=180\ \mathrm{mm}$；

$t_s=14\ \mathrm{mm}\geqslant\dfrac{b_s}{15}=\dfrac{180\ \mathrm{mm}}{15}=12\ \mathrm{mm}$，满足构造要求。

此加劲肋伸出下翼缘底面 $20\ \mathrm{mm}<2t_s=28\ \mathrm{mm}$，也符合构造要求。

b. 按轴心受压构件验算加劲肋在腹板平面外的稳定性

$$A=180\times14\ \mathrm{mm}^2+8\times120\ \mathrm{mm}^2=3\ 480\ \mathrm{mm}^2$$

$$I_z=\frac{1}{12}\times14\times180^3\ \mathrm{mm}^4+\frac{1}{12}\times120\times8^3\ \mathrm{mm}^4=6\ 809\ 120\ \mathrm{mm}^4$$

$$i_z=\sqrt{\frac{I_z}{A}}=\sqrt{\frac{6\ 809\ 120\ \text{mm}^4}{3\ 480\ \text{mm}^2}}=44.23\ \text{mm}$$

$\lambda_z=\dfrac{h_0}{i_z}=\dfrac{900}{44.23}=20.35$，按 c 类截面，查附表 7-3，得 $\varphi=0.964$。

$\sigma=\dfrac{N}{\varphi Af}=\dfrac{464.4\times10^3}{0.964\times3\ 480\times215}=0.64<1.0$，满足要求。

c. 端面承压强度验算

此支承加劲肋与支座板顶面刨平顶紧，并加角焊缝连接(图 4.48)。

$\sigma_{ce}=\dfrac{N}{A_{ce}}=\dfrac{464.4\times10^3\ \text{N}}{180\times14\ \text{mm}^2}=184.3\ \text{N/mm}^2<f_{ce}=325\ \text{N/mm}^2$，满足要求。

d. 加劲肋与腹板连接的角焊缝计算

加劲肋与腹板之间选两条 $h_f=6$ mm 的角焊缝连接，因 $h_{f,max}=1.2t_{min}=1.2\times8\ \text{mm}=9.6\ \text{mm}$，$h_{f,min}=1.5\sqrt{t_{max}}=1.5\sqrt{14}=5.6$，满足构造要求。

$\tau_f=\dfrac{N}{0.7h_f\sum l_w}=\dfrac{464.4\times10^3\ \text{N}}{0.7\times6\times(900-2\times6)\ \text{mm}^2}=124.52\ \text{N/mm}^2<f_f^w=160\ \text{N/mm}^2$，满足要求。

4.7 梁腹板的屈曲后强度

腹板受压屈曲和受剪屈曲后都存在继续承载的能力，称为屈曲后强度。承受静力荷载和间接承受动力荷载的组合梁，其腹板宜考虑屈曲后强度，则可仅在支座处和固定集中荷载处设置支承加劲肋，或设有中间横向加劲肋，其高厚比达到 250 时也可不必设置纵向加劲肋。以下为我国 GB 50017—2017《钢结构设计标准》规定的实用计算方法，不适用于直接承受动力荷载的吊车梁，因为腹板反复屈曲可能导致其边缘出现裂纹。

4.7.1 梁腹板受剪屈曲后的剪切承载力 V_u

梁腹板在剪力作用下，尽管发生了 45°方向的局部屈曲，但由于薄膜效应在腹板中形成了张力场(图 4.49)，所以梁可以继续承载。采用试验结果吻合得较好的 Basler 模型，将腹板屈曲后的梁视为一个桁架，上、下翼缘相当于桁架的上、下弦杆，腹板变为宽度为 S 的拉杆(张拉带)，横向加劲肋为受压竖杆。

腹板屈曲后的剪切承载力 V_u 是屈曲剪力 V_{cr} 和张力场剪力 V_t 之和，即

$$V_u=V_{cr}+V_t \tag{4-78a}$$

式中

$$V_{cr}=h_0t_w\tau_{cr}=A_w\tau_{cr} \tag{4-78b}$$

$$V_t=\frac{\sqrt{3}}{2}A_w\frac{f_{vy}-\tau_{cr}}{\sqrt{1+(a/h_0)^2}} \tag{4-78c}$$

将两式代入式(4-77)得

$$V_u = A_w \tau_{cr} + \frac{\sqrt{3}}{2} A_w \frac{f_{vy} - \tau_{cr}}{\sqrt{1+(a/h_0)^2}} = A_w \left(\tau_{cr} + \frac{f_{vy} - \tau_{cr}}{1.15\sqrt{1+(a/h_0)^2}} \right) \tag{4-79}$$

式(4-79)即为腹板的极限抗剪承载力。为简化计算，GB 50017—2017《钢结构设计标准》采用以下近似公式计算 V_u 的设计值：

$$V_u = h_w t_w f_v \quad (\lambda_{n,s} \leqslant 0.8) \tag{4-80a}$$

$$V_u = h_w t_w f_v [1-0.5(\lambda_{n,s}-0.8)] \quad (0.8<\lambda_{n,s} \leqslant 1.2) \tag{4-80b}$$

$$V_u = h_w t_w f_v / \lambda_{n,s}^{1.2} \quad (\lambda_{n,s}>1.2) \tag{4-80c}$$

式中：$\lambda_{n,s}$——用于腹板受剪计算时的正则化宽厚比，按式(4-60a,b)计算。当焊接截面梁仅配置支座加劲肋时，取式(4-60a)中的 $h_0/a=0$。

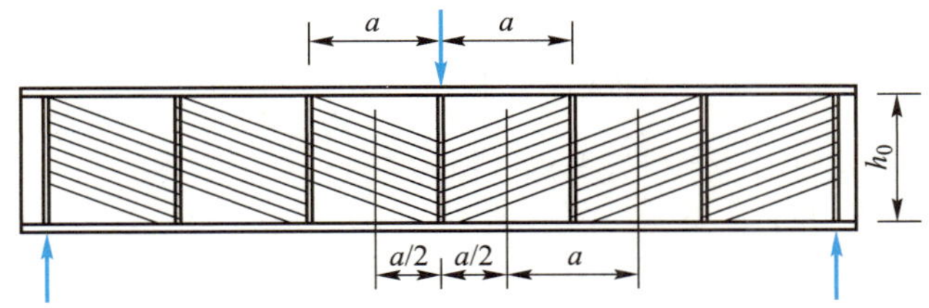

图 4.49　梁腹板中形成的张力场

4.7.2　梁腹板受弯屈曲后梁的极限弯矩 M_u

腹板高厚比较大而不设纵向加劲肋时，在弯矩作用下腹板的受压区可能发生局部屈曲。屈曲前，梁截面应力分布呈线性分布(图 4.50b)，此时板边缘应力尚未达到钢材屈服点 f_y。腹板屈曲后(图 4.50c)，因薄膜效应，梁还可继续承载，但受压区的应力分布不再是线性，中和轴位置下移，直到板边缘纤维达到钢材屈服点时即认为达到承载力极限(图 4.50d)。

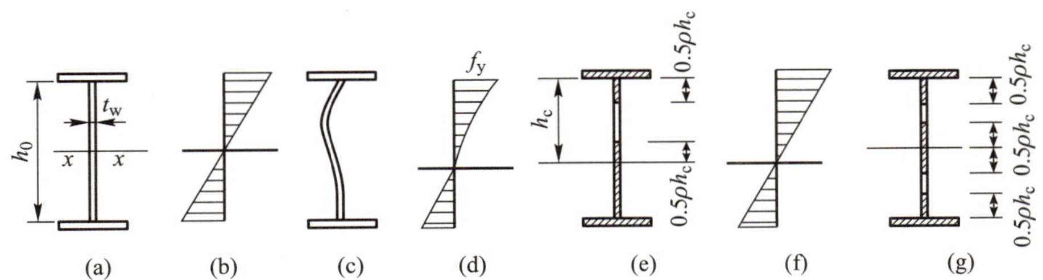

图 4.50　梁腹板受弯屈曲后的有效截面

设计中采用有效截面的概念，认为受压区上、下两部分有效，中间部分退出工作，受拉区全部有效。假定腹板受压区有效高度为 ρh_c，等分在受压区的两端，中部则扣去 $(1-\rho)h_c$ 的高度(图 4.50e)，这样梁的中和轴会有下降。现假定腹板受拉区与受压区同样扣除此高度(图 4.50g)，这样中和轴可不变动，计算较为简便。GB 50017—2017《钢结构设计标准》采用近似公式计算腹板受弯屈曲后梁的抗弯承载力设计值 M_{eu}。

按照图 4.50g 考虑腹板有效截面时，梁截面惯性矩为(忽略孔洞绕自身轴惯性矩)

$$I_{xe}=I_x-2(1-\rho)h_c t_w\left(\frac{h_c}{2}\right)^2=I_x-2(1-\rho)h_c^3 t_w \tag{4-81}$$

式中：I_x——按梁截面全部有效算得的绕 x 轴的惯性矩。

梁截面模量折减系数为

$$\alpha_e=\frac{W_{xe}}{W_x}=\frac{I_{xe}}{I_x}=1-\frac{(1-\rho)h_c^3 t_w}{2I_x} \tag{4-82}$$

式中，ρ 为腹板受压区有效高度系数，与计算局部稳定临界应力 σ_{cr} 一样，以正则化宽厚比 $\lambda_{n,b}=\sqrt{f_y/\sigma_{cr}}$ 作为参数，按下列原则确定：

$$\rho=1.0 \quad (\lambda_{n,b}\leqslant 0.85) \tag{4-83a}$$

$$\rho=1-0.82(\lambda_{n,b}-0.85) \quad (0.85<\lambda_{n,b}\leqslant 1.25) \tag{4-83b}$$

$$\rho=\frac{1}{\lambda_{n,b}}\left(1-\frac{0.2}{\lambda_{n,b}}\right) \quad (\lambda_{n,b}>1.25) \tag{4-83c}$$

正则化宽厚比仍按局部稳定性计算中式(4-54a)和式(4-54b)计算。

因此，梁的抗弯承载力设计值为

$$M_{eu}=\gamma_x\alpha_e W_x f \tag{4-84}$$

以上各式中梁截面模量 W_x 和截面惯性矩 I_x 及腹板受压区高度 h_c 均按截面全部有效计算。

4.7.3 同时受弯和受剪的梁考虑腹板屈曲后的强度

梁腹板同时承受弯矩和剪力的作用，考虑腹板屈曲后强度的承载力采用弯矩 M 和剪力 V 的相关曲线（图 4.51）确定，该曲线分三段，每段的意义如下：

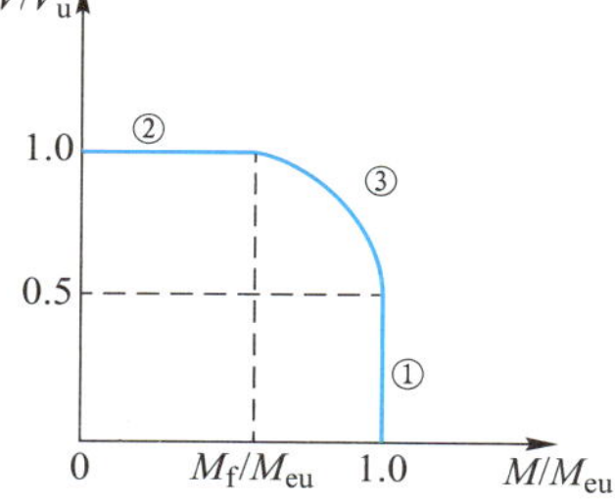

图 4.51 梁剪力和弯矩相关曲线

① 当剪力 $V\leqslant 0.5V_u$ 时，梁的极限弯矩可取为 M_{eu}；

② 当梁所受的弯矩不超过两个翼缘的抗弯能力 M_f 时，可以认为腹板不参与承担弯矩，故梁的抗剪能力为 V_u；

③ 当 $V>0.5V_u$ 且 $M>M_f$ 时，工字形焊接截面梁屈曲后承载力表达为如下相关方程：

$$\left(\frac{V}{0.5V_u}-1\right)^2+\frac{M-M_f}{M_{eu}-M_f}\leqslant 1 \tag{4-85}$$

式中：M、V——所计算同一截面上梁的弯矩设计值和剪力设计值。当 $V<0.5V_u$ 时，取 $V=0.5V_u$；当 $M<M_f$ 时，取 $M=M_f$。

M_{eu}、V_u——M 或 V 单独作用时梁抗弯和抗剪承载力设计值。

M_f——梁两翼缘所承担的弯矩设计值，双轴对称截面梁的 $M_f=A_f h_f f$，其中 A_f 为一个翼缘截面面积，h_f 为上下翼缘轴线间距离；单轴对称截面梁的 $M_f=(A_{f1}h_1^2/h_2+A_{f2})f$，其中 A_{f1}、h_1 分别为较大翼缘截面面积及其形心至梁中和轴的距离，A_{f2}、h_2 分别为较小翼缘截面面积及其形心至梁中和轴的距离。

4.7.4 利用腹板屈曲后强度的梁加劲肋设计

1. 按轴心受压构件计算横向加劲肋的稳定性

当仅配置支座支承加劲肋不能满足对应图 4.51 的承载力要求时，应在两侧成对配置中间横向加劲肋（简称中间加劲肋）。中间加劲肋和上端受有集中压力的中间支承加劲肋，其截面尺寸除应满足式（4-73a～c）要求外，尚应按轴心受压构件计算其在腹板平面外的稳定性。

中间加劲肋左右两区格的水平力按照主要由翼缘承担考虑，其所受轴心压力应按式（4-86）计算，该式较理论值偏大，考虑了张力场水平分力的不利影响。

$$N_s = N_u - \tau_{cr} h_w t_w + F \tag{4-86}$$

式中：V_u——腹板屈曲后的抗剪承载力，按式（4-80a～c）计算；

h_w——腹板高度；

τ_{cr}——临界剪应力，按式（4-61a～c）计算；

F——作用于中间支承加劲肋上端的集中压力。

2. 考虑拉力场产生的水平分力 H_t 影响的支座加劲肋计算

支座加劲肋承担的竖向力按支座约束力 R 考虑，当腹板在支座旁的区格利用屈曲后强度，即 $\lambda_{n,s}>0.8$ 时，支座加劲肋尚应承受拉力场产生的水平分力 H_t 的作用。因此，应按压弯构件计算该加劲肋的强度和腹板平面外的稳定。

拉力场水平分力 H_t 按下式计算：

$$H = (V_u - \tau_{cr} h_w t_w)\sqrt{1+(a/h_0)^2} \tag{4-87}$$

式中，a 的取值规定如下：设中间加劲肋时取跨内支座端区格的加劲肋间距；不设中间加劲肋时，取梁支座至跨内剪力为零点的距离。H_t 的作用点可取为距上翼缘 $h_0/4$ 处（图 4.52）。此压弯构件的计算长度同一般支座加劲肋。

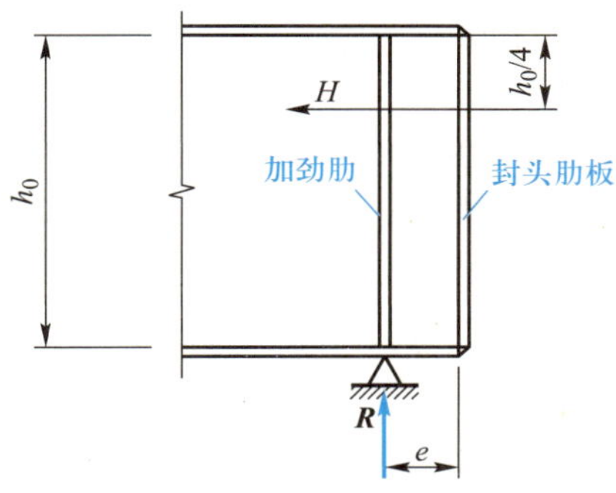

图 4.52 梁端构造

为增强梁的抗弯能力，可在梁外伸端部采用如图 4.52 所示的加封头肋板的构造形式。梁支座加劲肋计算可采用下列方法之一：

（1）将封头肋板与支座加劲肋之间视为竖向压弯构件，简支于梁上、下翼缘，计算其强度和在腹板平面外的稳定性。

（2）将支座加劲肋按承受支座约束力 R 的轴心压杆计算，使封头肋板的截面面积 $A_c \geq$

$3h_0H/(16ef)$，其中 e 为支座加劲肋与封头肋板之间的距离。

4.8 钢梁截面设计

为了确保安全适用、经济合理，梁的设计必须同时考虑两种极限状态。对于承载力极限状态，梁的设计中包括强度、整体稳定性和局部稳定性三个方面。设计时，要求在荷载设计值作用下，梁的弯曲正应力、剪应力、局部压应力和折算应力均不超过相应的强度设计值；保证梁不会发生侧向弯扭屈曲；组成梁的板件不会出现波状的局部屈曲。进行正常使用极限状态设计时，要求梁有足够的抗弯刚度，即在荷载标准值作用下，梁的最大挠度不应超过规范规定的容许挠度。

4.8.1 型钢梁设计

1. 单向弯曲型钢梁

单向弯曲型钢梁的设计比较简单，通常先按抗弯强度（当梁的整体稳定性有保证时）或整体稳定性（当需要计算整体稳定性时）求出需要的截面模量。

$$W_{nx}=\frac{M_{max}}{\gamma_x f}或\ W_x=\frac{M_{max}}{\varphi_b f} \tag{4-88}$$

式中：$M_{x,m}$——梁绕强轴 x 的弯矩设计值；

φ_b——整体稳定系数，可根据经验估计假定；

γ_x——截面塑性发展系数；

f——钢材的抗弯强度设计值。

根据上式求出的截面模量，查型钢表确定合适的型钢（一般为 H 型钢或普通工字钢），然后进行验算。当梁跨度较大时，还可根据允许挠度值确定最小截面惯性矩 $I_{x,min}$。

由于型钢截面的翼缘和腹板厚度较大，一般不必验算局部稳定性；当端部腹板无较大的削弱时，也不必验算剪应力。对于局部压应力，在有较大集中荷载或支座约束力处未设加劲肋时加以验算。

2. 双向弯曲型钢梁

双向弯曲型钢梁承受两个主平面方向的荷载，设计方法与单向受弯型钢梁相同，应考虑抗弯强度、整体稳定性和挠度等计算，而剪应力和局部稳定性一般不必计算，局部压应力也是在有较大集中荷载或支座约束力的情况下，必要时才验算。

双向受弯梁的抗弯强度按式(4-5)计算。双向受弯的 H 型钢或工字钢截面梁应按经验近似公式(4-38)计算其整体稳定性。

设计时，应尽量通过构造满足无须计算整体稳定性的条件，这样可按抗弯强度条件选择型钢截面，由式(4-5)可得

$$W_{nx}=\left(M_x+\frac{\gamma_x W_{nx}}{\gamma_y W_{ny}}M_y\right)\frac{1}{\gamma_x f}=\frac{M_x+\alpha M_y}{\gamma_x f} \tag{4-89}$$

对小型号的型钢，可近似取 $\alpha=6$（窄翼缘 H 型钢和工字钢）或 $\alpha=5$（槽钢）。

双向受弯型钢梁常用于檩条，一般采用 H 型钢（檩条跨度较大时）、槽钢（跨度较小时）或冷弯薄壁 Z 型或 C 型钢（跨度不大且为轻型屋面时）等。这些型钢的腹板垂直于屋面放置，因而竖向线荷载 q 可分解为垂直于截面两个主轴 $x-x$ 和 $y-y$ 的分荷载，从而引起双向弯曲。

4.8.2 焊接组合梁设计

焊接组合梁的设计原则为：既要保证梁的强度、刚度、稳定性等要求，又要使钢材用量经济合理。其设计分为截面选择和截面验算两个步骤。

1. 截面选择

焊接组合梁一般用两块翼缘板和一块腹板焊接成双轴对称工字形截面（图 4.53），需要根据已知设计条件，选择经济合理的翼缘板和腹板尺寸。

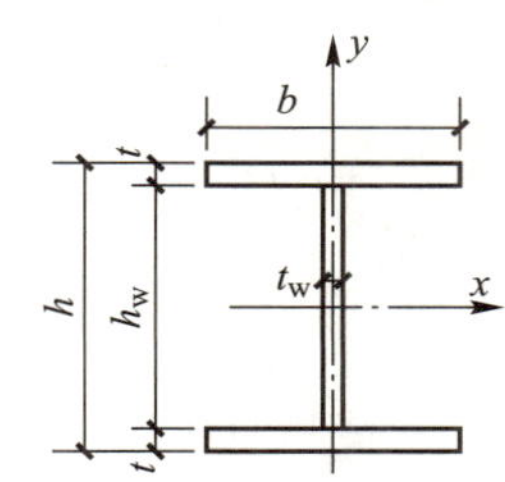

图 4.53 焊接组合钢梁截面

（1）截面高度

确定组合梁的截面高度应考虑如下因素：建筑高度、刚度条件和经济高度。

① 建筑高度

建筑高度是指梁的底面到铺板顶面之间的高度，它往往由生产工艺和使用要求决定。梁的高度不能使净空超过建筑设计或工艺设备需要的净空允许限值，以此条件决定的梁截面高度往往是梁截面可能的最大高度 h_{max}。

② 刚度条件

刚度条件是梁的允许挠度所要求的梁高，它决定了梁的最小高度 h_{min}。以均布荷载作用下的简支梁为例，其挠度最大值为

$$v_{max}=\frac{5q_k l^4}{384EI_x}=\frac{5l^2}{48EI_x}\cdot\frac{q_k l^2}{8}=\frac{5M_k l^2}{48EI_x}=\frac{5}{48}\cdot\frac{M_k l^2}{EW_x(h/2)}=\frac{5\sigma_k l^2}{24Eh}\leqslant[v] \tag{4-90}$$

正常使用极限状态按荷载标准值考虑，当梁的强度得到充分利用时，在上式中应取 $\bar{\gamma}\sigma_k=f$，$\bar{\gamma}$ 为荷载分项系数的加权平均值。近似取 $\bar{\gamma}=(\gamma_G+\gamma_Q)/2=(1.3+1.5)/2=1.4$。将 $\sigma_k=f/\bar{\gamma}$ 代入上式，并将上式代入刚度条件 $v\leqslant[v]$ 中，可得

$$\frac{h_{min}}{l}\geqslant\frac{5f}{24\times1.4E}\cdot\frac{l}{[v]} \tag{4-91}$$

式中，$[v]$ 为梁的容许挠度。依据上式可以算得容许最小高度 h_{min}。

③ 经济高度

梁的经济高度是指满足强度、刚度、整体和局部稳定性，且用钢量最小的高度。一般来说，梁的高度大，腹板用钢量增多，而梁翼缘板用钢量相对减少；梁的高度小则情况相反。下面介绍一种确定经济高度的简单方法。

对于图 4.53 所示截面，关于强轴的惯性矩可近似为

$$I_x\approx\frac{1}{12}t_w h_w^3+2A_f\left(\frac{h}{2}\right)^2=\frac{h}{2}W_x \tag{4-92}$$

近似取 $h_w \approx h$，可得截面模量

$$W_x = \frac{2I_x}{h} \approx \frac{1}{6}t_w h^2 + A_f h \tag{4-93}$$

由此可得每个翼缘的面积

$$A_f = \frac{W_x}{h} - \frac{t_w h}{6} \tag{4-94}$$

考虑腹板处可能设置横向加劲肋，腹板加劲肋的用钢量一般约为腹板用钢量的 20%，因此梁截面面积取为

$$A \approx 2A_f + 1.2t_w h_w \tag{4-95}$$

将式(4-94)代入式(4-95)，并根据工程经验近似取 $t_w = \sqrt{h_w}/3.5$(mm)，由此可得

$$A = \frac{2W_x}{h} + 0.078\ 8h^{\frac{3}{2}} \tag{4-96}$$

由于总截面面积最小的条件为

$$\frac{dA}{dh} = -\frac{2W_x}{h^2} + 0.118\ 2h^{\frac{1}{2}} \tag{4-97}$$

为此，可得用钢量最小的经济高度 h_e 为

$$h_e \approx 3W_x^{0.4} \tag{4-98}$$

其中，W_x 单位是 mm^3，可按下式计算：

$$W_x = \frac{M_x}{\alpha f} \tag{4-99}$$

式中，α 为系数，对一般单向弯曲梁，当最大弯矩处无孔洞时，$\alpha = \gamma_x = 1.05$，有孔洞时，$\alpha = 0.85 \sim 0.9$；对吊车梁，考虑水平荷载作用时，$\alpha = 0.7 \sim 0.9$。

经济高度还可以采用以下经验公式计算：

$$h_e = 7\sqrt[3]{W_x} - 30\ (cm) \tag{4-100}$$

实际采用的梁高应满足 $h_{min} \leqslant h \approx h_e \leqslant h_{max}$，并通常取 50 mm 的倍数。

(2) 腹板厚度

腹板厚度应满足抗剪强度要求。抗剪需要的厚度可根据梁端最大剪力按下式计算：

$$t_w \geqslant \frac{\alpha V_{max}}{h_w f_v} \tag{4-101}$$

式中：V_{max}——梁端截面最大剪力设计值；

f_v——梁腹板钢材抗剪承载力设计值；

α——系数，梁翼缘截面无削弱时 α 宜取 1.2，当梁端翼缘截面有削弱时 α 宜取 1.5。

由式(4-101)计算所得的 t_w 往往偏小，考虑腹板局部稳定性和构造等因素影响，腹板厚度一般用前文提及的经验公式估算，即

$$t_w = \frac{\sqrt{h_w}}{3.5} \tag{4-102}$$

其中，t_w、h_w 都以 mm 为单位。

实际选取腹板尺寸时尚应注意以下几点：

① 保证 $t_w \geq 6$ mm 的前提下尽可能使 t_w 取较小值。因锈蚀对过薄腹板截面的削弱影响大，而一味增加腹板厚度又会不经济。

② 腹板厚度 t_w 取 2 mm 的倍数，以使其数值与钢板厚度规格相一致。

③ 对于不利用腹板屈曲后强度的梁，宜控制 $h_w/t_w \leq 170\varepsilon_k$（受压翼缘扭转受到约束时），或 $h_w/t_w \leq 150\varepsilon_k$（受压翼缘扭转未受到约束时），尽可能避免因设置纵向加劲肋带来的构造复杂问题；对考虑腹板屈曲后强度的梁，腹板厚度可取得小些，但仍不得小于 6 mm，同时满足 $h_w/t_w \leq 250$。

（3）翼缘尺寸

根据式（4-99）计算需要的截面模量 W_x 后，算出整个截面需要的惯性矩 $I_x = W_x h/2$，因腹板尺寸已确定，其腹板惯性矩为 $I_w = t_w h_w^3/12$，则翼缘需要的惯性矩为

$$I_f = I_x - I_w \approx 2bt\left(\frac{h}{2}\right)^2 \tag{4-103}$$

由此可得每个翼缘面积

$$A_f = bt = \frac{2(I_x - I_w)}{h^2} \tag{4-104}$$

在满足翼缘局部稳定性的前提下，b 宜适当大一些，以利于梁的整体稳定性和梁上铺放面板，也便于变截面时将 b 缩小。选择 b 和 t 时要符合钢板规格尺寸，一般 b 取 10 mm 的倍数，t 取 2 mm 的倍数，且不小于 8 mm。

实际选取翼缘尺寸时尚应注意以下几点：

① 取 $b=(1/6 \sim 1/2.5)h$，对于一般梁还应使 $b \geq 180$ mm，而对于吊车梁的上翼缘则应使 $b \geq 300$ mm。

② 受压翼缘的自由外伸宽度 b_1 应满足局部稳定性要求，即 $b_1/t \leq 13\varepsilon_k(\gamma_x = 1.05)$，或 $b_1/t \leq 15\varepsilon_k(\gamma_x = 1.0)$；

③ 使翼缘板宽度超出腹板加劲肋的外侧缘，当每侧加劲肋宽度 $b_s \geq 40 + h_0/30$（mm）时，要求 $b \geq 90 + 0.7h_0$（mm）。

2. 截面验算

根据试选的截面尺寸，求出截面的各种几何数据，如惯性矩、截面模量等，然后进行验算。注意腹板的局部稳定性通常是采用配置加劲肋来保证的。

【例题 4-5】 某工作平台的构件布置如图 4.54 所示，平台板为预制钢筋混凝土板，包括板厚为 80 mm 厚预制钢筋混凝土板和 30 mm 厚素混凝土面层。可变荷载标准值 $q_{Qk} = 12$ kN/m² （为静力荷载），钢材 Q235B。要求：（1）考虑预制板与次梁不连牢，按 H 型钢梁设计次梁；（2）考虑预制板与次梁连牢，按焊接组合截面工字形梁设计次梁。

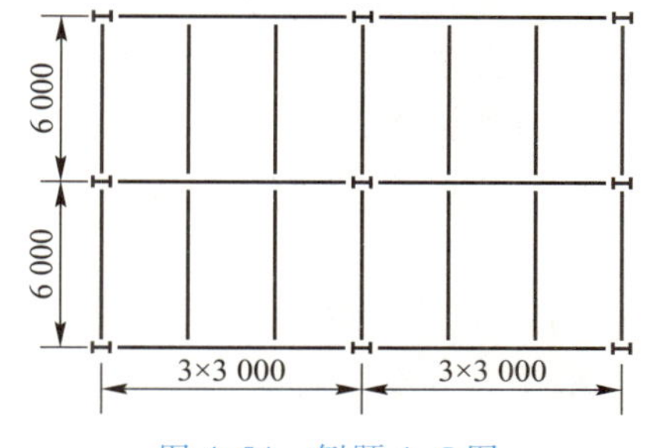

图 4.54 例题 4-5 图

【解】（1）荷载及内力

查 GB 50009—2012《建筑结构荷载规范》，钢筋混凝土自重取 25 kN/m³，素混凝土取 24 kN/m³，则平台板和面层的重力标准值为：$0.08 \times 25\ \text{kN/m}^2 + 0.03 \times 24\ \text{kN/m}^2 = 2.72\ \text{kN/m}^2$

次梁承受的恒荷载标准值为：$g_k = 2.72 \times 3\ \text{kN/m} = 8.16\ \text{kN/m}$

次梁承受的活荷载标准值为：$q_k = 12 \times 3\ \text{kN/m} = 36\ \text{kN/m}$

次梁承受的线荷载设计值为：$q = 1.3g_k + 1.5q_k = 1.3 \times 8.16\ \text{kN/m} + 1.5 \times 36\ \text{kN/m} = 64.61\ \text{kN/m}$

则最大弯矩设计值（不包括次梁自重）为

$$M_{\max} = \frac{1}{8}ql^2 = \frac{1}{8} \times 64.61\ \text{kN/m} \times 6^2\ \text{m}^2 = 290.75\ \text{kN} \cdot \text{m}$$

最大剪力设计值（不包括次梁自重）为

$$V_{\max} = \frac{1}{2}ql = \frac{1}{2} \times 64.61\ \text{kN/m} \times 6\ \text{m} = 193.83\ \text{kN}$$

（2）按稳定条件选择截面（预制板与次梁不连牢情况）

先利用工字钢的稳定系数，选附表 6-2 中项次 3 的跨中无侧向支承的梁，其有均布荷载作用于上翼缘，工字钢号考虑 45～63，自由长度 6.0 m，查得 $\varphi_b = 0.59$，由稳定条件得

$$W_{x\text{req}} = \frac{M_{\max}}{\varphi_b f} = \frac{290.75 \times 10^6\ \text{N} \cdot \text{mm}}{0.59 \times 215\ \text{N/mm}^2} = 2.29 \times 10^6\ \text{mm}^3$$

查附表 3-2，选 HN600×200×11×17，$W_x = 2\ 520\ \text{cm}^3$，$I_x = 75\ 600\ \text{cm}^4$，自重为 1.01 kN/m，则考虑自重后的最大弯矩设计值计算如下：

$$q = 64.61\ \text{kN/m} + 1.3 \times 1.01\ \text{kN/m} = 65.92\ \text{kN/m}$$

$$M_{\max} = \frac{1}{8}ql^2 = \frac{1}{8} \times 65.92\ \text{kN/m} \times 6^2\ \text{m}^2 = 296.6\ \text{kN} \cdot \text{m}$$

① 抗弯强度验算：假定最大弯矩截面无截面削弱，$W_{nx} = W_x$。

$$\sigma = \frac{M_{\max}}{\gamma_x W_{nx}} = \frac{296.6 \times 10^6\ \text{N} \cdot \text{mm}}{1.05 \times 2\ 520 \times 10^3\ \text{mm}^3} = 112.1\ \text{N/mm}^2 < f = 205\ \text{N/mm}^2$$，满足要求。

② 刚度验算：分别计算全部荷载和活荷载标准值下的挠度，查表 4-5 项次 4 中的（3），工作平台次梁的挠度容许值分别是 $[v_T] = l/250$，$[v_Q] = \frac{1}{300}$。

全部荷载标准值：$q_{kT} = 36\ \text{kN/m} + 8.16\ \text{kN/m} + 1.01\ \text{kN/m} = 45.17\text{kN/m}$

$$\frac{v_T}{l} = \frac{5}{384} \cdot \frac{q_{kT} l^3}{EI_x} = \frac{5 \times 45.17 \times 6\ 000^3}{384 \times 206 \times 10^3 \times 75\ 600 \times 10^4} = \frac{1}{1\ 226} < \left[\frac{v_T}{l}\right] = \frac{1}{250}$$，满足要求。

$$\frac{v_Q}{l} = \frac{1}{1\ 226} \times \frac{36}{45.17} = \frac{1}{1\ 538} < \left[\frac{v_Q}{l}\right] = \frac{1}{300}$$，满足要求。

③ 其他强度验算略。

（3）按强度条件选择截面（预制板与次梁有可靠连接的情况）

由抗弯强度计算公式确定需要的净截面模量，因系静力荷载，故可考虑部分截面塑性发展。

$$W_{nx,\text{req}} = \frac{M_{\max}}{\gamma_x f} = \frac{290.75 \times 10^6\ \text{N} \cdot \text{mm}}{1.05 \times 215\ \text{N/mm}^2} = 1.29 \times 10^6\ \text{mm}^3$$

① 梁高度选取

根据梁的经济高度，确定梁高：

$$h_e = 2W_x^{0.4} = 2 \times (1.29 \times 10^6)^{0.4}\ \text{mm} = 556.2\ \text{mm}$$

$$h_e = 7\sqrt[3]{W_x} - 300 = 7\sqrt[3]{1.29\times10^6}\ \text{mm} - 300\ \text{mm} = 462\ \text{mm}$$

初选梁高 $h = 500$ mm。

② 腹板高度和厚度选取

因梁高与腹板高相差较小，近似取腹板高度 $h_w = 500$ mm。

$$t_w \geqslant 1.2\frac{V_{max}}{h_w f_v} = 1.2\times\frac{193.83\times10^3\ \text{N}}{500\ \text{mm}\times125\ \text{N/mm}^2} = 3.7\ \text{mm}$$

$$t_w = \frac{\sqrt{h_w}}{3.5} = \frac{\sqrt{500}}{3.5}\ \text{mm} = 6.4\ \text{mm}$$

故取 $t_w = 8$ mm。

③ 翼缘尺寸的选取

所需翼缘的面积为

$$A_1 = \frac{W_x}{h_w} - \frac{1}{6}h_w t_w = \frac{1.29\times10^6}{500}\ \text{mm}^2 - \frac{1}{6}\times500\times8\ \text{mm}^2 = 1\ 913.3\ \text{mm}^2$$

$b = \left(\frac{1}{6} \sim \frac{1}{2.5}\right)\times500\ \text{mm} = 83 \sim 200\ \text{mm}$，且还应不小于 180 mm，故取翼缘宽度 180 mm。再结合面积 A_1，取翼缘厚度 12 mm，则梁截面如图 4.55 所示。

翼缘外伸宽度与其厚度之比：$\frac{b_1}{t_f} = \frac{180-8}{2\times12} = 7.2 < 13\varepsilon_k = 13$，可按截面部分发展塑性进行抗弯强度计算。

腹板高厚比：$\frac{h_w}{t_w} = \frac{500}{8} = 62.5 < 80\varepsilon_k = 80$，因承受均布荷载，不需要设置加劲肋，局部稳定性满足要求。

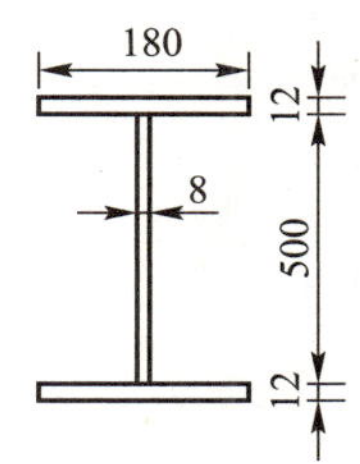

图 4.55 次梁截面尺寸

④ 截面几何特性计算

$$A = 180\times12\times2\ \text{mm}^2 + 500\times8\ \text{mm}^2 = 8\ 320\ \text{mm}^2$$

$$I_x = \frac{1}{12}\times8\times500^3\ \text{mm}^4 + 180\times12\times256^2\times2\ \text{mm}^4 = 3.66\times10^8\ \text{mm}^4$$

$$W_x = \frac{I_x}{y} = \frac{3.66\times10^8\ \text{mm}^4}{262\ \text{mm}} = 1\ 396\ 947\ \text{mm}^3$$

⑤ 内力计算

梁自重：$g_k = 8\ 320\times10^{-6}\ \text{m}^2\times7\ 850\ \text{kg/m}^3\times9.8\times10^{-3}\ \text{kN/kg} = 0.64\ \text{kN/m}$

考虑梁自重最大剪力设计值（支座处）：

$$V_{max} = 193.83\ \text{kN} + 0.5\times1.3\times0.64\times6\ \text{kN} = 196.33\ \text{kN}$$

考虑梁自重最大弯矩设计值（跨中处）：

$$M_{max} = 290.75\ \text{kN}\cdot\text{m} + \frac{1}{8}\times1.3\times0.64\times6^2\ \text{kN}\cdot\text{m} = 294.5\ \text{kN}\cdot\text{m}$$

⑥ 抗弯强度验算

$\sigma = \frac{M_{max}}{\gamma_x W_x} = \frac{294.5\times10^6\ \text{N}\cdot\text{mm}}{1.05\times1\ 396\ 947\ \text{mm}^3} = 200.8\ \text{N/mm}^2 < f = 215\ \text{N/mm}^2$，满足要求。

由以上计算可见，该次梁若按整体稳定性设计将比按强度设计选用的截面大得多，故一般平台梁或楼层梁，应尽量采取构造措施（与平台铺板等连牢），以保证梁不丧失整体稳定性。

习　题

4.1　钢梁的主要计算内容有哪几项？哪些属于承载力极限状态的计算内容？哪些属于正常使用极限状态的计算内容？

4.2　何谓截面形状系数？何谓截面塑性发展系数？截面塑性发展系数与截面形状系数之间有何联系？

4.3　应在什么情况下进行钢梁折算应力计算？计算公式中各符号分别代表什么意义？

4.4　工字形截面钢梁须满足哪些条件才能按照部分截面发展塑性计算其抗弯强度？

4.5　试说明下列三种钢梁的腹板计算高度：①轧制型钢梁；②焊接组合梁；③高强度螺栓连接组合梁。

4.6　试述梁整体失稳现象。钢梁整体失稳是哪种形式的屈曲？

4.7　影响钢梁整体稳定性的主要因素有哪些？当 $\varphi_b>0.6$ 时，为什么要用 φ_b' 代替？

4.8　提高钢梁整体稳定性的方法有哪些？其中哪种方法最经济有效？

4.9　钢梁可不进行整体稳定性验算的条件有哪些？

4.10　梁丧失局部稳定性的后果是什么？防止钢梁局部失稳的措施有哪些？

4.11　钢梁腹板加劲肋有哪几种？分别为防止哪种应力引起的局部失稳而设置？

4.12　组合梁腹板横向加劲肋、纵向加劲肋和短加劲肋分别设置于何处？纵向加劲肋沿纵向为何不设于中和轴处？

4.13　一简支焊接工字梁的截面尺寸如图 4.56 所示（截面沿梁的全长不变），梁的跨度 $l=12$ m，有钢筋混凝土板密铺在梁上并与上翼缘牢固相连，竖向均布荷载作用于腹板平面内，其中永久荷载（包括梁自重）为 15 kN/m，可变荷载为 34 kN/m，梁的容许挠度 $[v]=l/400$，试验算该梁的强度与刚度是否满足要求。

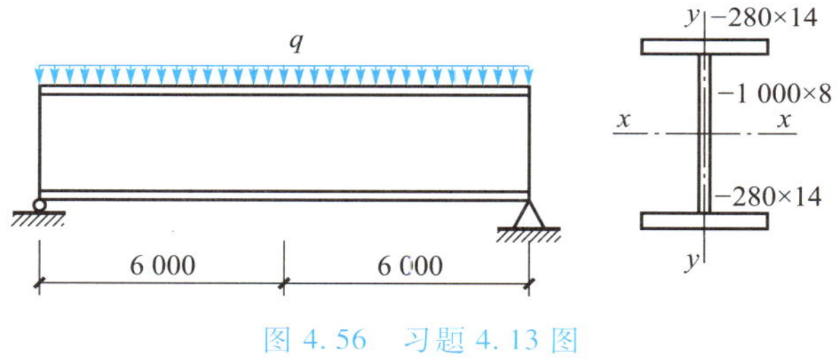

图 4.56　习题 4.13 图

4.14　一焊接工字形截面简支梁，跨中承受集中荷载 $P=1\ 500$ kN（不包含自重），钢材为 Q235，梁的跨度及几何尺寸如图 4.57 所示。试按强度要求确定梁截面。

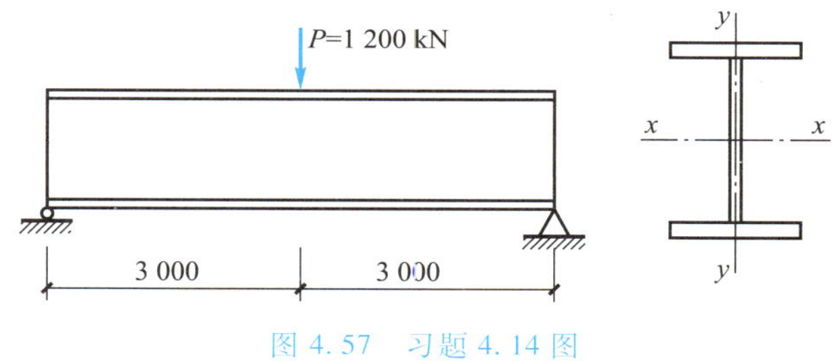

图 4.57　习题 4.14 图

4.15 焊接简支工字形梁如图 4.58 所示，采用 Q345 钢材，跨中上翼缘有一侧向支撑。已知集中荷载设计值为 $P=300$ kN，间接动力荷载，忽略梁自重产生的内力。试验算该简支梁的整体稳定性是否满足要求。施工期间，若梁已安装就位而支撑还未安装时，所能承受的集中荷载下降到多少？

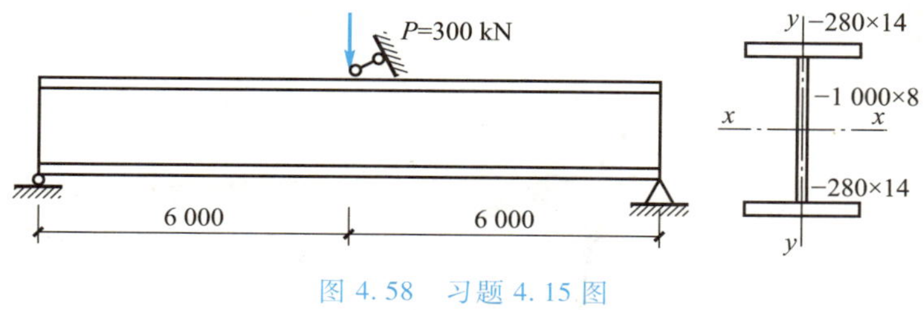

图 4.58 习题 4.15 图

4.16 一跨中受集中荷载工字形截面简支梁，钢材为 Q235B，设计荷载为 $P=800$ kN，梁的跨度及几何尺寸如图 4.59 所示。试按以下两种要求布置梁腹板加劲肋，确定加劲肋间距：①不利用屈曲后强度；②利用屈曲后强度。

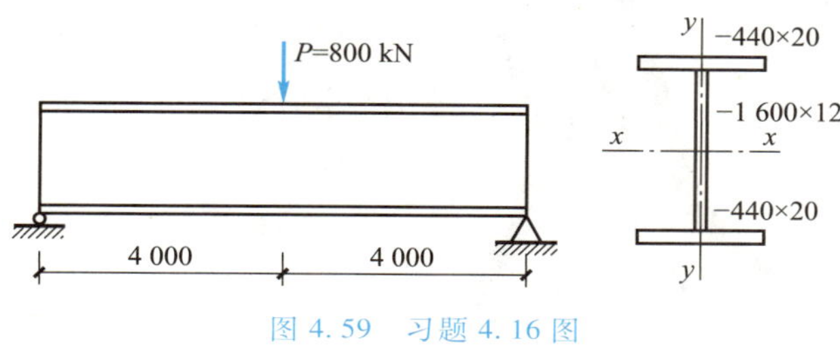

图 4.59 习题 4.16 图

第 5 章　拉弯与压弯构件

承受轴向压力或拉力，同时承受绕截面形心主轴的弯矩作用的构件，称为压弯或拉弯构件。在钢结构中，压弯构件主要以柱的形式出现，当结构所受倾覆力矩较大，使边柱产生拉力，再加上柱头传来的弯矩，则构件变为拉弯构件。那么，区别于轴力或弯矩单独作用的构件，压弯或拉弯构件的强度、整体稳定性、局部稳定性及刚度如何考虑？特别是压弯构件，可能会产生怎样的失稳形式？如何验算？设计时采用实腹式还是格构式截面？如何设计？

5.1　拉弯与压弯构件的截面形式

压弯(或拉弯)构件的受力特征是：同时承受轴心压力(或拉力)和绕截面形心主轴的弯矩作用。如图 5.1 所示，弯矩可能由偏心的轴心力、横向荷载或端弯矩等作用产生。当弯矩作用在单个形心轴平面内时，构件称为单向压弯(或拉弯)构件。当弯矩同时作用在两个形心轴平面内时称为双向压弯(或拉弯)构件。由于压弯构件是受弯构件和轴心受压构件的组合，因此压弯构件也称为梁-柱。

钢结构中压弯和拉弯构件应用十分广泛。多高层钢框架结构中的钢柱大多为典型的压弯构件，也有拉弯构件。例如，钢框架在很大水平力作用下，因结构倾覆力矩会在柱中产生拉力，这时柱就变为拉弯构件。另外，钢桁架中的带横向节间荷载的弦杆、厂房结构中的牛腿柱、墙架柱等都属于压弯(或拉弯)构件。

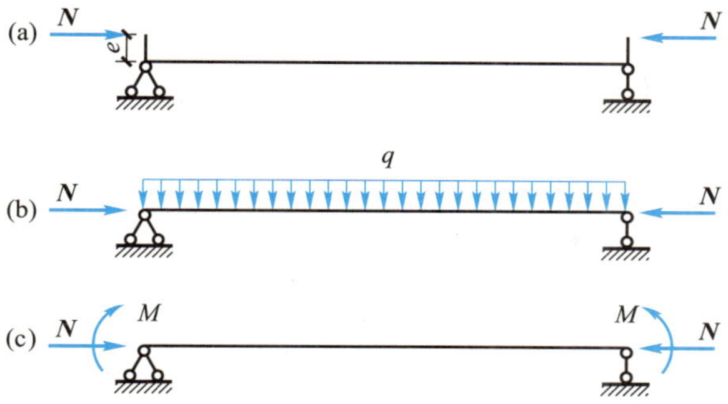

图 5.1　压弯构件

压弯(或拉弯)构件的截面类型可按截面形式分为实腹式和格构式两大类。实腹式截面主要包括热轧型钢截面、冷弯薄壁型钢截面和组合截面等,如图 5.2a～p 所示,按几何特征主要分为开口截面和闭口截面;按照对称性分为单轴对称截面和双轴对称截面,单轴对称截面一般用在弯矩值较大或正负号相差较大而需要加大弯矩作用平面内的截面高度的情况。当构件受力较大或计算长度较大而需要提高截面的抗弯刚度时,还常常采用格构式截面,如图 5.2q～t。此外,截面沿着构件纵轴线变化的构件称为变截面构件,常用的有工业建筑中的阶型柱(图 5.3a)、门式刚架中的楔形柱(图 5.3b)等。截面形式多种多样,选择时需要考虑构件的用途、荷载、制作、施工、用钢量等多种因素。不同的截面形式,计算方法也略有不同。

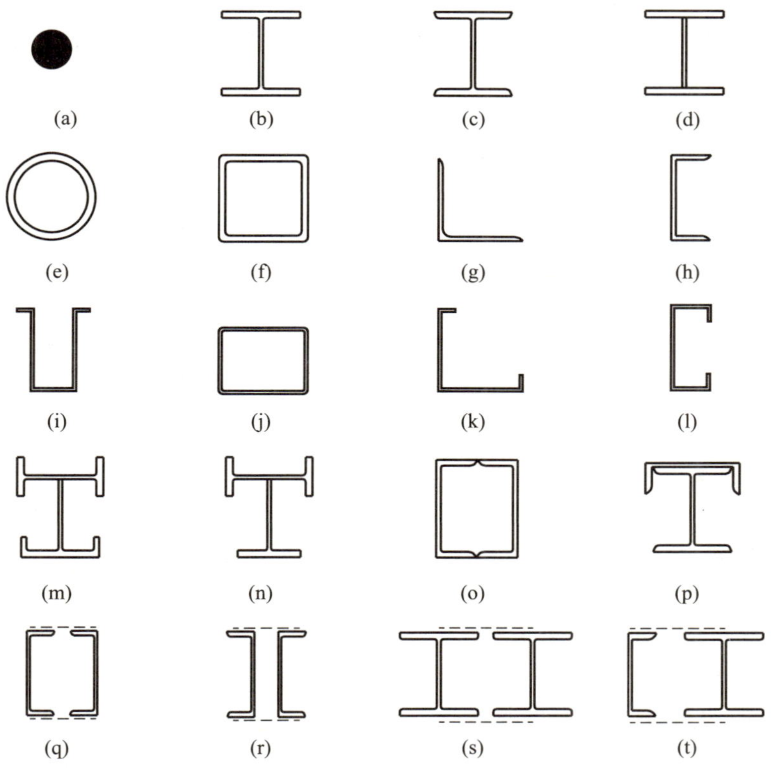

图 5.2　拉弯、压弯构件截面形式

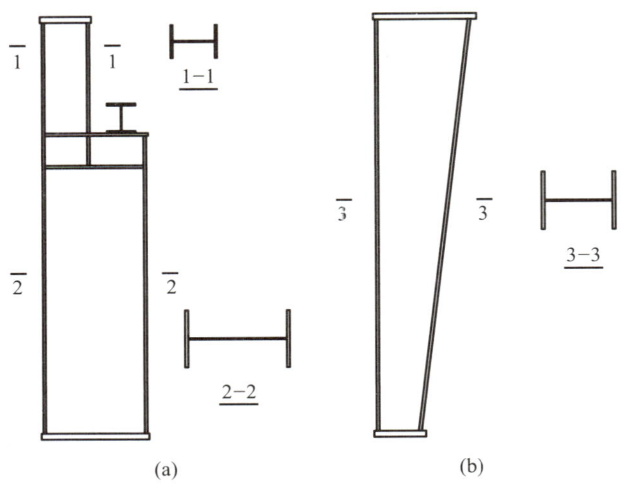

图 5.3　变截面压弯构件

5.2　拉弯与压弯构件的破坏形式

拉弯与压弯构件的破坏形式有强度破坏、整体失稳破坏和局部失稳破坏等。拉弯与压弯构件的截面应力发展过程与受弯构件截面类似。单向压弯构件的截面应力发展情况如图 5.4 所示。发生强度破坏时，部分截面或全截面应力都达到甚至超过钢材的屈服点，以至于发生断裂或者过大变形。易发生强度破坏之处包括：内力大而面积小的截面、有孔洞削弱的截面、存在应力集中的部位等。

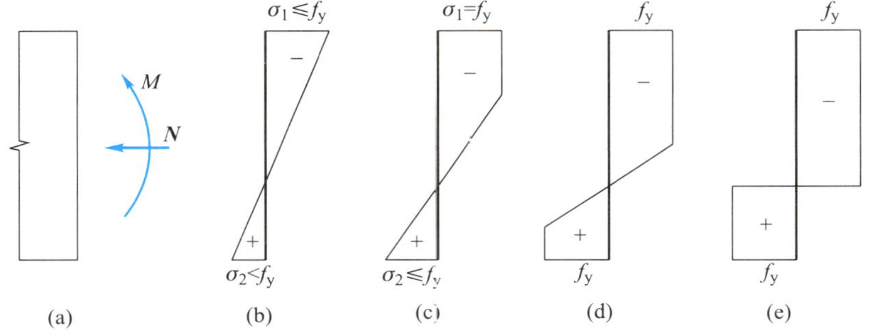

图 5.4　单向压弯构件截面的应力发展

拉弯构件的破坏多因强度问题引起，不过当弯矩作用很大时，由于弯矩产生的压应力较大，也有发生整体失稳的可能性。压弯构件更可能发生的破坏形式是整体失稳破坏。单向压弯构件的整体失稳分为弯矩作用平面内和弯矩作用平面外失稳两种情况。

对于双轴对称截面压弯构件，一般弯矩绕强轴作用，压弯构件可能发生弯矩作用平面内的失稳，如图 5.5a 所示，在弯矩平面内沿弱轴产生位移，构件将发生弯曲屈曲；但其弱轴抗弯刚度较弱时，也有可能发生弯矩作用平面外的失稳，如图 5.5b 所示，存在侧移加扭转，构件发生弯扭屈曲。对于单轴对称截面压弯构件，弯矩通常作用在对称轴平面内，如果不设置侧向支点，构件往往达不到平面内失稳的弯曲屈曲的极限荷载，而是在这之前出现侧向弯曲加扭转，最可能发生的是弯扭屈曲。双向压弯构件由于双向弯矩作用，从开始出现挠曲时就同时有扭转，构件失稳时呈现弯曲和扭转的空间失稳形式。

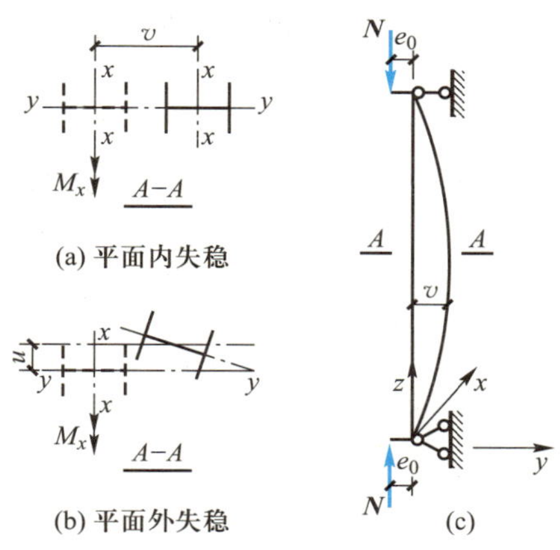

图 5.5　单向压弯构件失稳形式

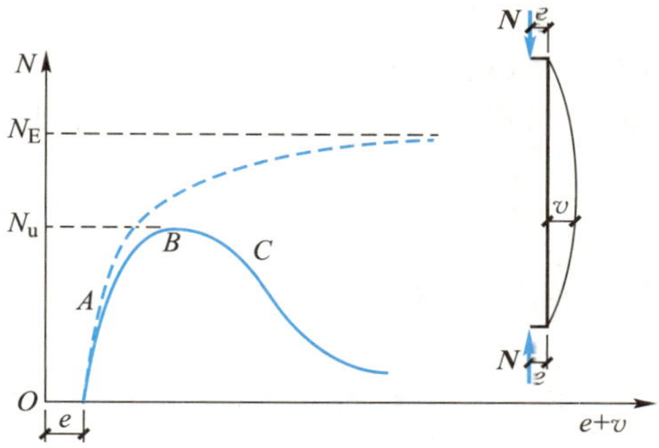

图 5.6　压弯构件平面内失稳的轴力-位移曲线

下面以偏心受压构件为例，说明压弯构件弯矩作用平面内失稳的情况(图 5.6)：

(1) 直杆在偏心压力作用下，如果有足够的约束防止弯矩作用平面外的侧移和变形，平面内跨中最大横向位移与构件压力的关系如图 5.6 中实线所示。一般压弯构件的荷载-位移曲线均属于这种情况，呈极值点失稳形式。另外，与轴心压杆失稳分析类似，压弯构件的分析也要考虑轴力引起的"二阶效应"，即需要考虑轴压力对杆轴水平变位 v 所产生的附加弯矩的影响。设想一下，若按一阶分析得到的横向变位为 v_0，那么受附加弯矩 Nv_0 的影响会产生相应的横向变位增量 v_1。因此压力-挠度曲线呈现非线性，这是一种几何非线性情况。

(2) 如果是完全弹性构件，压力-挠度曲线为图中虚线所示，它以水平线 $N=N_E$ 为渐近线，N_E 为构件的轴心受力构件欧拉临界力。这就是说，N 的临界值与轴压构件相同。

(3) 然而结构用钢都是弹塑性体，通常未达到极值点 B 时构件截面边缘便开始屈服，如压力-挠度曲线中的 A 点，此后截面内弹性区不断缩小，内弯矩的增量亦渐减小，而外弯矩增量却随轴压力增大而非线性增长，使压力-挠度曲线呈现出更明显的非线性。

(4) 当构件的抵抗能力开始小于外力作用时，曲线到达极值点 B，此后为了维持平衡状态压力持续下降，因此 B 点以后构件处于不稳定平衡状态。失稳后伴随着挠度的增加，塑性开展愈加充分，截面出现塑性铰，如压力-挠度曲线中的 C 点。

局部失稳一般发生在构件的受压翼缘和腹板，或者受剪力较大作用的板件。局部失稳对构件的影响可参考轴压构件(第 3 章)和受弯构件(第 4 章)中的相关内容。

5.3　拉弯和压弯构件的强度与刚度

5.3.1　强度计算

静力荷载作用下的实腹式拉弯或压弯构件，在轴力和弯矩的共同作用下，受力最不利的截面正应力最大。如图 5.4 所示,① 弹性阶段,正应力在截面上线性分布;② 应力发展到一定程度后,截面上的最大正应力达到钢材的屈服点,即将进入弹塑性阶段;③ 若截面塑性发展能力较好,最终会出现塑性铰,此时达到构件的强度极限状态。因此,拉弯或压弯构件的强度规律与受弯构件类似,计算截面强度时,根据截面上应力发展的不同程度,分别采用边缘纤维屈服准则、全截面屈服准则和部分发展塑性准则。

1. 边缘纤维屈服准则

构件的最危险截面上,边缘处的最大正应力达到屈服点,以图 5.7 所示拉弯构件为例,受拉侧先屈服,可用下式反映边缘纤维计算准则:

$$\sigma=\sigma^{N}+\sigma^{M}=\frac{N}{A}+\frac{M_x}{W_x}\leqslant f_y \tag{5-1}$$

式中: N、M_x——截面上的轴力和弯矩;

A——截面面积;

W_x——绕截面主轴 x 轴的截面模量。

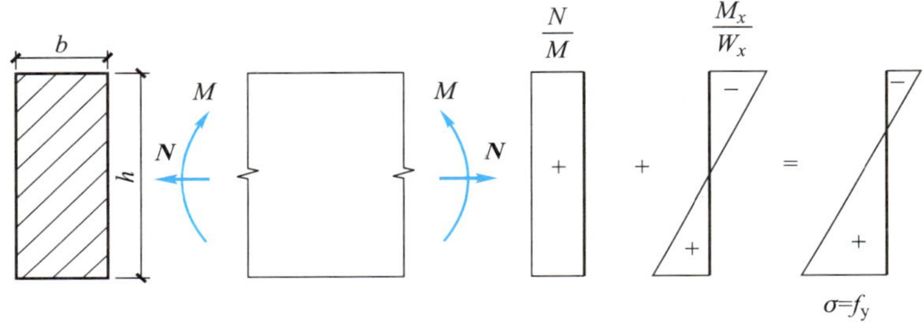

图 5.7　拉弯构件截面应力状态

设计时考虑截面削弱,将上式中的 A 替换为设计强度 A_n,将 W_x 替换为设计强度 W_{nx};而且要使最大应力低于强度设计值,故将 f_y 替换成设计强度 f。于是,基于边缘纤维计算准则的正应力计算式为

$$\sigma=\frac{N}{A_n}+\frac{M_x}{W_{nx}}\leqslant f \tag{5-2}$$

2. 全截面屈服准则

以矩形截面压弯构件为例,其弹性阶段的截面应力较图 5.7 不同之处是,受压侧较大,中和轴下移。而截面出现塑性铰时的应力分布则呈现全截面屈服特征,如图 5.8a 所示。可以借助力的平衡条件导出该状态下的轴力 N 和弯矩 M 相关关系。

图 5.8b 和图 5.8c 分别为分解后的轴力 N 和弯矩 M_x 对应的应力分布图,由平衡条件得到以下两式:

$$N=\int_A \sigma \mathrm{d}A=2by_0f_y=2\frac{y_0}{h}bhf_y \tag{5-3a}$$

$$M_x=\int_A \sigma y \mathrm{d}A=\frac{bf_y}{4}(h^2-4y_0^2)=\frac{bh^2}{4}f_y\left(1-4\frac{y_0^2}{h^2}\right) \tag{5-3b}$$

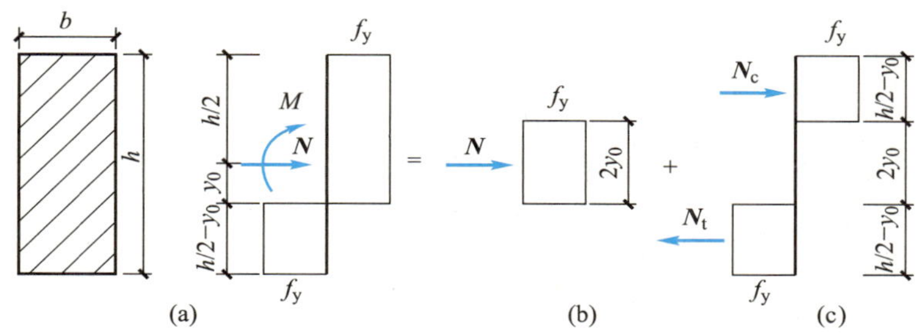

图 5.8　压弯构件截面出塑性铰时的受力状态

仅有轴力而无弯矩作用时，截面最大承载力为全截面屈服时的轴力 $N_p = Af_y = bhf_y$；而仅弯矩而无轴力作用时，截面最大承载力为全截面屈服而形成的塑性铰弯矩 $M_{px} = W_{px} f_y = \frac{bh^2}{4} f_y$，$W_{px}$ 为绕主轴 x 轴的截面塑性模量。则上面两式可以写成

$$N = 2\frac{y_0}{h} N_p \tag{5-4a}$$

$$M_x = \left(1 - 4\frac{y_0^2}{h^2}\right) M_p \tag{5-4b}$$

消去 y_0，合并成以下 N 和 M 的相关关系式：

$$\left(\frac{N}{N_p}\right)^2 + \frac{M_x}{M_{px}} = 1 \tag{5-5}$$

同理，对于工程中常用的双轴对称工字形截面拉弯或压弯构件，也可以推导出关于 N/N_p 和 M/M_p 关系的相关方程，如式(5-6a)和式(5-6b)，其中前者为中和轴在腹板范围内($N \leqslant A_w f_y$)时的相关公式，而后者为中和轴在翼缘范围内($N > A_w f_y$)时的相关公式。

$$\left[\frac{(2\alpha+1)^2}{4\alpha+1}\right]\left(\frac{N}{N_p}\right)^2 + \frac{M_x}{M_{px}} = 1 \tag{5-6a}$$

$$\frac{N}{N_p} + \frac{4\alpha+1}{2(2\alpha+1)} \cdot \frac{M_x}{M_{px}} = 1 \tag{5-6b}$$

式中，α 为翼缘面积与腹板面积的比值，即 $A_f = \alpha A_w$，则全截面面积 $A = (2\alpha+1)A_w$。

图 5.9 为通常比例尺寸的工字形截面拉弯或压弯构件的强度相关曲线，阴影部分反映的是轴力和绕强轴弯矩 M_x 的相关曲线范围，相关曲线采用量纲一化的 N/N_p 和 M/M_p 表示。可以看出，曲线呈凸形，绕弱轴弯曲情况下的相关曲线也同样可以绘制，不过要比绕弱轴弯曲时的相关曲线向外凸出更多。设计中为了简化，可以偏安全地采用直线关系式，以下不区分 x 和 y 轴表达为

$$\frac{N}{N_p} + \frac{M}{M_p} = 1 \tag{5-7a}$$

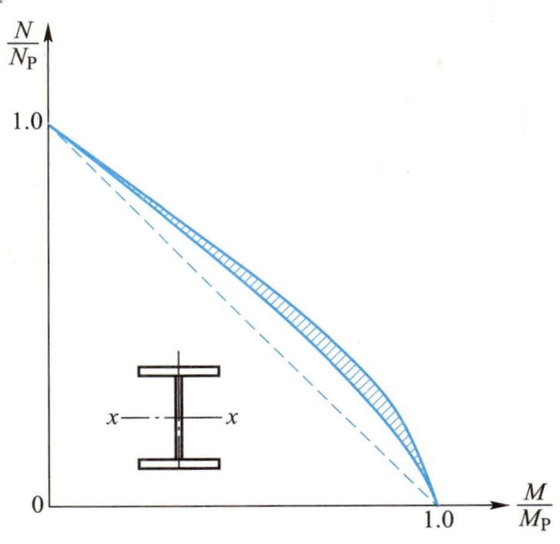

图 5.9　拉弯或压弯构件极限强度相关曲线

或

$$\frac{N}{Af_y}+\frac{M}{W_p f_y}=1 \tag{5-7b}$$

设计时考虑截面削弱和强度设计值，故采用下式：

$$\frac{N}{A_n}+\frac{M}{W_{np}}\leqslant f \tag{5-8}$$

式中，W_{np} 为净截面塑性模量。

对于工字形截面绕强轴弯曲的情况，为了较图 5.9 中直线有更好的近似程度，可采用两段直线代替，其表达式如下：

当 $\frac{N}{N_p}\leqslant 0.13$ 时，忽略 N 的影响，式（5-7a）简化为 $\frac{M_x}{M_{px}}=1$；当 $\frac{N}{N_p}>0.13$ 时，式（5-7a）改写为 $\frac{N}{N_p}+\frac{1}{1.15}\frac{M_x}{M_{px}}=1$。

实际进行塑性设计时，考虑截面削弱和强度设计值 f，可利用以下两式：

① $\frac{N}{A_n f}\leqslant 0.15$ 时，

$$M_x\leqslant 0.9W_{npx}f \tag{5-9a}$$

② $\frac{N}{A_n f}>0.15$ 时，

$$M_x\leqslant 1.05\left(1-\frac{N}{A_n f}\right)W_{npx}f \tag{5-9b}$$

式中，W_{npx} 为绕主轴 x 轴的净截面塑性模量。

压弯构件中的轴力越大，二阶效应的影响也越大。当轴力 N 小于 $0.6A_n f_y$ 时，上述近似直线相关公式的误差不超过 5%，因此 GB 50017—2017《钢结构设计标准》规定，采用塑性设计的压弯构件，截面的压力 N 不应大于 $0.6A_n f_y$。

3. 部分发展塑性准则

构件在轴力和弯矩作用下一部分截面进入塑性，另一部分截面还处于弹性阶段时，其应力分布如图 5.4d 所示。采用部分发展塑性准则可以避免构件产生过大的非弹性变形，一般构件的强度极限可以利用这一准则。

式（5-2）和式（5-8）都是直线关系，两式差别在于式（5-2）采用弹性截面模量 W，应力处于弹性阶段，式（5-8）采用塑性截面模量 W_p，后者截面应力处于全截面塑性状态。当截面应力处于弹塑性状态时，可以引入截面塑性发展系数 γ。对于单向拉弯或压弯构件，令 $W_{npx}=\gamma_x W_{nx}$，则采用下式进行强度计算：

$$\frac{N}{A_n}\pm\frac{M_x}{\gamma_x W_{nx}}\leqslant f \tag{5-10}$$

对于双向压弯或拉弯构件，除圆管截面外，采用以下线性公式进行强度计算：

$$\frac{N}{A_n}\pm\frac{M_x}{\gamma_x W_{nx}}\pm\frac{M_y}{\gamma_y W_{ny}}\leqslant f \tag{5-11}$$

而对于圆形截面的双向压弯或拉弯构件，截面强度按下式计算：

$$\frac{N}{A_n}+\frac{\sqrt{M_x^2+M_y^2}}{\gamma_m W_n}\leqslant f \tag{5-12}$$

式中：N——同一截面处轴力设计值。

M_x、M_y——同一截面处对 x 轴和 y 轴的弯矩设计值。

γ_x、γ_y——截面塑性发展系数，与受弯构件类似，当截面板件宽厚比满足 GB 50017—2017 中的 S1～S3 级要求时，可按表 4.3 取值；当截面板件宽厚比不满足 S3 级要求时取 1.0；对于直接承受动力荷载或需要计算疲劳强度的构件，计算时不考虑塑性发展，取 $\gamma_x=\gamma_y=1.0$。

γ_m——圆形构件的截面塑性发展系数，对于实腹式圆形截面取 1.2；当圆管截面板件宽厚比满足 S3 级要求时取 1.15；不满足 S3 级要求时取 1.0；对于直接承受动力荷载或需要计算疲劳强度的构件，宜取 1.0。

A_n——构件的净截面面积。

W_n——构件净截面抵抗矩。

5.3.2 刚度计算

为了满足正常使用极限状态的要求，拉弯（压弯）构件也应具有一定的刚度，以保证构件不产生过大变形。拉弯和压弯构件的容许长细比分别与轴心受拉和轴心受压构件的规定相同，参见 3.3.4 小节。

【例题 5-1】 一承受静力荷载的拉弯构件，已知 $N=900$ kN，$M_x=110$ kN·m，塑性发展系数 $\gamma_x=1.05$，截面采用 I40a，$A=86.11\ \text{cm}^2$，$W_x=1\ 090\ \text{cm}^3$，$W_{px}\approx1.12W_x$，材料为 Q235A，$f=205\ \text{N/mm}^2$，假定截面无削弱。试验算该截面强度。

【解】 (1) 按边缘屈服准则计算

$$\sigma=\frac{N}{A_n}+\frac{M_x}{W_{nx}}=\frac{900\times10^3\ \text{N}}{86.11\times10^2\ \text{mm}^2}+\frac{110\times10^6\ \text{N}}{1\ 090\times10^3\ \text{mm}^3}=205.4\ \text{N/mm}^2$$

边缘最大应力基本接近设计强度。

(2) 按部分发展塑性准则计算

$$\frac{N}{A_n}+\frac{M_x}{\gamma_x W_{nx}}=\frac{900\times10^3\ \text{N}}{86.11\times10^2\ \text{mm}^2}+\frac{110\times10^6\ \text{N}}{1.05\times1\ 090\times10^3\ \text{mm}^3}=200.6\ \text{N/mm}^2<f=205\ \text{N/mm}^2$$

(3) 按全截面屈服准则计算

$$\frac{N}{A_n f}=\frac{900\times10^3}{86.11\times10^2\times205}=0.5>0.15$$

$$M_p=1.05\left(1-\frac{N}{A_n f}\right)W_{npx}f=1.05\times(1-0.5)\times1.12\times1\ 090\times10^3\ \text{mm}^3\times205\ \text{N/mm}^2=131\ \text{kN}\cdot\text{m}$$

$$>M_x=110\ \text{kN}\cdot\text{m}$$

5.4 实腹式压弯构件的整体稳定性

弯矩仅作用于一个主平面内的实腹式压弯构件，可能发生弯矩作用平面内的弯曲失稳，还可能发生弯矩作用平面外的弯扭失稳。关于这一点详见 5.2 节。

5.4.1 压弯构件的平面内稳定性

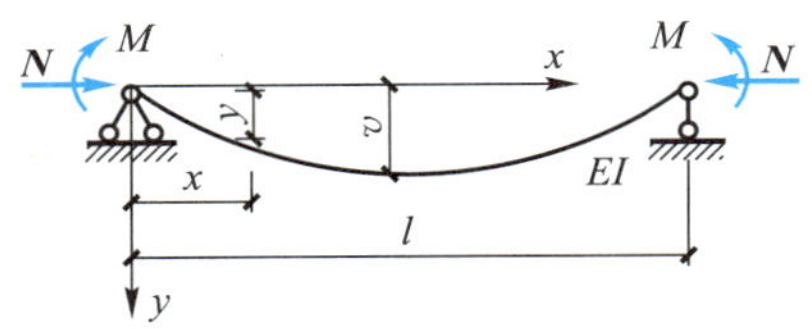

图 5.10 压弯构件理论推导示意图

1. 在弯矩作用平面内压弯构件的弹性分析

对于在两端作用有相同弯矩的等截面压弯构件，如图 5.10 所示，由轴线压力 N 和弯矩 M 共同作用。构件任意截面处挠度为 y，力矩平衡方程如式(5-13a)所示。

$$EI\frac{\mathrm{d}^2y}{\mathrm{d}x^2}+Ny=-M \tag{5-13a}$$

令 $k^2=N/EI$，求解上式可得构件中点挠度为

$$v=\frac{M}{k^2EI}\left(\sec\frac{kl}{2}-1\right)=\frac{M}{N}\left(\sec\frac{\pi}{2}\sqrt{\frac{N}{N_E}}-1\right) \tag{5-13b}$$

由三角级数展开得

$$\sec\frac{\pi}{2}\sqrt{\frac{N}{N_E}}=1+\frac{\pi^2}{8}\times\frac{N}{N_E}+\frac{5\pi^4}{384}\left(\frac{N}{N_E}\right)^2+\cdots\approx\frac{1+0.25N/N_E}{1-N/N_E} \tag{5-13c}$$

则构件的最大弯矩为

$$M_{max}=M+Nv=M\sec\frac{\pi}{2}\sqrt{\frac{N}{N_E}}=\frac{M(1+0.25N/N_E)}{1-N/N_E}=\xi M \tag{5-13d}$$

其中 $N_E=\pi^2EI/l^2$，为两端简支轴心受压构件的欧拉临界力。

由于压弯构件中存在弯矩作用，与具有初偏心的轴心受压构件相同，不可能达到 N_E。由式(5-13b)可知，随着轴压力渐渐趋近于 N_E，构件中部的挠度也将趋近于无穷大，也意味着构件的抗弯刚度趋近于零，如图 5.6 中的虚线所示。这种现象也说明：压力使构件抗弯刚度减小直至消失是产生这种失稳的本质。

受压构件的弯曲挠度会引起弯矩 Nv，即二阶弯矩。相对于直接作用于构件的外力矩（一阶弯矩），由式(5-13d)可知，构件实际所受弯矩相较于一阶弯矩存在放大现象，称为二阶效应。一阶弯矩和二阶弯矩的总和与一阶弯矩的比值，是一个放大系数。实际应用中，因 N/N_E 一般较小，可近似取放大系数 ξ 为 $1/(1-N/N_E)$。

上面的最大弯矩 M_{max} 是基于均匀弯矩作用情况下得到的，利用同样的方法也可以求出其他荷载作用情况下的最大弯矩 M_{max}，假定一阶分析时的最大弯矩为 $M_{max}^{(1)}$，考虑二阶效应的最大弯矩 M_{max} 相对于 $M_{max}^{(1)}$ 也可用放大系数表达，即 $\xi M_{max}^{(1)}$。

以图 5.11a 所示两端作用不等弯矩的简支梁为例，一阶分析时的最大弯矩为 $M_{max}^{(1)}=M_1$，为了便于实用计算，引入等效弯矩系数，其意义在于：使非均匀弯矩对构件的稳定效应（图 5.11a）与等效的均匀弯矩 M_e 对构件的稳定效应（图 5.11b）相同，条件是二者的最大弯矩 M_{max} 相等。压

弯构件的面内等效弯矩系数采用 β_{mx} 表达，则 $M_e=\beta_{mx}M_{max}^{(1)}$，图 5.11 的情况下 $M_e=\beta_{mx}M_1$。

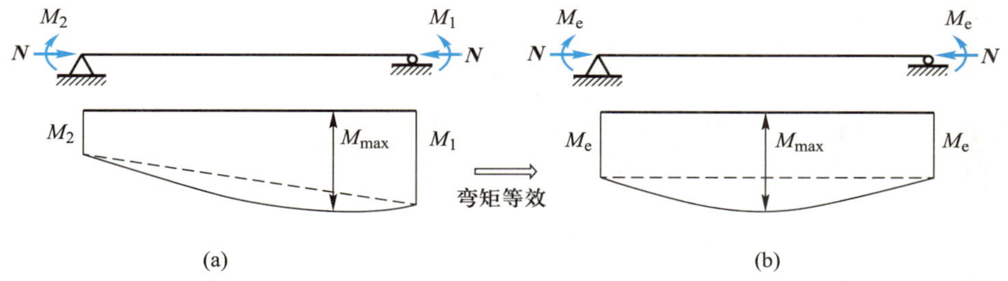

图 5.11 压弯构件的等效弯矩

各荷载作用情况下的弯矩放大系数均可用 ξ 表达，由于 $M_{max}=\xi M_{max}^{(1)}=M_e/(1-N/N_E)$，故 β_{mx} 为 ξ 与均匀受弯构件的弯矩放大系数 $1/(1-N/N_E)$ 的比值。

2. 压弯构件面内稳定的极限承载力

实际压弯构件，局部进入弹塑性之后，截面刚度沿轴线方向会发生变化，多数情况下难以得到如在弹性范围那样简明的解析解。虽然采用试验方法可以确定特定压弯构件的极限承载力，但因构件存在初弯曲、初偏心和残余应力等缺陷，准确区分不同因素的影响有较大难度，也不可能把各种条件下的极限承载力都通过试验来确定。因此，需要借助数值计算方法，如数值积分法、有限单元法等，以得到较为精确的极限承载力。

以下介绍数值积分法，此法不假定杆件压力-挠度曲线的形式，而是在计算过程中确定。为了确定截面上各点的应力，并计入残余应力的影响，需要把杆件的截面分成众多的单元，如图 5.12a 所示。具体计算步骤如下：

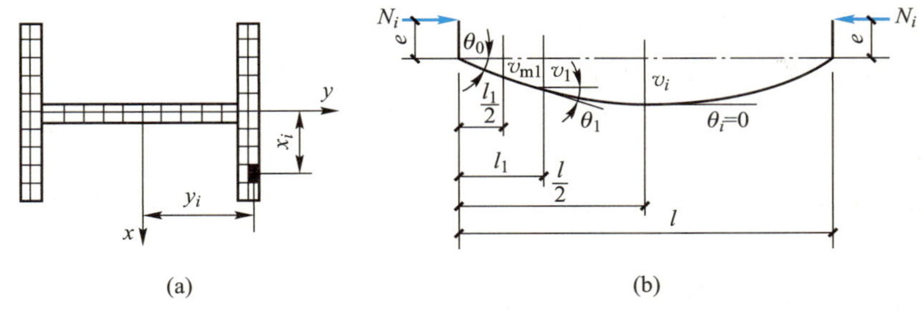

图 5.12 截面分块和压力-挠度曲线

（1）将构件划分成很多单元，以每段的中点曲率作为代表曲率 K；

（2）给定压力 N_i；

（3）假定从左端由压力产生转角 θ_0，开始从左端到右端逐段计算；

（4）按照式(5-14a)迭代试算出第一段中点的曲率 K，式中的 M 为内弯矩。具体迭代计算方法如下：

$$-M+N_i(v_i+e)=0 \tag{5-14a}$$

① 假设该段截面形心处的平均应变 ε_0 值和截面曲率 K 值；

② 每一单元的应变表达为：$\varepsilon_i=\varepsilon_0+Ky_i+\sigma_{ri}/E$，式中的应变和应力均以受拉为正，最后一项是对应该点的残余应力的应变；

③ 根据应力-应变关系确定各单元中点的应力 σ_i；

④ 先用下式校核正应力 σ_i 的合力是否等于压力 N_i，式中的 ΔA_i 为单元面积：

$$N_i - \sum_{i=1}^{m} \sigma_i \Delta A_i = 0 \tag{5-14b}$$

若不满足，则调整平均应变 ε_0，重复②～④，直到上式满足为止；

⑤ 按照下式校核内外弯矩是否相等：

$$-\sum_{i=1}^{m} \sigma_i \Delta A_i y_i + N_i \left[v_0 + \theta_0 \times \frac{l_1}{2} - \frac{1}{2} K \left(\frac{l_1}{2} \right)^2 + e \right] = 0 \tag{5-14c}$$

上式中的两项分别与式(5-14a)的两项对应。若不能满足，则调整截面曲率 K，重复步骤②～⑤，直到上式满足为止。

(5) 按照式(5-14d)和式(5-14e)计算第一段末的位移和转角：

$$v_1 = v_0 + \theta_0 l_1 - \frac{1}{2} K l_1^2 \tag{5-14d}$$

$$\theta_1 = \theta_0 - \frac{1}{2} K l_1 \tag{5-14e}$$

(6) 转入下一段计算，重复第(4)和第(5)，直到右端；

(7) 根据所求出的右端位移，复核与支承条件是否符合，若不符合，则调整 θ_0，重复(3)～(6)，直到满足支承条件为止。

对于对称构件，可以用跨中的转角 $\theta_i = 0$ 作为复核条件，以减少计算工作量，同时可以算得和 N_i 对应的跨中挠度 v_i。改变 N_i 值进行多次计算，即可得到压力-挠度曲线，曲线的极值点即为构件的极限承载力。

3. 实腹式压弯构件在弯矩作用平面内的实用计算方法

虽然用数值积分方法可以考虑残余应力和初弯曲等影响来计算极限承载力，但是计算过程烦琐，不适合直接用于设计。

现行标准所提供的实用计算公式来源于大量数值计算和试验数据的统计分析，对弹性压弯构件边缘屈服准则得到的理论公式进行了参数修正，进而得到一个半经验半理论公式。参数修正过程如下：

(1) 利用以边缘屈服为准则的相关公式，即

$$\sigma = \frac{N}{A} + \frac{M_x + N e_0}{W_x (1 - N/N_E)} \leqslant f_y \tag{5-15a}$$

(2) 式(5-15a)与式(3-25)形式相近，但式(5-15a)中的第二项增加了弯矩项，式中的 e_0 为构件各项缺陷的等效偏心距离。当 $M_x = 0$ 时，即转为带有初始缺陷的轴压构件，其稳定承载力 $N_0 = \varphi_x A f_y$，以此替换 N，则可算出 e_0：

$$e_0 = \frac{(A f_y - N_0)(N_E - N_0)}{N_0 N_E} \times \frac{W_x}{A} = \left(\frac{1}{\varphi_x} - 1 \right) \left(1 - \frac{N_0}{N_E} \right) \times \frac{W_x}{A} \tag{5-15b}$$

(3) 将等效偏心距离 e_0 代入式(5-15a)，并视 N_0 近似等于 N，则

$$\frac{N}{\varphi_x A} + \frac{M_x}{W_x (1 - N/N_E)} = f_y \tag{5-15c}$$

（4）考虑 N_0 近似等于 N 会带来误差，而且这种误差随长细比的增加而增大，故将上式修正为

$$\frac{N}{\varphi_x A}+\frac{M_x}{W_x(1-\varphi_x N/N_E)}\leqslant f_y \tag{5-15d}$$

（5）热轧型钢或焊接组合的实腹式压弯构件，其失稳时截面会出现部分塑性，故引入塑性发展系数 γ_x，并把上述修正参数 φ_x 改为 0.8。实际稳定计算时计入抗力分项系数 γ_R，并把 N_E 替换成 $N'_E=\pi^2 EA/(1.1\lambda^2)$，其中的 1.1 为 γ_R 的近似值。于是，对于弯矩沿杆长不变的压弯构件，其实用计算公式为

$$\frac{N}{\varphi_x Af}+\frac{M_x}{\gamma_x W_x(1-0.8N/N'_{Ex})f}\leqslant 1.0 \tag{5-15e}$$

实际工程的压弯构件虽然受力特征多样，但引入"在弯矩作用平面内压弯构件的弹性分析"部分所提到的等效弯矩系数 β_{mx} 后，可以等效成均匀分布的弯矩作用情况，再考虑可能会存在的截面不对称性，将上式中的 W_x 改为 W_{1x}，因此 GB 50017—2017《钢结构设计标准》规定的实用计算公式为

$$\frac{N}{\varphi_x Af}+\frac{\beta_{mx}M_x}{\gamma_x W_{1x}(1-0.8N/N'_{Ex})f}\leqslant 1.0 \tag{5-16}$$

式中：M_x——所计算构件段内的最大弯矩；

φ_x——弯矩作用平面内的轴压构件稳定系数；

W_{1x}——弯矩作用平面内的受压最大纤维毛截面模量。

对于单轴对称截面的压弯构件，当弯矩作用于对称轴的平面内且使较大翼缘受压时，构件失稳时可能只在受拉一侧出现塑性（图 5.13c），这时弯矩效应会比较大，由于塑性区的发展也可能导致构件失稳。图 5.13a 和图 5.13b 情况下只用式（5-16）计算即可，而图 5.13c 情况下除按式（5-16）进行平面内稳定计算外，还应按下式补偿计算：

$$\left|\frac{N}{Af}-\frac{\beta_{mx}M_x}{\gamma_x W_{2x}(1-1.25N/N'_E)f}\right|\leqslant 1.0 \tag{5-17a}$$

式中，W_{2x} 为较小翼缘最外纤维的毛截面模量。

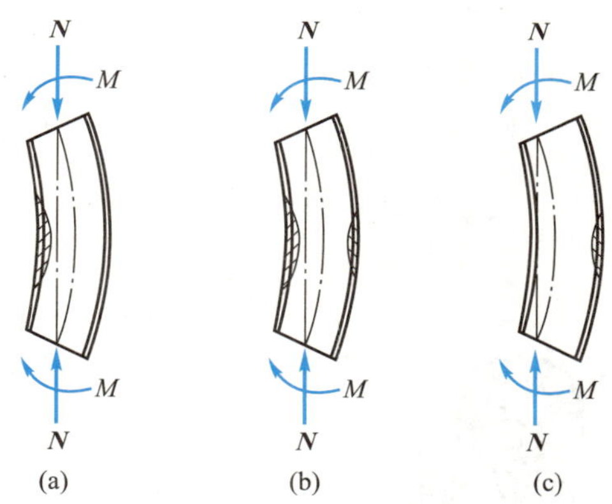

图 5.13　单轴对称工字形截面压弯构件失稳时的塑性区

冷弯薄壁型钢压弯构件因板厚较小，失稳时塑性发展有限，则不宜引入塑性发展系数 γ_x，可以直接利用式（5-15d），不过设计时仍计入 γ_R，修改 N_E 为 N'_E，修改 f_y 为 f。考虑各种工况下弯矩放大系数的不同，同样引入等效弯矩系数 β_{mx}，故计算式为

$$\frac{N}{\varphi_x Af}+\frac{\beta_{mx}M_x}{W_x(1-\varphi_x N/N'_E)f}\leqslant 1.0 \tag{5-17b}$$

格构式柱绕虚轴弯曲的面内稳定计算也采用上式。

4. 等效弯矩系数取值

实用计算公式中的等效弯矩系数 β_{mx}，根据不同受力情况确定取值计算公式。

(1) 无侧移框架柱和两端支承的构件

① 无横向荷载作用时

$$\beta_{mx}=0.6-0.4\frac{M_2}{M_1} \tag{5-18a}$$

式中，M_1、M_2 是构件两端弯矩，$|M_1|\geqslant|M_2|$，构件无反弯点（产生同向曲率）时取同号，构件有反弯点（产生反向曲率）时取异号。

② 无端弯矩但有横向荷载作用时

跨中仅单个集中荷载作用：

$$\beta_{mx}=1-0.36N/N_{Ex} \tag{5-18b}$$

全跨均布荷载作用：

$$\beta_{mx}=1-0.18N/N_{Ex} \tag{5-18c}$$

③ 端弯矩和横向荷载同时作用时

$$\beta_{mx}M_x=\beta_{m1x}M_1+\beta_{mqx}M_{qx} \tag{5-18d}$$

上式的含义：将式(5-16)中的 $\beta_{mx}M_x$ 替换成 $\beta_{m1x}M_1+\beta_{mqx}M_{qx}$，即工况①和工况②的等效弯矩的代数和。其中 M_{qx} 为横向荷载产生的弯矩最大值，β_{m1x} 按式(5-18a)计算，β_{mqx} 按(5-18b)或(5-18c)计算。

(2) 有侧移框架柱和悬臂构件

① 有横向荷载的柱脚铰接的单层框架柱和多层框架的底层柱，$\beta_{mx}=1.0$；

② 自由端作用有弯矩的悬臂柱

$$\beta_{mx}=1-0.36(1-m)N/N_{Ex} \tag{5-18e}$$

式中，m 为自由端弯矩与固定端弯矩之比，当同向曲率时取正号，有反向曲率时取负号。

③ 除规定①之外的框架柱

$$\beta_{mx}=1-0.36N/N_{Ex} \tag{5-18f}$$

5.4.2 压弯构件的平面外稳定性

当压弯构件的抗扭刚度及弯矩作用平面外的抗弯刚度较小（例如开口薄壁构件），在平面外又没有足够的侧向支承阻止可能产生的侧向位移和扭转时，该构件可能发生弯扭失稳破坏。对于理想的压弯构件，平面外失稳具有分支点失稳特征。若考虑残余应力和其他初始缺陷，压弯构件在弯矩作用平面外的失稳呈现极值型失稳特征。

因考虑初始缺陷的弯扭屈曲弹塑性分析过于复杂，目前我国设计标准中采用的计算方法与弯矩作用平面内失稳实用计算方法类似，也是以理想的屈曲理论为依据，然后考虑残余应力和其他初始缺陷进行修正。

1. 双轴对称工字形压弯构件的弹性弯扭屈曲临界力

对于两端铰接并在端部有轴压力 N 和弯矩 M 作用的双轴对称工字形压弯构件，采用图 5.14 所示计算简图建立平衡方程。当弯矩作用在抗弯刚度较大的 Oyz 平面内时，在距端部为 z 处产

生竖向位移 v(图 5.14a),截面绕 x 轴的弯矩 $M_x=M+Nv$。不过,因截面对强轴的惯性矩 I_x 比对弱轴的惯性矩 I_y 大很多,所以分析构件的弯扭屈曲时,考虑到挠度 v 不大,可忽略附加弯矩 Nv,视 $M_x \approx M$。如果构件发生如图 5.14b 所示的侧向位移 u,会产生一个分量 M_{T2}(图 5.14c),由于 $M_{T2}=M\sin\theta \approx Mu'$,和梁发生弯扭失稳时出现的扭矩相同,使构件绕纵轴产生扭转。

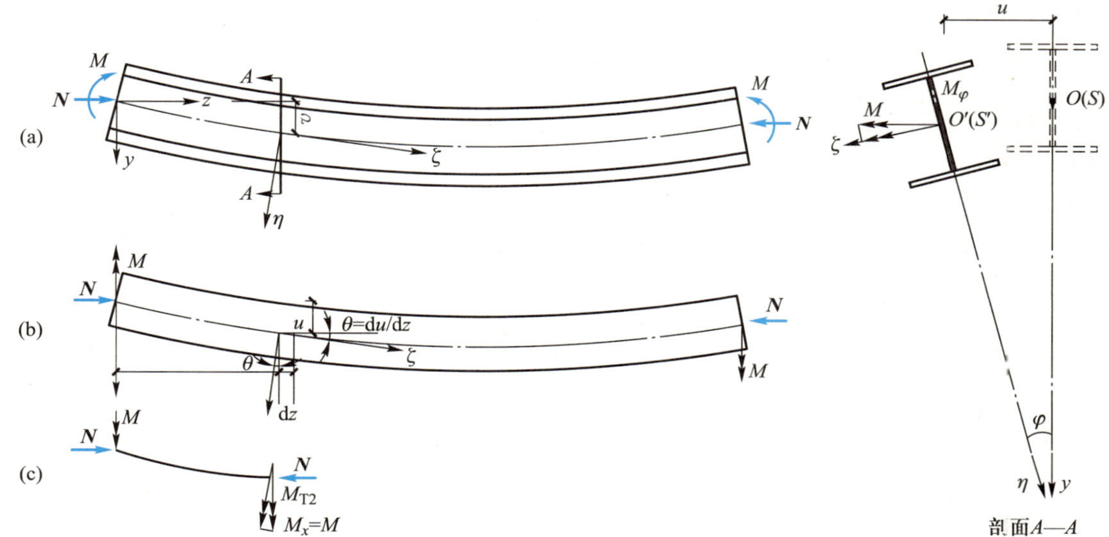

图 5.14 双轴对称工字形截面压弯构件弯扭屈曲

轴压力 N 使压弯构件的实际抗扭刚度由 GI_t 降为 $GI_t-Ni_0^2$,因此参照式(4-26c),绕 z 轴的扭矩平衡方程可改写为

$$EI_\omega\varphi'''-(GI_t-Ni_0^2)\varphi'+Mu'=0 \tag{5-19a}$$

因轴压力 N 对侧向位移产生的附加弯矩为 Nu,故构件绕 y 轴的弯曲平衡关系,也比式(4-26b)多一项,即

$$EI_y u''+Nu+M\varphi=0 \tag{5-19b}$$

引入边界条件:在 $z=0$ 和 $z=l$ 处,$u=\varphi=u''=\varphi''=0$,对上面两式联立求解,可得到弯扭屈曲的临界力 N_{cr} 的计算方程,即

$$(N_{Ey}-N_{cr})(N_\omega-N_{cr})-M^2/i_0^2=0 \tag{5-20}$$

求解后得

$$N_{cr}=\frac{1}{2}\left[(N_{Ey}+N_\omega)-\sqrt{(N_{Ey}-N_\omega)^2+4M^2/i_0^2}\right] \tag{5-21}$$

式(5-20)中,若构件端弯矩 $M=0$,则 $N_{cr}=N_{Ey}$ 或 $N_{cr}=N_\omega$。其中 N_{Ey} 为绕截面弱轴的弯曲屈曲临界力,$N_{Ey}=\pi^2EI_y/l_y^2$,N_ω 为绕截面纵轴的扭转屈曲临界力,根据弹性稳定理论 N_ω 采用式(5-22)计算。

$$N_\omega=\left(GI_t+\frac{\pi^2EI_\omega}{l_\omega^2}\right)/i_0^2 \tag{5-22}$$

式中,l_y、l_ω 分别是构件的侧向弯曲自由长度和扭转自由长度,对于两端简支的杆件,$l_y=l_\omega=l$。若构件在弹塑性阶段发生弯扭屈曲，则需要对构件的截面抗弯刚度 EI_x、EI_y、翘曲刚度 EI_ω 和自由扭转刚度 GI_t 进行相应修改，求解过程比较复杂。

2. 单轴对称工字形截面压弯构件弹性弯扭屈曲临界力

因单轴对称工字形截面的形心和剪心不重合，由弹性稳定理论可以得到其弯扭屈曲临界力计算方程，即

$$(N_{Ey}-N_{cr})[N_\omega-(N_{cr}+2B_yM/i_0^2)]-(M-N_{cr}a)^2/i_0^2=0 \tag{5-23}$$

式中，a 为形心和剪心的距离，$B_y=\dfrac{1}{2I_x}\displaystyle\int_A y(x^2+y^2)\mathrm{d}A-y_0$，$i_0^2=(I_x+I_y)/A+a^2$，当 $B_y=a=0$ 时，上式变成式(5-20)。

3. 实腹式压弯构件在弯矩作用平面外的实用计算公式

在 4.3.2 节中已经讨论了受纯弯矩作用的双轴对称截面的弹性弯扭屈曲临界力，将式(4-32)改写成下式：

$$M_{cr}=i_0\sqrt{\frac{\pi^2EI_y}{l^2}\left(GI_t+\frac{\pi^2EI_\omega}{l^2}\right)/i_0{}^2} \tag{5-24}$$

利用 N_{Ey} 和 N_ω 的计算式，则上式变为

$$M_{cr}=i_0\sqrt{N_{Ey}N_\omega} \tag{5-25}$$

在式(5-20)中将 N_{cr} 改用符号 N，方程两边同除 M_{cr}^2，利用式(5-25)并整理后可以写出如下相关方程：

$$\frac{N}{N_{Ey}}+\frac{M^2}{M_{cr}{}^2(1-N/N_\omega)}=1 \tag{5-26}$$

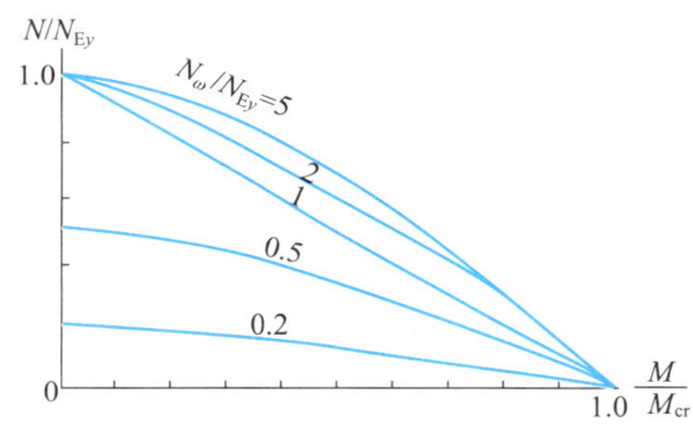

图 5.15 N/N_{Ey} 和 M/M_{cr} 相关曲线

绘制 N/N_{Ey} 和 M/M_{cr} 的相关曲线（图 5.15），可以看出曲线形状与 N_ω/N_{Ey} 关系密切，且影响较大。通常普通工字形截面 $N_\omega>N_{Ey}$，开口冷弯薄壁型钢 $N_\omega<N_{Ey}$。当 $N_\omega=N_{Ey}$ 时，相关方程呈线性：

$$\frac{N}{N_{Ey}}+\frac{M}{M_{cr}}=1 \tag{5-27}$$

单轴对称截面压弯构件的 N/N_{Ey} 和 M/M_{cr} 相关方程要更为复杂些，不过如果式(5-27)中以 N_{Ey} 表示单轴对称截面轴心压杆的弯扭屈曲临界力，仍可以利用式(5-27)表示压弯构件的相关关系。

GB 50017—2017《钢结构设计标准》以上式为依据，在式中以 $N_{Ey}=\varphi_yAf_y$、$M_{cr}=\varphi_bW_{1x}f_y$ 代入后，引入抗力分项系数和等效弯矩系数 β_{tx}，并考虑截面开闭口情况引入截面影响系数 η，则压弯构件在弯矩作用平面外的实用计算公式为

$$\frac{N}{\varphi_yAf}+\eta\frac{\beta_{tx}M_x}{\varphi_bW_{1x}f}\leqslant 1 \tag{5-28}$$

式中：φ_b——受弯构件的稳定系数，参见第 4 章；

η——截面影响系数，闭口截面取 0.7，其他截面取 1.0；

β_{tx}——计算平面外稳定时的弯矩等效系数。

4. 面外稳定计算时的等效弯矩系数取值情况

(1) 在弯矩作用平面外有支承的构件,应根据两相邻支承点间构件段内的荷载和内力情况确定。

① 构件段内无横向荷载作用时

$$\beta_{tx}=0.65+0.35\frac{M_2}{M_1} \tag{5-29}$$

式中,M_1 和 M_2 是构件段在弯矩平面内的端弯矩,使构件段产生同向曲率时取同号,反之取异号,且 $|M_1|\geqslant|M_2|$。

② 构件段内有端弯矩和横向荷载作用时

若使构件段产生同向曲率,$\beta_{tx}=1.0$;若使构件段产生反向曲率,$\beta_{tx}=0.85$。

③ 构件段内无端弯矩但有横向荷载时

$$\beta_{tx}=1.0$$

(2) 弯矩作用平面外为悬臂构件,$\beta_{tx}=1.0$。

【例题 5-2】 验算图 5.16 所示两端铰接构件的稳定性。图中荷载为设计值,横向荷载为均布荷载,其产生对强轴(x 轴)的弯矩,材料为 Q235,$f=215\ \mathrm{N/mm^2}$,翼缘为火焰切割边,构件中间设一侧向支承(图 5.16b)。

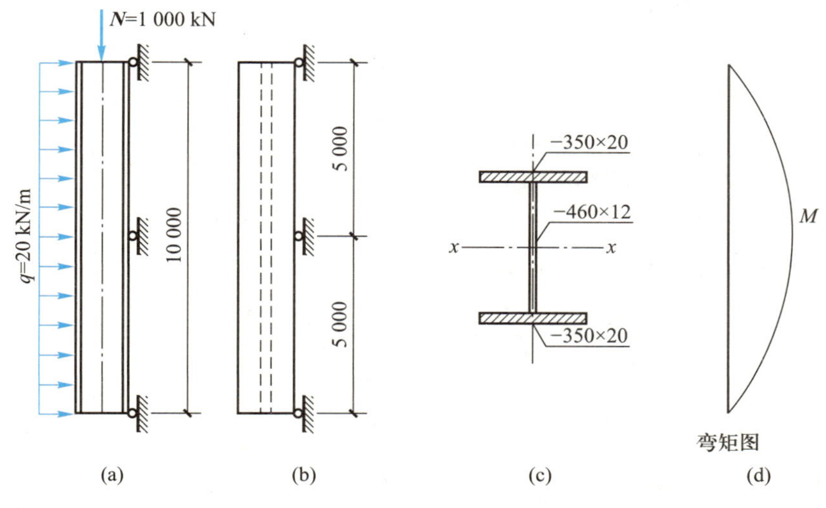

图 5.16 例题 5-2 图

【解】 (1) 计算内力

构件截面最大弯矩 $M_x=ql^2/8=375\ \mathrm{kN\cdot m}$

(2) 计算截面特性

$$A=320\times20\times2\ \mathrm{mm^2}+460\times12\ \mathrm{mm^2}=18\ 320\ \mathrm{mm^2}$$

$$I_x=\frac{1}{12}\times(320\times500^3-308\times460^3)\ \mathrm{mm^4}=83\ 504.3\times10^4\ \mathrm{mm^4}$$

$$I_y=\frac{1}{12}\times(320^3\times20\times2+460\times12^3)\ \mathrm{mm^4}=10\ 929\times10^4\ \mathrm{mm^4}$$

$$W_x=\frac{83\ 504.3\times10^4\ \text{mm}^4}{250\ \text{mm}}=3\ 340.2\times10^3\ \text{mm}^3$$

$$i_x=\sqrt{\frac{I_x}{A}}=\sqrt{\frac{83\ 504.3\times10^4\ \text{mm}^4}{18\ 320\ \text{mm}^2}}=213\ \text{mm},\ i_y=\sqrt{\frac{I_y}{A}}=77\ \text{mm}$$

（3）计算稳定系数

$\lambda_x/\varepsilon_k=\dfrac{l_{0x}}{i_x}\Big/\sqrt{\dfrac{235\ \text{N/mm}^2}{f_y}}=\dfrac{10\ 000}{213}\times1=47$；按 b 类截面查表得 $\varphi_x=0.870$。

$\lambda_y/\varepsilon_k=\dfrac{l_{0y}}{i_y}\Big/\sqrt{\dfrac{235\ \text{N/mm}^2}{f_y}}=\dfrac{5\ 000}{77}\times1=65$；按 b 类截面查表得 $\varphi_y=0.780$。

（4）等效弯矩系数和 N'_{Ex}

$$N_{Ex}=\frac{\pi^2EA}{\lambda_x^2}=\frac{3.14^2\times2.06\times10^5\ \text{N/mm}^2\times18\ 320\ \text{mm}^2}{47^2}=16\ 844.2\ \text{kN}$$

$$\beta_{mx}=1-0.18N/N_{Ex}=1-0.18\times1\ 000/16\ 844.2=0.989$$

$$N'_{Ex}=\frac{\pi^2EA}{1.1\lambda_x^2}=\frac{3.14^2\times2.06\times10^5\ \text{N/mm}^2\times18\ 320\ \text{mm}^2}{1.1\times47^2}=15\ 313\ \text{kN}$$

（5）平面内稳定性的校核

$$\frac{N}{\varphi_xAf}+\frac{\beta_{mx}M}{\gamma_xW_{1x}(1-0.8N/N'_{Ex})f}=\frac{1\ 000\times10^3}{0.870\times18\ 320\times205}$$
$$+\frac{0.978\times250\times10^6}{1.05\times3\ 340.2\times10^3\times(1-0.8\times1\ 000/15\ 313)\times205}=0.66<1.0$$

（6）平面外稳定

构件段内无端弯矩但有横向荷载时，$\beta_{tx}=1.0$。

$$\varphi_b=1.15\times\frac{4\ 320}{65^2}\times\frac{18\ 320\times500}{3\ 340.2\times10^3}\times\sqrt{1+\left(\frac{65\times20}{4.4\times500}\right)^2}=3.74>0.6$$

$$\varphi'_b=1.07-0.282/\varphi_b=1.07-\frac{0.282}{3.74}=0.995$$

$$\frac{N}{\varphi_yAf}+\frac{\beta_{tx}M_x}{\varphi_bW_{1x}f}=\frac{1\ 000\times10^3}{0.780\times18\ 320\times205}+\frac{1.0\times250\times10^6}{0.995\times3\ 340.2\times10^3\times205}=0.341+0.367=0.708<1.0$$

通过上述验算可知，面内和面外稳定性均满足要求。尽管杆件中间设置了一道侧向支承，但面外弯扭失稳承载力仍低于面内弯曲失稳承载力。

5.4.3 格构式压弯构件的整体稳定性

格构式压弯构件可用于厂房的框架柱，也可用于巨型独立支柱。按照所受弯矩和轴压力作用情况及使用要求的不同，可以设计成双轴对称或单轴对称截面，可选用双肢、三肢或多肢等进行组合。各分肢之间用缀条或者缀板连接。缀材的设计要求和构造方法与格构式轴心受力构件原则上相同。本节主要介绍用于单向压弯的双肢格构式构件。

1. 在弯矩作用平面内格构式压弯构件的稳定性计算

弯矩作用在与缀材面垂直的主平面内时，如图 5. 17b 所示，构件绕实轴产生弯曲失稳，其受力性能与实腹式压弯构件相同，此时与实腹式压弯构件的面内稳定一样进行验算。

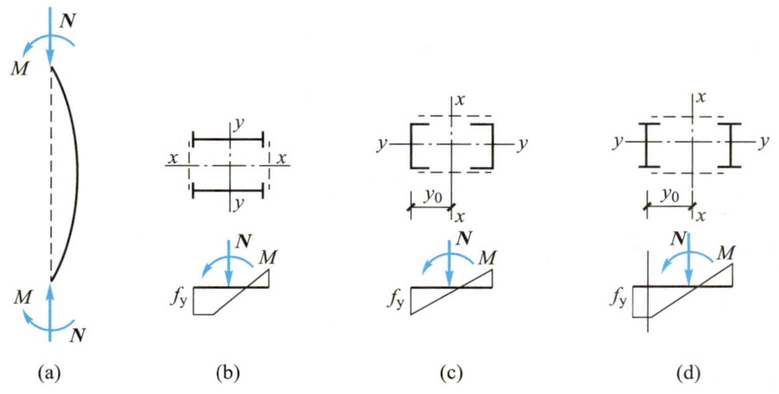

图 5. 17　格构式压弯构件的计算简图

弯矩作用在与缀材面平行的主平面内时，如图 5. 17c 和图 5. 17d 所示，构件绕虚轴产生弯曲失稳。由于截面中部存在虚空部分，不具备塑性发展潜力，所以用边缘屈服准则建立绕虚轴的平面内失稳计算公式比较适宜。图 5. 17d 所示截面的受压最大一侧肢件，翼缘外伸部分会开展一部分塑性。

与式(5-17b)类似，但是 N/N'_{Ex} 前面的修正系数不同，采用下式进行绕虚轴的面内稳定计算：

$$\frac{N}{\varphi_x Af}+\frac{\beta_{mx}M_x}{W_{1x}(1-N/N'_{Ex})f}\leqslant 1.0 \tag{5-30}$$

计算绕虚轴截面模量 $W_{1x}=I_x/y_0$ 时，对于图 5. 17c，y_0 取至腹板边缘，而对于图 5. 17d，y_0 取至分肢轴线。上式中的稳定系数 φ_x 根据换算长细比 λ_{0x} 并按照 b 类截面确定，换算长细比 λ_{0x} 的计算与格构式轴心受压构件相同。

2. 弯矩作用平面外的稳定性计算

当弯矩绕虚轴作用时，构件在弯矩作用平面外的整体稳定性计算和分肢在弯矩作用平面外的稳定性计算相同，也就是说，这时的平面外稳定性问题转换为分肢在弯矩作用平面外的稳定性问题，分肢稳定性得到满足的情况下，不必再计算。

当弯曲轴为实轴时，弯矩作用平面外的稳定性和实腹式压弯构件一样按式(5-28)验算，但系数 φ_y 应按换算长细比 λ_{0x} 确定，φ_b 取 1. 0。

3. 分肢的稳定性计算

当弯矩绕虚轴作用时，除计算整体稳定性外，还要把构件看作一个平行弦桁架，像计算桁架弦杆一样验算分肢的稳定性。分肢压力按图 5. 18 确定：

$$N_1=\frac{y_2+e}{y_1+y_2}N \tag{5-31}$$

$$N_2=N-N_1 \tag{5-32}$$

式中,e 为偏心距,可根据构件段的最大弯矩与轴力计算。

对于缀条式构件,分肢可按轴心受力构件验算其稳定承载力。分肢在弯矩作用平面内的计算长度取缀条体系节间的轴线距离;在弯矩作用平面外的计算长度,取整个构件侧向相邻支承点间的距离。

对于缀板式构件,由于需要考虑缀板的剪力作用引起的局部弯矩,剪力可以取 $V=\Delta M/\Delta H$ 和式(3-85)中的较大者,其中 ΔM 为缀板节间的弯矩增量,ΔH 为缀板节间的轴线高度。分肢在缀板平面内的稳定性计算按照实腹式压弯构件在弯矩作用平面内的稳定性验算,这时计算长度取缀板间的净距,若缀板用螺栓连接,计算长度取相邻两缀板最边缘螺栓间的距离;若缀板用焊接连接,则计算长度取两相邻缀板间净距。计算分肢在缀板平面外的稳定性时,仍视为轴心压杆,计算长度取两相邻侧向支承点间的距离。

4. 缀材计算

计算方法与格构式轴心受压构件缀材计算相同。

【例题 5-3】 一框架底层压弯柱柱段,已知该柱段的轴压力设计值 $N=900$ kN,端弯矩 $M_x=150$ kN·m,弯矩作用平面内上端为有侧移的弹性支承,下端固接;柱长 8 m,缀条间距 1.5 m,如图 5.19 所示。弯矩作用平面外为两端铰接,且柱中点处有侧向支承。钢材为 Q235,分肢截面为 300×200×6×10。试验算该构件的稳定性和刚度。

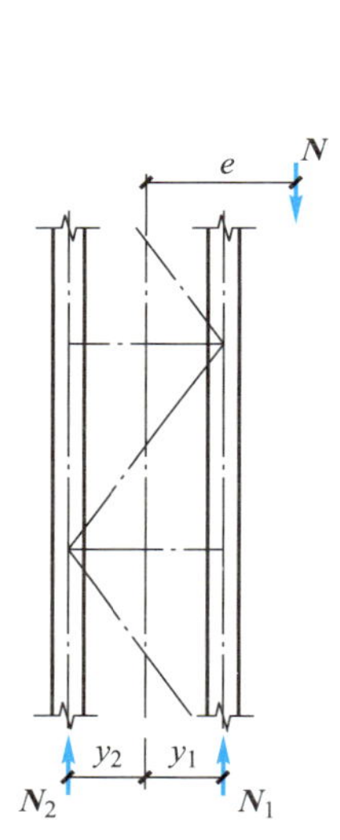

图 5.18 分肢轴力计算简图

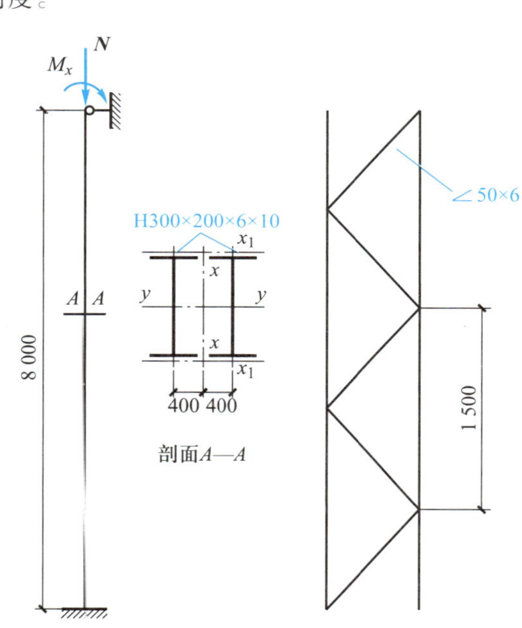

图 5.19 例题 5-3 图

分肢和角钢截面数据如下:

(1) 分肢截面 300×200×6×10:

面积 $A=5\ 680\ \text{mm}^2$;对强轴(y 轴),$W_{y1}=634\times10^3\ \text{mm}^3$,$i_{y1}=129$ mm;对弱轴(1-1 轴),$I_1=13.3\times10^6\ \text{mm}^4$,$W_1=133\times10^3\ \text{mm}^3$,$i_1=48.4$ mm。

(2) 缀条截面∠50×6:

缀条截面面积 $A_1=568.7\ \mathrm{mm}^2$。

【解】（1）换算长细比

截面对虚轴惯性矩及截面模量：

$$I_x=2\times13.3\times10^6\ \mathrm{mm}^4+2\times5\ 680\times400^2\ \mathrm{mm}^4=1\ 844.2\times10^6\ \mathrm{mm}^4$$

$$i_x=\sqrt{\frac{I_x}{A}}=\sqrt{\frac{1\ 844.2\times10^6\ \mathrm{mm}^4}{5\ 680\times2\ \mathrm{mm}^2}}=402.9\ \mathrm{mm}$$

$$W_{1x}=\frac{I_x}{y_0}=\frac{1\ 844.2\times10^6\ \mathrm{mm}^4}{400\ \mathrm{mm}}=4\ 610.5\times10^3\ \mathrm{mm}^3$$

柱的计算长度系数 $\mu=2.1$

$$\lambda_x=\frac{l_{0x}}{i_x}=\frac{2.1\times8\ 000}{402.9}=41.7$$

换算长细比 $\lambda_{0x}=\sqrt{\lambda_x^2+27\dfrac{A}{A_{1x}}}=\sqrt{41.7^2+27\times\dfrac{5\ 680\times2}{568.7\times2}}=44.8<[\lambda]=150$

查表得 $\varphi_x=0.879$。

（2）平面内稳定验算

$$N'_{\mathrm{E}x}=\frac{\pi^2EA}{1.1\lambda_{0x}^2}=\frac{3.14^2\times2.06\times10^5\ \mathrm{N/mm^2}\times5\ 680\ \mathrm{mm}^2\times2}{1.1\times44.8^2}=10\ 450\ \mathrm{kN}$$

因是框架底层柱，$\beta_{mx}=1.0$。

$$\frac{N}{\varphi_xAf}+\frac{\beta_{mx}M_x}{W_{1x}(1-N/N'_{\mathrm{E}x})f}=\frac{900\times10^3}{0.879\times5\ 680\times2\times215}+\frac{150\times10^6}{4\ 610.5\times10^3\times(1-900/10\ 450)\times215}$$
$$=0.59<1.0$$

（3）分肢稳定

柱子偏心距

$$e=\frac{M}{N}=\frac{150\ \mathrm{kN\cdot m}}{900\ \mathrm{kN}}=0.167\ \mathrm{m}$$

$$N_1=\frac{y_2+e}{y_1+y_2}N=\frac{400+167}{800}\times900\ \mathrm{kN}=637.9\ \mathrm{kN}$$

受压分肢平面内长细比： $\lambda_1=\dfrac{l_{01}}{i_1}=\dfrac{1\ 500}{48.4}=31.0<[\lambda]=150$

受压分肢平面外长细比： $\lambda_{y1}=\dfrac{l_{0y}}{i_{y1}}=\dfrac{4\ 000}{129}=31.0<[\lambda]=150$

且 $\lambda_1<0.7\lambda_{0x}=0.7\times44.8=31.4$。

b 类截面查表得 $\varphi_{\min}=0.932$。

$$\frac{N_1}{\varphi_{\min}Af}=\frac{637.5\times10^3}{0.932\times5\ 680\times215}=0.56<1.0$$

通过上述计算结果可知，该柱的整体稳定性、分肢稳定性，构件整体刚度和分肢刚度均满足要求。

5.5 实腹式压弯构件的局部稳定性和屈曲后强度

实腹式压弯构件的局部稳定性问题主要是由受压翼缘和有压应力作用的腹板引起的。如同第4章所述，即使是以剪应力为主的板件，由于主应力中有压应力，其局部失稳也是在压应力作用下产生的。受压翼缘的屈曲应力按两对边均匀受压的板件考虑，腹板的屈曲应力按两对边不均匀受压与剪力共同作用的板件考虑，如图5.20所示。

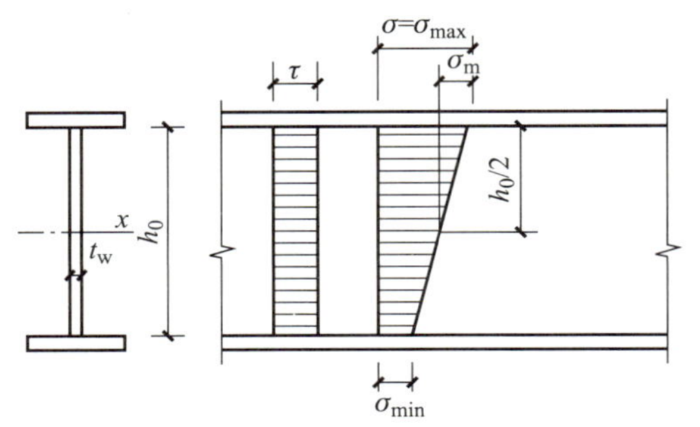

图5.20 腹板受力状态

1. 工字形截面翼缘和腹板的宽厚比

若按照不允许局部稳定先于整体稳定出现的原则设计构件，就需要保证板件宽厚比满足一定条件。GB 50017—2017《钢结构设计标准》中规定，翼缘宽厚比或腹板高厚比需符合压弯构件S4级截面要求，以下列出工字形截面构件S2~S4级的板件宽厚比限值，如表5-1所示。

表5-1 工字形截面压弯构件的板件宽厚比限值

板件宽厚比	S2级	S3级	S4级
翼缘 b_1/t	$11\varepsilon_k$	$13\varepsilon_k$	$15\varepsilon_k$
腹板 h_0/t_w	$(38+13\alpha_0^{1.39})\varepsilon_k$	$(40+18\alpha_0^{1.5})\varepsilon_k$	$(45+25\alpha_0^{1.66})\varepsilon_k$

上表中的 α_0 为应力梯度，$\alpha_0=(\sigma_{max}-\sigma_{min})/\sigma_{max}$，为考虑腹板不均匀压力的参数；$\sigma_{max}$ 为腹板计算高度边缘的最大压应力；σ_{min} 为腹板计算高度另一边缘相应的应力，压应力为正，拉应力为负。

当工字形截面压弯构件的腹板高厚比超过S4级要求时，可以采用如下方法解决：调整腹板厚度或高度，以使高厚比满足S4级要求；设置纵向加劲肋加强腹板，并应按规定验算纵向加劲肋与翼缘间腹板的高厚比，以使其满足S4级要求，加劲肋宜在板件两侧成对配置，其一侧外伸宽度不应小于板件厚度 t 的10倍，厚度不宜小于 $0.75t$；利用腹板屈曲后强度，在计算构件承载力时采用有效截面。

2. 考虑腹板屈曲后强度的构件验算

当考虑利用屈曲后强度时，采用有效截面的概念，以有效截面代替实际截面计算截面几何参数，然后再代入到相应的承载力计算公式中计算。由于有效截面面积的计算方法众多，考虑屈曲后强度的计算较为复杂，采用的准则尚未统一，不同国家或同一国家不同规范都有不同的计算方法。下面介绍GB 50017—2017《钢结构设计标准》中对于工字形截面的处理方法。

（1）工字形截面腹板受压区有效宽度的计算方法1

$$h_e=\rho h_c \tag{5-33}$$

当 $\lambda_{n,p}\leqslant 0.75$ 时：

$$\rho=1.0 \tag{5-34a}$$

当 $\lambda_{n,p}>0.75$ 时：

$$\rho=\frac{1}{\lambda_{n,p}}\left(1-\frac{0.19}{\lambda_{n,p}}\right) \tag{5-34b}$$

$$\lambda_{n,p}=\frac{h_w/t_w}{28.1\sqrt{k_\sigma}}\cdot\frac{1}{\varepsilon_k} \tag{5-35}$$

$$k_\sigma=\frac{16}{2-\alpha_0+\sqrt{(2-\alpha_0)^2+0.112\alpha_0^2}} \tag{5-36}$$

式中，h_e、h_c 分别为腹板受压区有效宽度和受压区宽度，当腹板全部受压时，$h_c=h_w$；ρ 为有效宽度系数，采用式(5-34a,b)计算。

(2) 工字形截面腹板有效宽度 h_e 的计算方法 2

当截面全部受压，即 $\alpha_0\leqslant 1$ 时(图 5.21a)：

$$h_{e1}=2h_e/(4+\alpha_0) \tag{5-37a}$$

$$h_{e2}=h_e-h_{e1} \tag{5-37b}$$

当截面部分受拉，即 $\alpha_0>1$ 时(图 5.21b)：

$$h_{e1}=0.4h_e \tag{5-38a}$$

$$h_{e2}=0.6h_e \tag{5-38b}$$

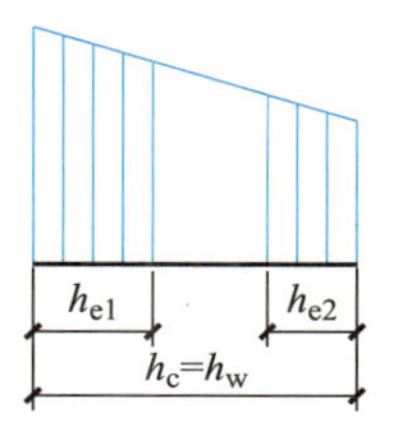

(a) 截面全部受压

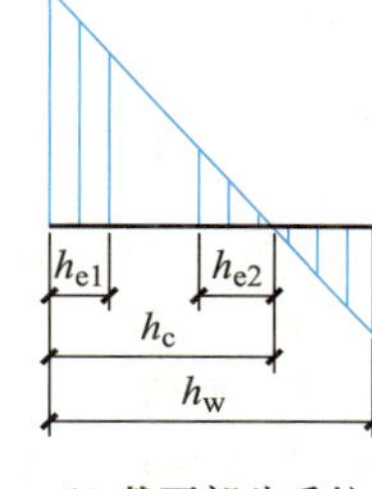

(b) 截面部分受拉

图 5.21 有效宽度的分布

(3) 承载力计算

强度：

$$\frac{N}{A_{ne}}\pm\frac{M_x+Ne}{\gamma_x W_{nex}}\leqslant f \tag{5-39}$$

弯矩作用平面内稳定：

$$\frac{N}{\varphi_x A_e f}+\frac{\beta_{max}M_x+Ne}{\gamma_x W_{elx}(1-0.8N/N'_{Ex})f}\leqslant 1.0 \tag{5-40}$$

弯矩作用平面外稳定：

$$\frac{N}{\varphi_y A_e f}+\eta\frac{\beta_{tx}M_x+Ne}{\varphi_b W_{elx} f}\leqslant 1.0 \tag{5-41}$$

式中：A_e、A_{ne}——分别为有效毛截面面积和有效净截面面积；

W_{nex}——有效截面的净截面模量；

W_{elx}——有效截面对较大受压纤维的毛截面模量；

e——有效截面形心至原截面形心的距离。

习　　题

5.1 拉弯构件的强度计算公式和强度极限状态是否与压弯构件一致？

5.2 格构式构件考虑塑性发展吗？为什么？

5.3 设计拉弯构件和压弯构件时，何时采用弹性设计法？何时采用弹塑性设计法？

5.4 如何理解压弯构件的面内等效弯矩系数？

5.5 如何防止压弯构件发生弯矩作用平面外的失稳？

5.6　某两端铰接的拉弯构件长度 $l=8$ m，受偏心荷载 F 作用，偏心距 $e=0.5$ m，作用力如图 5.22 所示。截面为 H300×200×8×20，钢材为 Q235，截面无削弱，要求分别按照三种强度设计准则确定构件所能承受的最大荷载 P。（不考虑自重）

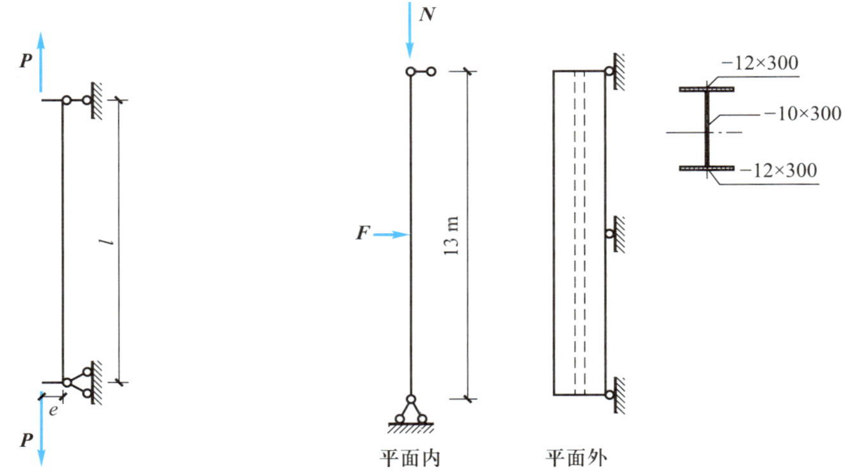

图 5.22　习题 5.6 图　　　图 5.23　习题 5.7 图

5.7　如图 5.23 所示压弯构件，两端铰接，平面外设置一水平支承，焊接工字形截面无削弱，钢材为 Q235，承受轴心压力设计值 $N=800$ kN，跨中受集中荷载 $F=100$ kN。试验算平面内和平面外稳定性。

5.8　若对习题 5.7 在平面外 3 分点处设置两个面外支承，试与上题比较平面外稳定性发生的变化。

5.9　试验算一格构式压弯构件的整体稳定性。柱两端铰接，截面如图 5.24 所示。柱的计算长度 $l_{0x}=10$ m，$l_{0y}=6$ m，承受荷载设计值为：轴力 $N=1\ 500$ kN，弯矩 $M_x=700$ kN · m。缀条倾角 45°，且设有横缀条，钢材为 Q235 钢。

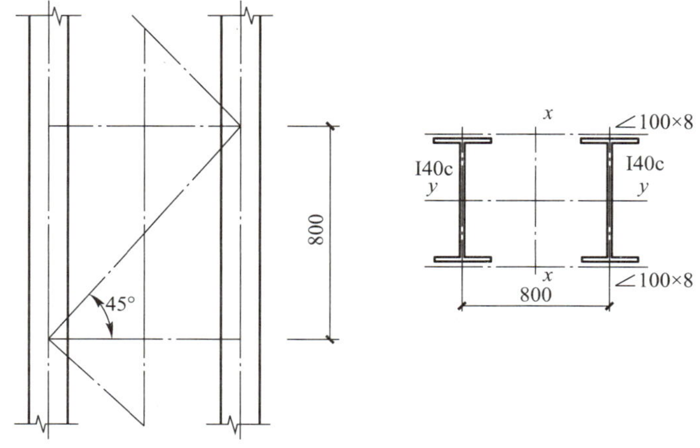

图 5.24　习题 5.9 图

第 6 章　钢结构的连接

钢结构的构件一般以工字钢、H 型钢、角钢、槽钢等型钢组成，那我们来想象一下该如何来连接这么多的构件呢？钢结构的连接方式有哪些？它们各有什么特点？针对连接部位的受力特征，如何选择恰当的连接方式？如何保证连接的安全性？焊接带来的残余应力问题如何应对？

6.1　钢结构的连接方法和特点

钢结构是由若干构件组合而成的。连接的作用就是通过一定的方式将板材或型钢组合成构件，或将若干个构件组合成整体结构，以保证其共同工作。例如，网架结构中的焊接空心球节点（图 6.1），钢框架中采用螺栓连接的梁梁拼接及主次梁连接节点（图 6.2）。

图 6.1　焊接空心球节点

图 6.2　螺栓连接

连接方式及其质量优劣直接影响钢结构的工作性能。钢结构连接应符合安全可靠、传力明确、构造简单、制造方便和节约钢材的原则，连接接头应有足够的强度，且要有适宜于施行连接的足够空间。

钢结构的连接方法可分为焊接、铆接、螺栓连接(图 6.3)。铆钉和螺栓统一称为紧固件。

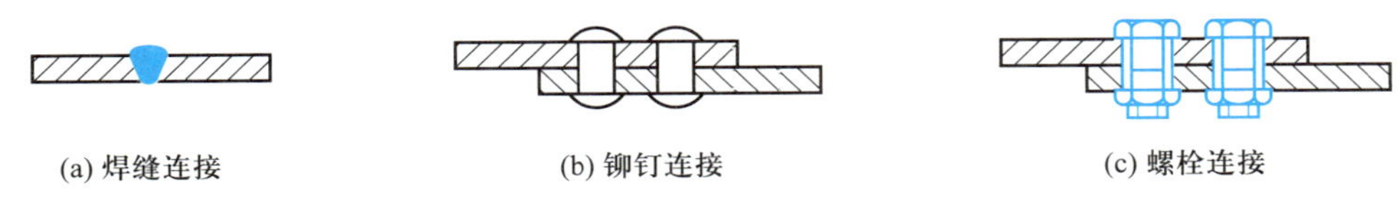

图 6.3 钢结构的连接方法

1. 焊缝连接

焊缝连接是现代钢结构中的主要连接方法。其优点是:构造简单,任何形式的构件都可直接相连;用料经济,不削弱截面;制作加工方便,可实现自动化操作;连接密闭性好,结构刚度大。其缺点是:在焊缝附近的热影响区内,钢材的金相组织发生改变,导致局部材质变脆;焊接残余应力和残余变形使受压构件承载力降低;焊接结构对裂纹很敏感,局部裂纹一旦发生,就容易扩展到整体,低温冷脆问题较为突出。目前除少数直接承受动力荷载的连接,如重级工作制吊车梁和柱的连接、桁架式桥梁的节点连接,从使用情况看不宜采用焊接外,焊接可广泛用于工业与民用建筑钢结构和桥梁钢结构。

2. 铆钉连接

铆钉连接的制造有热铆和冷铆两种方法。热铆是将烧红的钉坯插入构件的钉孔中,用钢钉枪或压铆机铆合而成。冷铆是在常温下铆合而成的。在建筑结构中一般采用热铆。

铆钉打好后,钉杆由高温逐渐冷却而发生收缩,但由于被钉头之间的钢板阻止住,所以钉杆中产生了收缩拉应力,对钢板则产生压缩系紧力。这种系紧力使连接十分紧密。当构件受剪力作用时,钢板接触面上产生很大的摩擦力,因而能大大提高连接的工作性能。

因此,铆钉连接具有塑性和韧性较好、传力可靠、质量易于检查、抗动力荷载性能好等优点,但是因构造复杂、用钢量多,目前已很少应用。

3. 螺栓连接

螺栓连接包括普通螺栓连接和高强螺栓连接两类。

(1) 普通螺栓连接

普通螺栓连接的优点是施工简单、拆装方便,适用于安装连接和需要经常拆装的结构。普通螺栓分为 A、B 级和 C 级两类。A、B 级为精制螺栓,C 级为粗制螺栓。C 级螺栓一般采用 Q235 钢制成,性能等级为 4.6 级或 4.8 级,小数点前的数字表示螺栓成品的抗拉强度不小于 400 N/mm^2,小数点及小数点以后数字表示其屈强比(屈服点与抗拉强度之比)为 0.6 或 0.8。A 级和 B 级螺栓一般用 45 号钢和 35 号钢制成,性能等级则为 5.6 级和 8.8 级,其抗拉强度分别不小于 500 N/mm^2 和 800 N/mm^2,屈强比分别为 0.6 和 0.8。

A、B 两级的区别只是尺寸不同,其中 A 级包括 $d \leqslant 24$ mm 且 $L \leqslant 150$ mm 的螺栓,B 级包括 $d>24$ mm 且 $L>150$ mm 的螺栓,d 为螺杆直径,L 为螺杆长度。A、B 级精制螺栓要求 Ⅰ 类孔,螺杆直径与螺栓孔径的公称尺寸相同,容许偏差为 0.2~0.5 mm 间隙。具有较高的精度,因而受剪性能好,变形小。但制作和安装复杂,价格较高,已很少在钢结构中采用。

C 级螺栓只要求 Ⅱ 类孔,成本低,螺栓孔的直径比螺栓杆的直径大 1.0~1.5 mm。由于螺栓杆与栓孔之间有较大的间隙,受剪力作用时,将产生较大的剪切滑移,连接的变形大。但因安装方便，且能有效地传递拉力，故可用于沿螺栓杆轴受拉的连接中，以及次要结构的抗剪连接或安装时的临时固定。

(2) 高强螺栓连接

高强度螺栓按照外形分为大六角头型和扭剪型两种(图 6.4)。

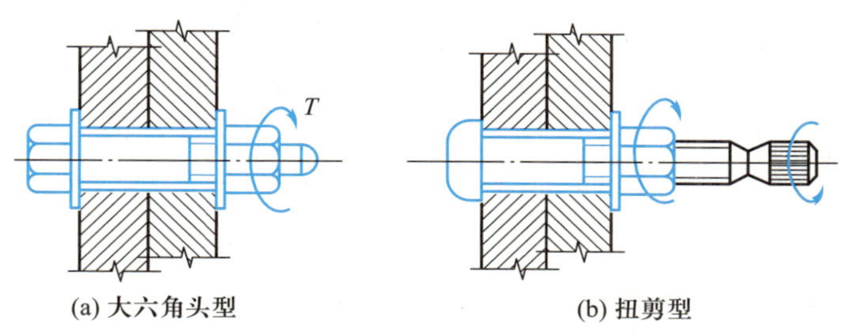

图 6.4　高强度螺栓外形的区分

高强度螺栓一般采用 45 号钢、40B 钢和 20MnTiB 钢加工制作，经热处理后，螺栓抗拉强度分别不低于 800 N/mm^2 和 1 000 N/mm^2，且屈强比分别为 0.8 和 0.9，即采用性能等级为 8.8 级或 10.9 级的高强螺栓。

高强螺栓采用强度较高的钢材制作而成，安装时通过特制的扳手，以较大的扭矩上紧螺帽，使螺杆产生很大的预拉力，使被连接的部件夹紧，因此板面之间垂直于螺栓杆方向受剪时有很大的摩擦力，而普通螺栓扭紧螺帽时螺栓产生的预拉力很小，由板面挤压力产生的摩擦力可以忽略不计。按照传力特点的不同，高强度螺栓分为摩擦型高强度螺栓和承压型高强度螺栓。

摩擦型高强度螺栓连接依靠接触面间的摩擦力来阻止其相对滑移，以达到传递外力的目的，因而变形较小。承压型高强度螺栓连接同普通螺栓一样，允许接触面滑移，依靠螺栓杆和螺栓孔之间的承压来传力，其承载力高于摩擦型，连接紧凑，可以节约钢材，但剪切变形大，现行设计标准规定不用于承受动力荷载的结构中。

6.2　焊缝连接的形式和焊缝的质量检查

6.2.1　常用的焊接方法

钢结构常用的焊接方法有电弧焊、电渣焊、气体保护焊和电阻焊等。

1. 电弧焊

电弧焊的质量比较可靠，是钢结构最常用的焊接方法。电弧焊可分为手工电弧焊和自动埋弧焊。

手工电弧焊具有设备简单、适用性强的优点，适用于短焊缝或曲折焊缝的焊接，或施工现场的焊接。其原理是通电后在涂有药皮的焊条和焊件间产生电弧。电弧的温度可达 3 000 ℃，使焊条中的焊丝熔化，滴落在焊件被电弧所吹成的小凹槽熔池中(图 6.5)。由电焊条药皮形成的熔渣和气体覆盖着熔池，防止空气中的氧、氮等气体与熔化的液体金属接触，避免形成脆性易裂的化合物，焊缝金属冷却后把被连接件连成一体。

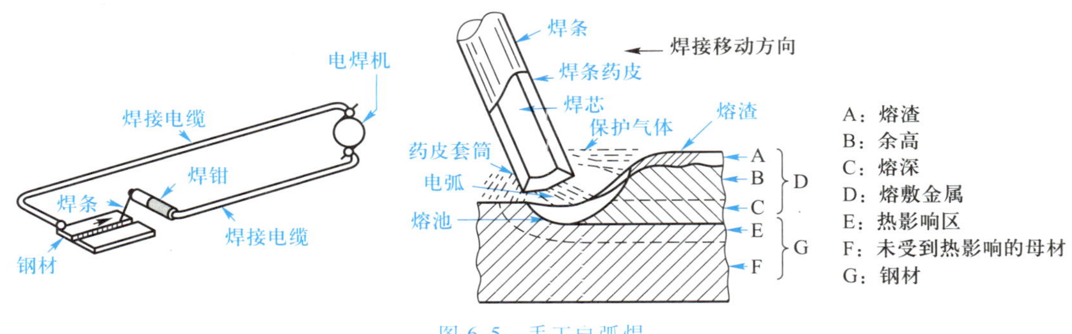

图 6.5　手工电弧焊

手工电弧焊是最常用的一种焊接方法。手工电弧焊所用焊条应与焊件钢材相匹配，例如，Q235 钢采用 E43 型焊条，Q345 和 Q390 钢采用 E50 或 E55 型焊条，Q420 钢和 Q460 钢采用 E55 或 E60 型焊条。对不同钢种的钢材相焊接时，宜采用与低强度钢相匹配的焊条。

自动焊的电流大、热量集中、熔深大，并且焊缝质量均匀，塑性好，冲击韧性高，抗腐蚀性强，适用于直长焊缝。自动埋弧焊是将光焊丝埋在焊剂层下，通电后，由于电弧的作用使焊丝和焊剂熔化（图 6.6）。熔化后的焊剂浮在熔化金属表面保护熔化金属，使之不与外界空气接触，有时还可供给焊缝必要的合金元素，以改善焊缝质量。自动埋弧焊所采用的焊丝和焊剂要保证其熔敷金属的抗拉强度不低于相应手工焊条的数值，Q235 钢焊件可采用 F4××-H08A、F48××-H08MnA 焊丝；Q345、Q390 钢焊件可采用 F5××-H08MnA、F48××-H10Mn2、F48××-H08MnA、F48××-H10Mn2、F48××-H10Mn2A 焊丝；Q420 钢焊件可采用 F55××-H10Mn2A 和 F55××-H08MnMo2 焊丝；Q460 钢焊件可采用 F55××-H08MnMoA 和 F55××-H08Mn2MoVA 焊丝。焊丝牌号中的×对应焊材标准中的相应规定。

教学视频 6-1
工字钢构件自动焊

2. 电渣焊

电渣焊的原理是利用电流通过熔渣时所产生的热量来熔化金属的一种方法。焊丝作为电极伸入并穿过渣池，使渣池产生电阻热将焊件金属及焊丝熔化，沉积于熔池中，形成焊缝。电渣焊一般在立焊位置进行，目前工程中多用熔嘴电渣焊，以管状焊条作为熔嘴，填充丝从管内递进（图 6.7）。

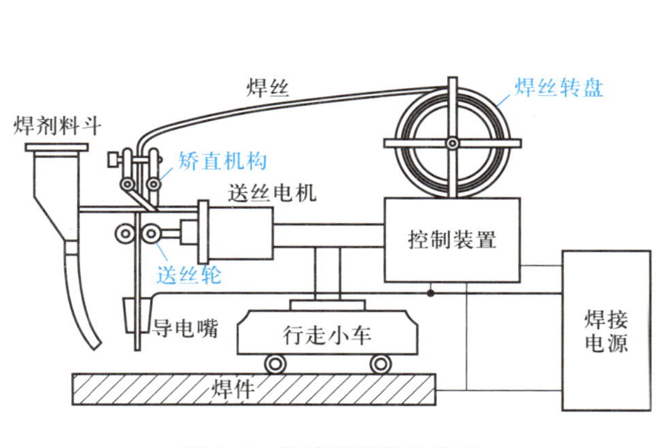

图 6.6　自动埋弧焊示意图

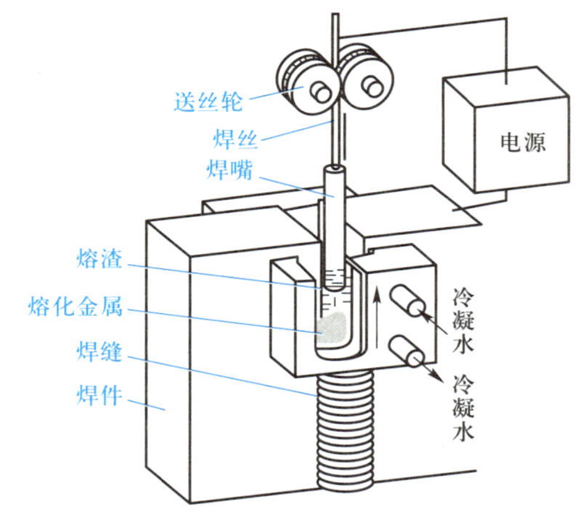

图 6.7　电渣焊示意图

熔嘴周围有均匀涂层，厚 1.5~3 mm，钢材用 15 号或 20 号冷拔无缝钢管。焊接 Q235 钢时用 H08MnA 填充丝，焊接 Q345 钢时用 H08MnMoA 填充丝。

3. 气体保护焊

气体保护焊是利用二氧化碳气体或其他惰性气体作为保护介质的一种电弧熔焊方法（图 6.8）。依靠保护气体在电弧周围形成局部的保护层，以防止有害气体的侵入并保证焊接过程的稳定性。气体保护焊用于薄钢板或小型结构的连接中。

4. 电阻焊

电阻焊是利用电流通过焊件接触点表面电阻所产生的热来熔化金属，再通过加压使其焊合。模压及冷弯薄壁型钢的焊接常采用这种接触点焊（图 6.9）。电阻焊适用于厚度为 6~12 mm 的板。

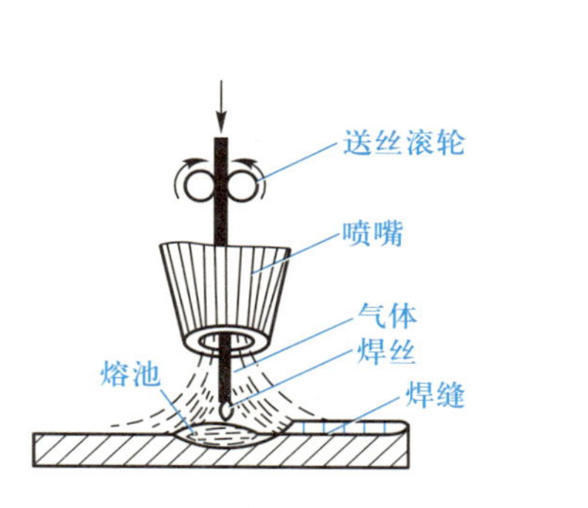

图 6.8　气体保护焊示意图

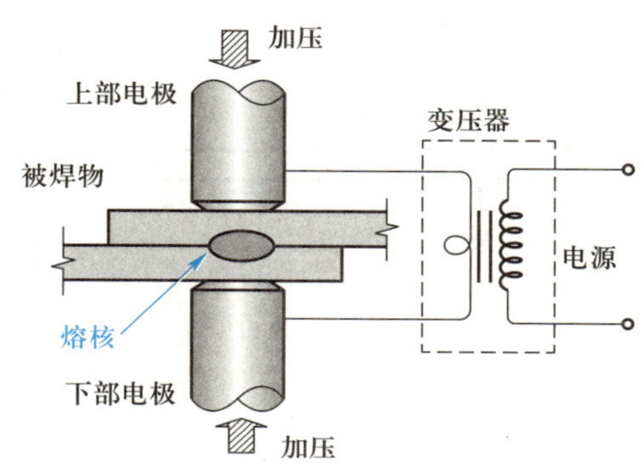

图 6.9　电阻焊示意图

6.2.2　焊缝连接的形式

焊缝连接的形式按被连接构件的相互位置可分为平接、搭接、T 形连接和角部连接等。这些连接所采用的焊缝主要有对接焊缝和角焊缝。

图 6.10a 为用对接焊缝的平接连接，其特点是用料经济，传力均匀平缓，无明显的应力集中，承受动力荷载的性能较好。该连接符合一、二级焊缝质量检验标准时，焊缝和被焊构件的强度相等，但焊件边缘需要加工，对被连接两板的间隙和坡口尺寸有严格的要求。

图 6.10b 为用拼接板和角焊缝的平接连接，其特点是传力不均匀，费料，但施工简便，且对被连接两板的间隙大小无须严格控制。

图 6.10c 为用顶板和角焊缝的平接连接，其特点是施工简便。这种连接主要用于受压构件，为了避免层间撕裂，不宜用于受拉构件。

图 6.10d 为用角焊缝的搭接连接，这种连接传力不均匀，材料较费，但因其构造简单、施工简便，应用仍较多。

图 6.10e 为用角焊缝的 T 形连接，构造简单，受力性能差，但也还有较多应用。

图 6.10f 为焊透的 T 形连接，其焊缝形式为对接与角接的组合，性能与对接焊缝形同，在重要的结构中用它来代替图 6.10e 的连接。实践证明，这种要求焊透的 T 形连接焊缝，即使有未焊透现象，因腹板边缘经过加工，焊缝收缩后使翼缘和腹板顶紧，焊缝受力情况大为改善，一般能保

证使用要求。

图 6.10g、h 分别为用角焊缝和对接焊缝的角部连接。

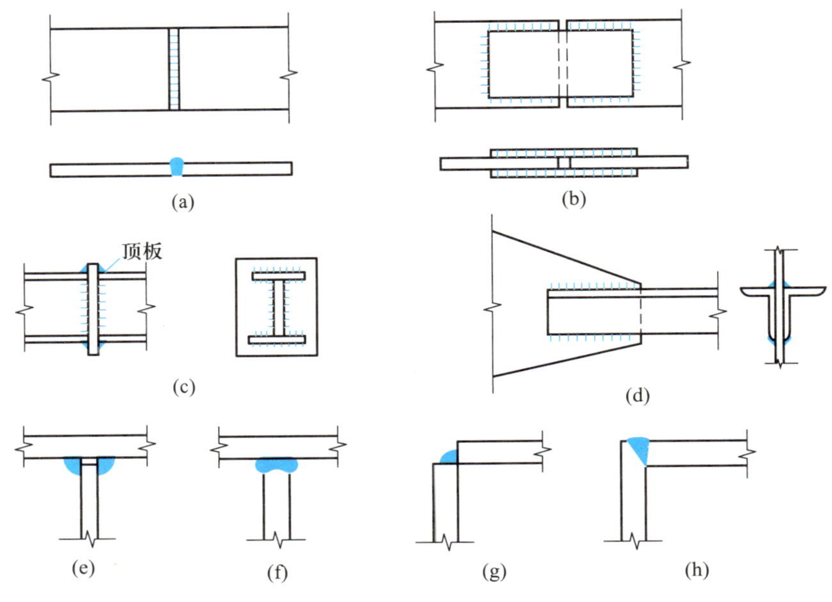

图 6.10　焊缝连接的形式

6.2.3　焊缝形式

1. 按照与受力方向的关系分类

对接焊缝按其受力方向与焊缝长度方向的关系，分为对接正焊缝和对接斜焊缝，如图 6.11 所示。角焊缝按其受力方向与焊缝长度方向的关系可分为正面角焊缝、侧面角焊缝和斜焊缝，如图 6.12 所示。

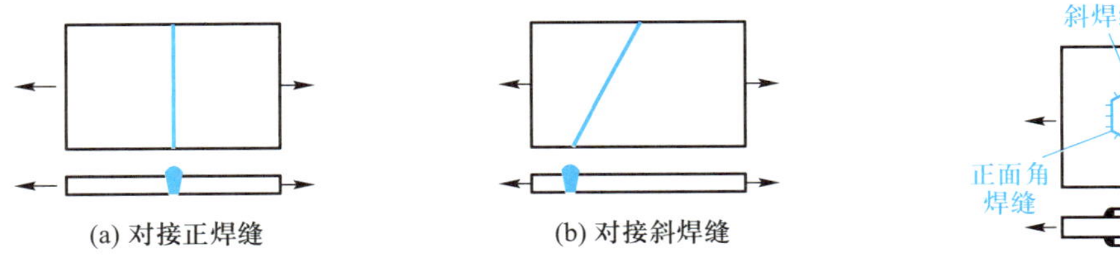

图 6.11　对接焊缝的形式

图 6.12　角焊缝的形式

2. 按照沿长度方向的分布情况分类

焊缝沿长度方向的布置分为连续角焊缝和间断角焊缝两种，如图 6.13 所示。连续角焊缝的受力性能较好，为主要的角焊缝形式。间断角焊缝的起、灭弧处容易引起应力集中，只能用于一些次要构件的连接或次要焊缝中，重要结构应避免采用。承受动力荷载时，严禁采用间断角焊缝。间断角焊缝的间断距离 l 不宜过长，以免连接不紧密，潮气侵入引起构件锈蚀。一般在受压构件中应满足 $l \leqslant 15t$，在受拉构件中满足 $l \leqslant 30t$，t 为较薄焊件的厚度。

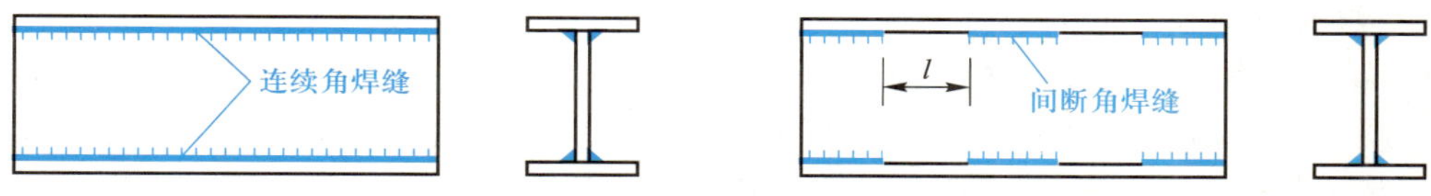

图 6.13　连续角焊缝和间断角焊缝

3. 按照施焊位置分类

焊缝按施焊位置分为俯焊、横焊、立焊及仰焊(图 6.14)。俯焊施焊方便,质量最好。立焊和横焊要求焊工的操作水平比平焊高,生产效率及焊缝质量要比俯焊差一些。仰焊的操作条件最差,焊缝质量不易保证,因此应尽量避免采用仰焊。

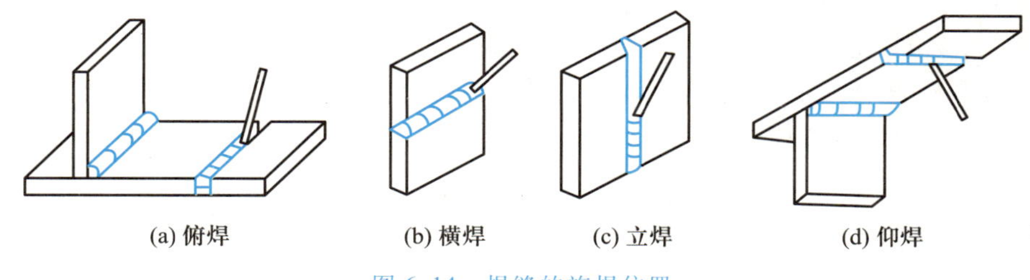

图 6.14　焊缝的施焊位置

6.2.4　焊缝缺陷及质量检验

1. 焊缝缺陷

在焊接过程中,焊缝金属及其附近热影响区钢材的表面或内部会产生各种焊缝缺陷。焊缝缺陷种类很多,其中裂纹(图 6.15a、b)是焊缝连接中最危险的缺陷,分为热裂纹和冷裂纹,前者在焊接时产生,后者在焊缝冷却的过程中产生。气孔(图 6.15c)一般是因空气侵入或受潮的药皮熔化时产生气体而形成的,也可能是因焊件金属上的油、锈、垢物等引起的。当气孔孤立存在时,对静载的影响不大;但当气孔为链状时,相当于裂缝,对静载的影响较大。因此,在焊接时,应对焊条进行烘干、保温。

焊缝的其他缺陷有烧穿(图 6.15d)、夹杂(图 6.15e)、未焊透(图 6.15f)、咬边(图 6.15i)、焊瘤(图 6.15j)等,以及焊缝尺寸不符合要求、焊缝成型不良等。

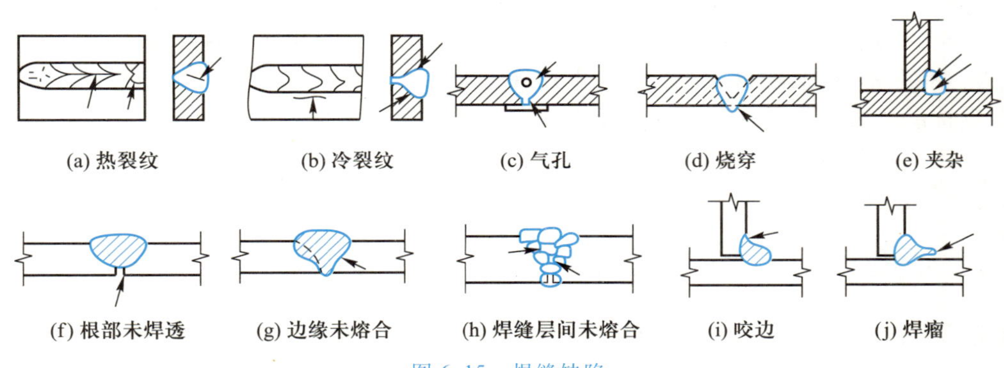

图 6.15　焊缝缺陷

2. 焊缝质量检验

焊缝缺陷的存在，导致焊缝的截面面积减小，使焊缝强度不同程度地降低，因在缺陷处容易形成应力集中，对结构和构件会产生不利影响，成为连接破坏的隐患和根源。为了避免或减少上述缺陷，保证焊缝连接的可靠性，除了采用合理的焊接工艺和措施外，对焊缝进行质量检查极为重要。

焊缝质量检验一般可用外观检查及内部无损检验，前者检查外观缺陷和几何尺寸，后者检查内部缺陷。内部无损检验目前广泛采用超声波检验，该方法使用灵活、经济，对内部缺陷反应灵敏，但不易识别缺陷性质。有时还用磁粉检验，该方法用荧光检验等较简单的方法作为辅助。此外，还可采用 X 射线或 γ 射线透照或拍片，目前工程中应用较多的是 X 射线检验。

现行的 GB 50205—2020《钢结构工程施工质量验收标准》规定：焊缝按其检验方法和质量要求分为一级、二级和三级。三级焊缝只要求对全部焊缝作外观检查；设计要求全焊透的一级、二级焊缝则除外观检查外，还要求用超声波探伤进行内部缺陷的检验，二级对每条焊缝的探伤比例为 20%，一级对每条焊缝的探伤比例为 100%。超声波探伤不能对缺陷作出判断时，应采用射线探伤检验。

焊缝的质量等级应根据结构的重要性、荷载特性、焊缝形式、工作环境及应力状态等情况进行选用，对于结构安全等级为一、二级构件的焊缝，焊缝设计等级不低于二级；对于结构安全等级为三级构件的焊缝，焊缝设计等级可为三级。

GB 50661—2011《钢结构焊接规范》对焊缝质量等级的规定如下：

（1）在承受动力荷载且需要进行疲劳验算的构件中，凡要求与母材等强连接的焊缝应焊透，其质量等级应符合下列规定：

① 作用力垂直于焊缝长度方向的横向对接焊缝或 T 形对接与角接组合焊缝，受拉时应为一级，受压时不应低于二级；

② 作用力平行于焊缝长度方向的纵向对接焊缝不应低于二级；

③ 重级工作制（A6～A8）和起重量 $Q \geq 50$ t 的中级工作制（A4、A5）吊车梁的腹板与上翼缘之间，以及吊车桁架上弦杆与节点板之间的 T 形连接部位焊缝应焊透，焊缝形式宜为对接与角接的组合焊缝，其质量等级不应低于二级。

（2）在工作温度等于或低于-20 ℃的地区，构件对接焊缝的质量不得低于二级。

（3）不需要疲劳验算的构件中，凡要求与母材等强的对接焊缝宜焊透，其质量等级受拉时不应低于二级，受压时不宜低于二级。

（4）部分焊透的对接焊缝、采用角焊缝或部分焊透的对接与角接组合焊缝的 T 形连接部位，以及搭接连接角焊缝，其质量等级应符合下列规定：

① 直接承受动力荷载且需要疲劳验算的结构和吊车起重量等于或大于 50 t 的中级工作制吊车梁及梁柱、牛腿等重要节点不应低于二级；

② 其他结构可为三级。

6.2.5 焊缝符号

在钢结构施工图上要用焊缝符号标明焊缝形式、尺寸和辅助要求。焊缝符号由指引线和表示焊缝截面形状的基本符号组成，必要时可加上辅助符号、补充符号和焊缝尺寸符号。

指引线一般由箭头线和基准线组成。基准线一般应与图纸的底边相平行，特殊情况也可与底边相垂直。箭头指到图形上相应的焊缝处，基准线的上、下用来标注图形符号和焊缝尺寸。当指引线的箭头指向焊缝所在的一面时，应将图形符号和焊缝尺寸等标注在基准线的上面；当指引线的箭头指向焊缝所在的另一面时，应将图形符号和焊缝尺寸等标注在基准线的下面。必要时，可在基准线的末端加一尾部做其他辅助说明。表 6-1 列出了一些常用焊缝符号。

表 6-1　常用焊缝符号

	角焊缝				对接焊缝	塞焊缝	三边围焊缝
	单面焊缝	双面焊缝	现场焊缝	相同焊缝			
形式					p　b　α		
标注方法	h_{fh}　h_f	h_f	h_f		p　b　a	h_f	h_f　E50 E50为对焊条的辅助说明

6.3　对接焊缝的构造要求和计算

6.3.1　对接焊缝的构造要求

对接焊缝的焊件常需做成坡口，故又叫坡口焊缝。坡口形式与焊件厚度有关。如图 6.16 所示，① 当焊件厚度很小（手工焊 ≤6 mm，埋弧焊 ≤10 mm）时，可用直边缝；② 对于一般厚度的焊件，可采用具有斜坡口的单边 V 形焊缝或 V 形焊缝；③ 对于较厚的焊件（t>20 mm），则采用 U 形、K 形和 X 形坡口。斜坡口和根部间隙 c 共同组成一个焊条能够运转的施焊空间，使焊缝易于焊透，钝边 p 有托住熔化金属的作用。对于 V 形焊缝和 U 形焊缝，需对焊缝根部进行补焊。对接焊缝坡口形式的选用，应根据板厚和施工条件按现行标准 GB/T 985.1—2008《气焊、焊条电弧焊、气体保护焊和高能束焊的推荐坡口》和 GB/T 985.2—2008《埋弧焊的推荐坡口》的要求进行。

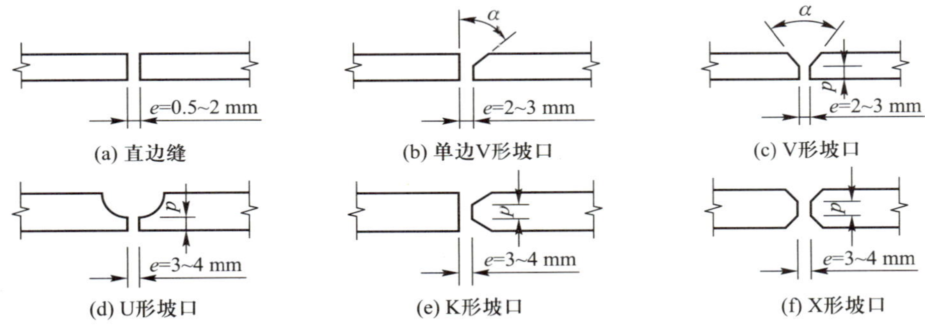

图 6.16　对接焊缝的坡口形式(单位:mm)

在对接焊缝的拼接处,当焊件的宽度不同或厚度相差 4 mm 以上时,为了减少应力集中,应分别在板的宽度方向或厚度方向从一侧或两侧做成图 6.17 所示的斜坡,以使截面过渡平缓。GB 50017—2017《钢结构设计标准》规定,斜坡的坡度不大于 1 : 2.5(当需要进行疲劳计算时,坡度不大于 1 : 4)。当板厚相差不大于 4 mm 时,可不做斜坡,焊缝打磨平顺,焊缝的计算厚度取较薄板件的厚度。

在焊缝的起灭弧处,常会出现弧坑等缺陷,这些缺陷对承载力影响极大,故焊接时一般应设置引弧板和引出板(图 6.18),焊后将它割除。对受静力荷载的结构设置引弧(出)板有困难时,允许不设置引弧(出)板,此时,可令焊缝计算长度等于实际长度减 $2t$(t 为较薄焊件厚度)。

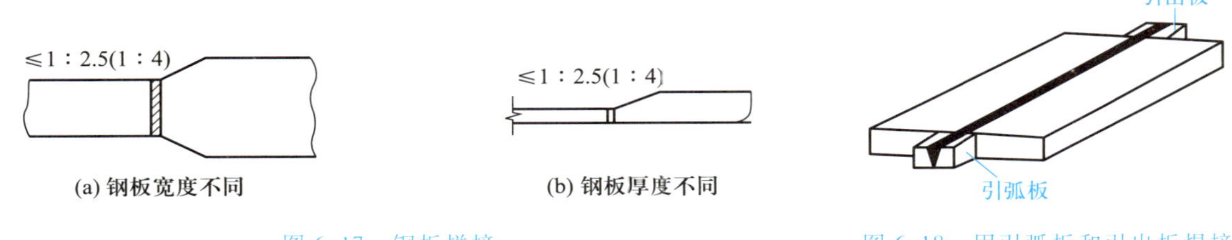

图 6.17　钢板拼接

图 6.18　用引弧板和引出板焊接

6.3.2　对接焊缝的计算

对接焊缝的强度与所用钢材的牌号、焊条型号及焊缝质量的检验标准等因素有关。如果焊缝中不存在任何缺陷,焊缝金属的强度应该高于母材。试验证明,焊接缺陷对受压、受剪的对接焊缝影响不大,故可认为受压、受剪的对接焊缝与母材强度相等,但受拉的对接焊缝对缺陷甚为敏感。当缺陷面积与焊件截面面积之比超过 5% 时,对接焊缝的抗拉强度将明显下降。由于三级检验的焊缝允许存在的缺陷较多,故其抗拉强度为母材强度的 85%,而对于一、二级检验的焊缝,其抗拉强度可认为与母材强度相等。

由于对接焊缝是焊件截面的组成部分,焊缝中的应力分布情况基本上与焊件原来的情况相同,因此除把焊件的截面的几何特性(A、I、W、S)改为焊缝截面的几何特性外,对接焊缝的计算方法与构件的强度计算相同。

1. 受轴心力作用的对接焊缝

在对接接头和 T 形接头中,垂直于轴心拉力或轴心压力 N 的对接焊缝(图 6.19),其强度应按下式计算：

$$\sigma=\frac{N}{l_w t}\leqslant f_t^w \text{或} f_c^w \tag{6-1}$$

式中：N——轴心拉力或轴心压力设计值；

l_w——焊缝的计算长度，当未采用引弧板或引出板施焊时，取实际长度减去 $2t$；

t——在对接接头中为连接件的较小厚度，在 T 形接头中为腹板厚度；

f_t^w、f_c^w——对接焊缝的抗拉、抗压强度设计值。

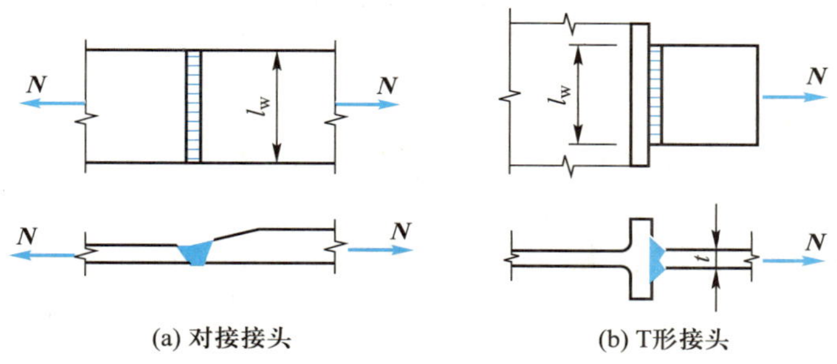

图 6.19　直对接焊缝强度的计算

GB 50205—2020《钢结构工程施工质量验收标准》规定，对接焊缝施焊时均应加引弧板，以避免焊缝两端的起落弧缺陷，这样焊缝计算长度应取为实际长度。但在某些特殊情况下，如 T 形接头，因加引弧板较为困难而未加时，则每条焊缝计算长度应减去 $2t$。因此，在一般加引弧板施焊的情况下，所有受压、受剪的对接焊缝及受拉的一、二级焊缝，均与母材等强，不用计算，只有受拉的三级焊缝才需要进行计算。

当直焊缝不能满足强度要求时，可采用斜焊缝。图 6.20 所示的轴心受拉斜焊缝，其强度可按下列公式计算：

$$\sigma=\frac{N\sin\theta}{l_w t}\leqslant f_t^w \tag{6-2}$$

$$\tau=\frac{N\cos\theta}{l_w t}\leqslant f_v^w \tag{6-3}$$

式中：l_w——斜焊缝的计算长度，加引弧板时 $l_w=b/\sin\theta$，不加引弧板时 $l_w=b/\sin\theta-2t$，b 为母板宽度；

f_v^w——对接焊缝抗剪强度设计值。

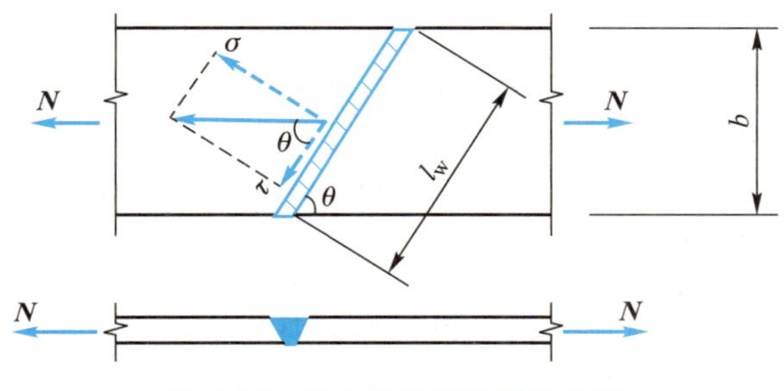

图 6.20　斜对接焊缝强度的计算

计算证明,三级检验的对接焊缝与作用力间的夹角 θ 满足 $\tan\theta \leqslant 1.5$ 时,如斜焊缝的强度不低于母材强度,可不再进行验算。

2. 受弯矩和剪力共同作用的对接焊缝

图 6.21a 所示的对接焊缝受弯矩和剪力共同作用。由于焊缝截面是矩形,正应力与剪应力图形分别为三角形与抛物线形,其最大值应分别满足下列强度条件:

$$\sigma=\frac{M}{W_{\mathrm{w}}}=\frac{6M}{l_{\mathrm{w}}^{2}t}\leqslant f_{\mathrm{t}}^{\mathrm{w}} \tag{6-4}$$

$$\tau_{\max}=\frac{VS_{\mathrm{w}}}{I_{\mathrm{w}}t}=\frac{3}{2}\frac{V}{l_{\mathrm{w}}t}\leqslant f_{\mathrm{v}}^{\mathrm{w}} \tag{6-5}$$

式中:W_{w}——焊缝截面模量;

S_{w}——焊缝截面面积矩;

I_{w}——焊缝截面惯性矩。

图 6.21b 为工字形截面梁的接头,采用对接焊缝,除应分别验算最大正应力和剪应力外,对于同时受有较大正应力和较大剪应力处(腹板与翼缘的交接点处),还应按下式验算折算应力:

$$\sqrt{\sigma_{1}^{2}+3\tau_{1}^{2}}\leqslant 1.1f_{\mathrm{t}}^{\mathrm{w}} \tag{6-6}$$

式中:σ_1、τ_1——验算点处的焊缝正应力和剪应力。

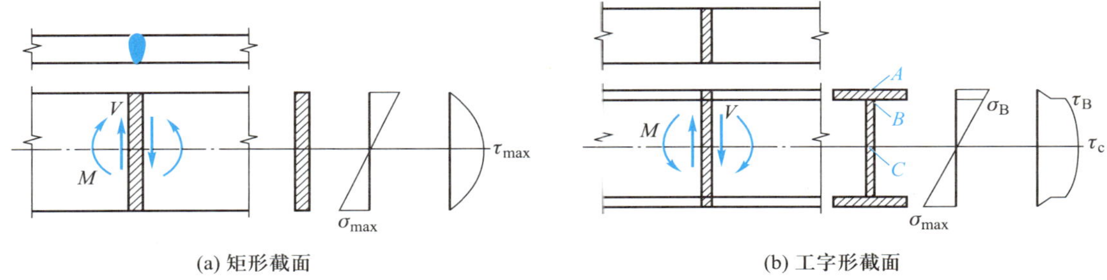

图 6.21 对接焊缝受弯矩和剪力共同作用

3. 受轴心力、弯矩和剪力共同作用的对接焊缝

当轴心力与弯矩、剪力联合作用时,轴心力和弯矩在焊缝中引起的正应力应进行叠加,剪应力仍按式(6-5)验算,折算应力仍按式(6-6)验算。

【例题 6-1】 计算工字形截面牛腿与钢柱连接的对接焊缝强度(图 6.22)。$F=500$ kN(设计值),偏心距 $e=300$ mm。钢材为 Q235B,焊条为 E43 型,手工焊。焊缝为三级检验标准,上、下翼缘加引弧板和引出板施焊。

【解】 此牛腿与柱的连接焊缝承受偏心力 F 产生的弯矩 $M=Fe$ 与剪力 $V=F$ 的共同作用。

(1) 内力计算

$$V=F=500\ \mathrm{kN},\quad M=Fe=500\ \mathrm{kN}\times0.3\ \mathrm{m}=150\ \mathrm{kN\cdot m}$$

(2) 截面几何特性

$$I_x=\frac{1}{12}\times12\times380^3\ \mathrm{mm}^4+\left[\frac{1}{12}\times250\times16^3+250\times16\times(210-8)^2\right]\times2\ \mathrm{mm}^4=38\ 147.5\times10^4\ \mathrm{mm}^4$$

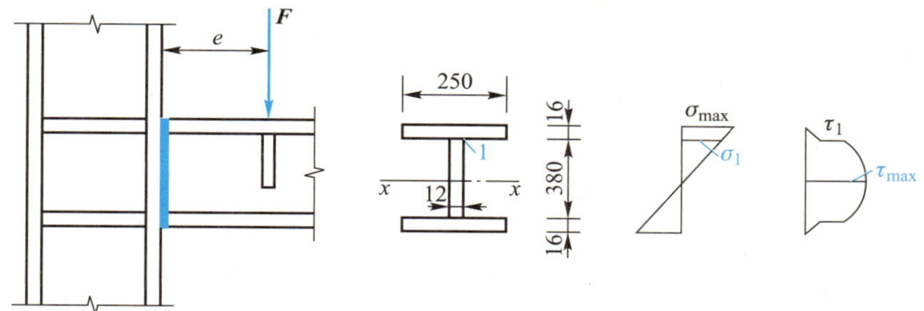

图 6.22　例题 6-1 图

$$S_{max}=250\times16\times198\ \text{mm}^3+190\times12\times\frac{190}{2}\ \text{mm}^3=1\ 008.6\times10^3\ \text{mm}^3$$

$$S_1=250\times16\times198\ \text{mm}^3=792\times10^3\ \text{mm}^3$$

(3) 应力计算

最大正应力：$\sigma_{max}=\frac{M}{I_x}\cdot\frac{h}{2}=\frac{150\times10^6\ \text{N}\cdot\text{mm}\times412\ \text{mm}}{36\ 867.5\times10^4\ \text{mm}^4\times2}=83.8\ \text{N/mm}^2<f_t^w=185\ \text{N/mm}^2$

最大剪应力：$\tau_{max}=\frac{VS}{I_xt_w}=\frac{500\times10^3\ \text{N}\times1\ 008.6\times10^3\ \text{mm}^3}{36\ 867.5\times10^4\ \text{mm}^4\times12\ \text{mm}}=114.0\ \text{N/mm}^2<f_v^w=125\ \text{N/mm}^2$

1 点处正应力：

$$\sigma_1=\frac{M}{I_x}\cdot y_1=\frac{150\times10^6\ \text{N}\cdot\text{mm}}{36\ 867.5\times10^4\ \text{mm}^4}\times190\ \text{mm}=77.3\ \text{N/mm}^2$$

1 点处剪应力：

$$\tau_1=\frac{VS_1}{I_xt_w}=\frac{500\times10^3\ \text{N}\times792\times10^3\ \text{mm}^3}{36\ 867.5\times10^4\ \text{mm}^4\times12\ \text{mm}}=89.5\ \text{N/mm}^2$$

1 点处折算应力：

$$\sqrt{\sigma_1^2+3\tau_1^2}=\sqrt{77.3^2+3\times89.5^2}\ \text{N/mm}^2=173.2\ \text{N/mm}^2<1.1f_t^w=203.5\ \text{N/mm}^2$$

满足要求。

6.4　角焊缝的构造要求和计算

6.4.1　角焊缝的形式和应力分布特点

1. 角焊缝的形式

角焊缝是最常用的焊缝，按其截面形式分为直角角焊缝（图 6.23）和斜角角焊缝（图 6.24）。直角角焊缝通常焊成表面微凸的等腰直角三角形截面（图 6.23a）。在直接承受动力荷载的结构中，为了减少应力集中，提高构件的抗疲劳强度，侧面角焊缝以凹形为最好。但手工焊成凹形极为费事，因此采用手工焊时，焊缝做成直线形较为合适。采用自动焊时，由于电流较大，金属熔化速度快、熔深大，焊缝金属冷却后的收缩自然形成凹形表面（图 6.23c）。为此，规定在直接承受动力荷载的结构(如吊车梁)中,侧面角焊缝做成凹形或直线形均可。对正面角焊缝,因其刚度较大,受动力荷载时应焊成平坡式(图 6.23b),直角边的比例通常为 1 : 1.5(长边顺内力方向)。

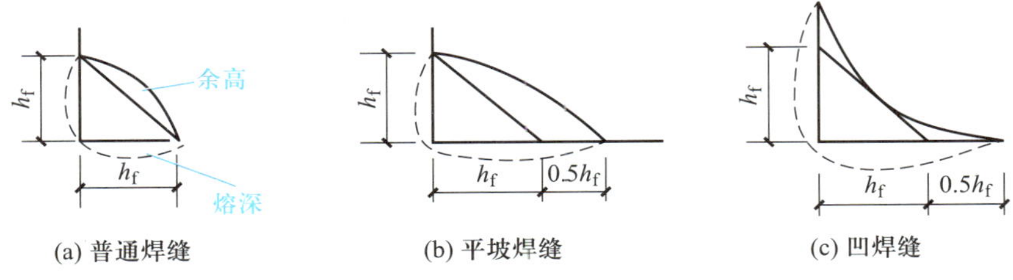

图 6.23 直角角焊缝

两焊脚边的夹角 $\alpha>90°$ 或 $\alpha<90°$ 的焊缝称为斜角角焊缝(图 6.24),斜角角焊缝常用于钢漏斗和钢管结构中。对于夹角 $\alpha>135°$ 或 $\alpha<60°$ 的斜角角焊缝,除钢管结构外,不宜用作受力焊缝。

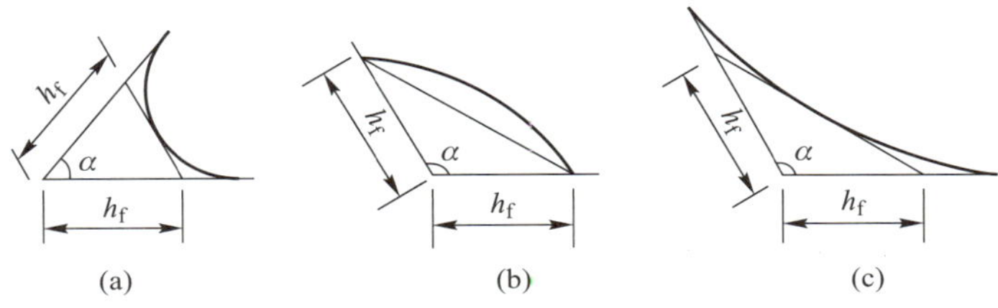

图 6.24 斜角角焊缝

2. 角焊缝的应力分布特点

(1) 侧面角焊缝

大量试验结果表明:侧面角焊缝主要承受剪应力,塑性较好,弹性模量低($E=0.7\times10^5\sim1\times10^5$ N/mm^2),强度也较低。由于传力线通过侧面角焊缝时产生弯折,因而应力沿焊缝长度方向的分布不均匀,呈两端大、中间小的状态(图 6.25),焊缝越长,应力分布不均匀性越显著,即 τ 分布不均匀,且不均匀程度随 l_w 的增大而增加,因此,破坏常从两端开始,在出现裂纹后很快沿焊缝有效截面迅速断裂,但在接近塑性工作阶段时,产生应力重分布,可使应力分布的不均匀现象渐趋缓和。

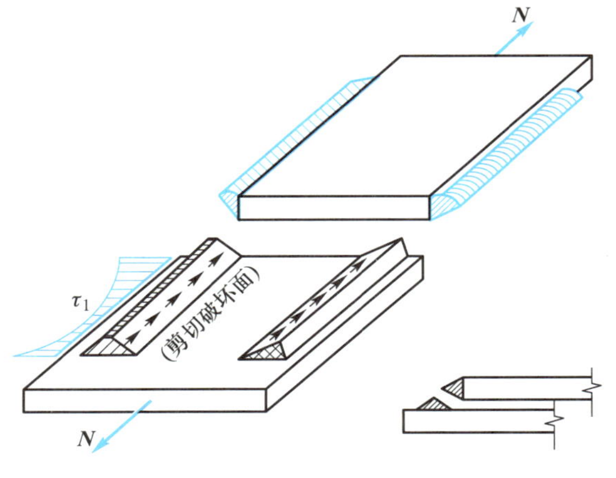

图 6.25 侧面角焊缝的应力

(2) 正面角焊缝

正面角焊缝受力复杂,截面中的各面均存在正应力和剪应力(图 6.26)。由于传力时力线弯折,并且焊根处正好是两焊件接触面的端部,相当于裂缝的尖端,故焊根处存在着很严重的应力集中。与侧面角焊缝相比,正面角焊缝的刚度较大(弹性模量 $E\approx1.5\times10^5$ N/mm^2),强度较高，但塑性变形要差些。即 σ 沿焊缝长度方向分布比较均匀，但应力状态比侧面角焊缝复杂，两焊脚边均有拉、压应力和 τ，在焊缝根部存在应力集中，裂纹首先在此处产生，断裂面可近似地假定在有效截面。

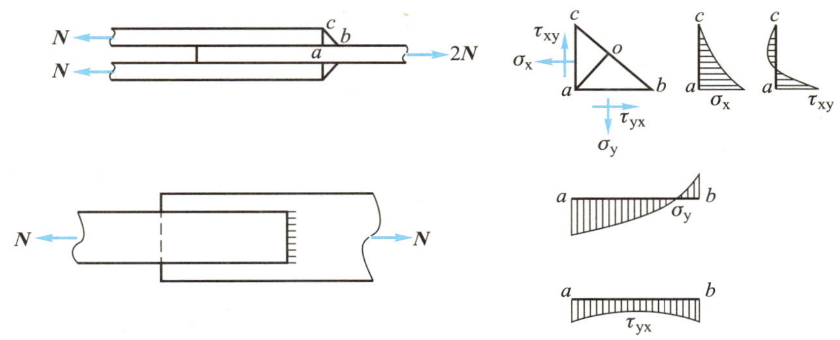

图 6.26　正面角焊缝的应力状态

6.4.2　角焊缝的构造要求

1. 角焊缝的尺寸要求

(1) 最小焊脚尺寸

角焊缝的焊脚尺寸 h_f 指焊缝根角至焊缝外边的尺寸（图 6-27），h_f 不应过小，以保证焊缝的最小承载能力，并防止焊缝因冷却过快而产生裂纹。角焊缝最小焊脚尺寸宜按表 6-2 取值。其中，母材的厚度与焊接方法有关，采用不预热的非低氢焊接方法时，t 值取焊接连接部位中较厚板件的厚度；采用预热的非低氢焊接方法或低氢焊接方法时，t 值取焊接连接部位中较薄板件的厚度。对于承受动力荷载的连接，不得采用 h_f 小于 5 mm 的角焊缝。

表 6-2　角焊缝最小焊脚尺寸

母材厚度	角焊缝最小焊脚尺寸/mm
$t \leq 6$ mm	3
6 mm$<t\leq$12 mm	5
12 mm$<t\leq$20 mm	6
$t>20$ mm	8

(2) 最大焊脚尺寸

角焊缝的焊脚尺寸 h_f 如果太大，焊缝收缩时将会产生较大的焊接变形，且热影响区扩大，容易产生脆裂，较薄板件容易烧穿。除钢管结构外，h_f 不宜大于较薄焊件厚度的 1.2 倍，即 $h_f \leq 1.2t_{min}$（t_{min} 为 t_1、t_2 中的较小值，图 6.27a）。

在板件边缘的角焊缝（图 6.27b），当板件厚度 $t>6$ mm 时，不易焊满全厚度，故取 $h_f \leq t-(1\sim 2$ mm)；当板件厚度 $t \leq 6$ mm 时，通常用小焊条施焊，易于焊满全厚度，则取 $h_f \leq t$。

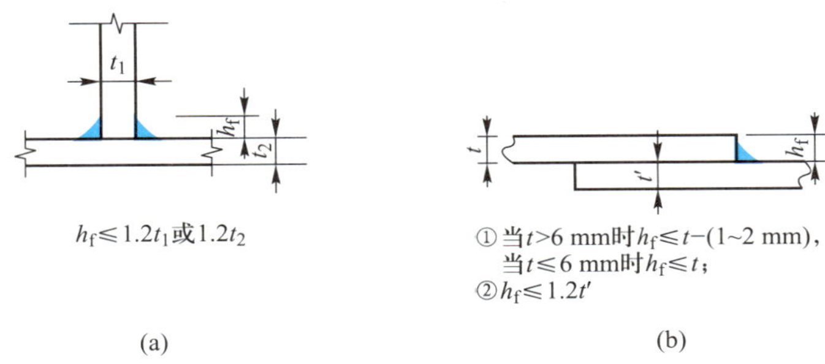

图 6.27 最大焊脚尺寸

2. 侧面角焊缝的计算长度要求

(1) 最大计算长度

侧面角焊缝的计算长度 l_w 不宜大于 $60h_f$,当大于 $60h_f$ 时,焊缝的承载力设计值应乘以折减系数 α_f,$\alpha_f=1.5-l_w/(120h_f)$,并不小于 0.5。这是因为,侧焊缝应力沿长度分布不均匀,两端较中间大(图 6.25),且焊缝越长差别越大。当焊缝太长时,虽然因塑性变形仍会产生内力重分布,但两端可能会因应力首先达到强度极限而破坏。

当内力沿侧面角焊缝全长分布时,计算长度可不受上述限制。比如焊接梁柱翼缘板与腹板的连接焊缝、梁的支承加劲肋与腹板的连接焊缝、屋架中弦杆与节点板的连接焊缝等。

(2) 最小计算长度

角焊缝的焊脚尺寸大而长度较小时,焊件的局部加热严重,焊缝起灭弧所引起的缺陷相距太近,还可能受焊缝中产生的其他缺陷影响,使焊缝不够可靠。对搭接连接的侧面角焊缝而言,如果焊缝长度过小,由于力线弯折大,也会造成严重应力集中。因此,为了使焊缝能够有一定的承载能力,根据使用经验,侧面角焊缝或正面角焊缝的计算长度均不得小于 $8h_f$ 和 40 mm。

3. 搭接构造要求

(1) 在搭接连接中,传递轴向力的部件(图 6.28),其搭接连接最小搭接长度应为较薄焊件厚度的 5 倍,且不得小于 25 mm,并应施焊纵向或横向双角焊缝。

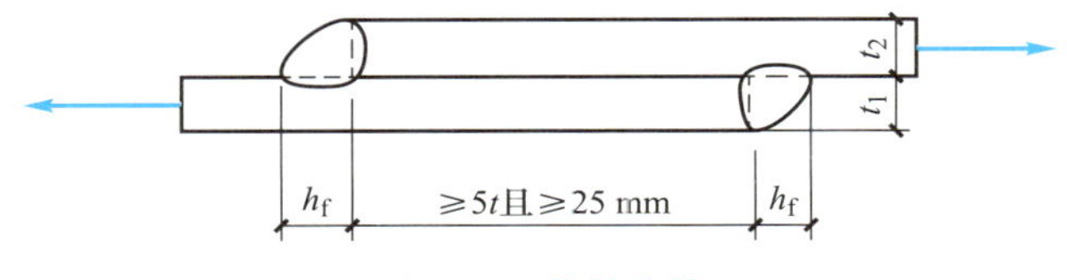

图 6.28 搭接连接

(2) 杆件端部搭接采用三面围焊时,在转角处截面突变会产生应力集中,如在此处起灭弧,可能出现弧坑或咬边等缺陷,从而加大应力集中的影响。因此,所有围焊的转角处必须连续施焊。对于非围焊情况,当角焊缝的端部在构件转角处时,可连续地做长度为 $2h_f$ 的绕角焊(图 6.29)。

(3) 当板件端部仅有两条侧面角焊缝连接时(图 6.29),试验结果表明,连接的承载力与 b/l_w 有关。b 为两侧焊缝的距离,l_w 为侧焊缝长度。当 $b/l_w>1$ 时,连接的承载力随着 b/l_w 值的增大而明显下降。这主要是因为应力传递过分弯折使构件中应力分布不均匀而造成的。为使连接强度不致过分降低，每条侧焊缝的长度不宜小于两侧面角焊缝之间的距离，即 $b/l_w \leqslant 1$。

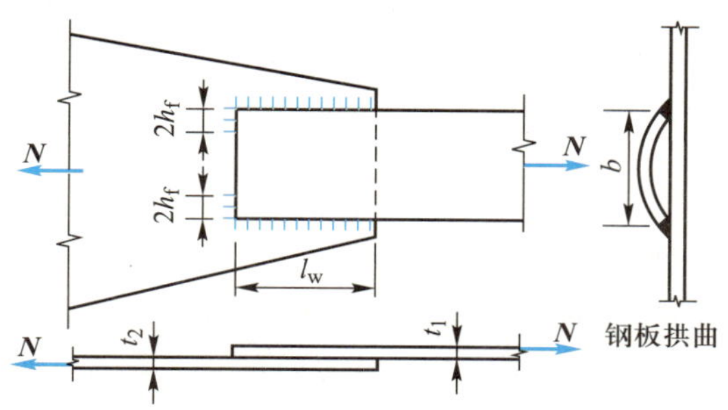

图 6.29　施加绕角焊和板拱曲示意

(4) 只采用纵向角焊缝来连接型钢杆件端部时，型钢杆件的宽度 b 不应大于 200 mm，当宽度 b 大于 200 mm 时，应加横向角焊缝或中间塞焊（图 6.30），以免因焊缝横向收缩引起板件产生较大拱曲。

塞焊焊缝承载力计算公式如下：

$$N = n \times \frac{\pi d^2}{4} f_f^w \tag{6-7}$$

式中：f_f^w——角焊缝强度设计值；

n——塞焊点数；

d——孔径。

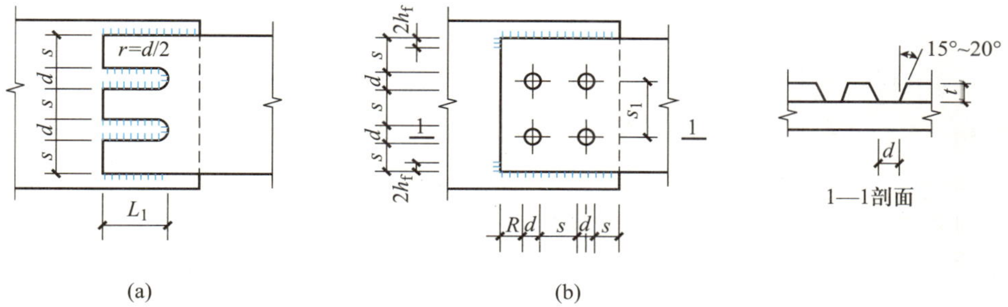

图 6.30　槽焊或中间塞焊防止板件拱曲

塞焊和槽焊焊缝的尺寸、间距、焊缝高度应符合以下规定：

① 塞焊和槽焊的有效面积应为贴合面上圆孔或长槽孔的标称面积。

② 塞焊焊缝的最小中心间隔应为孔径的 4 倍，槽焊焊缝的纵向最小间距应为槽孔长度的 2 倍，垂直于槽孔长度方向的两排槽孔的最小间距应为槽孔宽度的 4 倍。

③ 塞焊孔的最小直径不得小于开孔板厚度加 8 mm，最大直径应为最小直径加 3 mm 和开孔板厚度的 2.25 倍两值中较大者。槽孔长度不应超过开孔板厚度的 10 倍，最小及最大槽宽规定应与塞焊孔的最小及最大孔径规定相同。

④ 塞焊和槽焊的焊缝高度应符合以下规定：

a. 当母材厚度不大于 16 mm 时，应与母材厚度相同；

b. 当母材厚度大于 16 mm 时，不应小于母材厚度的一半和 16 mm 两值中较大者。

⑤ 承受动力荷载不需要进行疲劳验算的构件，采用塞焊、槽焊时，孔或槽的边缘到构件边缘在垂直于应力方向上的间距不应小于此构件厚度的 5 倍，且不应小于孔或槽宽度的 2 倍。

6.4.3 角焊缝的计算

本节仅表述典型的直角角焊缝的计算内容。

试验表明，直角角焊缝的破坏常发生在 45°方向的最小截面，故长期以来对角焊缝的研究均着重于这一部位。通常认为直角角焊缝是以 45°方向的最小截面(即有效厚度或计算厚度与焊缝计算长度的乘积)作为有效计算截面。对于图 6.31 所示直角角焊缝，有效厚度 h_e 取值如下：当两焊件间隙 $b \leqslant 1.5$ mm 时，$h_e=0.7h_f$；$1.5<b\leqslant 5$ mm 时，$h_e=0.7(h_f-b)$。

作用于焊缝有效截面上的应力如图 6.32 所示，这些应力包括垂直于焊缝有效截面的正应力 $\sigma_\perp$、垂直于焊缝长度方向的剪应力 $\tau_\perp$，以及沿焊缝长度方向的剪应力 $\tau_{//}$。

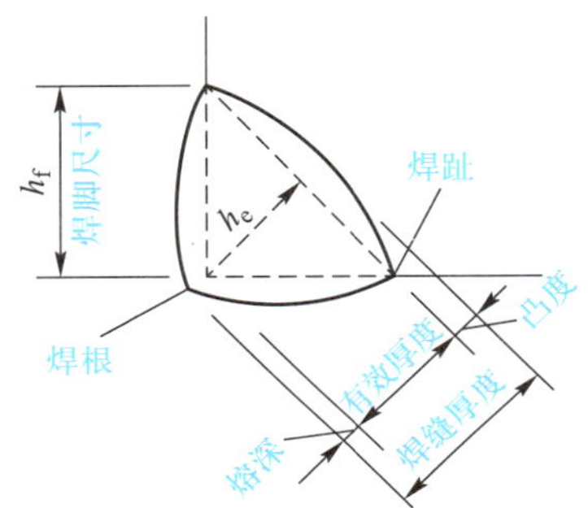

图 6.31 直角角焊缝截面图

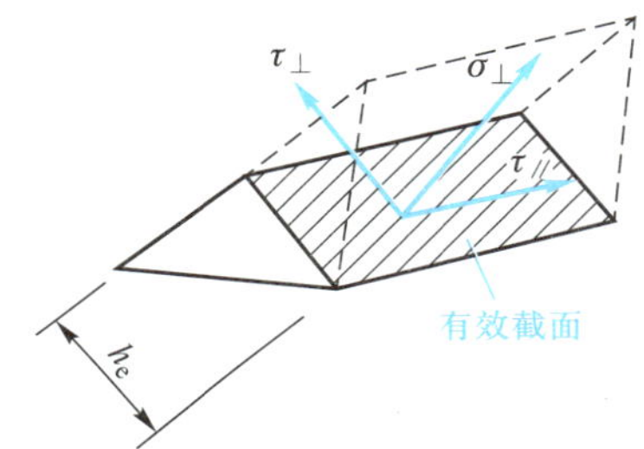

图 6.32 角焊缝有效截面上的应力

我国规范基于折算应力公式得角焊缝的计算式：

$$\sqrt{\sigma_\perp^2+3(\tau_\perp^2+\tau_{//}^2)} \leqslant \sqrt{3}f_f^w \tag{6-8}$$

式中，f_f^w 为规范规定的角焊缝强度设计值。

由于 f_f^w 是由角焊缝的抗剪条件确定的，所以 $\sqrt{3}f_f^w$ 相当于角焊缝的抗拉强度设计值。采用式(6-8)进行计算，即使是在简单外力作用下，都要花费时间去求有效截面上的应力分量 $\sigma_\perp$、$\tau_\perp$、$\tau_{//}$，太过烦琐。我国设计标准采用了下述方法进行简化。

现以图 6.33a 所示承受互相垂直的 N_y 和 N_x 两个轴心力作用的直角角焊缝为例，说明角焊缝基本公式的推导。N_y 在焊缝有效截面上引起垂直于焊缝一个直角边的应力 σ_f，该应力对有效截面既不是正应力，也不是剪应力，而是 $\sigma_\perp$ 和 $\tau_\perp$ 的合应力。

$$\sigma_f=\frac{N_y}{h_e l_w} \tag{6-9}$$

式中：N_y——垂直于焊缝长度方向的轴心力；

h_e——角焊缝的有效厚度；

l_w——焊缝的计算长度，考虑起灭弧缺陷，按各条焊缝的实际长度减去 $2h_f$ 计算。

由图 6.33b 知，对直角角焊缝 $\sigma_\perp=\tau_\perp=\sigma_f/\sqrt{2}$，沿焊缝长度方向的分力 N_x 在焊缝有效截面

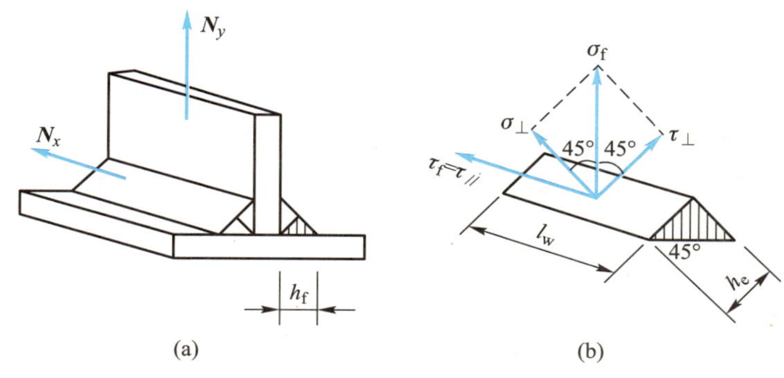

图 6.33 直角角焊缝的计算

上引起平行于焊缝长度方向的剪应力 $\tau_f=\tau_{//}$，即

$$\tau_f=\tau_{//}=\frac{N_x}{h_e l_w} \tag{6-10}$$

则得直角角焊缝在各种应力综合作用下，σ_f 和 τ_f 共同作用处的计算公式：

$$\sqrt{\left(\frac{\sigma_f}{\beta_f}\right)^2+\tau_f^2}\leqslant f_f^w \tag{6-11}$$

式中，β_f 为正面角焊缝的强度增大系数，$\beta_f=\sqrt{3/2}=1.22$。

对于正面角焊缝，$\tau_f=0$，由式(6-9)和式(6-11)得

$$\sigma_f=\frac{N}{h_e l_w}\leqslant\beta_f f_f^w \tag{6-12}$$

对于侧面角焊缝，$\sigma_f=0$，由式(6-10)和式(6-11)得

$$\tau_f=\frac{N}{h_e l_w}\leqslant f_f^w \tag{6-13}$$

式(6-11)～式(6-13)即为角焊缝的基本计算公式。只要将焊缝应力分解为垂直于焊缝长度方向的应力 σ_f 和平行于焊缝长度方向的应力 τ_f，上述基本公式就可适用于任何受力状态。

对于直接承受动力荷载结构中的焊缝，由于正面角焊缝的刚度大、韧性差，应将其强度降低使用，取 $\beta_f=1.0$，相当于按 σ_f 和 τ_f 的合应力进行计算，即 $\sqrt{\sigma_f^2+\tau_f^2}\leqslant f_f^w$。

6.4.4 常用连接方式的角焊缝计算

（一）受轴心力角焊缝连接的计算

1. 受轴心力的盖板对接连接

当焊件受轴心力，且轴心力通过连接焊缝中心时，可认为焊缝应力是均匀分布的。图 6.34 所示采用三面围焊的盖板对接连接中，对正面角焊缝按式(6-12)计算其承担的内力：

$$N'=\beta_f f_f^w \sum h_e l_w \tag{6-14}$$

式中，$\sum l_w$ 为连接一侧正面角焊缝计算长度总和。

再按式(6-13)，由力$(N-N')$验算侧面角焊缝的强度：

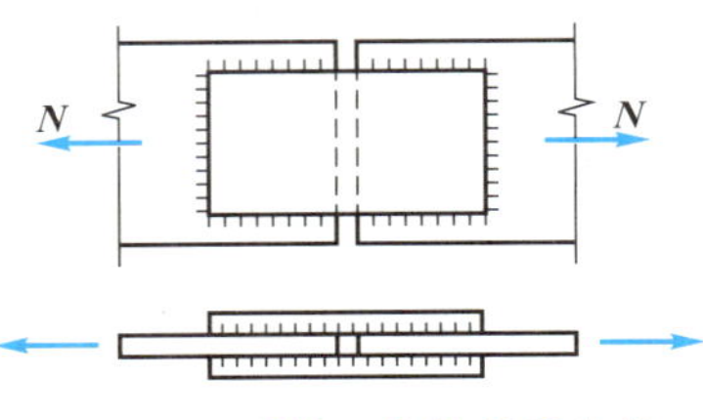

图 6.34　受轴心力的盖板连接

$$\tau_f = \frac{N-N'}{\sum h_e l_w} \leqslant f_f^w \qquad (6-15)$$

式中，$\sum l_w$ 为连接一侧侧面角焊缝计算长度总和。

图 6.34 盖板对接中，若只采用正面角焊缝或侧面角焊缝，为了避免转角处截面突变，应采用图 6.29 所示绕角焊，采用式（6-12）或式（6-13）分别计算即可，不过需要注意焊缝计算长度的取值。

【例题 6-2】 已知钢板宽 $B=400$ mm，厚度 $t_1=14$ mm，拼接盖板厚度 $t_2=8$ mm。该连接承受静力荷载 $N=1\,000$ kN（设计值），钢材为 Q235B，手工焊，焊条为 E43 型。试按图 6.35a 用侧面角焊缝，图 6.35b 用三面围焊设计该连接。

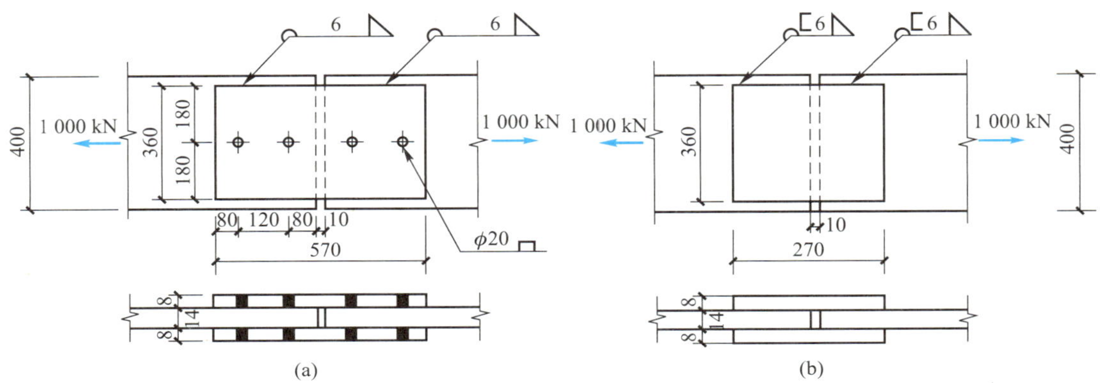

图 6.35　例题 6-2 图

【解】（1）拼接板截面选择：根据拼接板和主板承载力相等原则，拼接板钢材亦采用 Q235 钢，两块拼接板面积之和不小于主板截面面积。考虑拼接板要侧面施焊，取拼接板宽度为 360 mm，则拼接板厚度 $t_1=400\ \text{mm}\times14/(2\times360)=7.78$ mm，取 $t_1=8$ mm，故每块拼接板截面为 8 mm×360 mm。

（2）角焊缝的焊脚尺寸

$h_{f,max}\leqslant1.2t_2=1.2\times8\ \text{mm}=9.6$ mm 且为端部角焊缝，$h_{f,max}=t-(1\sim2)\ \text{mm}=8\ \text{mm}-(1\sim2)\ \text{mm}=5\sim6$ mm

$h_{f,min}\geqslant5$ mm（表 6-2）

故取焊脚尺寸 $h_f=6$ mm。

（3）采用侧面角焊缝

因 $b>200$ mm，连接每一侧加直径为 20 mm 的塞焊缝 2 个，其设计强度与角焊缝相同，塞焊缝承担的力：$N'=4\times\dfrac{\pi d^2}{4}f_f^w=4\times\dfrac{\pi\times20^2\ \text{mm}^2}{4}\times160\ \text{N/mm}^2=201\,061.9\ \text{N}\approx201$ kN。

侧面角焊缝的实际长度为

$$l=\frac{N-N'}{4h_e f_f^w}+2h_f=\frac{(1\,000-201)\times10^3}{4\times0.7\times6\times160}\ \text{mm}+12\ \text{mm}=309.2\ \text{mm}（取 310 mm）$$

被拼接板间留出缝隙 10 mm，故拼接板长度为

$$L=2l+10\ \text{mm}=2\times310\ \text{mm}+10\ \text{mm}=630\ \text{mm}$$

（4）采用三面围焊

正面角焊缝承担的力：

$$N''=0.7h_f\beta_f f_f^w\sum l_w''=0.7\times6\ \text{mm}\times1.22\times160\ \text{N/mm}^2\times2\times360\ \text{mm}=590\ 284.8\ \text{N}\approx590\ \text{kN}$$

侧面角焊缝的实际长度为

$$l'=\frac{N-N''}{4h_e f_f^w}+2h_f=\frac{(1\ 000-590)\times10^3}{4\times0.7\times6\times160}\ \text{mm}+12\ \text{mm}=164.5\ \text{mm}(\text{取}\ 170\ \text{mm})$$

故拼接板长度为

$$L'=2l'+10\ \text{mm}=2\times170\ \text{mm}+10\ \text{mm}=350\ \text{mm}$$

由此可见,三面围焊方案拼接板尺寸较小,从受力情况看也优于侧焊加塞焊。

2. 受斜向轴心力的角焊缝连接

图 6.36 为受斜向轴心力的角焊缝连接,将 N 分解为垂直于焊缝长度的轴心力 $N_x=N\sin\theta$ 和沿焊缝长度的剪力 $N_y=N\cos\theta$,则

$$\sigma_f=\frac{N_x}{\sum h_e l_w} \tag{6-16a}$$

$$\tau_f=\frac{N_y}{\sum h_e l_w} \tag{6-16b}$$

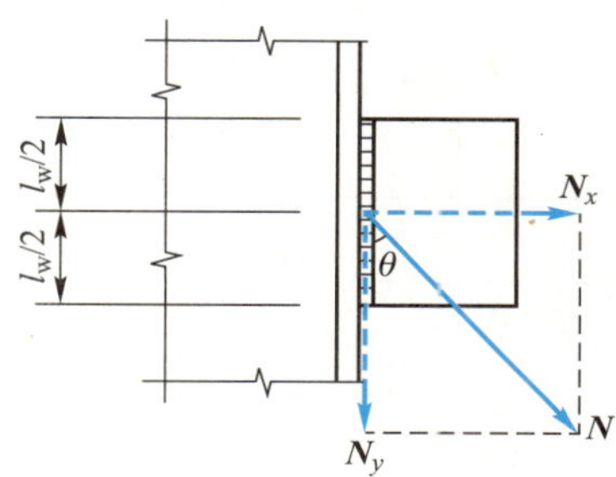

图 6.36　受斜向轴心力的角焊缝

代入式(6-11),得

$$\frac{N}{\beta_{f\theta}\sum h_e l_w}\leqslant f_f^w \tag{6-16c}$$

式中：θ——作用力(或焊缝应力)与焊缝长度方向的夹角;

$\beta_{f\theta}$——斜向受力焊缝强度增大系数(或有效截面增大系数),$\beta_{f\theta}=1\Big/\sqrt{1-\frac{\sin^2\theta}{3}}$,其值为 1.0~1.22,对于直接受动力荷载结构中的焊缝,取 $\beta_{f\theta}=1.0$。

3. 受轴心力作用的角钢端部角焊缝

在钢桁架中,角钢腹杆与节点板的连接焊缝一般采用两面侧焊(图 6.37a),也可采用三面围焊(图 6.37b),特殊情况下也允许采用 L 形围焊(图 6.37c)。腹杆受轴心力作用,为了避免焊缝偏心受力,焊缝所传递的合力的作用线应与角钢杆件的轴线重合。

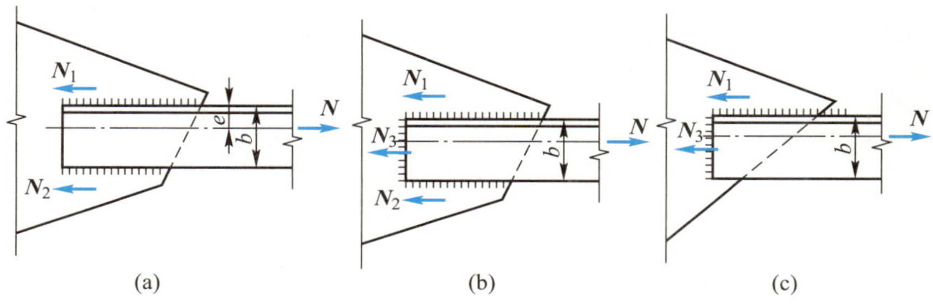

图 6.37　角钢腹杆与节点板的连接

(1) 采用三面围焊

可先假定正面角焊缝的焊脚尺寸 h_{f3}，求出正面角焊缝所分担的轴心力 N_3。当腹杆为双角钢组成的 T 形截面，且肢宽为 b 时

$$N_3 = 2\times0.7h_{f3}b\beta_f f_f^w \tag{6-17}$$

由平衡条件（$\sum M=0$）可得

$$N_1 = \frac{N(b-e)}{b} - \frac{N_3}{2} = k_1 N - \frac{N_3}{2} \tag{6-18}$$

$$N_2 = \frac{Ne}{b} - \frac{N_3}{2} = k_2 N - \frac{N_3}{2} \tag{6-19}$$

式中：N_1、N_2——角钢肢背和肢尖上的侧面角焊缝所分担的轴力；

e——角钢的形心距；

k_1、k_2——角钢肢背和肢尖焊缝的内力分配系数，可按表 6-3 查用。

表 6-3　角钢焊缝内力分配系数

角钢连接	连接情况	角钢肢背 k_1	角钢肢尖 k_2
等边角钢		0.70	0.30
不等边角钢（短边相并）		0.75	0.25
不等边角钢（长边相并）		0.62	0.32

(2) 采用两面侧焊

因 $N_3=0$，得

$$N_1 = k_1 N \tag{6-20a}$$

$$N_2 = k_2 N \tag{6-20b}$$

求得各条焊缝所受的内力后，按构造要求（角焊缝的尺寸限制）假定肢背和肢尖焊缝的焊脚尺寸，即可求出焊缝的计算长度。例如对双角钢截面：

$$l_{w1} = \frac{N_1}{2\times0.7h_{f1}f_f^w} \tag{6-21a}$$

$$l_{w2} = \frac{N_2}{2\times0.7h_{f2}f_f^w} \tag{6-21b}$$

式中：h_{f1}、l_{w1}——角钢肢背上的侧面角焊缝的焊脚尺寸及计算长度；

h_{f2}、l_{w2}——角钢肢尖上的侧面角焊缝的焊脚尺寸及计算长度。

考虑到每条焊缝两端的起灭弧缺陷，实际焊缝长度应为计算长度加 $2h_f$，采用绕角焊的侧面

角焊缝实际长度等于计算长度（绕角焊缝长度 $2h_f$ 不计入计算）。

(3) 采用L形围焊

当杆件受力很小时，可采用图6.37c所示L形围焊。由于只有正面角焊缝和角钢肢背上的侧面角焊缝，肢尖受力 $N_2=0$，得

$$N_3=2k_2N \tag{6-22}$$

$$N_1=N-N_3 \tag{6-23}$$

角钢肢背上的角焊缝计算长度可按式(6-21a)计算，角钢端部的正面角焊缝的长度已知，可按下式计算其焊脚尺寸：

$$h_{f3}=\frac{N_3}{2\times0.7l_{w3}f_f^w} \tag{6-24}$$

【例题6-3】 试设计角钢与连接板的直角角焊缝（图6.38）。轴心力设计值 $N=900$ kN（静力荷载）。角钢为 2∠125×80×10，长肢相连，连接板厚度 $t=12$ mm。钢材Q235B，手工焊，焊条E43型。

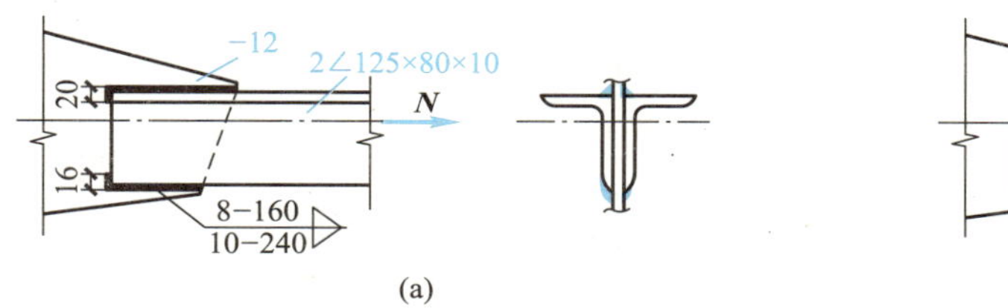

图6.38 例题6-3图

【解】 (1) 采用侧面角焊缝

采用如图6.38a所示的两面侧焊。为改善焊缝质量，在角钢端部做 $2h_f$ 的绕角焊，并连续施焊。两面侧焊角钢肢背和肢尖可采用不同的焊脚尺寸，且肢背尺寸可偏大。

角焊缝的焊脚尺寸 h_f 应根据板件厚度确定。由于肢尖处的焊缝属于在板件边缘施焊，且角钢的肢厚 $t_2=10$ mm>6 mm，且 $t_2<t_1=12$ mm，故

$$h_{fmax}=t_2-(1\sim2)\ \text{mm}=10\ \text{mm}-(1\sim2)\ \text{mm}=8\sim9\ \text{mm}$$

由表6-2确定最小焊脚尺寸 $h_{fmin}=5$ mm。

取肢背处 $h_{f1}=8$ mm，肢尖处 $h_f=6$ mm，查附表2-2得角焊缝强度设计值 $f_f^w=160\ \text{N/mm}^2$。

焊缝受力：

肢背：$N_1=k_1N=0.65\times900\ \text{kN}=585\ \text{kN}$

肢尖：$N_2=k_2N=0.35\times900\ \text{kN}=315\ \text{kN}$

肢背和肢尖需要的焊缝的计算长度：

$$l_{w1}=\frac{N_1}{2\times0.7h_{f1}f_f^w}=\frac{585\times10^3\ \text{N}}{2\times0.7\times8\ \text{mm}\times160\ \text{N/mm}^2}=326.5\ \text{mm}\begin{cases}<l_{wmax}=60h_f=60\times8\ \text{mm}=480\ \text{mm}\\>l_{wmin}=8h_f=8\times8\ \text{mm}=64\ \text{mm}\end{cases}$$

$$l_{w2}=\frac{N_2}{2\times0.7h_{f2}f_f^w}=\frac{315\times10^3\ \text{N}}{2\times0.7\times6\ \text{mm}\times160\ \text{N/mm}^2}=234.4\ \text{mm}\begin{cases}<l_{wmax}=60h_f=60\times6\ \text{mm}=360\ \text{mm}\\>l_{wmin}=8h_f=8\times8\ \text{mm}=64\ \text{mm}\end{cases}$$

故取焊缝的实际长度为 $l_1=330\ \text{mm}$,$l_2=240\ \text{mm}$(考虑到两条焊缝均有 $2h_f$ 的绕角焊,故未增加考虑起落弧缺陷的影响)。

(2)采用三面围焊

为缩小节点,节约钢材,现改用图 6.38b 所示的三面围焊,并在转角处连续施焊,焊脚尺寸统一取 $h_f=8\ \text{mm}$。

正面角焊缝能承受的内力:

$$N_3=2\times0.7h_f b\beta_f f_f^w=2\times0.7\times8\ \text{mm}\times125\ \text{mm}\times1.22\times160\ \text{N/mm}^2=273\ 280\ \text{N}\approx273.3\ \text{kN}$$

肢背和肢尖焊缝分担的内力:

$$N_1=k_1N-\frac{N_3}{2}=0.65\times900\ \text{kN}-\frac{273.3\ \text{kN}}{2}=448.4\ \text{kN}$$

$$N_2=k_2N-\frac{N_3}{2}=0.35\times900\ \text{kN}-\frac{273.3\ \text{kN}}{2}=178.4\ \text{kN}$$

肢背和肢尖焊缝需要的焊缝实际长度:

$$l_1=\frac{N_1}{2\times0.7h_f f_f^w}+h_f=\frac{448.4\times10^3\ \text{N}}{2\times0.7\times8\ \text{mm}\times160\ \text{N/mm}^2}+8\ \text{mm}=258.2\ \text{mm},\text{取}\ 260\ \text{mm}$$

$$l_2=\frac{N_2}{2\times0.7h_f f_f^w}+h_f=\frac{178.4\times10^3\ \text{N}}{2\times0.7\times8\ \text{mm}\times160\ \text{N/mm}^2}+8\ \text{mm}=107.6\ \text{mm},\text{取}\ 110\ \text{mm}$$

(二)弯矩、剪力或轴心力共同作用时角焊缝的计算

1. 含偏心斜拉力 N 作用的双面角焊缝连接

图 6.39 所示的双面角焊缝连接承受偏心斜拉力 N 作用,计算时,可将作用力 N 分解为 N_x 和 N_y 两个分力。角焊缝同时承受轴心力 N_x、剪力 N_y 和弯矩 $M=N_xe$ 的共同作用。焊缝计算截面上的应力分布如图 6.39b 所示,图中 A 点应力最大,作为控制设计点。此处垂直于焊缝长度方向的应力由两部分组成,即由轴心拉力 N_x 产生的应力为

$$\sigma_N=\frac{N_x}{A_e}=\frac{N_x}{2h_el_w} \tag{6-25}$$

由弯矩 M 产生的应力为

$$\sigma_M=\frac{M}{W_e}=\frac{6M}{2h_el_w^2} \tag{6-26}$$

这两部分应力由于在 A 点处的方向相同,可直接叠加,故 A 点垂直于焊缝长度方向的应力为

$$\sigma_f=\frac{N_x}{2h_el_w}+\frac{6M}{2h_el_w^2} \tag{6-27}$$

剪力 N_y 在 A 点处产生平行于焊缝长度方向的应力为

$$\tau_f=\frac{N_y}{A_e}=\frac{N_y}{2h_el_w} \tag{6-28}$$

式中,l_w 为焊缝的计算长度,等于实际长度减 $2h_f$。

然后将式(6-27)、式(6-28)代入式(6-11)验算焊缝强度。

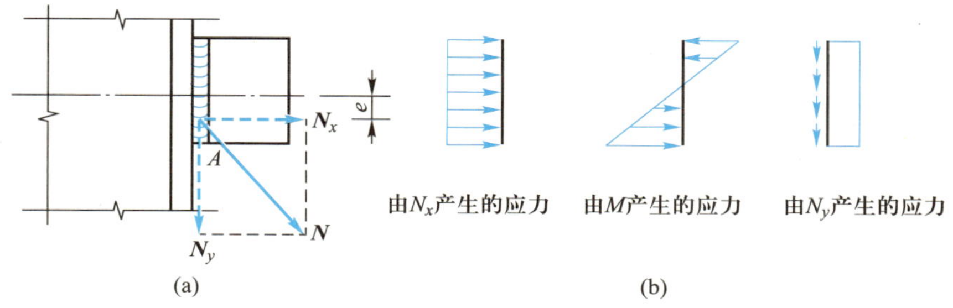

图 6.39　受弯矩、轴心力或剪力共同作用的角焊缝

2. 工字梁(或牛腿)与钢柱翼缘的角焊缝连接

对于图 6.40 所示角焊缝连接,通常只承受弯矩 M 和剪力 V 的联合作用。由于翼缘的竖向刚度较差,在剪力作用下,如果没有腹板焊缝存在,翼缘将发生明显挠曲。这就说明,翼缘板的抗剪能力极差。因此,计算时通常假设腹板焊缝承受全部剪力,而弯矩则由全部焊缝承受。

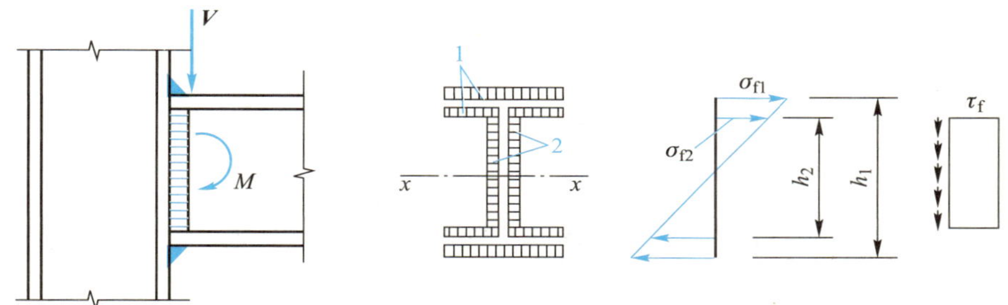

图 6.40　工字梁(或牛腿)的角焊缝连接

为了焊缝分布较合理,宜在每个翼缘的上下两侧均匀布置焊缝,弯曲应力沿梁高度呈三角形分布,最大应力发生在翼缘焊缝的最外纤维 1 处,由于翼缘焊缝只承受垂直于焊缝长度方向的弯曲应力,为了保证此焊缝正常工作,应使翼缘焊缝最外纤维处的应力满足角焊缝的强度条件,即

$$\sigma_{f1}=\frac{M}{I_w}\frac{h_1}{2}\leqslant\beta_f f_f^w \tag{6-29}$$

式中:M——全部焊缝所承受的弯矩;

I_w——全部焊缝有效截面对中和轴的惯性矩;

h_1——上、下翼缘焊缝有效截面最外纤维之间的距离。

腹板焊缝承受两种应力的联合作用,即垂直于焊缝长度方向且沿梁高度呈三角形分布的弯曲应力和平行于焊缝长度方向且沿焊缝截面均匀分布的剪应力的作用,设计控制点在翼缘焊缝与腹板焊缝 2 的交点处,此处的弯曲应力和剪应力分别按下式计算:

$$\sigma_{f2}=\frac{M}{I_w}\frac{h_2}{2} \tag{6-30}$$

$$\tau_f=\frac{V}{\sum(h_{e2}l_{w2})} \tag{6-31}$$

将式(6-30)、式(6-31)代入式(6-11)验算腹板焊缝在交点处的强度。

还有另一种简化计算方法,即假设腹板焊缝只承受剪力,翼缘焊缝承担全部弯矩,并将弯矩

M 化为一对水平力 $H=M/h_1$,则翼缘焊缝的强度计算式为

$$\sigma_f=\frac{H}{\sum h_{e1}l_{w1}}\leqslant\beta_f f_f^w \tag{6-32}$$

腹板焊缝的强度计算式为

$$\tau_f=\frac{V}{2h_{e2}l_{w2}}\leqslant f_f^w \tag{6-33}$$

式中：$\sum h_{e1}l_{w1}$——一侧翼缘上角焊缝的有效截面面积之和；

$2h_{e2}l_{w2}$——两条腹板焊缝的有效截面面积。

【例题 6-4】 试验算图 6.41a 所示牛腿与钢柱连接角焊缝的强度。钢材为 Q235B,焊条为 E43 型,手工焊。荷载设计值 $N=400$ kN,偏心距 $e=350$ mm,焊脚尺寸 $h_f=8$ mm,图 6.41b 为焊缝有效截面。

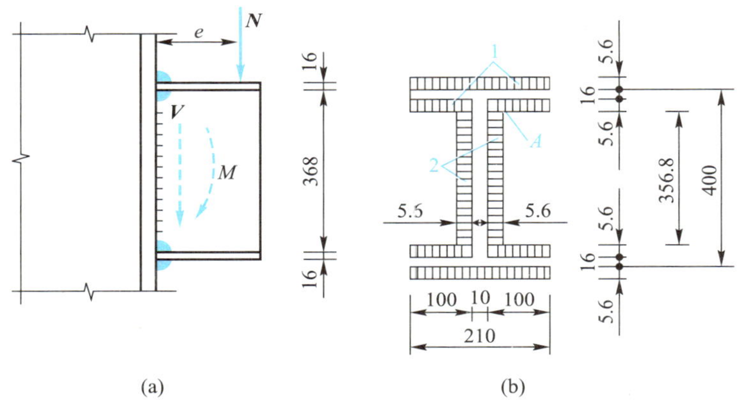

图 6.41　例题 6-4 图

【解】 设焊缝为周边围焊,转角处连续施焊,没有起弧、落弧所引起的焊口缺陷,且假定剪力仅由牛腿腹板承受,并对工字形翼缘端部绕转部分焊缝忽略不计,焊脚 $h_f=8$ mm。

(1) 内力计算

偏心力 N 在角焊缝形心处引起剪力、弯矩：

$$V=N=400\text{ kN}$$

$$M=Ne=400\text{ kN}\times0.35\text{ m}=140\text{ kN}\cdot\text{m}$$

(2) 截面几何特性

$$A_w=5.6\text{ mm}\times356.8\text{ mm}\times2=3\ 996.16\text{ mm}^2$$

$$\begin{aligned}I_w&=\frac{1}{12}\times5.6\text{ mm}\times356.8^3\text{ mm}^3\times2+210\text{ mm}\times5.6\text{ mm}\times(200+2.8)^2\times2+100\text{ mm}\times5.6\text{ mm}\times(184-2.8)^2\times4\\&=21\ 267.4\times10^4\text{ mm}^4\end{aligned}$$

焊缝最外边缘的截面模量：

$$W_{w1}=\frac{I_w}{y_1}=\frac{21\ 267.4\times10^4\text{ mm}^4}{411.2\text{ mm}/2}=1\ 034.4\times10^3\text{ mm}^3$$

翼缘和腹板连接处的截面模量：

$$W_{w2}=\frac{I_w}{y_2}=\frac{21\ 267.4\times10^4\ \text{mm}^4}{356.8\ \text{mm}/2}=1\ 192.1\times10^3\ \text{mm}^3$$

（3）应力计算

翼缘焊缝的最大应力为

$$\sigma_{f1}=\frac{M}{W_{w1}}=\frac{140\times10^6\ \text{N}\cdot\text{mm}}{1\ 034.4\times10^3\ \text{mm}^3}=135.3\ \text{N/mm}^2<\beta_f f_f^w=1.22\times160\ \text{N/mm}^2=195.2\ \text{N/mm}^2$$

腹板焊缝中由于弯矩 M 引起的最大应力为

$$\sigma_{f2}=\frac{M}{W_{w2}}=\frac{140\times10^6\ \text{N}\cdot\text{mm}}{1\ 192.1\times10^3\ \text{mm}^3}=117.4\ \text{N/mm}^2$$

由剪力 V 在腹板焊缝中产生的平均剪应力为

$$\tau_{f2}=\frac{V}{A_w}=\frac{400\times10^3\ \text{N}}{3\ 996.16\ \text{mm}^2}=100.1\ \text{N/mm}^2$$

则腹板焊缝的强度（A 点为设计控制点）为

$$\sqrt{\left(\frac{\sigma_{f2}}{\beta_f}\right)^2+\tau_{f2}^2}=\sqrt{\left(\frac{117.4}{1.22}\right)^2+100.1^2}\ \text{N/mm}^2=138.9\ \text{N/mm}^2<f_f^w=160\ \text{N/mm}^2$$

故均满足强度要求。

（三）受扭矩与剪力共同作用的角焊缝连接计算

图 6.42 所示为采用三面围焊的搭接连接，该连接角焊缝承受竖向剪力 $V=F$ 和扭矩 $T=F(e_1+e_2)$ 作用。计算角焊缝在扭矩 T 作用下产生的应力时，采用如下假定：

（1）构件是完全刚性的，角焊缝处于弹性状态；

（2）角焊缝群上任意一点的应力方向垂直于该点与形心的连线，且应力大小与连线长度 r 成正比。

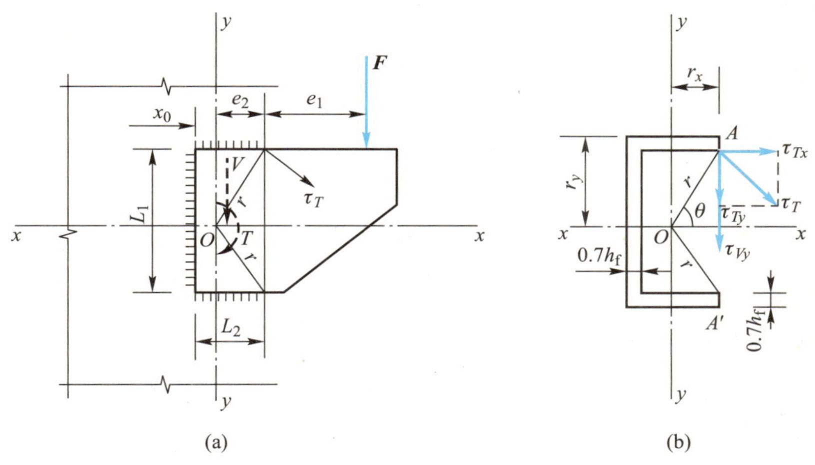

图 6.42　采用三面围焊的搭接连接

图 6.42 中，A 点与 A'点由扭矩 T 引起的剪应力 τ_T 最大，焊缝群其他各处由扭矩 T 引起的剪应力 τ_T 均小于 A 点和 A'点的剪应力，因此 A 点和 A'点为设计控制点。

在扭矩 T 作用下，A 点（或 A'点）的应力为

$$\tau_T=\frac{Tr}{I_p}=\frac{Tr}{I_x+I_y}\tag{6-34}$$

式中，I_p 为焊缝有效截面的极惯性矩，$I_p=I_x+I_y$。

将 τ_T 沿 z 轴和 y 轴分解为

$$\tau_{Tx}=\tau_T\sin\theta=\frac{Tr}{I_p}\cdot\frac{r_y}{r}=\frac{Tr_y}{I_p}\tag{6-35a}$$

$$\tau_{Ty}=\tau_T\cos\theta=\frac{Tr}{I_p}\cdot\frac{r_x}{r}=\frac{Tr_x}{I_p}\tag{6-35b}$$

由剪力 V 在焊缝群引起的剪应力 τ_{Vy} 假设按均匀分布，则 τ_{Vy} 为

$$\tau_{Vy}=\frac{V}{\sum h_z l_w}\tag{6-36}$$

则 A 点受到垂直于焊缝长度方向的应力为

$$\sigma_f=\tau_{Ty}+\tau_{Vy}\tag{6-37}$$

沿焊缝长度方向的应力为 τ_{Tx}，则 A 点合应力应满足的强度条件为

$$\sqrt{\left(\frac{\tau_{Ty}+\tau_{Vy}}{\beta_f}\right)^2+\tau_{Tx}^2}\leqslant f_f^w\tag{6-38}$$

当连接直接承受动力荷载时，取 $\beta_f=1.0$。

【例题 6-5】 试设计如图 6.43 所示厚度为 12 mm 的支托板（该支托板为牛腿前面的一块板）和 H 形钢柱翼缘板搭接接头的角焊缝，钢柱翼缘厚度为 20 mm。支托板承受的作用力设计值 $F=120$ kN（静力荷载），到柱翼缘边距离为 200 mm。钢材 Q235B，焊条 E43 型。

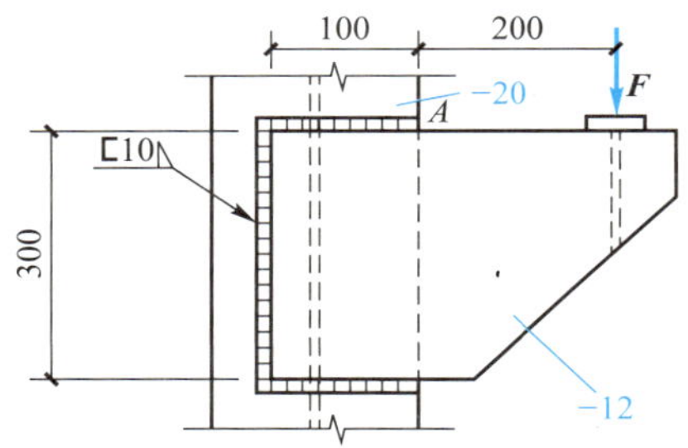

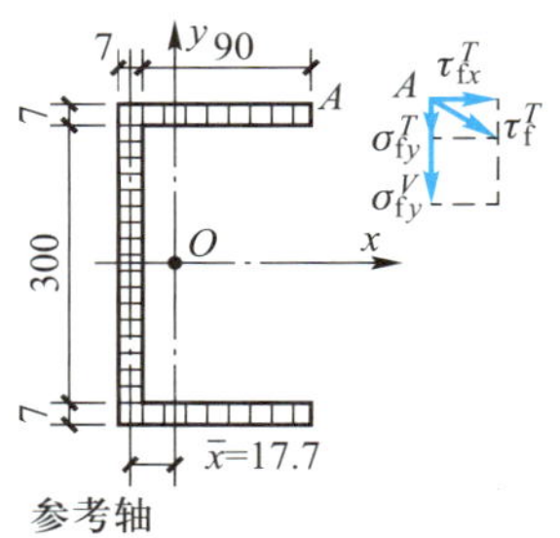

图 6.43　例题 6-5 图

【解】 角焊缝的焊脚尺寸 h_f 应根据板件厚度确定。由于搭接焊缝在板件边缘施焊，且支托板厚度 $t_2=12$ mm>6 mm，且 $t_2<t_1=20$ mm，故

$$h_{fmax}=t_2-(1\sim2)\text{ mm}=12\text{ mm}-(1\sim2)\text{ mm}=10\sim11\text{ mm}$$

由表 6-2 确定最小焊脚尺寸 $h_{fmin}=5$ mm。取 $h_f=10$ mm，查附表 2-2 得角焊缝强度设计值 $f_f^w=160\text{ N/mm}^2$。

（1）焊缝有效截面的几何特性

焊缝有效截面的形心位置（假设竖向焊缝的形心为参考轴）：

$$\bar{x}=\frac{2\times0.7\times10\times90\times(90/2+7/2)}{0.7\times10\times(90\times2+300+14)}\text{ mm}=17.7\text{ mm}$$

$$A_f = 314\times7\ \text{mm}^2 + 90\times7\times2\ \text{mm}^2 = 3\ 458\ \text{mm}^2$$

$$I_x = \frac{1}{12}\times7\times314^3\ \text{mm}^4 + 2\times7\times90\times(150+3.5)^2\ \text{mm}^4 = 4\ 774.8\ \text{mm}^4$$

$$I_y = 7\times314\times17.7^2\ \text{mm}^4 + 2\times\frac{1}{12}\times7\times90^3\ \text{mm}^4 + 2\times7\times90\times(45+3.5-17.7)^2\ \text{mm}^4 = 273.4\times10^4\ \text{mm}^4$$

$$I_p = I_x + I_y = 4\ 774.8\times10^4\ \text{mm}^4 + 273.4\times10^4\ \text{mm}^4 = 5\ 048.2\times10^4\ \text{mm}^4$$

（2）内力计算

$$V = F = 120\ \text{kN}$$

$$T = F\times(e_1+e_2) = 120\times(100+200+3.5-17.7)\ \text{kN}\cdot\text{mm} = 34\ 296\ \text{kN}\cdot\text{mm}$$

（3）焊缝强度验算（A 点）

$$\sigma_{fy}^T = \frac{Tr_x}{I_p} = \frac{34\ 296\times10^3\times(93.5-17.7)}{5\ 048.2\times10^4}\ \text{N/mm}^2 = 51.5\ \text{N/mm}^2$$

$$\sigma_{fx}^T = \frac{Tr_y}{I_p} = \frac{34\ 296\times10^3\times(150+7)}{5\ 048.2\times10^4}\ \text{N/mm}^2 = 106.6\ \text{N/mm}^2$$

$$\sigma_{fy}^V = \frac{V}{A_f} = \frac{120\times10^3}{3\ 458}\ \text{N/mm}^2 = 34.7\ \text{N/mm}^2$$

$$\sqrt{\left(\frac{\sigma_{fx}^T+\sigma_{fy}^V}{\beta_f}\right)^2 + (\sigma_{fx}^T)^2} = \sqrt{\left(\frac{51.5+34.7}{1.22}\right)^2 + (106.6)^2}\ \text{N/mm}^2 = 127.9\ \text{N/mm}^2 < 160\ \text{N/mm}^2$$

所设计的焊缝安全。

6.5 焊接残余应力和焊接变形

钢结构的焊接过程是在焊件局部区域加热熔化然后又冷却凝固的过程。由于存在不均匀的温度场，导致焊件不均匀的膨胀和收缩，从而使焊件内部存在残存应力并引起变形，故通称为焊接残余应力和焊接变形。

6.5.1 焊接残余应力的分类和产生的原因

焊接残余应力按其方向可分为沿焊缝长度方向的纵向焊接应力、垂直于焊缝长度方向的横向焊接应力和沿厚度方向的焊接应力。

1. 纵向焊接应力

焊接过程是一个不均匀加热和冷却的过程。在施焊时，焊件上产生不均匀的温度场，焊缝及其附近温度最高，可达 1 600 ℃以上，而邻近区域温度则急剧下降（图 6.44a、b）。不均匀的温度场产生不均匀的膨胀。温度高的钢材膨胀大，但受到两侧温度较低、膨胀量较小的钢材所限制，产生了热态塑性压缩。焊缝冷却时，被塑性压缩的焊缝区趋向于缩短，但受到周围钢材限制而产生拉应力。在低碳钢和低合金钢中，这种拉应力经常达到钢材的屈服强度 f_y。焊接应力是一种无荷载作用下的内应力，因此会在焊件内部自相平衡，这就必然在距焊缝稍远区段内产生压应力。

纵向焊接应力是由焊缝的纵向收缩引起的。一般情况下，焊缝区及近缝两侧的纵向应力是拉应力区，远离焊缝的两侧是压应力区（图 6.44c）。

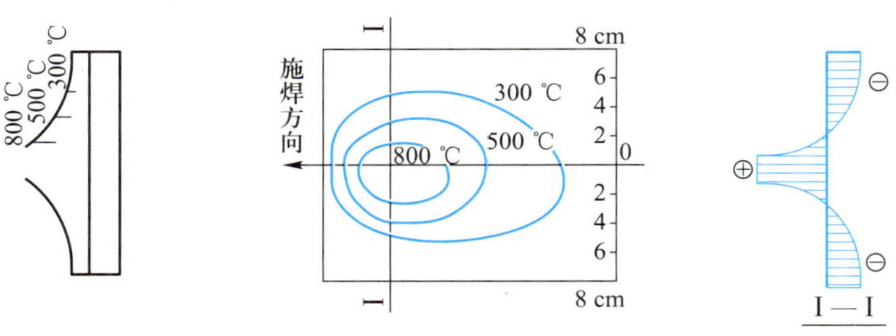

(a) 施焊时焊缝及附近的温度场　(b) 施焊时焊缝及附近的温度场　(c) 钢板上的纵向焊接应力

图 6.44　施焊时焊缝及附近的温度场和焊接残余应力

2. 横向焊接应力

横向焊接应力是由两部分收缩力引起的。一是由于焊缝纵向收缩，两块钢板趋向于形成反方向的弯曲变形，但实际上焊缝将两块钢板连成整体，不能分开，于是两块板的中间产生横向拉应力，而两端则产生压应力（图 6.45a、b）。二是考虑施焊过程中的冷却时间不同，先焊部分凝固后，中间部分逐渐冷却，然后后焊部分开始冷却。先焊焊缝的凝固，会阻止后焊焊缝在横向自由膨胀，使其发生横向的塑性压缩变形。后焊焊缝冷却时，其收缩受到已凝固的先焊和中间部分焊缝限制而产生横向拉应力，而中间部分则产生横向压应力，因应力自相平衡，更远处的先焊焊缝则受拉应力（图 6.45c）。焊缝的横向应力就是上述两部分应力合成的结果（图 6.45d）。

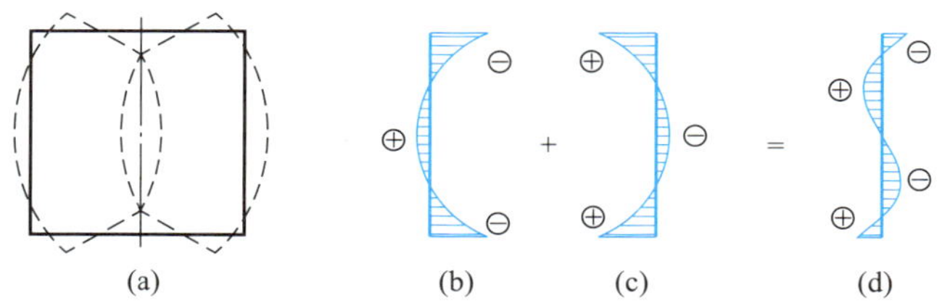

图 6.45　横向焊接应力

3. 厚度方向的焊接应力

在厚钢板的焊接连接中，焊缝需要多层施焊。焊缝与钢板接触面和空气接触面因散热较快而先冷却结硬，中间处后冷却而收缩受到阻碍，故中间焊缝受拉，接近表面部位受压。因此，除有纵向和横向焊接应力 σ_x、σ_y 外，还存在着沿钢板厚度方向的焊接应力 σ_z（图 6.46）。这三种应力形成三向拉应力场，将大大降低连接的塑性。

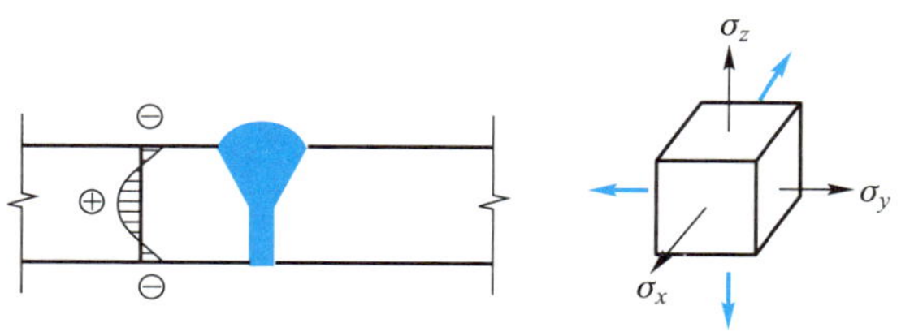

图 6.46　厚板中的焊接残余应力

以上所述焊接残余应力均因焊件在无约束状态下施焊所致。若焊件在施焊时处于约束状态,如采用强大夹具或焊件本身刚度较大等,焊件将不能因自由伸缩而产生更大的焊接残余应力,且随约束程度增加而增加。

6.5.2 焊接应力对结构性能的影响

1. 对结构静力强度的影响

对在常温下工作并具有一定塑性的钢材,在静荷载作用下,焊接应力是不会影响结构强度的。设轴心受拉构件在受荷前($N=0$)截面上就存在纵向焊接应力,并假设其分布如图 6.47a 所示。由于截面 bt 部分的焊接拉应力已达屈服强度 f_y,故在轴心力作用下,其应力不再增加,因为钢材具有一定的塑性,拉力 N 就仅由受压的弹性区承担。随着轴心力 N 的增大,两侧受压区应力由原来受压逐渐变为受拉,最后应力也达到屈服强度 f_y,此时全截面应力都达到 f_y(图 6.47b)。

由于焊接应力自相平衡,故受拉区应力面积 A_t 必然和受压区应力面积 A_c 相等,即 $A_t=A_c=btf_y$,则构件全截面达到屈服强度 f_y 时所承受的外力 $N_y=A_c+(B-b)tf_y$。而 Btf_y 也就是无焊接应力且无应力集中现象的轴心受拉构件,当全截面上的应力达到 f_y 时所承受的外力。由此可知,有焊接应力构件的承载能力和无焊接应力者完全相同,说明焊接应力不影响结构的静力强度。

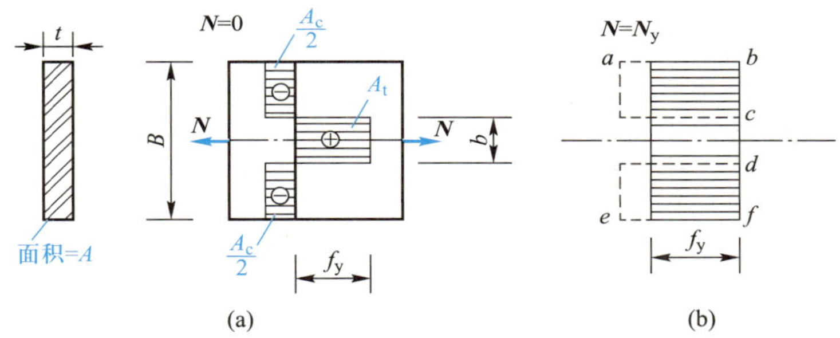

图 6.47 具有焊接残余应力的轴心受拉杆加荷时应力的变化情况

2. 对结构刚度的影响

构件上存在的焊接残余应力会降低结构的刚度。从图 6.47a 所示轴心受拉构件的残余应力分布情况可知,由于截面 bt 部分的拉应力已达到 f_y,这部分刚度为零,此后加载则两侧受压区材料发挥承载作用,故对应构件拉力增量 ΔN 产生的应变增量为 $\Delta\varepsilon_1=\Delta N/[(B-b)tE]$。而构件上无焊接残余应力存在时,对应相同拉力增量 ΔN 的应变增量为 $\Delta\varepsilon_2=\Delta N/(BtE)$。由于 $B-b<B$,则 $\Delta\varepsilon_1>\Delta\varepsilon_2$,因此焊接残余应力的存在将增大结构的变形,降低结构的刚度。对于轴心受压构件,焊接残余应力使其挠曲刚度减小,从而降低压杆的稳定承载力。

3. 对低温工作的影响

在厚板焊接处或具有交叉焊缝(图 6.48)的部位,将产生三向焊接拉应力,阻碍该区域钢材塑性变形的发展,从而增加钢材在低温下的脆断倾向。因此,降低或消除焊缝中的残余应力是改善结构低温冷脆趋势的重要措施之一。

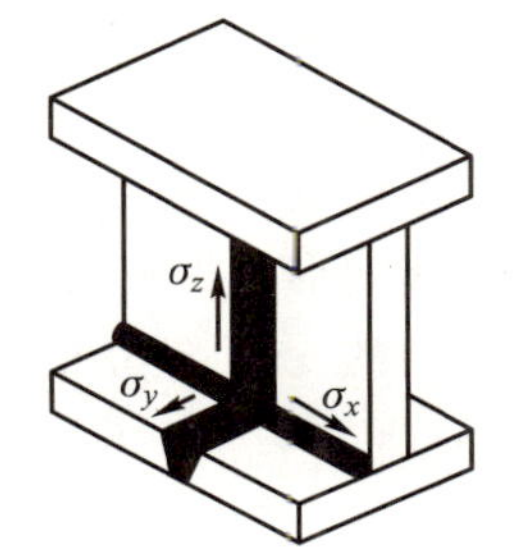

图 6.48 三向焊接残余应力

4. 对疲劳强度的影响

在焊缝及其附近的主体金属的残余拉应力通常会达到钢材的屈服强度,此部位是形成和发展疲劳裂纹最为敏感的区域,因此焊接残余应力对结构的疲劳强度有明显不利影响。

5. 对压杆稳定性的影响

焊接残余应力使压杆的挠曲刚度减小,从而必定降低其稳定承载力。详见第 3 章的压杆稳定部分。

6.5.3 焊接残余变形

在焊接应力下,如果焊件的约束度较小,如板较薄或处于自由无约束状态下,则焊件会产生相应的焊接变形。

焊接变形是焊接构件经局部加热冷却后产生的不可恢复变形,包括纵向收缩、横向收缩、角变形、弯曲变形、扭曲变形或波浪变形等(图 6.49),通常是几种变形的组合。任一焊接变形超过验收规范的规定时,必须进行校正,以免影响构件在正常使用下的承载能力。如果焊件的约束度很大,如板较厚、形状复杂或因人为施加的夹具而处于较强的约束状态下,此时焊件不能自由变形,但焊缝及其附近的主体金属会产生较大的残余应力。

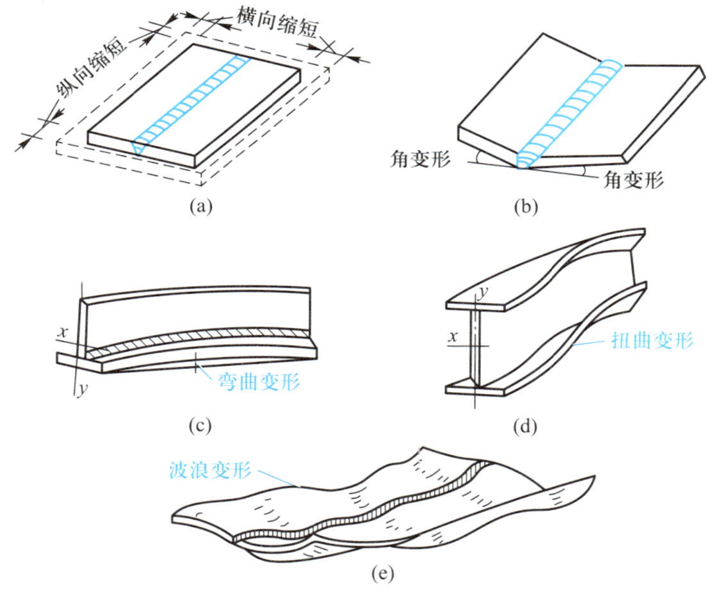

图 6.49 焊接残余变形类别示意图

焊接变形是焊接结构中经常出现的问题。焊接构件出现了变形,就需要花许多工时去矫正。比较复杂的变形,矫正的工作量可能比焊接的工作量还要大。有时变形太大,甚至无法矫正,变成废品。

6.5.4 减小焊接残余应力和焊接残余变形的措施

可通过合理的焊缝设计和焊接工艺措施来控制焊接结构的焊接应力与变形。

1. 合理的焊缝设计

（1）合理选择焊缝的尺寸和形式。在保证结构承载力的条件下，设计时应该尽量采用较小的焊缝尺寸。因为焊缝尺寸大，不但焊接量大，而且焊缝的焊接变形和焊接应力也大。

（2）尽可能减少不必要的焊缝。在设计焊接结构时，常采用加劲肋来提高板结构的稳定性和刚度。但为了减轻自重，采用薄板，不适当地大量采用加劲肋，反而不经济。因为，这样做不但增加了装配和焊接的工作量，而且易引起较大的焊接变形，增加校正工时。

（3）合理安排焊缝的位置。安排焊缝时尽可能对称于截面中性轴，或者使焊缝接近中性轴（图 6.50a、c），这对减少梁、柱等构件的焊接变形有良好的效果，而图 6.50b、d 不合理。

（4）尽量避免焊缝的过分集中和交叉。如几块钢板交会一处进行连接时，应采用图 6.50e 的方式，避免采用图 6.50f 的方式，以免热量集中，引起过大的焊接变形和应力，恶化母材的组织构造。又如图 6.50g、h 所示，为了让腹板与翼缘的纵向连接焊缝连续通过，加劲肋进行切角，使其与翼缘和腹板的连接焊缝均在切角处中断，避免了三条焊缝的交叉。

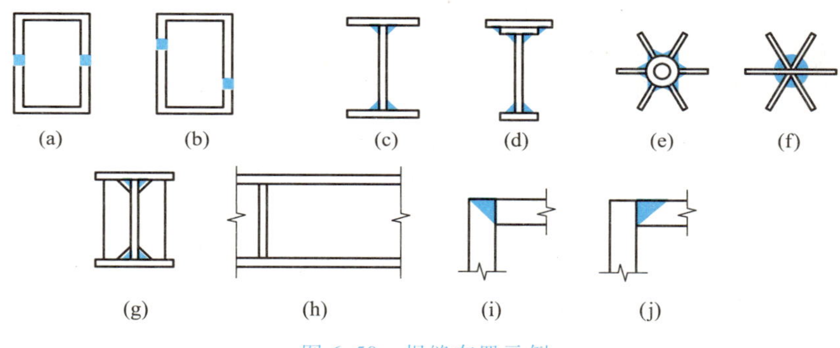

图 6.50　焊缝布置示例

（5）尽量避免在母材厚度方向的收缩应力。如图 6.50i 所示的构造措施是正确的，而图 6.50j 所示的构造常引起厚板的层状撕裂（由约束收缩焊接应力引起）。

2. 合理的工艺措施

（1）采用合理的焊接顺序和方向。尽量使焊缝能自由收缩，先焊工作时优先焊接受力较大的焊缝或收缩量较大的焊缝。如图 6.51 所示，在工地焊接工字梁的接头时，1、2 为对接焊缝，3 为翼缘角焊缝，这时应留出一段翼缘角焊缝最后焊接，先焊受力最大的翼缘对接焊缝 1，再焊腹板对接焊缝 2。

又如图 6.52 所示的拼接板的施焊顺序：先焊短焊缝 1、2，最后焊长焊缝 3，可使各长条板自由收缩后再连成整体。上述措施均可有效降低焊接应力。

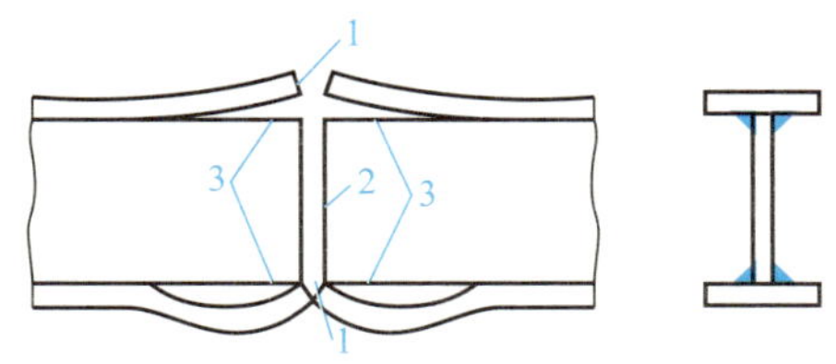

图 6.51　按受力大小确定焊接顺序

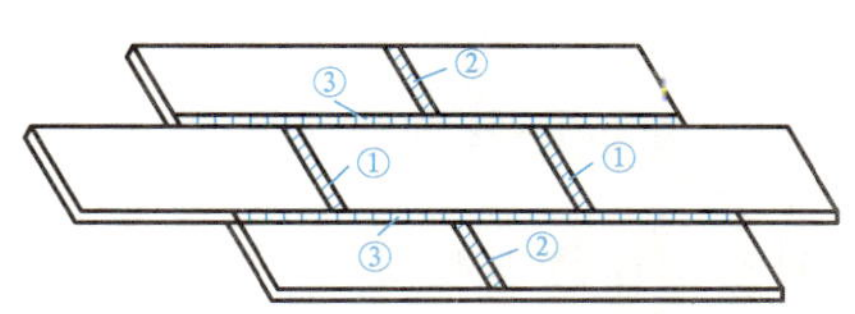

图 6.52　按焊缝布置确定焊接顺序

(2) 采用反变形法减小焊接变形或焊接应力。施焊前使构件有一个和焊接变形相反的预变形。例如,在 T 形连接中将翼缘预弯,焊接后产生的焊接变形与预变形抵消(图 6.53a)。在平接中使接缝处预变形(图 6.53b),焊接后产生的焊接变形与之抵消。这种方法可以减少焊接后的变形量,但不会消除焊接应力。

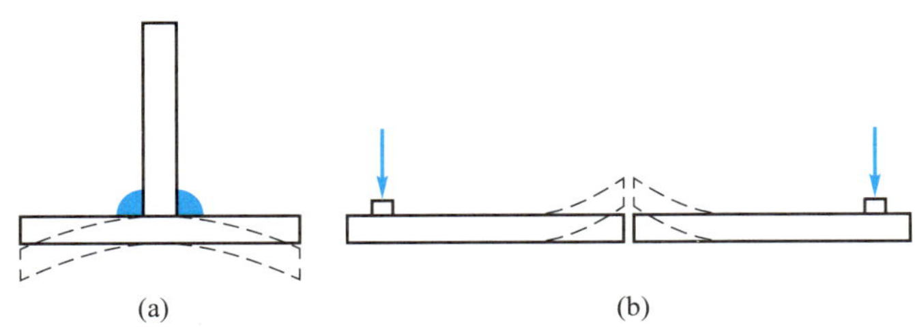

图 6.53 减少焊接变形的措施

(3) 锤击或碾压焊缝,使焊缝得到延伸,从而降低焊接应力。锤击或碾压焊缝均应在刚焊完时进行。锤击应保持均匀、适度,避免锤击过分产生裂纹。

(4) 对于小尺寸焊件,焊前预热,或焊后回火加热至 600 ℃左右,然后缓慢冷却,可以消除焊接应力和焊接变形。也可采用刚性固定法将构件加以固定来限制焊接变形,但也会带来焊接残余应力增加的问题,应通过合理设计固定位置来缓解这种问题。

焊接技术是钢结构行业中应用非常广泛的一种技术,有独特优点的同时也存在着缺陷,焊接残余应力和焊接变形就是两种常见的问题。在焊接过程中,焊接应力和应变均会发生变化,焊接完成之后会留下不可恢复的永久变形。如果要对其进行矫正,则需要耗费大量的人力和物力资源,有时还可能出现产品报废的情况。通过分析焊接残余应力与变形的产生原因,采用预防为主的办法来控制应力与变形,不过分依赖焊后矫正,避免焊后应力与变形矫正时的顾此失彼。此外,合理设计焊接构件的生产加工顺序,制订焊前—焊中—焊后的具体控制措施,应该不失为一条正确的控制应力与变形的思路,更具有现实的可操作性。

6.6 普通螺栓连接的构造和计算

6.6.1 普通螺栓连接的构造要求

1. 最少螺栓数要求

一般情况下,每个杆件在节点上及拼接接头一端,按构造要求的螺栓数目不宜少于 2 个。这是由于,1 个螺栓不能防止连接处的转动,同时 1 个螺栓破坏后将使整个接头失效,多个螺栓的可靠性将得到提高。另外,1 个螺栓给安装带来极大的困难,若接头处有 2 个或 2 个以上的螺栓,只要其中一个孔能基本对上,用锥形销打入,其他孔必然就能对准,也就容易安上螺栓,然后将锥形销取出,换上螺栓。在某些特殊情况下,也允许采用一个螺栓。

2. 螺栓排列

螺栓在构件上排列应简单、统一、整齐而紧凑,通常分为并列和错列两种形式(图 6.54)。并列比较简单整齐,所用连接板尺寸小,但由于螺栓孔的存在,对构件截面削弱较大。错列可以减小螺栓孔对截面的削弱,但螺栓孔排列不如并列紧凑,连接板尺寸较大。

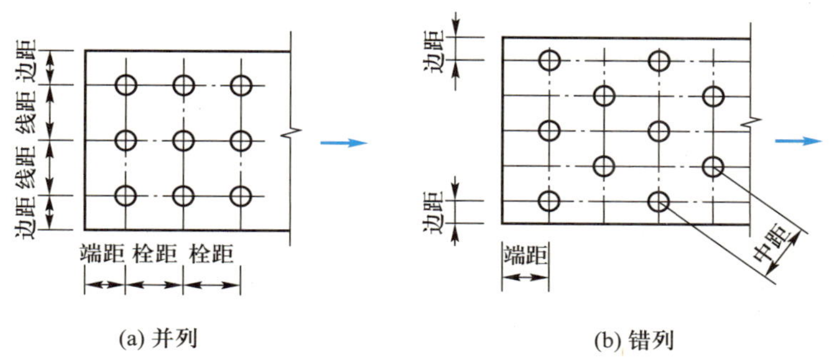

(a) 并列　　(b) 错列

图 6.54　钢板的螺栓排列

螺栓在构件上的排列应满足受力、构造和施工要求。

受力要求:在受力方向螺栓的端距不能过小,否则钢材有剪断或撕裂的可能(图 6.57d)。对于受拉构件,各排螺栓的线距不应过小,否则螺栓周围应力集中相互影响较大,且对钢板的截面削弱过多,从而降低其承载能力。对受压构件,沿作用方向栓距不应过大,否则被连接板件间易发生鼓曲和张口现象。对铆钉排列要求与螺栓类同。

构造要求:栓距及边距不宜过大,否则钢板间不能紧密贴合,潮气会侵入缝隙使钢材锈蚀。

施工要求:要保证一定的空间,便于转动螺栓扳手拧紧螺帽。

根据上述要求,规范制定出螺栓排列最大、最小容许距离(表 6-4),角钢、普通工字钢、槽钢上螺栓的线距应满足图 6.55、表 6-5～表 6-7 的要求。

表 6-4　螺栓或铆钉的孔距、边距和端距容许距离

<table>
<tr><th>名称</th><th colspan="3">位置和方向</th><th>最大容许间距
(取两者的较小值)</th><th>最小容许间距</th></tr>
<tr><td rowspan="6">中心间距</td><td colspan="3">外排(垂直内力方向或顺内力方向)</td><td>$8d_0$ 或 $12t$</td><td rowspan="6">$3d_0$</td></tr>
<tr><td rowspan="4">中间排</td><td colspan="2">垂直内力方向</td><td>$16d_0$ 或 $24t$</td></tr>
<tr><td rowspan="2">顺内力方向</td><td>构件受压力</td><td>$12d_0$ 或 $18t$</td></tr>
<tr><td>构件受拉力</td><td>$16d_0$ 或 $24t$</td></tr>
<tr><td colspan="3">沿对角线方向</td><td>—</td></tr>
</table>

续表

<table>
<tr><th>名称</th><th colspan="3">位置和方向</th><th>最大容许间距
（取两者的较小值）</th><th>最小容许间距</th></tr>
<tr><td rowspan="4">中心至构件边缘的距离</td><td colspan="3">顺内力方向</td><td rowspan="4">$4d_0$ 或 $8t$</td><td>$2d_0$</td></tr>
<tr><td rowspan="3">垂直内力方向</td><td colspan="2">剪切边或手工切割边</td><td rowspan="2">$1.5d_0$</td></tr>
<tr><td rowspan="2">轧制边、自动气割或锯割边</td><td>高强度螺栓</td></tr>
<tr><td>其他螺栓或铆钉</td><td>$1.2d_0$</td></tr>
</table>

注：1. d_0 为螺栓孔或铆钉孔直径，对槽孔为短向尺寸，t 为外层较薄板件的厚度；

2. 钢板边缘与刚性构件（如角钢、槽钢等）相连的高强度螺栓的最大间距，可按中间排的数值采用；

3. 计算螺栓孔引起的截面削弱时可取 d+4 mm 和 d_0 的较大者，d 为螺栓杆的直径。

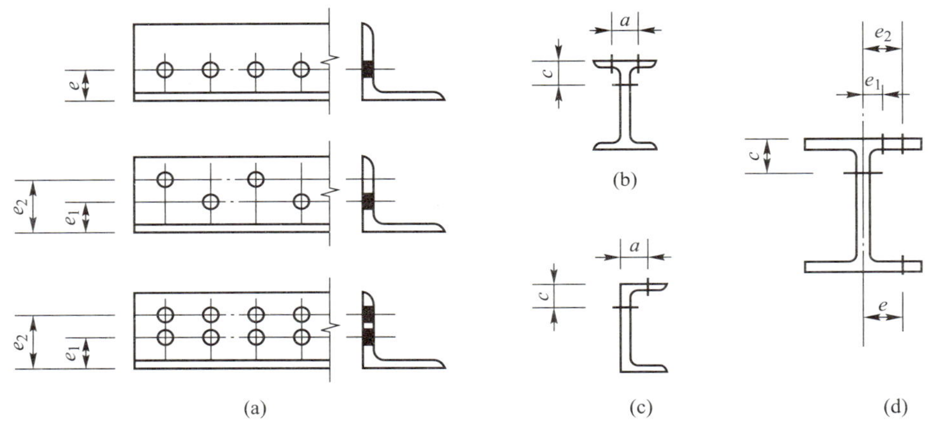

图 6.55 型钢的螺栓排列

表 6-5 角钢上螺栓线距

mm

<table>
<tr><td rowspan="3">单行排列</td><td>角钢肢宽</td><td>40</td><td>45</td><td>50</td><td>56</td><td>63</td><td>70</td><td>75</td><td>80</td><td>90</td><td>100</td><td>110</td><td>125</td></tr>
<tr><td>线距 e</td><td>25</td><td>25</td><td>30</td><td>30</td><td>35</td><td>40</td><td>40</td><td>45</td><td>50</td><td>55</td><td>60</td><td>70</td></tr>
<tr><td>钉孔最大直径</td><td>11.5</td><td>13.5</td><td>13.5</td><td>15.5</td><td>17.5</td><td>20</td><td>22</td><td>22</td><td>24</td><td>24</td><td>26</td><td>26</td></tr>
<tr><td rowspan="4">双行错列</td><td>角钢肢宽</td><td>125</td><td>140</td><td>160</td><td colspan="2">180</td><td>200</td><td rowspan="4">双行并列</td><td colspan="2">角钢肢宽</td><td>160</td><td>180</td><td>200</td></tr>
<tr><td>e_1</td><td>55</td><td>60</td><td>70</td><td colspan="2">70</td><td>80</td><td colspan="2">e_1</td><td>60</td><td>70</td><td>80</td></tr>
<tr><td>e_2</td><td>90</td><td>100</td><td>120</td><td colspan="2">140</td><td>160</td><td colspan="2">e_2</td><td>130</td><td>140</td><td>160</td></tr>
<tr><td>钉孔最大直径</td><td>24</td><td>24</td><td>26</td><td colspan="2">26</td><td>26</td><td colspan="2">钉孔最大直径</td><td>24</td><td>24</td><td>26</td></tr>
</table>

表 6-6　工字钢和槽钢腹板上的螺栓线距

mm

工字钢型号	12	14	16	18	20	22	25	28	32	36	40	45	50	56	63
线距 $c_{\min}$	40	45	45	45	50	50	55	60	60	65	70	75	75	75	75
槽钢型号	12	14	16	18	20	22	25	28	32	36	40	—	—	—	—
线距 $c_{\min}$	40	45	50	50	55	55	55	60	65	70	75	—	—	—	—

表 6-7　工字钢和槽钢翼缘上的螺栓线距

mm

工字钢型号	12	14	16	18	20	22	25	28	32	36	40	45	50	56	63
线距 $a_{\min}$	40	40	50	55	60	65	65	70	75	80	80	85	90	95	95
槽钢型号	12	14	16	18	20	22	25	28	32	36	40	—	—	—	—
线距 $a_{\min}$	30	35	35	40	40	45	45	45	50	56	60	—	—	—	—

在钢结构施工图上螺栓及栓孔的表示方法如表 6-8 所示。

表 6-8　螺栓及栓孔图例

名称	永久螺栓	安装螺栓	高强度螺栓	圆形螺栓孔	长圆形螺栓孔
图例	M ϕ	M ϕ	M ϕ	ϕ	ϕ b

注:1. 细"+"线表示定位线,M 表示螺栓型号,ϕ 表示螺栓孔直径;

2. 采用引出线标注螺栓时,横线上标注螺栓规格,横线下标注螺栓孔直径。

3. 其他构造要求

由于 C 级螺栓与孔壁有较大间隙,只宜用于沿其杆轴方向受拉的连接。承受静力荷载结构的次要连接、可拆卸结构的连接和临时固定构件用的安装连接中,也可用 C 级螺栓抗剪。

对于直接承受动力荷载的普通螺栓连接,应采用双螺帽或其他防止螺帽松动的有效措施。例如,采用弹簧垫圈,或将螺帽和螺杆焊死等方法。

6.6.2　普通螺栓连接的工作性能和计算

普通螺栓连接按螺栓传力方式,可分为抗剪螺栓和抗拉螺栓连接。图 6.56 中螺栓 1 为抗剪螺栓,依靠螺栓杆的承压和抗剪来传力。螺栓 2 在下部设有支托板时为抗拉螺栓。如果不设支托板,则螺栓 2 同时承受拉力和剪力作用。GB 50017—2017《钢结构设计标准》规定,C 级螺栓只能在次要连接和临时性连接中用来抗剪。因此,即使有传力承托,在一般正规连接中螺栓 1 应该用焊缝或高强

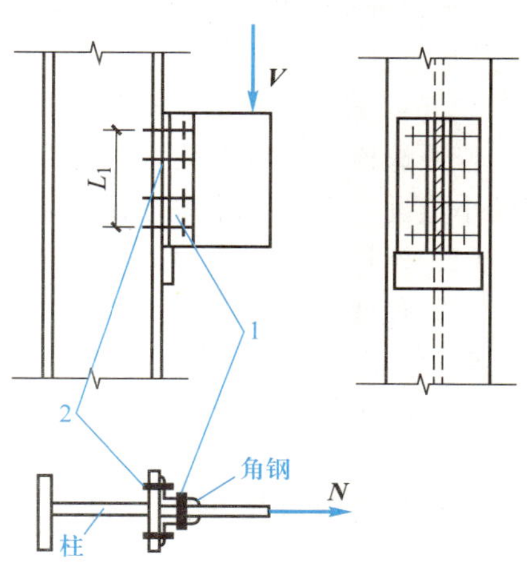

图 6.56　抗剪螺栓和抗拉螺栓

度螺栓代替。

（一）普通螺栓的受剪连接

1. 普通螺栓连接的工作性能

（1）在施加荷载之初，荷载较小，荷载靠构件间接触面的摩擦力传递，螺栓杆与孔壁之间的间隙保持不变，连接工作处于弹性阶段。

（2）当荷载增大，连接中的剪力达到构件间摩擦力的最大值，板件间产生相对滑移，其最大滑移量为螺栓杆与孔壁之间的间隙，直至螺栓与孔壁接触。

（3）荷载继续增加，连接所承受的外力主要靠栓杆与孔壁接触传递。

栓杆除主要受剪力外，还受弯矩和轴向拉力，而孔壁则受到挤压，直到螺栓或连接板达到弹性极限。

受剪螺栓连接达到极限承载力时，可能的破坏形式有：

（1）栓杆被剪断（图 6.57a）。当栓杆直径较小、板件较厚时可能发生。

（2）钢板孔壁被挤压破坏（图 6.57b）。当栓杆直径较大、板件较薄时可能发生。

（3）钢板被拉断（图 6.57c）。板件因螺栓孔削弱太多可能发生沿开孔截面的断裂。

（4）端部钢板冲剪破坏（图 6.57d）。当顺着受力方向的端距太小时可能发生。

（5）螺杆受弯破坏（图 6.57e）。当螺栓杆过长时可能发生。

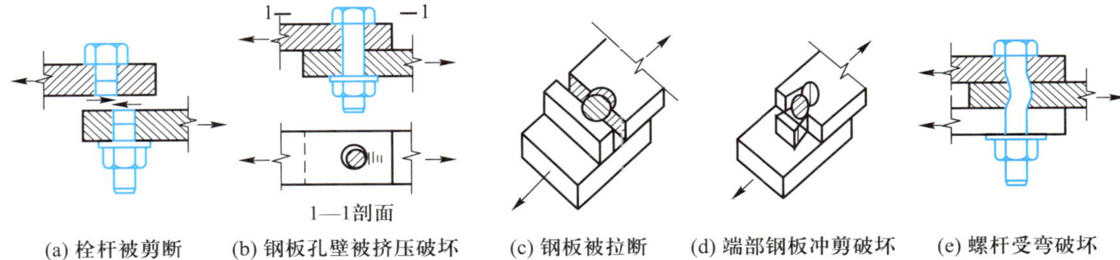

图 6.57　受剪螺栓连接的五种破坏形式

为了避免上述破坏形式，针对后两种可以采取构造措施，如规定螺栓端距 $l_1 \geqslant 2d$（d 为螺栓直径）来保证板件的端部不被剪坏，规定 $\sum t \leqslant (4\sim6)d$ 来保证螺栓不产生弯曲破坏；针对前三种，需要通过计算避免。

2. 单个普通螺栓的受剪计算

普通螺栓的受剪承载力主要由栓杆受剪和孔壁承压两种破坏模式控制，因此应分别计算，取其较小值进行设计。计算时做了如下假定：

（1）栓杆受剪计算时，假定螺栓受剪面上的剪应力是均匀分布的；

（2）孔壁承压计算时，假定挤压力沿栓杆直径平面（实际上是相应于栓杆直径平面的孔壁部分）均匀分布。

考虑一定的抗力分项系数后，得到普通螺栓受剪连接中，每个螺栓的受剪和承压承载力设计值如下：

螺栓杆受剪承载力设计值为

$$N_v^b = n_v \frac{\pi d^2}{4} f_v^b \tag{6-39a}$$

孔壁承压承载力设计值为

$$N_c^b = d\sum t f_c^b \tag{6-39b}$$

故单个抗剪螺栓的承载力设计值为

$$N_{min}^b = \min(N_v^b, N_c^b) \tag{6-40}$$

式中：n_v——受剪面数目，单剪 $n_v=1$，双剪 $n_v=2$，四剪 $n_v=4$；

d——螺栓杆直径；

$\sum t$——在不同受力方向中一个受力方向承压构件总厚度的较小值；

N_{min}^b——单个螺栓受剪承载力设计值与承压承载力设计值的较小值。

f_v^b、f_c^b——螺栓的抗剪和承压强度设计值，由附表 2-3 查用。

3. 普通螺栓群受剪连接计算

(1) 普通螺栓群轴心受剪

① 确定螺栓需要数目

试验证明，螺栓群的受剪连接承受轴心力时，与侧焊缝的受力相似，在长度方向各螺栓受力是不均匀的（图 6.58），两端受力大，中间受力小。当连接长度 $l_1 \leqslant 15d_0$（d_0 为螺孔直径）时，由于连接工作进入弹塑性阶段后内力发生重分布，螺栓群中各螺栓受力逐渐接近，故可认为轴心力 N 由每个螺栓平均分担，即螺栓数为

$$n = \frac{N}{N_{min}^b} \tag{6-41}$$

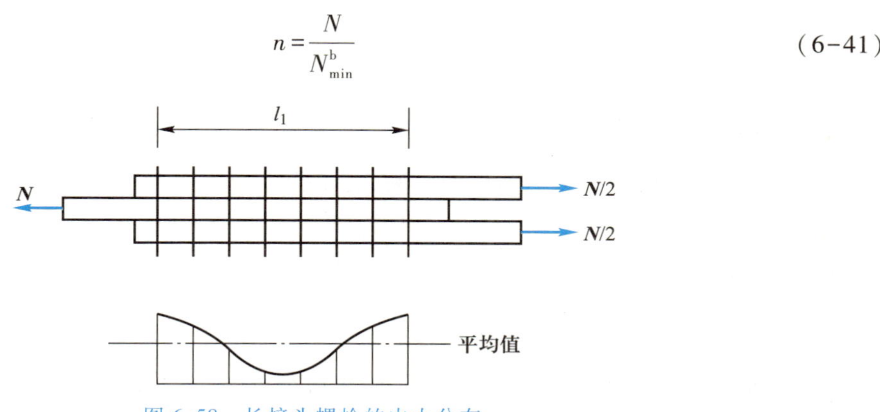

图 6.58　长接头螺栓的内力分布

当连接长度 $l_1 > 15d_0$ 时，连接进入弹塑性阶段后，各螺杆所受内力仍不均匀，端部螺栓首先达到极限强度而破坏，随后由外向里依次破坏。

根据试验并参考国外的规定，我国 GB 50017—2017《钢结构设计标准》规定，当 $l_1 > 15d_0$ 时，应将承载力设计值乘以折减系数：

$$\eta = 1.1 - \frac{l_1}{150d_0} \geqslant 0.7 \tag{6-42a}$$

当 $l_1 > 60d_0$ 时，

$$\eta = 0.7 \tag{6-42b}$$

因此对于长连接，所需抗剪螺栓数为

$$n = \frac{N}{\eta N_{min}^b} \tag{6-43}$$

对于搭接或用拼接板的单面连接和加填板的连接（图 6.59），由于螺栓偏心受力，其数目应有所增加：

a. 一个构件借助填板或其他中间板与另一构件连接的螺栓（摩擦型连接的高强度螺栓除外）数目，应按计算增加 10%。

b. 当采用搭接或拼接板的单面连接传递轴心力，因偏心引起连接部位发生弯曲时，螺栓（摩擦型连接的高强度螺栓除外）数目应按计算增加 10%。

c. 在构件的端部连接中，当利用短角钢连接型钢（角钢或槽钢）的外伸肢以缩短连接长度时，在短角钢两肢中的一肢上，所用的螺栓数目应按计算增加 50%。

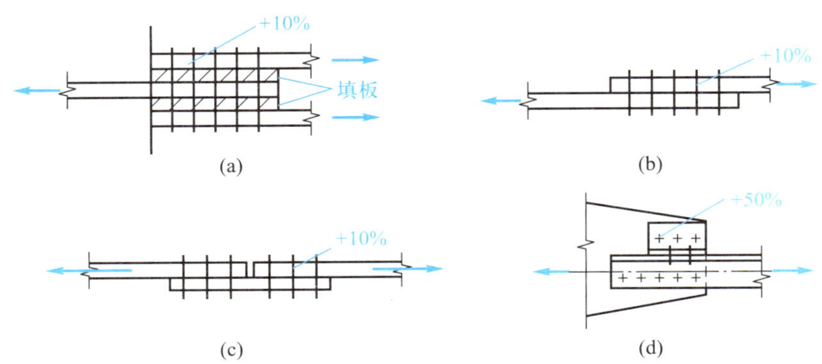

图 6.59　螺栓数目应增加的情况

② 验算净截面强度

为了防止构件因开孔削弱截面而拉断，还需验算开孔截面的净截面强度：

$$\sigma=\frac{N}{A_n}\leqslant 0.7f_u \tag{6-44}$$

式中：A_n——构件净截面面积。

f_u——钢材的极限抗拉强度设计值。

净截面强度验算应选择构件或连接板的最不利截面，即内力最大或螺孔较多的截面。如图 6.60a 所示螺栓为并列布置时，构件最不利截面为Ⅰ-Ⅰ，其内力最大为 N。而Ⅱ-Ⅱ和Ⅲ-Ⅲ截面因前面螺栓已传递部分力，故内力分别递减为 $N-(n_1/n)N$ 和 $N-[(n_1+n_2)/n]N$（n、n_1、n_2 分别为连接一侧的螺栓总数和截面Ⅰ-Ⅰ、Ⅱ-Ⅱ上的螺栓数），均较截面Ⅰ-Ⅰ的小，因此，若它们的螺孔数未增多，可不必计算。但对连接板各截面，因受力相反，截面Ⅲ-Ⅲ受力最大，亦为 N。故还需按下面公式比较它和构件截面Ⅰ-Ⅰ的净截面面积，以确定最不利截面。

构件截面Ⅰ-Ⅰ：

$$A_n=(b-n_1d_0)t \tag{6-45}$$

连接板截面Ⅲ-Ⅲ：

$$A_n=2(b-n_3d_0)t_1 \tag{6-46}$$

式中：n_1、n_3——截面Ⅰ-Ⅰ和Ⅲ-Ⅲ上的螺孔数；

t、t_1、b——构件和连接板的厚度及宽度。

当螺栓为错列布置时（图 6.60b），构件或连接板除可能沿直线截面Ⅰ-Ⅰ破坏外，还可能沿折线截面Ⅱ－Ⅱ破坏，其长度虽较大，但螺孔较多，故还需按下式计算其净截面面积，以确定最不利截面：

$$A_n=[2e_1+(n_2-1)\sqrt{a^2+e^2}-n_2d_0]t \tag{6-47}$$

式中，n_2 为折线截面Ⅱ－Ⅱ上的螺孔数。

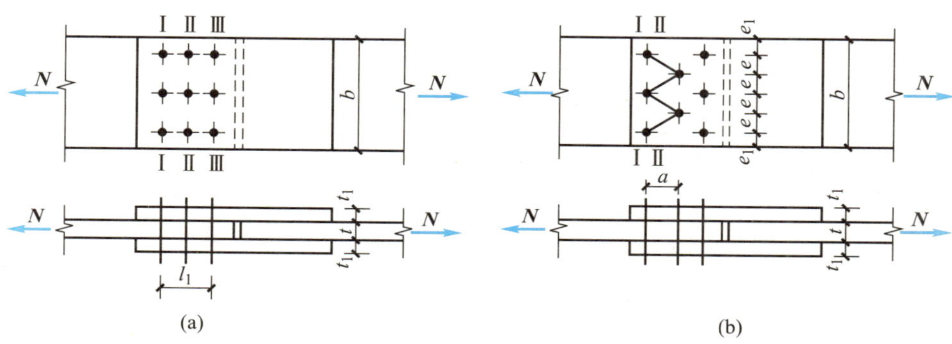

图 6.60　螺栓群受轴心力作用时的受剪螺栓

【例题 6-6】 试设计如图 6.61 所示 C 级普通螺栓的角钢拼接。角钢型号∠100×8，Q235 钢。轴心拉力设计值 $N=250$ kN。

【解】 ① 确定螺栓需要数目和排列

试选 M20 螺栓，孔径 $d_0=21.5$ mm（符合表 6-4 中最大孔径的规定）。采用拼接角钢型号与构件角钢型号相同。

单个受剪螺栓的抗剪和承压承载力设计值：

$$N_v^b=n_v\frac{\pi d^2}{4}f_v^b=1\times\frac{\pi\times20^2\ \text{mm}^2}{4}\times140\ \text{N/mm}^2=43\ 982.3\ \text{N}=44\ \text{kN}$$

$$N_c^b=d\sum tf_c^b=20\ \text{mm}\times8\ \text{mm}\times305\ \text{N/mm}^2=48\ 800\ \text{N}=48.8\ \text{kN}$$

单个受剪螺栓的承载力设计值：

$$N_{\min}^b=\min(N_v^b,N_c^b)=\min(44\ \text{kN},48.8\ \text{kN})=44\ \text{kN}$$

连接一侧螺栓需要的数目：

$n=\dfrac{N}{N_{\min}^b}=\dfrac{250}{44}=5.7$ 个，取 6 个。

为便于紧固螺栓，采用如图 6.61a 所示的错列布置（螺栓线距符合表 6-5 的规定，中距和端距符合表 6-4 的规定）。

② 验算角钢净截面强度

为了与角钢靠紧，拼接角钢须进行切棱，因此应验算拼接角钢净截面强度。切棱尺寸按∠100×8 角钢内圆弧 $R=12$ mm（附表 3-4）确定，取 $A'=\dfrac{1}{2}\times12\ \text{mm}^2\times12\ \text{mm}^2=72\ \text{mm}^2$（三角形）。将拼接角钢截面按中线展开（图 6.61b）。

直线截面Ⅰ－Ⅰ净截面面积（查附表 3-4，角钢毛截面面积 $A=15.6\ \text{cm}^2$）：

$$A_{n\text{I}}=A-n_1d_0t-A'=1\ 560\ \text{mm}^2-1\times21.5\times8\ \text{mm}^2-72\ \text{mm}^2=1\ 316\ \text{mm}^2$$

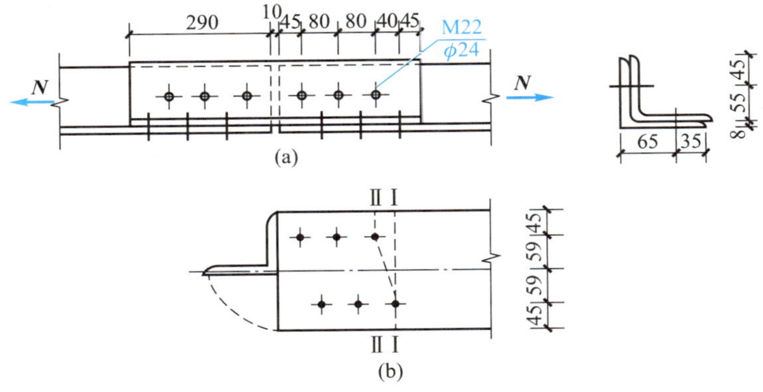

图 6.61　例题 6-6 图

折线截面Ⅱ-Ⅱ净截面面积为

$$A_{n\text{Ⅱ}}=[2e_1+(n_2-1)\sqrt{a^2+e^2}-n_2d_0]t-A'$$
$$=[2\times45+(2-1)\sqrt{40^2+118^2}-2\times21.5]\times8\ \text{mm}^2-72\ \text{mm}^2=1\ 300.8\ \text{mm}^2$$

取 $A_{n\text{Ⅱ}}$ 验算净截面强度，即

$$\sigma=\frac{N}{A_{n\text{Ⅱ}}}=\frac{250\times10^3\ \text{N}}{1\ 300.8\ \text{mm}^2}=192.2\ \text{N/mm}^2<0.7f_u=0.7\times370\ \text{N/mm}^2=259\ \text{N/mm}^2$$

此连接满足要求。

（2）普通螺栓群偏心受剪

图 6.62 所示为螺栓群承受偏心剪力的情形，剪力 F 的作用线至螺栓群中心线的距离为 e，故螺栓群同时受到轴心力 F 和扭矩 $T=Fe$ 的联合作用。

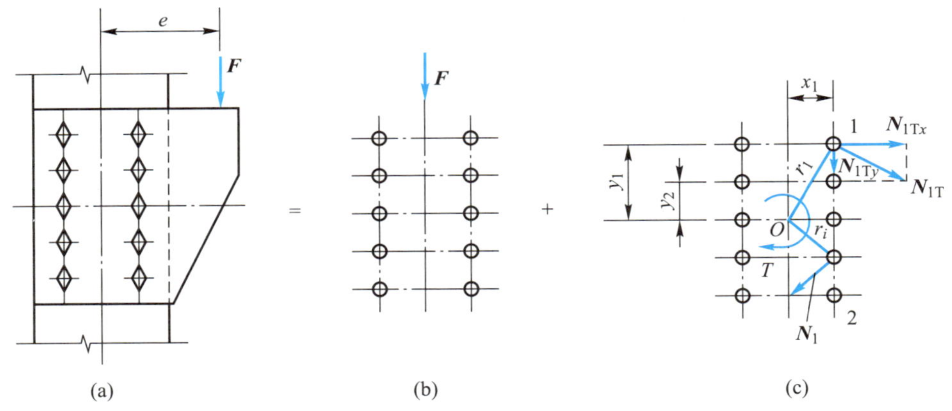

图 6.62　偏心受剪的螺栓群

在轴心力作用下可认为每个螺栓平均受力，即

$$N_{1F}=\frac{F}{n}\tag{6-48}$$

在扭矩 $T=Fe$ 作用下，通常采用弹性分析，假定连接板的旋转中心在螺栓群的形心，则螺栓剪力的大小与该螺栓至中心点距离 r_i 成正比，方向则与 r_i 垂直（图 6.62c）。

由 $N_{1T}r_1+N_{2T}r_2+\cdots+N_{iT}r_i+\cdots=T$ 及 $\dfrac{N_{1T}}{r_1}=\dfrac{N_{2T}}{r_2}=\cdots=\dfrac{N_{iT}}{r_i}=\cdots$ 得

$$\frac{N_{1T}}{r_1}(r_1^2+r_2^2+\cdots+r_i^2+\cdots)=\frac{N_{1T}}{r_1}\sum r_i^2=T \tag{6-49}$$

则最大剪力为

$$N_{1T}=\frac{Tr_1}{\sum r_i^2}=\frac{Tr_1}{\sum x_i^2+\sum y_i^2} \tag{6-50}$$

将 N_{1T} 分解为水平分力和垂直分力

$$N_{1Tx}=N_{1T}\frac{y_1}{r_1}=\frac{Tr_1}{\sum r_i^2}\cdot\frac{y_1}{r_1}=\frac{Ty_1}{\sum x_i^2+\sum y_i^2} \tag{6-51}$$

$$N_{1Ty}=N_{1T}\frac{x_1}{r_1}=\frac{Tr_1}{\sum r_i^2}\cdot\frac{x_1}{r_1}=\frac{Tx_1}{\sum x_i^2+\sum y_i^2} \tag{6-52}$$

由此可得受力最大螺栓所承受的合力 N_1 的计算式：

$$N_1=\sqrt{N_{1Tx}^2+(N_{1Ty}+N_{1F})^2}\leqslant N_{\min}^{b} \tag{6-53}$$

当螺栓布置在一个狭长带，即 $y_1\geqslant 3x_1$ 时，可假定式(6-51)和式(6-52)中的 $x_i=0$，由此得 $N_{1Ty}=0$，$N_{1Tx}=Ty_1/\sum y_i^2$，计算式为：

$$N_1=\sqrt{\left(\frac{Ty_1}{\sum y_i^2}\right)^2+\left(\frac{F}{n}\right)^2}\leqslant N_{\min}^{b} \tag{6-54}$$

上述公式中 $N_{\min}^{b}$ 为一个螺栓的受剪承载力设计值，其他符号意义见图 6.62 后可以理解。

采用以上设计方法后，除受力最大的螺栓外，其余大多数螺栓均有潜力。所以，按式(6-48)计算轴心力 F 作用下的螺栓内力时，即使连接长度>$15d_0$，也不用考虑长接头的折减系数 η。

【例题 6-7】 试设计 C 级普通螺栓的搭接接头（图 6.63）。集中力设计值 $F=300$ kN，偏心距 $e=300$ mm，材料为 Q235 钢。

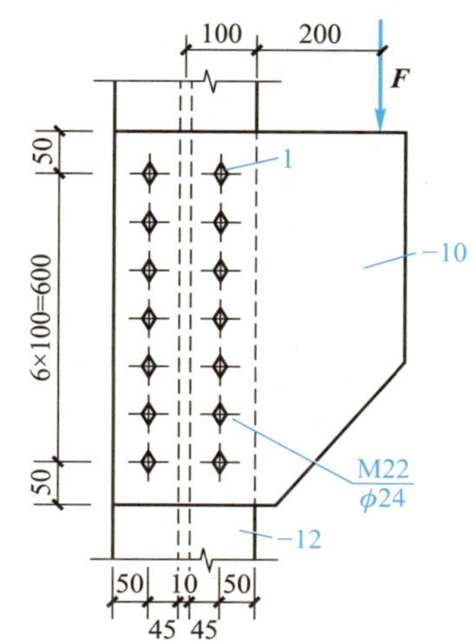

图 6.63　例题 6-7 图

【解】 试选用 M22 螺栓，孔径 $d_0=24$ mm，纵向排列，采用比中距最小容许距离 $3d_0$ 稍大的尺寸，以增加力臂。

① 承载力计算

单个受剪螺栓的抗剪承载力设计值：

$$N_v^b=n_v\frac{\pi d^2}{4}f_v^b=1\times\frac{\pi\times 22^2\ \text{mm}^2}{4}\times 140\ \text{N/mm}^2=53\ 218.6\ \text{N}=53.2\ \text{kN}$$

单个受剪螺栓的抗压承载力设计值：

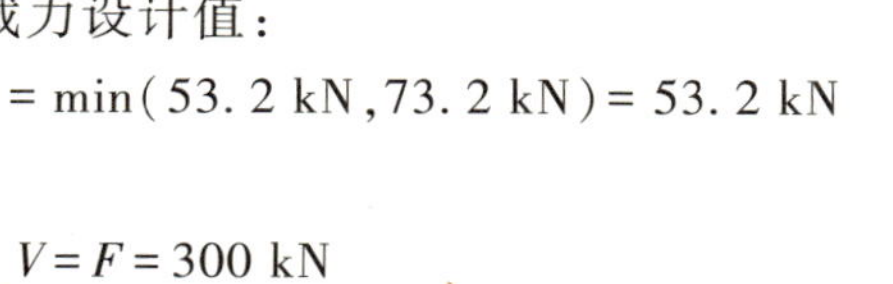

$$N_c^b=d\sum tf_c^b=24\ \text{mm}\times 10\ \text{mm}\times 305\ \text{N/mm}^2=73\ 200\ \text{N}=73.2\ \text{kN}$$

单个受剪螺栓的承载力设计值：

故 $N_{\min}^{b}=\min(N_v^b,N_c^b)=\min(53.2\ \text{kN},73.2\ \text{kN})=53.2\ \text{kN}$

② 内力计算

$$V=F=300\ \text{kN}$$

$$T=F\times(e_1+e_2)=300\ \text{kN}\times(0.1+0.2)\ \text{m}=90\ \text{kN}\cdot\text{m}$$

③ 最不利螺栓 1 计算

$$N_{1Tx}=\frac{Ty_1}{\sum x_i^2+\sum y_i^2}=\frac{90\times10^6\ \text{N}\cdot\text{mm}\times300\ \text{mm}}{14\times50^2\ \text{mm}^2+4\times(100^2+200^2+300^2)\ \text{mm}^2}=45\ 378.2\ \text{N}=45.4\ \text{kN}$$

$$N_{1Ty}=\frac{Tx_1}{\sum x_i^2+\sum y_i^2}=\frac{90\times10^6\ \text{N}\cdot\text{mm}\times50\ \text{mm}}{14\times50^2\ \text{mm}^2+4\times(100^2+200^2+300^2)\ \text{mm}^2}=7\ 563\ \text{N}=7.6\ \text{kN}$$

$$N_{1Vy}=\frac{V}{n}=\frac{300}{14}\ \text{kN}=21.4\ \text{kN}$$

$$N_1=\sqrt{N_{1Tx}^2+(N_{1Ty}+N_{1F})^2}=\sqrt{45.4^2+(7.6+21.4)^2}\ \text{kN}=53.8\ \text{kN}>N_{\min}^{\text{b}}=53.2\ \text{kN}$$

承载力不满足要求。

（二）普通螺栓的受拉连接

1. 普通螺栓受拉的工作性能

沿螺栓杆轴方向受拉时，一般很难做到拉力正好作用在螺栓杆轴线上，而是通过水平板件传递，如图 6.64a 所示。若与螺栓直接相连的翼缘板的刚度不是很大，会产生较大的变形（图 6.64b）。由于翼缘的弯曲，则螺栓受到撬力的附加作用，杆力增加到 $P_f=N+Q$（图 6.64c），式中 Q 称为撬力。撬力的大小与翼缘板厚度、螺栓杆直径、螺栓位置、连接总厚度等因素有关，准确求值非常困难。

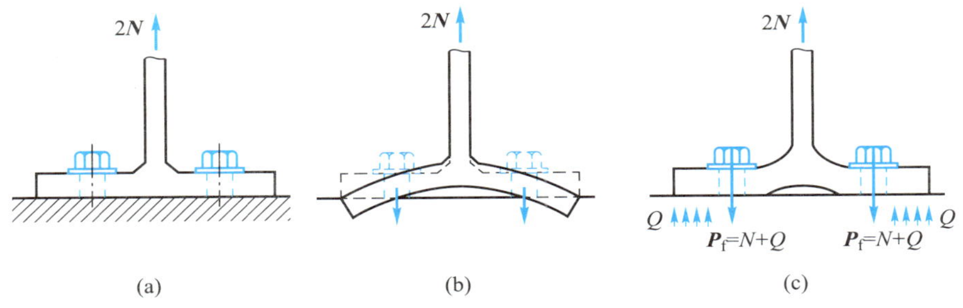

图 6.64　受拉螺栓的撬力图

为了简化计算，设计标准将螺栓的抗拉强度适当降低（$f_t^b=0.8f$）以考虑这种不利影响，在构造上采取措施，如设置加劲肋（图 6.65）等提高刚度，以减小甚至消除撬力的影响。

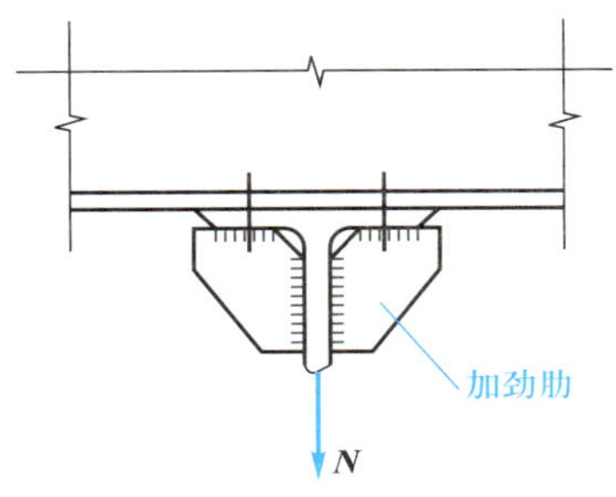

图 6.65　T 形连接中螺栓受拉

2. 单个普通螺栓的受拉承载力

螺栓受拉的破坏形式是栓杆被拉断，部位多在被螺纹削弱截面处。

单个螺栓受拉承载力的设计值为

$$N_t^b=A_ef_t^b=\frac{\pi d_e^2}{4}\cdot f_t^b \tag{6-55}$$

式中：A_e——螺栓有效截面面积；

d_e——螺纹处的有效直径。

由于螺纹呈倾斜方向，螺栓受拉时采用的直径既不是扣除螺纹后的净直径 d_n，也不是全直径与净直径的平均直径 d_m，而是由下式计算的螺栓有效直径（附表 4-1）：

$$d_e=\frac{d_n+d_m}{2}=d-\frac{13}{24}\times\sqrt{3}P \tag{6-56}$$

式中，P 为螺纹的螺距。

3. 受轴心拉力作用的普通螺栓群计算

图 6.66 所示为螺栓群在轴心力下的抗拉连接，通常假定每个螺栓平均受力，则连接所需螺栓数：

$$n\geqslant\frac{N}{N_t^b} \tag{6-57}$$

4. 受弯矩作用的普通螺栓群计算

图 6.67 为弯矩作用下的受拉螺栓群连接。T 形牛腿端部承受竖向荷载 V 和 M 的共同作用，由于在牛腿底部设置支托板，支托板和牛腿底部刨平顶紧，因此可视为图中的剪力 V 通过支托板传递，于是螺栓群作为仅承受弯矩作用考虑。

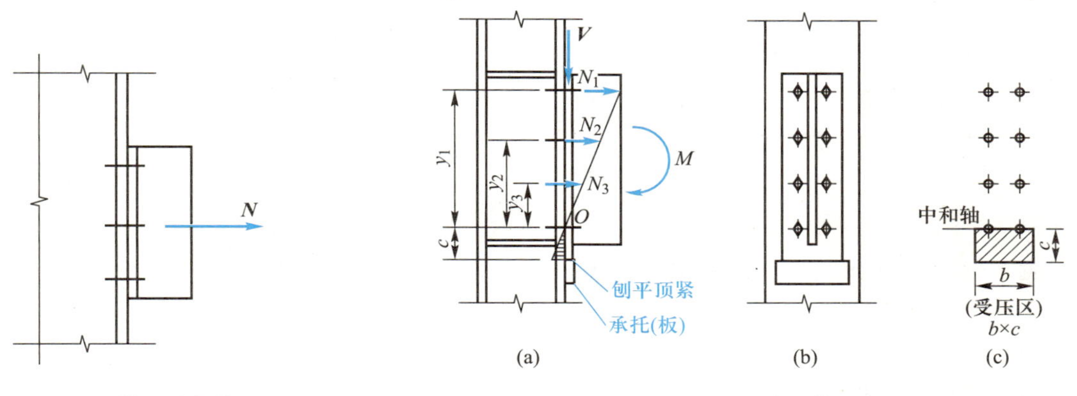

图 6.66　轴心受拉作用　　图 6.67　受弯矩作用

螺栓群在弯矩作用下的受力性能，按弹性设计法，离中和轴越远的螺栓所受拉力越大，而压力则由部分受压的端板承受，精确确定中和轴位置的计算比较复杂，通常近似假定在最下边一排螺栓 O 处，设中和轴至端板受压边缘的距离为 c（图 6.67c）。即认为连接变形为绕 O 处水平轴转动，螺栓拉力与 O 点算起的纵坐标 y 成正比。在对 O 处水平轴列弯矩平衡方程时，偏于安全地忽略力臂很小的端板受压区部分的力矩。

考虑到$\frac{N_1}{y_1}=\frac{N_2}{y_2}=\cdots=\frac{N_i}{y_i}=\cdots=\frac{N_n}{y_n}$，改写弯矩方程：

$$M=N_1y_1+N_2y_2+\cdots+N_iy_i+\cdots+N_ny_n==\frac{N_1}{y_1}\cdot y_1^2+\frac{N_2}{y_2}\cdot y_2^2+\cdots+\frac{N_i}{y_i}\cdot y_i^2+\cdots+\frac{N_n}{y_n}\cdot y_n^2$$

即 $M=\frac{N_i}{y_i}\cdot\sum y_i^2$，则螺栓 i 的拉力为

$$N_i=\frac{My_i}{\sum y_i^2} \tag{6-58}$$

设计时要求受力最大的最外排螺栓 1 的拉力不大于 N_t^b,即

$$N_1=\frac{My_1}{\sum y_i^2}\leqslant N_t^b \tag{6-59}$$

【例题 6-8】 牛腿用 C 级普通螺栓及支托与柱连接,如图 6.68 所示。承受竖向荷载(设计值)$F=300$ kN,偏心距为 $e=200$ mm。验算其螺栓连接是否安全。已知构件和螺栓均用 Q235 钢材,螺栓为 M22,孔径为 24 mm。

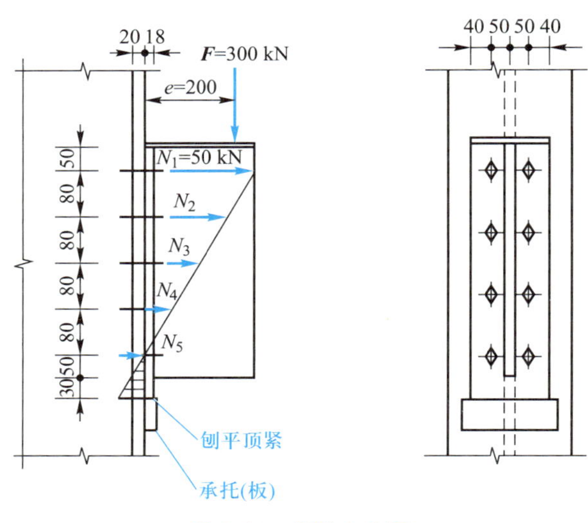

图 6.68　例题 6-8 图

【解】 查表 4-1,M22 螺栓的有效截面面积

$$A_e=303\ \text{mm}^2$$

支托传递全部剪力　　　$V=F=300$ kN

弯矩由螺栓连接传递　　$M=Ve=300\ \text{kN}\times 0.20\ \text{m}=60\ \text{kN}\cdot\text{m}$

单个螺栓的抗拉承载力设计值为

$$N_t^b=A_e f_t^b=303\ \text{mm}^2\times 170\ \text{N/mm}^2=51\ 510\ \text{N}=51.5\ \text{kN}$$

单个螺栓承受的最大拉力为

$$N_1=\frac{My_1}{\sum y_i^2}=\frac{60\times 10^3\ \text{kN}\cdot\text{mm}\times 320\ \text{mm}}{2\times(80^2+160^2+240^2+320^2)\ \text{mm}^2}=50\ \text{kN}\leqslant N_t^b=51.5\ \text{kN}$$,满足要求。

5. 拉力和弯矩共同作用的普通螺栓群计算

按弹性设计法,根据偏心距的大小分别考虑。

(1) 偏心较小时

如图 6.69 所示,当偏心距较小时,所有螺栓均承受拉力作用,端板与柱翼缘有分离趋势,故在计算时假定轴心拉力 N 由各螺栓均匀承受;弯矩 M 则引起以螺栓群形心 O 为中和轴的三角形内力分布(图 6.69c),使上部螺栓受拉,下部螺栓受压,叠加后全部螺栓均受拉(图 6.69b)。可推出最大、最小受力螺栓的拉力和满足设计要求的公式如下(y_i 均自 O 点算起):

$$N_{\min}=\frac{N}{n}-\frac{Ney_1}{\sum y_i^2}\geqslant 0 \tag{6-60}$$

$$N_{max}=\frac{N}{n}+\frac{Ney_1}{\sum y_i^2}\leqslant N_t^b \tag{6-61}$$

式(6-60)为判定小偏心受拉的依据，满足此式时，表示全部螺栓都受拉，不存在受压区，此时，最大受力螺栓所受的拉力满足式(6-61)的要求。

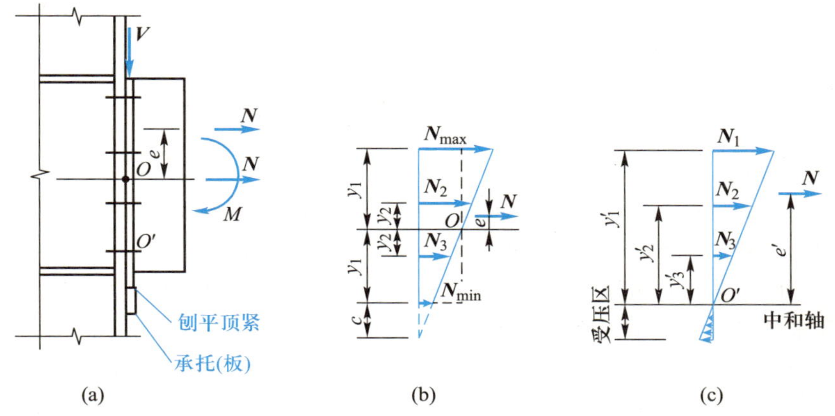

图 6.69　拉力和弯矩共同作用的普通螺栓群

(2) 偏心较大时

当偏心距 e 较大时，弯矩 M 较大，会出现 $N_{min}<0$，此时在端板底部将出现受压区(图 6.69c)。仿照式(6-59)近似并偏于安全地取最下排螺栓 O'处为中和轴，按相似步骤列对 O'点的弯矩平衡方程(e'和 y'_i自 O'点算起，最上排螺栓 1 的拉力最大)，可得 $M=Ne'=\frac{N_i}{y'_i}\sum y_i'^2$，则 $N_i=\frac{Ne'y'_i}{\sum y_i'^2}$，受力最大的最外排螺栓 1 的承载力验算采用下式：

$$N_1=\frac{Ne'y_1}{\sum y_i'^2}\leqslant N_t^b \tag{6-62}$$

【例题 6-9】 试设计图 6.70 所示牛腿与柱翼缘板的 C 级螺栓连接。螺栓群承受偏心力 $N=200$ kN。

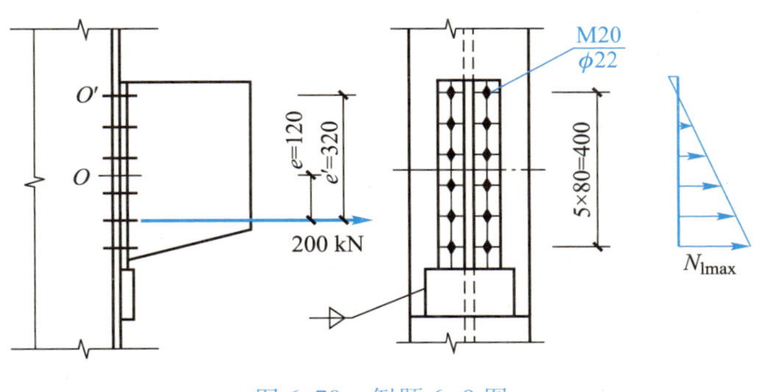

图 6.70　例题 6-9 图

【解】 初选 12 个 M20 螺栓，$d_0=22$ mm。并按图中所示尺寸排列，中距比最小容许距离 $3d_0$ 稍大。$e_0=120$ mm。

（1）先按小偏心情况计算，取中和轴位于螺栓群形心处，最不利螺栓为上、下最外侧两排螺栓：

$$N_{1\min}=\frac{N}{n}-\frac{Ney_1}{\sum y_i^2}=\frac{200}{12}\ \text{kN}-\frac{200\times120\times200}{2\times2\times(40^2+120^2+200^2)}\ \text{kN}=16.67\ \text{kN}-21.43\ \text{kN}=-4.76\ \text{kN}<0$$

故应按大偏心计算。

（2）在螺栓上部出现受压区，即应取中和轴位于最上排螺栓处，$e'=320$ mm，最下侧螺栓受力最大：

$$N_{1\max}=\frac{Ne'y_1}{\sum y_i'^2}=\frac{200\times320\times400}{2\times(80^2+160^2+240^2+320^2+400^2)}\ \text{kN}=36.36\ \text{kN}$$

（3）螺栓承载力验算：

$N_t^b=A_e f_t^b=245\ \text{mm}^2\times170\ \text{N/mm}^2=41\ 650\ \text{N}=41.65\ \text{kN}>N_{1\max}=36.36\ \text{kN}$，满足要求。

（三）受剪力和拉力共同作用的普通螺栓连接

大量的试验研究结果表明，如图 6.71 所示同时承受剪力和拉力作用的普通螺栓，有两种可能破坏形式，即螺栓杆受剪受拉破坏和孔壁承压破坏。

大量的试验结果表明，当将拉-剪联合作用下处于极限承载力时的拉力和剪力分别除以各自单独作用时的承载力，所得到的关于 N_t/N_t^b 和 N_v/N_v^b 的相关曲线，近似为圆曲线（图 6.72）。设计标准规定，同时承受剪力和杆轴方向拉力的普通螺栓，应分别符合下列公式的要求：

$$\sqrt{\left(\frac{N_v}{N_v^b}\right)^2+\left(\frac{N_t}{N_t^b}\right)^2}\leqslant1 \tag{6-63}$$

验算孔壁承压

$$N_v\leqslant N_c^b \tag{6-64}$$

式中：N_v、N_t——一个螺栓所承受的剪力和拉力设计值；

N_v^b、N_t^b——一个螺栓的螺杆抗剪和抗拉承载力设计值；

N_c^b——一个螺栓的孔壁承压承载力设计值。

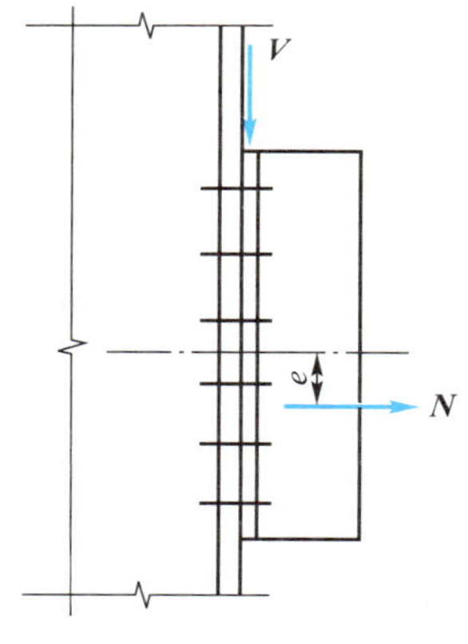

图 6.71　螺栓群受剪力和拉力联合作用

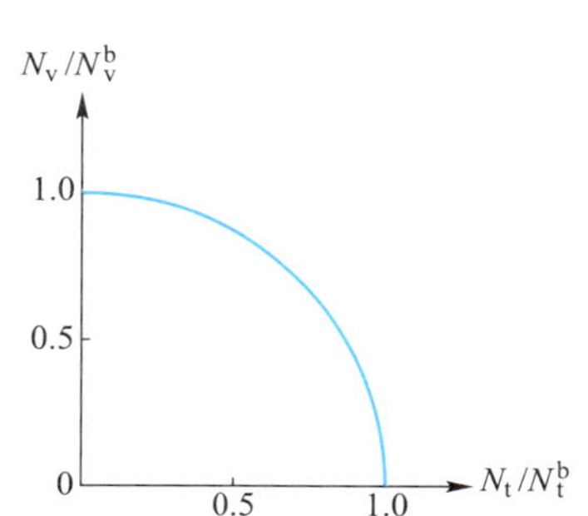

图 6.72　拉剪螺栓的相关曲线

【例题 6-10】 假定例题 6-8 中的螺栓连接的支托板不承力，考虑以下要求：

（1）试验算原连接中螺栓的强度是否还能满足要求；

（2）若不满足要求，试加大螺栓直径重新设计。

【**解**】(1) 支托板不承力,应按拉剪螺栓连接计算。

单个螺栓的抗剪承载力设计值:

$$N_v^b = n_v \frac{\pi d^2}{4} f_v^b = 1 \times \frac{\pi \times 20^2\ \text{mm}^2}{4} \times 140\ \text{N/mm}^2 = 43\ 982.3\ \text{N} = 44\ \text{kN}$$

每个螺栓承受的平均竖向剪力:

$$N_V = \frac{V}{n} = \frac{300}{10}\ \text{kN} = 30\ \text{kN}$$

单个螺栓承受的最大拉力及受拉承载力:

$$N_t = 50\ \text{kN}, N_t^b = 51.5\ \text{kN}$$

螺栓连接的承载力验算:

$$\sqrt{\left(\frac{N_v}{N_v^b}\right)^2 + \left(\frac{N_t}{N_t^b}\right)^2} = \sqrt{\left(\frac{30}{44}\right)^2 + \left(\frac{50}{51.5}\right)^2} = 1.19 > 1,\text{不满足要求。}$$

(2) 改选大直径螺栓后的强度验算:

现改选 M24 螺栓,仍按图 6.68 中尺寸排列。

单个螺栓的抗剪、抗压、抗拉承载力设计值:

$$N_v^b = n_v \frac{\pi d^2}{4} f_v^b = 1 \times \frac{\pi \times 24^2\ \text{mm}^2}{4} \times 140\ \text{N/mm}^2 = 63\ 334.5\ \text{N} = 63.3\ \text{kN}$$

$$N_c^b = d \sum t f_c^b = 24\ \text{mm} \times 18\ \text{mm} \times 305\ \text{N/mm}^2 = 131\ 760\ \text{N} = 131.8\ \text{kN}$$

$$N_t^b = A_e f_t^b = 353\ \text{mm}^2 \times 170\ \text{N/mm}^2 = 60\ 010\ \text{N} = 60\ \text{kN}$$

螺栓连接的承载力验算:

$$\sqrt{\left(\frac{N_v}{N_v^b}\right)^2 + \left(\frac{N_t}{N_t^b}\right)^2} = \sqrt{\left(\frac{30}{63.3}\right)^2 + \left(\frac{50}{60}\right)^2} = 0.96 < 1,\text{满足要求。}$$

6.7 高强度螺栓连接的工作性能

6.7.1 高强度螺栓预拉力

高强度螺栓通过拧紧螺帽使螺杆受到拉伸作用产生预拉力,而被连接板件间则产生压紧力。为了保证通过摩擦力传递剪力,高强度螺栓的预拉力 P 的准确控制非常重要。针对不同类型的高强度螺栓,其预拉力的建立方法不尽相同。

1. 大六角头螺栓的预拉力控制方法

(1) 力矩法

力矩法一般采用指针式扭力(测力)扳手或预置式扭力(定力)扳手。目前用得多的是电动扭矩扳手。力矩法是通过控制拧紧力矩来实现控制预拉力。拧紧力矩可由试验确定,应使施工时控制的预拉力为设计预拉力的 1.1 倍。

为了克服板件和垫圈等的变形,基本消除板件之间的间隙,使拧紧力矩系数有较好的线性度，从而提高施工控制预拉力值的准确度，在安装大六角头高强度螺栓时，应先按拧紧力矩的50%进行初拧，然后按100%拧紧力矩进行终拧。对于大型节点，在初拧之后，还应按初拧力矩进行复拧，然后终拧。

力矩法的优点是较简单、易实施、费用少，但由于连接件和被连接件的表面与拧紧速度的差异，测得的预拉力值误差大且分散，一般误差为±25%。

(2) 转角法

转角法先用普通扳手进行初拧，使被连接板件相互紧密贴合，再以初拧位置为起点，用长扳手或风动扳手旋转螺母，拧至终拧角度值时，螺栓的拉力即达到施工控制预拉力。

2. 扭剪型高强度螺栓的预拉力获得方法

扭剪型高强度螺栓（图6.4b）具有强度高、安装简单和质量易于保证、可以单面拧紧、对操作人员没有特殊要求等优点。扭剪型高强度螺栓的螺纹段端部有一个承受拧紧反力矩的十二角体和一个能在规定力矩下剪断的断颈槽。

扭剪型高强度螺栓连接副的安装需用特制的电动扳手，该扳手有两个套头，一个套在螺母六角体上，另一个套在螺栓的十二角体上。拧紧时，对螺母施加顺时针力矩，对螺栓十二角体施加大小相等的逆时针力矩，使螺栓断颈部分承受扭剪，其初拧力矩为拧紧力矩的50%，复拧力矩等于初拧力矩，终拧至断颈剪断为止。这里所说的拧紧力矩即安装力矩，应按规范选取。

3. 高强度螺栓预拉力的确定

确定螺栓杆中设计预拉力值时，应使栓杆中的拉应力接近所用钢材的抗拉强度，以获得较大的经济效益。高强度螺栓杆的设计预拉力值由材料的强度和螺栓的有效截面面积 $A_e f_u$ 确定，因考虑施工时的补偿预拉力的松弛对螺栓超张拉5%～10%，因此 $A_e f_u$ 乘以系数0.9；因考虑抗力的变异等影响，以及由于以抗拉强度为准引入的附加安全系数，再乘以两个系数0.9。另外，因在拧紧螺栓时扭矩使螺栓产生的剪力将降低螺栓的承拉能力，所以对材料抗拉屈服强度通过除以系数1.2进行折减。

为此，高强度螺栓的预拉力设计值为

$$P=\frac{0.9\times0.9\times0.9}{1.2}A_e f_u \tag{6-65}$$

式中：A_e——螺栓的有效截面面积；

f_u——螺栓材料经热处理后的最低抗拉强度，对于8.8级螺栓，$f_u=830\ \text{N/mm}^2$，对于10.9级螺栓，$f_u=1\ 040\ \text{N/mm}^2$。

根据式(6-65)可总结出表6-9所示各种规格高强度螺栓预拉力的取值。

表6-9　一个高强度螺栓的设计预拉力值　　kN

螺栓的承载性能等级	螺栓的公称直径/mm					
	M16	M20	M22	M24	M27	M30
8.8级	80	125	150	175	230	280
10.9级	100	155	190	225	290	355

4. 高强度螺栓摩擦面抗滑移系数

高强度螺栓摩擦面抗滑移系数的大小与连接处构件接触面的处理方法和构件的钢号有关。试验表明,此系数值随连接构件接触面间的压紧力减小而降低,故与物理学中的摩擦系数有区别。

我国规范推荐采用的接触面处理方法有:喷硬质石英砂或铸钢棱角砂、抛丸(喷砂)和钢丝刷清除浮锈或对干净轧制表面不做处理等,各种处理方法相应的μ值见表6-10。需要注意的是,摩擦面应严禁涂红丹,因为μ会小于0.14;另外,连接在潮湿或淋雨条件下拼装,也会降低μ值,故应采取有效措施保证连接处表面的干燥。

教学视频6-2
抛丸(喷砂)除锈

表6-10 钢材摩擦面的抗滑移系数μ值

连接处构件接触面的处理方法	构件的钢材牌号		
	Q235钢	Q345钢或Q390钢	Q420钢或Q460钢
喷硬质石英砂或铸钢棱角砂	0.45	0.45	0.45
抛丸(喷砂)	0.40	0.40	0.40
钢丝刷清除浮锈或未经处理的干净轧制面	0.30	0.35	—

6.7.2 摩擦型高强度螺栓连接的承载力计算

1. 摩擦型高强度螺栓连接受剪承载力计算

高强度螺栓除了其本身材料强度高之外,施工时还给螺栓杆施加很大的预拉力作用,高强螺栓的预拉力是由垫片下边开始沿图6.73中的虚线传到钢板上,在接触面形成环状的摩擦面,使被连接件的接触面之间产生挤压力,因此,栓杆受剪时板面之间有很大的摩擦力。

摩擦型高强度螺栓连接的受剪承载力取决于构件接触面的摩擦力,而且与螺栓所受预拉力、摩擦面的抗滑移系数及连接的传力摩擦面数有关。因此,一个摩擦型高强度螺栓连接的受剪承载力设计值为

$$N_v^b = 0.9kn_f\mu P \tag{6-66}$$

式中：N_v^b——一个高强度螺栓的受剪承载力设计值；

k——孔型系数，标准孔取 1.0，大圆孔取 0.85，内力与槽孔长向垂直时取 0.7，内力与槽孔长向平行时取 0.6；

n_f——传力摩擦面数目，单剪时 $n_f=1$；双剪时 $n_f=2$；

P——一个高强度螺栓的设计预拉力，按表 6-9 采用；

μ——摩擦面抗滑移系数，按表 6-10 采用。

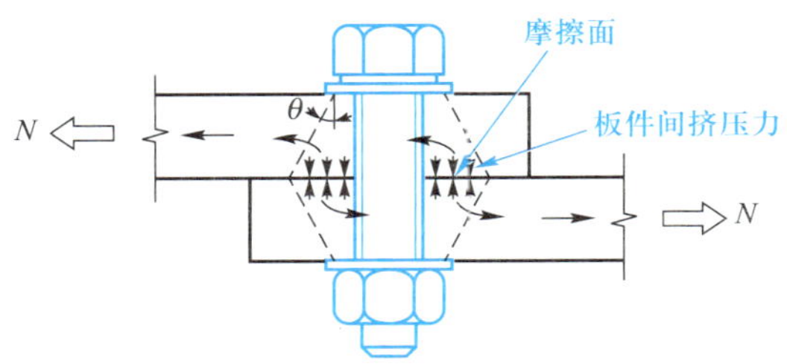

图 6.73　摩擦型高强度螺栓抗剪连接

试验证明，低温对摩擦型高强度螺栓抗剪承载力无明显影响，但当温度 $t=100\sim150$ ℃时，螺栓的预拉力将产生温度损失，故连接处还有焊缝时应考虑摩擦型高强度螺栓的抗剪承载力设计值的降低。

直接承受动力荷载构件的抗剪螺栓连接宜采用摩擦型高强度螺栓连接。

2. 受拉连接承载力

由于高强度螺栓的预拉力作用，被连接构件间在外力作用前已经有较大的压紧力 C（图 6.74a）。当连接受拉时，构件间有松开的趋势，压紧力 C_f 逐步变小（图 6.74b）。经分析，当构件刚好被拉开时，栓杆的拉力 $P_f=1.1P$，说明拉力增量对栓杆工作影响不大，仅为预拉力 P 的 10%。和普通螺栓一样，高强度螺栓受拉连接也会因撬力的存在导致极限承载力降低。

试验证明，当连接上施加的外拉力 N_t 过大时，螺栓会发生松弛现象，和普通螺栓连接一样，高强度螺栓抗拉连接受撬力影响其承载力会降低。为了避免螺栓松弛并保留一定的余量，GB 50017—2017《钢结构设计标准》规定，在杆轴方向承受拉力的摩擦型高强度螺栓连接中，单个螺栓受拉承载力设计值为

$$N_t^b = 0.8P \tag{6-67}$$

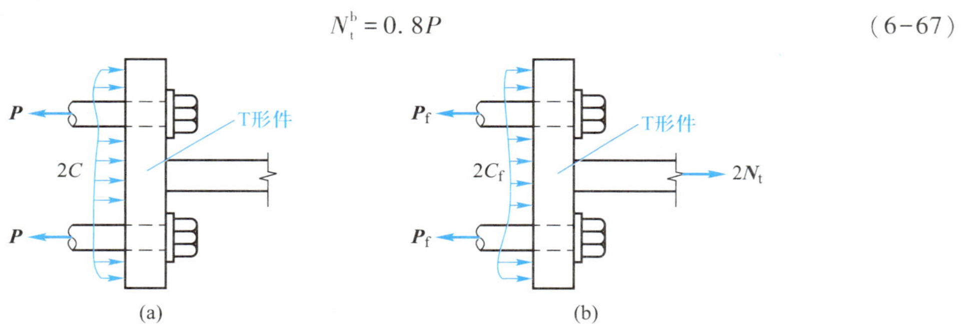

图 6.74　高强螺栓抗拉连接

3. 同时承受剪力和拉力连接的承载力

事实上,当如图 6.74 所示外拉力 N_t 为预拉力 P 的 80%时,螺杆内的拉力 P_f 增加很少,可以认为此时螺杆的预拉力基本不变,但压紧力 C_f 将减小到(P_f-N_t)。试验研究表明,这时接触面的抗滑移系数 μ 值也有所降低,μ 值随 N_t 的增大而减小,但整个板面仍处于紧密接触的状态。考虑这些影响的研究表明,外加剪力 N_v 和拉力 N_t 与高强度螺栓的受拉、受剪承载力设计值之间具有线性相关关系,GB 50017—2017《钢结构设计标准》规定:当摩擦型高强度螺栓连接同时承受摩擦面间的剪力和螺栓杆轴方向的外拉力时,其承载力应按下式计算:

$$\frac{N_v}{N_v^b}+\frac{N_t}{N_t^b}\leqslant 1 \tag{6-68}$$

式中:N_v、N_t——某个高强度螺栓所承受的剪力和拉力设计值;

N_v^b、N_t^b——一个高强度螺栓的受剪、受拉承载力设计值。

6.7.3 承压型高强度螺栓的连接计算

1. 受剪连接承载力

为了充分利用高强度螺栓的潜力,高强度螺栓承压型连接受剪时的极限承载力由杆身抗剪和孔壁承压决定,摩擦力只起延缓滑动作用,其计算方法与普通螺栓相同,仍可用式(6-39a)和式(6-39b)计算单个螺栓的抗剪承载力设计值,只是应采用承压型连接高强度螺栓的强度设计值。

但当计算剪切面在螺纹处时,其受剪承载力设计值应按螺纹处的有效截面面积进行计算;但对于普通螺栓,其抗剪强度设计值是根据连接的试验数据统计而定的,试验时不分剪切面是否在螺纹处,故计算抗剪强度设计值时用公称直径。

承压型高强度螺栓连接设计时,还需要了解以下要求:承压型连接的高强度螺栓预拉力 P 的施拧工艺和设计值取值应与摩擦型连接高强度螺栓相同;高强度螺栓承压型连接不宜用于直接承受动力荷载的结构,抗剪承压型连接在正常使用极限状态下应符合摩擦型连接的设计要求;在同一连接中,高强度螺栓承压型连接不宜与焊接共用,因为刚度较大的焊缝会对连接滑移产生约束,使二者变形不协调,不能协同工作。

2. 受轴向拉力的连接承载力

承压型高强度螺栓连接沿杆轴方向受拉时,抗拉承载力的计算公式与普通螺栓相同,只是抗拉强度设计值不同。

3. 同时承受剪力和拉力连接的承载力

同时承受剪力和杆轴方向拉力的承压型高强度螺栓连接的计算方法与普通螺栓相同,即

$$\sqrt{\left(\frac{N_v}{N_v^b}\right)^2+\left(\frac{N_t}{N_t^b}\right)^2}\leqslant 1 \tag{6-69}$$

$$N_v\leqslant N_c^b/1.2 \tag{6-70}$$

式中:N_v、N_t——某个高强度螺栓所承受的剪力和拉力设计值;

N_v^b、N_t^b、N_c^b——一个高强度螺栓的受剪、受拉和承压承载力设计值。

由于在剪应力单独作用下，高强度螺栓对板层间产生强大压紧力，当板层间的摩擦力被克服，螺杆与孔壁接触时，板件孔前区形成三向应力场，因而承压型连接高强度螺栓的承压强度比普通螺栓高得多，两者相差约50%。当承压型连接高强度螺栓受有杆轴拉力时，板层间的压紧力随外拉力的增加而减小，因而其承压强度设计值也随之降低。为了计算简便，GB 50017—2017《钢结构设计标准》规定，只要有外拉力存在，就将承压强度除以1.2予以降低，而未考虑承压强度设计值变化幅度随外拉力大小而变化这一因素。因为连接上的所有高强度螺栓的外拉力一般不大于0.8P。此时，可认为整个板层间始终处于紧密接触状态，采用统一除以1.2的做法来降低承压强度，一般能保证安全。

6.7.4 高强度螺栓群的受剪计算

1. 高强度螺栓群轴心受剪

(1) 螺栓数：高强度螺栓连接所需螺栓数目应由下式确定：

$$n \geqslant \frac{N}{N_{\min}^{\mathrm{b}}} \tag{6-71}$$

式中，$N_{\min}^{\mathrm{b}}$ 为相应连接类型的单个高强度螺栓受剪承载力设计值的最小值，由式(6-66)或式(6-39)、式(6-40)计算。

(2) 构件净截面强度计算：对承压型连接，构件净截面强度验算和普通螺栓连接时相同。对摩擦型连接，要考虑由于摩擦力作用(图6.75b)，一部分剪力由孔前接触面传递，则净截面强度计算采用式(3-3)。

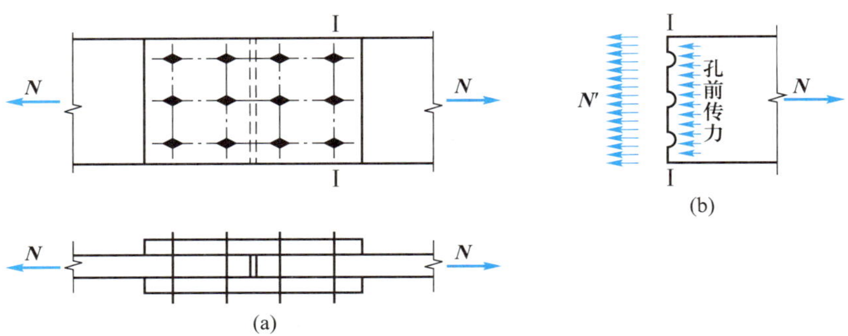

图6.75 轴力作用下的摩擦型高强度螺栓抗剪连接

2. 高强度螺栓群的非轴心受剪

高强度螺栓群在扭矩或扭矩和剪力共同作用时的抗剪计算方法与普通螺栓群相同，但应采用高强度螺栓承载力设计值进行计算。

【例题6-11】 试验算图6.76所示用高强度螺栓的双拼接板连接的最大承载力。钢板截面为14 mm×250 mm，拼接板截面8 mm×250 mm，钢材为Q345，采用8.8级的M22高强度螺栓，标准孔,连接处构件接触面喷硬质石英砂处理。

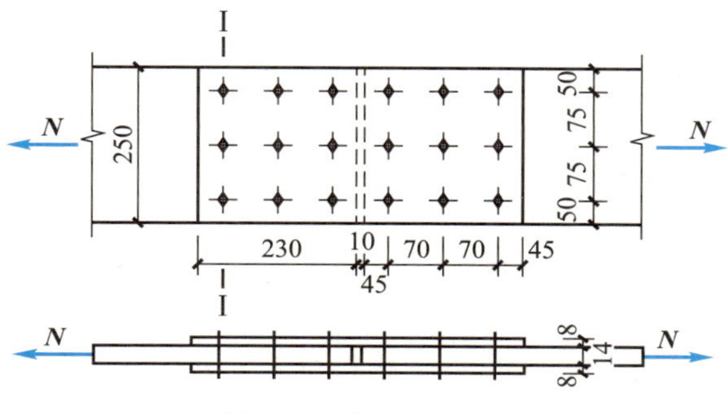

图 6.76　例题 6-11 图

【解】(1) 采用高强度螺栓摩擦型连接

① 一个螺栓的受剪承载力设计值:

$$N_v^b = 0.9kn_f\mu P = 0.9\times1\times2\times0.45\times150\ \text{kN} = 121.5\ \text{kN}$$

② 连接一侧螺栓群的承载力设计值:

$$N_1 = nN_v^b = 9\times121.5\ \text{kN} = 1\ 093.5\ \text{kN}$$

③ 由净截面强度计算的最大承载力设计值:

Ⅰ-Ⅰ处的净截面面积:

$$A_n = (250-3\times22.5)\times14\ \text{mm}^2 = 2\ 555\ \text{mm}^2$$

由Ⅰ-Ⅰ处的净截面传力 $N' = N\left(1-\dfrac{0.5n_1}{n}\right)$ 及 $\sigma = \dfrac{N'}{A_n} \leqslant 0.7f_u$,可得

$$N_2 = N = \frac{0.7A_n f}{\left(1-\dfrac{0.5n_1}{n}\right)} = \frac{0.7\times2\ 555\ \text{mm}^2\times470\ \text{N/mm}^2}{1-\dfrac{0.5\times3}{9}} = 884\ 836\ \text{N} = 884.8\ \text{kN}$$

④ 毛截面处最大承载力设计值:

$$N_3 = Af = 250\ \text{mm}\times14\ \text{mm}\times310\ \text{N/mm}^2 = 1\ 085\ 000\ \text{N} = 1\ 085\ \text{kN}$$

故此连接的最大承载力:

$$N_{max} = \min(N_1, N_2, N_3) = \min(1\ 093.5\ \text{kN}, 884.8\ \text{kN}, 1\ 085\ \text{kN}) = 884.8\ \text{kN}$$

(2) 采用高强度螺栓承压型连接

① 一个螺栓的受剪承载力设计值:

抗剪承载力设计值:

$$N_v^b = n_v\frac{\pi d^2}{4}f_v^b = 2\times\frac{\pi\times22^2\ \text{mm}^2}{4}\times250\ \text{N/mm}^2 = 190\ 066\ \text{N} = 190.1\ \text{kN}$$

孔壁承压承载力设计值:

$$N_c^b = d\sum tf_c^b = 22\ \text{mm}\times14\ \text{mm}\times590\ \text{N/mm}^2 = 181\ 720\ \text{N} = 181.7\ \text{kN}$$

故单个抗剪螺栓的承载力设计值:

$$N_{min}^b = \min(190.1\ \text{kN}, 181.7\ \text{kN}) = 181.7\ \text{kN}$$

连接一侧螺栓群的承载力设计值:

$$N_1 = nN_v^b = 9\times181.7\ \text{kN} = 1\ 635.3\ \text{kN}$$

② 构件净截面强度验算：

Ⅰ－Ⅰ截面最危险，故

$$A_n = (250-3\times22.5)\times14\ \text{mm}^2 = 2\ 555\ \text{mm}^2$$

由 $\sigma=\dfrac{N}{A_n}\leqslant0.7f_u$，得

$$N_2 = 0.7A_nf_u = 0.7\times2\ 555\ \text{mm}^2\times470\ \text{N/mm}^2 = 840\ 596\ \text{N} = 840.6\ \text{kN}$$

故此连接的最大承载力为

$$N_{max} = \min(N_1, N_2) = \min(1\ 653.3\ \text{kN}, 840.6\ \text{kN}) = 840.6\ \text{kN}$$

6.7.5 高强度螺栓群的受拉计算

1. 轴心受拉

高强度螺栓群连接所需螺栓数目为

$$n\geqslant\frac{N}{N_t^b} \tag{6-72}$$

式中，N_t^b 为在杆轴方向受拉力时，一个高强度螺栓的承载力设计值，根据连接类型按式(6-67)或式(6-55)计算。

2. 高强度螺栓群受弯矩作用

高强度螺栓连接的外拉力总是小于预拉力 P，在连接受弯矩而使螺栓沿栓杆方向受力时，被连接构件的接触面一直保持紧密贴合。因此，可认为中和轴在螺栓群的形心轴上（图 6.77），最外排螺栓受力最大。最大拉力及其验算式为

$$N_1=\frac{My_1}{\sum y_i^2}\leqslant N_t^b \tag{6-73}$$

式中：y_1——螺栓群形心轴至螺栓的最大距离；

$\sum y_i^2$——形心轴上、下各螺栓至形心轴距离的平方和。

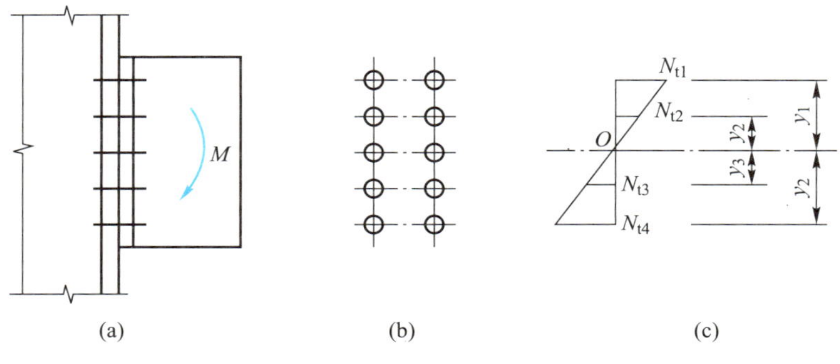

图 6.77 承受弯矩的高强度螺栓连接

3. 高强度螺栓群偏心受拉

由于高强度螺栓偏心受拉时，螺栓的最大拉力不得超过 0.8P，能够保证板层之间始终保持

紧密贴合，端板不会拉开，故摩擦型连接高强度螺栓和承压型连接高强度螺栓均可按普通螺栓小偏心受拉计算，即

$$N_1=\frac{N}{n}+\frac{Ney_1}{\sum y_i^2}\leqslant N_t^b \tag{6-74}$$

【例题 6-12】 试设计牛腿与柱的连接。采用 10.9 级高强度螺栓摩擦型连接，螺栓直径 M20，标准孔，构件接触面采用抛丸处理，结构钢材为 Q345，牛腿端板下设承力支托，作用力设计值如图 6.78 所示。

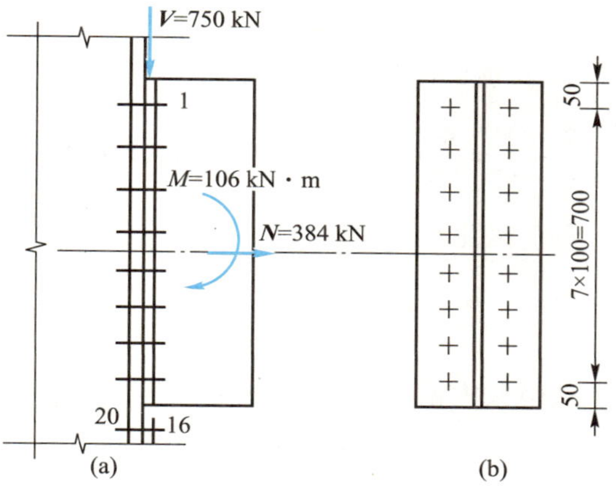

【解】（1）采用高强度螺栓摩擦型连接，螺栓布置如图 6.78b 所示。由题意知，高强度螺栓承受弯矩 M 和轴向拉力 N 作用，中和轴位于螺栓群形心，连接中受力最大螺栓 1 承受的拉力为

图 6.78 例题 6-12 图

轴力 N 作用下：$N_1^N=\frac{N}{n}=\frac{384}{16}\ \text{kN}=24\ \text{kN}$

弯矩 M 作用下：$N_1^M=\frac{My_1}{m\sum y_i^2}=\frac{106\times10^3\ \text{kN}\cdot\text{mm}\times350\ \text{mm}}{2\times2\times(50^2+150^2+250^2+350^2)\ \text{mm}^2}=44.2\ \text{kN}$

$$N_{1t}=N_1^N+N_1^M=24\ \text{kN}+44.2\ \text{kN}=68.2\ \text{kN}$$

（2）单个高强度螺栓受拉承载力设计值为

$$N_t^b=0.8P=0.8\times155\ \text{kN}=124\ \text{kN}>N_{1t}=68.2\ \text{kN}$$

满足要求。

6.7.6 高强度螺栓群受剪拉共同作用计算

摩擦型和承压型高强度螺栓群在拉力和剪力共同作用时的承载力计算分别采用式(6-68)、式(6-69)和式(6-70)。

【例题 6-13】 试设计牛腿与柱的连接，采用摩擦型连接与承压型连接两种方式。采用 10.9 级高强度螺栓，螺栓直径 M20，标准孔，构件接触面采用抛丸处理，结构钢材为 Q345，牛腿端板下支托不承力，作用力设计如图 6.78 所示。

【解】（1）采用摩擦型连接，中和轴位于螺栓群形心。

① 螺栓布置如图 6.78b 所示，连接中受力最大螺栓 1 承受的拉力、剪力

轴力 N 作用下：$N_1^N=\frac{N}{n}=\frac{384}{16}\ \text{kN}=24\ \text{kN}$

弯矩 M 作用下：$N_1^M=\frac{My_1}{m\sum y_i^2}=\frac{106\times10^3\ \text{kN}\cdot\text{mm}\times350\ \text{mm}}{2\times2\times(50^2+150^2+250^2+350^2)\ \text{mm}^2}=44.2\ \text{kN}$

故 $$N_{1t}=N_1^N+N_1^M=24\ \text{kN}+44.2\ \text{kN}=68.2\ \text{kN}$$

$$N_{1v}=\frac{V}{n}=\frac{750}{16}\ \text{kN}=46.9\ \text{kN}$$

② 单个高强度螺栓受剪、受拉承载力设计值

查表 $\mu=0.4$,

$$P=155\ \text{kN}$$

$$N_v^b=0.9kn_f\mu P=0.9\times1\times2\times0.4\times155\ \text{kN}=111.6\ \text{kN}$$

$$N_t^b=0.8P=0.8\times155\ \text{kN}=124\ \text{kN}$$

③ 拉剪共同作用下

$\dfrac{N_v}{N_v^b}+\dfrac{N_t}{N_t^b}=\dfrac{46.9}{111.6}+\dfrac{68.2}{124}=0.97<1$,满足要求。

(2) 采用承压型连接,仍然采用图 6.78b 布置方式,假定中和轴仍位于螺栓群形心。

$$N_{min}=\frac{N}{n}-\frac{My_1}{\sum y_i^2}=24\ \text{kN}-44.2\ \text{kN}=-20.2\ \text{kN}<0$$

故应按大偏心设计,中和轴下移到最下排螺栓形心处,此时

$$M'=M+Ne=106\ \text{kN}\cdot\text{m}+384\ \text{kN}\times0.35\ \text{m}=240.4\ \text{kN}\cdot\text{m}$$

① 连接处受力最大螺栓 1 承受的拉力

$$N_{1t}=N_{1M}=\frac{M'y_1'}{\sum y_i'^2}=\frac{240.4\times10^3\ \text{kN}\cdot\text{mm}\times700\ \text{mm}}{2\times(100^2+200^2+300^2+400^2+500^2+600^2+700^2)\ \text{mm}^2}=60.1\ \text{kN}$$

② 螺栓 1 承受的剪力

$$N_{1v}=\frac{V}{n}=\frac{750}{16}\ \text{kN}=46.9\ \text{kN}$$

③ 单个高强度螺栓抗剪、承压、抗拉承载力设计值

$$N_v^b=n_v\frac{\pi d^2}{4}f_v^b=1\times\frac{\pi\times20^2\ \text{mm}^2}{4}\times310\times10^{-3}\ \text{kN/mm}^2=97.4\ \text{kN}$$

$$N_c^b=d\sum tf_c^b=20\ \text{mm}\times16\ \text{mm}\times590\times10^{-3}\ \text{kN/mm}^2=188.8\ \text{kN}$$

$$N_t^b=A_ef_t^b=303\ \text{mm}^2\times500\times10^{-3}\ \text{kN/mm}^2=151.5\ \text{kN}$$

④ 受力最大螺栓 1 在拉剪共同作用下

$$\sqrt{\left(\frac{N_v}{N_v^b}\right)^2+\left(\frac{N_t}{N_t^b}\right)^2}=\sqrt{\left(\frac{46.9}{97.4}\right)^2+\left(\frac{60.1}{151.5}\right)^2}=0.62<1$$

$$N_v=46.9\ \text{kN}\leqslant N_c^b/1.2=188.8\ \text{kN}/1.2=157.3\ \text{kN}$$

满足要求,且富余较多。

6.8 翼缘与腹板连接焊缝设计

如图 6.79 所示,焊接组合工字形截面,翼缘与腹板常以角焊缝相连,当梁弯曲时,由于相邻截面中作用在翼缘截面的弯曲正应力有差值,因此焊缝单位长度所受的纵向水平剪力为

$$v_1=\tau_1 t_w=\frac{VS_1}{I_x t_w}t_w=\frac{VS_1}{I_x} \tag{6-75}$$

式中：τ_1——腹板与翼缘交界处的水平剪应力(与竖向剪应力相等)，$\tau_1=\frac{VS_1}{I_x t_w}$；

S_1——翼缘截面对梁中和轴的面积矩。

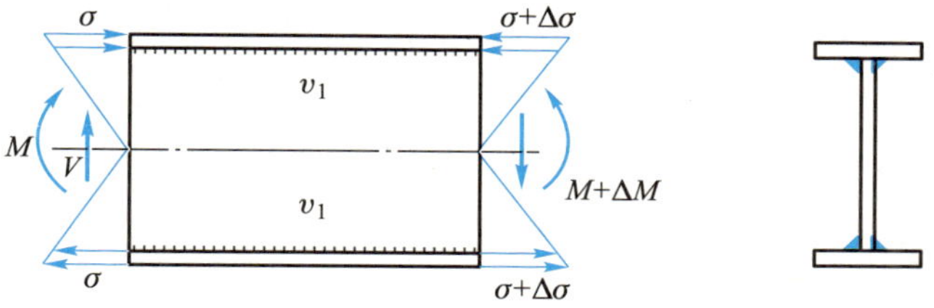

图 6.79　翼缘焊缝的水平剪力

在此剪力作用下，采用双面角焊缝时，角焊缝有效截面上承受的剪应力 τ_f 不应超过角焊缝强度设计值 f_f^w，即

$$\tau_f=\frac{v_1}{0.7h_f}=\frac{VS_1}{1.4h_f I_x}\leqslant f_f^w \tag{6-76}$$

则需要的焊脚尺寸为

$$h_f\geqslant\frac{1}{1.4f_f^w}\cdot\frac{V_{max}S_1}{I_x} \tag{6-77}$$

如果梁的翼缘上受有固定集中荷载，而荷载作用处又未设置支承加劲肋，或梁上有移动的集中荷载(如吊车梁轮压)，则上翼缘与腹板之间的焊缝不仅受沿焊缝长度方向的水平剪应力 τ_f，还承受竖向荷载引起的垂直于焊缝长度方向的局部压应力

$$\sigma_f=\frac{\psi F}{2h_e l_z}=\frac{\psi F}{1.4h_f l_z} \tag{6-78}$$

因此，受有局部应力的上翼缘与腹板之间的连接焊缝应按下式计算强度：

$$\frac{1}{1.4h_f}\sqrt{\left(\frac{\psi F}{\beta_f l_z}\right)^2+\left(\frac{VS_1}{I_x}\right)^2}\leqslant f_f^w \tag{6-79}$$

从而

$$h_f\geqslant\frac{1}{1.4f_f^w}\sqrt{\left(\frac{\psi F}{\beta_f l_z}\right)^2+\left(\frac{VS_1}{I_x}\right)^2} \tag{6-80}$$

式中，β_f 为系数，对直接承受动力荷载的梁(如吊车梁)$\beta_f=1.0$，对其他梁 $\beta_f=1.22$。对承受动力荷载的梁(如重级工作制梁和大吨位中级工作制吊车梁)，腹板与上翼缘的连接焊缝常采用焊透的 T 形接头对接与角接组合焊缝，如图 6.80 所示，此种焊缝与主体金属等强，不用计算。

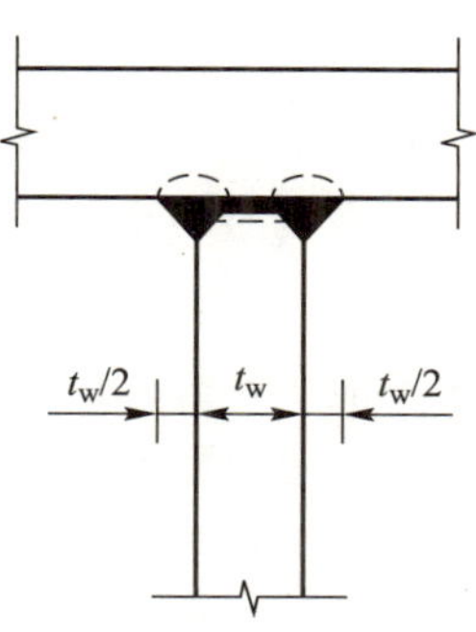

图 6.80　K 形焊缝

6.9 梁的构造设计

6.9.1 梁截面沿长度的改变

梁承受的弯矩沿长度而改变，为了节约钢材可将组合梁截面随弯矩变化而改变。对跨度较小的梁，改变截面产生的经济效果不大，或者改变截面节约的钢材不能抵消构造复杂带来的加工困难时，则不宜改变截面。变截面梁可以改变梁宽，也可改变梁高。焊接梁截面沿长度的改变常采用以下两种方式。

1. 改变翼缘板的面积

(1) 单层翼缘板焊接梁

对于单层翼缘板焊接梁，如图 6.81 所示，宜改变翼缘板的宽度而不改变其厚度。因改变宽度时，不致产生严重的应力集中，且使梁具有平整的外表面。根据设计经验，改变一次截面可节省钢材 10% ~20% 。如再改变一次，可再节约 3% ~4% ，效果不显著，反而增加制造工作量。为了便于制造，一般只改变一次截面。

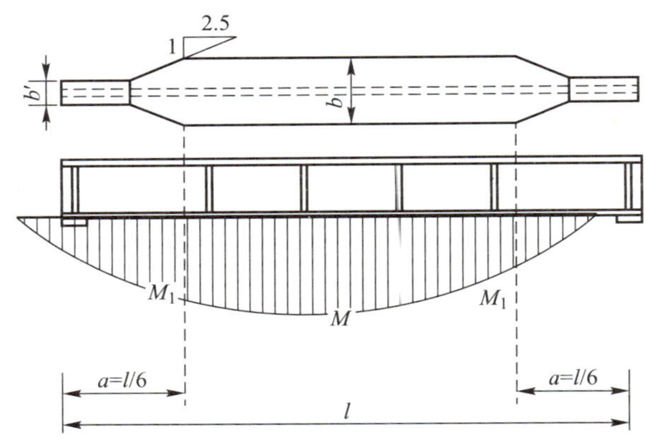

图 6.81 梁翼缘宽度的改变

对于承受均布荷载或多个集中荷载作用的简支梁，约在距两端支座 $l/6$ 处改变截面比较经济。较窄翼缘板宽度 b' 应由截面开始改变处的弯矩 M_1 确定。为减少应力集中，宽板应从截面开始改变处向弯矩减小的一方以不大于 1∶2.5 的斜度切斜延长，然后与窄板对接。当正焊缝对接强度不能满足要求时，可以考虑用斜焊缝对接。

(2) 多层翼缘板焊接梁

对于多层翼缘板的梁，可以采用切断外层翼缘板的方法来改变梁的截面(图 6.82)，理论切断点的位置可依计算确定。为保证被切断的外层翼缘板在理论切断点处能正常参加工作，实际切断点位置应向弯矩较小一侧延长长度 l_1，其外伸长度，应满足下列要求：

① 端部有正面角焊缝的情况下，当 $h_f \geqslant 0.75t_1$ 时，$l_1 \geqslant b_1$；当 $h_f < 0.75t_1$ 时，$l_1 \geqslant 1.5b_1$。

② 端部无正面角焊缝的情况下，$l_1 \geqslant 2b_1$。

其中 b_1 和 t_1 为被切断翼缘板的宽度和厚度。

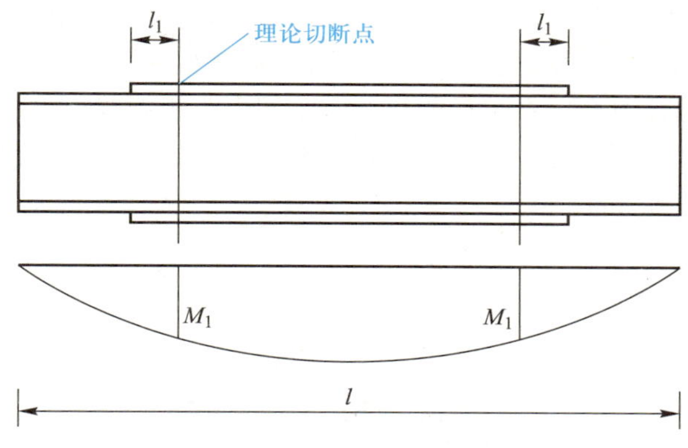

图 6.82　切断外层翼缘板的梁

2. 改变梁的高度

如图 6.83 所示,有时为了降低建筑物的高度或简化连接构造,可以将梁的下翼缘做成折线形,翼缘板的截面保持不变,仅在靠近梁端处改变腹板的高度,这样可使梁的支座处高度显著减小。梁端部的高度应满足抗剪强度的要求,且不宜小于跨中高度的 1/2。下翼缘板的弯折点一般取在距梁端($l/6$~$l/5$)处,在翼缘由水平转为倾斜的两处均需设置腹板加劲肋,从而使梁本身的构造较为复杂。

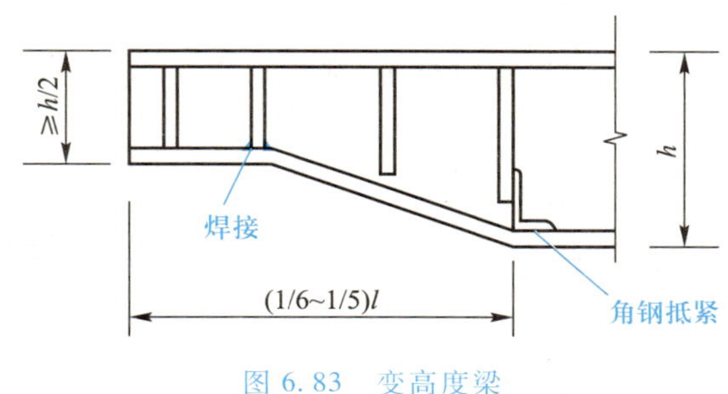

图 6.83　变高度梁

上述有关梁截面变化的分析是仅从梁的强度需要来考虑的,适合于有刚性铺板而无须考虑整体失稳的梁。由整体稳定性控制的梁,如果它的截面向两端逐渐变小,特别是受压翼缘变窄,梁整体稳定承载力将受到较大削弱。因此,由整体稳定性控制设计的梁,不宜沿长度改变截面。

6.9.2　梁的拼接

梁的拼接分工厂拼接和工地拼接两种。若钢材尺寸受限,例如梁的翼缘或腹板需要加长或加宽,这类拼接常在工厂进行,称为工厂拼接。当梁的跨度较大时,由于运输条件限制,可将梁在工厂中分段制造,运至现场后进行拼接,称为工地拼接。

通常情况下,拼接部位应设在内力较小处,一般设在 $l/4$ 或 $l/3$ 的位置,考虑其受力特点,应按该截面上的弯矩和剪力共同作用设计。图 6.84 所示的拼接采用对接焊缝直接相连,省工省料,是一种较常采用的方法,但翼缘与腹板连接处不易焊透。如果对接焊缝质量是三级,无法承担受拉翼缘拉力，可改用 60°的斜对接焊缝连接。当施工条件较差、质量不易保证，或型钢截面较大时，可采用图 6.85 所示加盖板的连接方法。采用加盖板的对接连接方式时，可按翼缘承担全部弯矩、腹板承受全部剪力计算，它们分别通过各自的盖板传力。

为保证焊接质量，焊接组合梁在工厂的拼接宜采用引弧板施焊，焊后还应进行对接焊缝表面加工齐平。为减小焊接应力，翼缘和腹板的对接焊缝应相互错开，同时腹板的对接焊缝距加劲肋的距离应不小于 $10t_w$（图 6.86）。

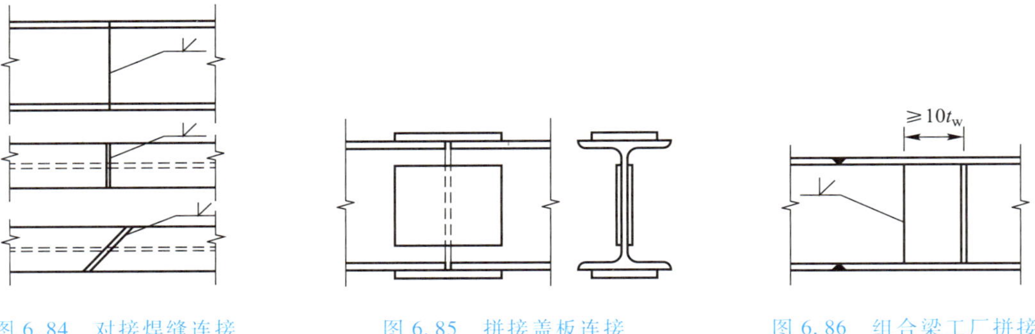

图 6.84　对接焊缝连接　　图 6.85　拼接盖板连接　　图 6.86　组合梁工厂拼接

梁的工地拼接应使翼缘和腹板基本上在同一截面处断开，以便分段运输。高大的梁在工地施焊时不便翻转，应将上、下翼缘的拼接边缘均做成向上开口的 V 形坡口，以便俯焊（图 6.87）。为减小接头处的焊接残余应力，通常预留一段翼缘与腹板间的焊缝不焊，在工地按图 6.87 所示顺序施焊。

由于现场施焊条件较差，焊缝质量难以保证，所以较重要或受动力荷载的大型梁，其工地拼接宜采用高强度螺栓，如图 6.88 所示。

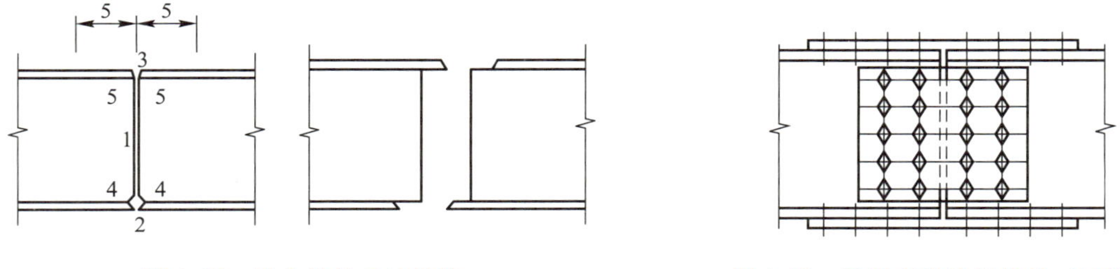

图 6.87　组合梁的工地拼接　　图 6.88　采用高强度螺栓的工地拼接

对采用拼接板的接头（图 6.85 或图 6.88），应按下列规定进行内力计算。翼缘拼接板及其连接所承受的内力 N_1 为翼缘板的最大承载力

$$N_1 = A_{fn} f \tag{6-81}$$

式中，A_{fn} 为被拼接的翼缘板净截面面积。

腹板拼接板及其连接主要承受梁截面上的全部剪力 V，以及按刚度分配到腹板上的弯矩：

$$M_w = M\frac{I_w}{I} \tag{6-82}$$

式中：I_w——腹板截面惯性矩；

I——整个梁截面的惯性矩。

习　题

6.1　受剪普通螺栓可能发生哪几种破坏形式？如何避免？

6.2　焊接残余应力形成的原因是什么？焊接残余应力对结构性能有哪些影响？

6.3　设计时为什么需要考虑螺栓排列的最大或最小间距要求？

6.4　正面角焊缝和侧面角焊缝在受力性能方面有何区别？

6.5　普通螺栓群受偏心力作用时的受拉螺栓计算应如何区分大、小偏心情况？高强度螺栓承压型连接是否也要区分大、小偏心情况？其中和轴应取螺栓群的什么位置？

6.6　高强度螺栓连接和普通螺栓连接在受力方面有何不同？

6.7　哪些因素对高强度螺栓承载力有影响？

6.8　在弯矩作用下，普通螺栓连接和高强度螺栓连接的计算方法有何不同？

6.9　角焊缝的焊脚尺寸为什么不能过大或过小，如何合理选择焊脚尺寸？

6.10　如图 6.89 所示，T 形牛腿与柱采用对接焊缝连接，承受的荷载设计值 $N=150$ kN，材料为 Q345 钢，手工焊，焊条为 E50 型，焊缝质量为三级，未加引弧板。试验算此连接强度是否满足要求。

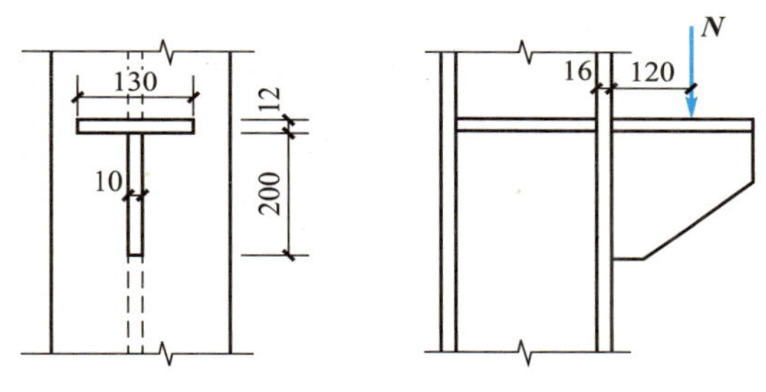

图 6.89　习题 6.10 图

6.11　试设计如图 6.90 所示角钢与节点板间的角焊缝“A”，承受拉力设计值 $N=250$ kN（静力荷载），钢材为 Q235，焊条为 E43 型，采用手工焊。

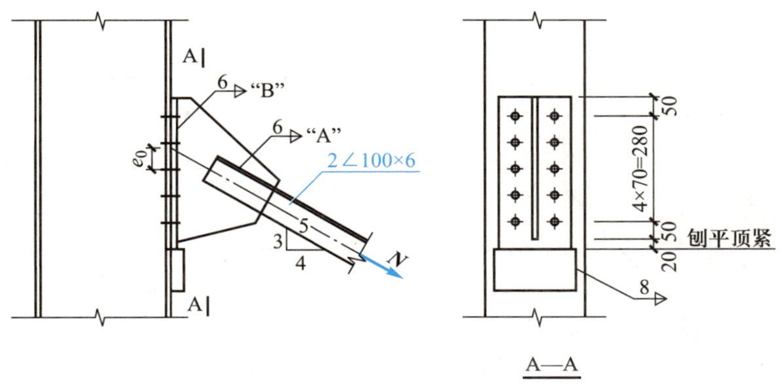

图 6.90　习题 6.11 图

6.12　试验算图 6.90 连接中节点板与端板间的角焊缝“B”的强度是否满足要求。

6.13　图 6.91 所示盖板与被连接钢板间采用三面围焊连接，焊脚尺寸 $h_f=8$ mm，承受轴心拉力设计值 $N=1\,200$ kN。钢材为 Q235B，焊条为 E43 型，试设计此盖板的尺寸。

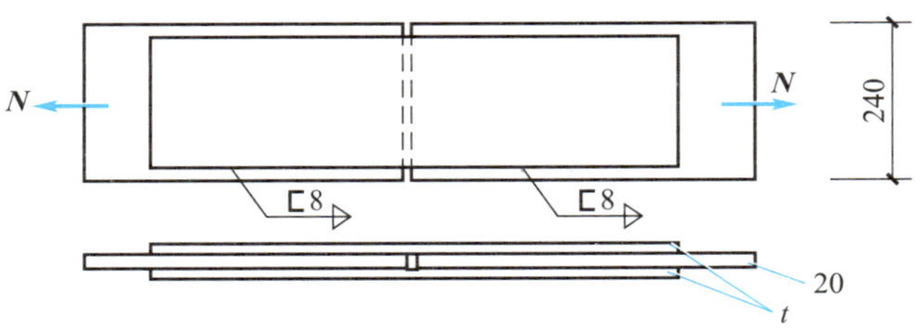

图 6.91　习题 6.13 图

6.14　图 6.92 为钢板与柱翼缘用直角角焊缝连接，钢材为 Q235B，手工焊，焊条为 E43 型，承受斜向力设计值 $F=450$ kN（静力荷载），焊脚尺寸 $h_f=8$ mm，试验算此焊缝是否安全。

6.15　图 6.93 为角钢与柱翼缘连接，钢材为 Q345，焊条为 E50 型，采用角焊缝，焊脚尺寸 $h_f=8$ mm，手工焊，承受静力荷载设计值 $F=300$ kN，试验算此焊缝强度是否满足。（提示：假定焊缝在端部转角处绕角焊 $2h_f$，可不考虑焊缝弧坑的影响。）

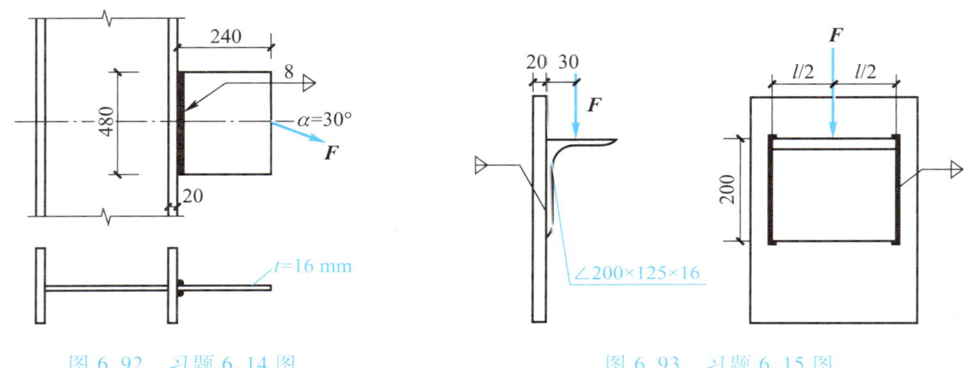

图 6.92　习题 6.14 图　　　图 6.93　习题 6.15 图

6.16　试验算图 6.94 中连接角焊缝的强度，钢材为 Q235B，手工焊，焊条为 E43 型，静力荷载设计值 $F=100$ kN，$e_1=300$ mm。（提示：假定焊缝在端部转角处绕角焊 $2h_f$，可不考虑焊缝弧坑的影响。）

6.17　图 6.95 为采用 M20C 级普通螺栓的双盖板钢板连接，构件钢材为 Q235，孔径 $d_0=22$ mm，试计算此连接所能承受的最大轴心力设计值。

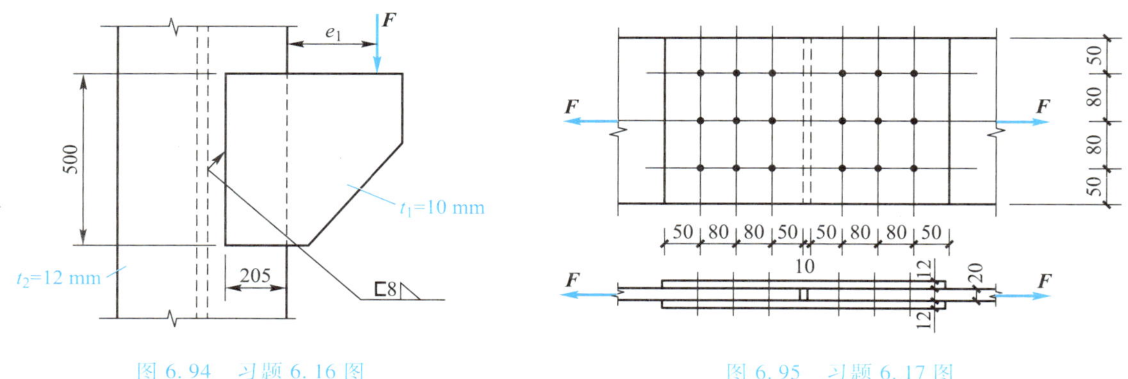

图 6.94　习题 6.16 图　　　图 6.95　习题 6.17 图

6.18　C 级普通螺栓连接如图 6.96 所示，构件钢材为 Q235E，螺栓直径为 20 mm，孔径为 21.5 mm，受静力荷载设计值 $V=240$ kN。试按下列条件验算此连接是否安全：

（1）假定支托承受剪力；

（2）假定支托不受力。

6.19　牛腿用连接角钢 2∠160×100×16 及 10.9 级 M22 高强度螺栓与柱相连，为摩擦型连接，螺栓布置如图 6.97 所示，钢材为 Q345，接触面为喷砂处理，承受静力集中荷载设计值 $F=180\ \text{kN}$，支托板仅起临时安装作用，分别验算角钢两肢上的螺栓强度是否满足。

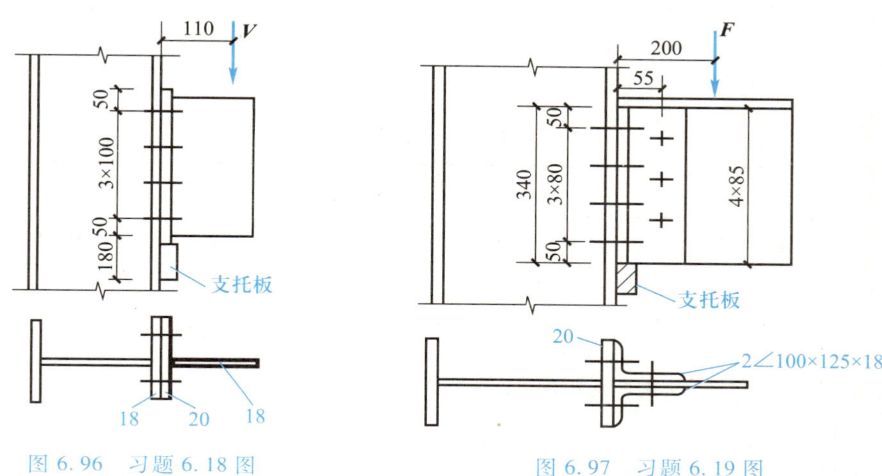

图 6.96　习题 6.18 图

图 6.97　习题 6.19 图

6.20　图 6.90 中端板与柱的连接采用 8.8 级 M22 高强度螺栓承压型连接，端板下的支托不承力，其强度是否满足要求？

附录 1　钢材的化学成分和力学性能

（按 GB/T 700—2006《碳素结构钢》和 GB/T 1591—2008《低合金高强度结构钢》）

附表 1-1　钢材的化学成分

类别	牌号	质量等级	化学成分（质量分数）/%														
			C	Si	Mn	P	S	Nb	V	Ti	Cr	Ni	Cu	N	Mo	B	Als
			不大于														不小于
碳素结构钢	Q235	A	0. 22	0. 35	1. 40	0. 045	0. 050	—	—	—	—	—	—	—	—	—	—
		B	0. 20			0. 045	0. 045										
		C	0. 17			0. 040	0. 040										
		D	0. 17			0. 035	0. 035										
低合金高强度结构钢	Q345	A	0. 20	0. 50	1. 70	0. 035	0. 035	0. 07	0. 15	0. 20	0. 30	0. 50	0. 30	0. 012	0. 10	—	—
		B	0. 20			0. 035	0. 035										—
		C	0. 20			0. 030	0. 030										0. 015
		D	0. 18			0. 030	0. 025										0. 015
		E	0. 18			0. 025	0. 020										0. 015
	Q390	A	0. 20	0. 50	1. 70	0. 035	0. 035	0. 07	0. 20	0. 20	0. 30	0. 50	0. 30	0. 015	0. 10	—	—
		B				0. 035	0. 035										—
		C				0. 030	0. 030										0. 015
		D				0. 030	0. 025										0. 015
		E				0. 025	0. 020										0. 015
	Q420	A	0. 20	0. 50	1. 70	0. 035	0. 035	0. 07	0. 20	0. 20	0. 30	0. 80	0. 30	0. 015	0. 20	—	—
		B				0. 035	0. 035										—
		C				0. 030	0. 030										0. 015
		D				0. 030	0. 025										0. 015
		E				0. 025	0. 020										0. 015
	Q460	C	0. 20	0. 60	1. 80	0. 030	0. 030	0. 11	0. 20	0. 20	0. 30	0. 80	0. 55	0. 015	0. 20	0. 004	0. 015
		D				0. 030	0. 025										
		E				0. 025	0. 020										

注：《低合金高强度结构钢》最新版本为 GB/T 1591—2018，由于 GB 50017—2017《钢结构设计标准》出版在先，故本书涉及的低合金高强度结构钢化学成分和力学性能等还沿用 GB/T 1591—2008 的规定。

附表 1-2 碳素结构钢的力学性能和冷弯性能

牌号	质量等级	屈服强度/(N/mm²) 不小于 钢材厚度(直径)/mm ≤16	>16~40	>40~60	>60~100	>100~150	抗拉强度/(N/mm²)	伸长率 A/% 不小于 钢材厚度(直径)/mm ≤40	>40~60	>60~100	>100~150	V 型冲击吸收功(纵向)A_{kV}/J 温度(℃)	不小于	180°弯曲试验 d=弯心直径 a=试样宽度 钢材厚度(直径)/mm ≤60	>60~100
Q235	A B C D	235	225	215	215	195	370~500	26	25	24	22	— +20 0 -20	— 27	$d=a$(纵) $d=1.5a$(横)	$d=2a$(纵) $d=2.5a$(横)

注:1. 厚度大于 100 mm 的钢材,抗拉强度下限允许降低 20 N/mm²。宽带钢(包括剪切钢板)抗拉强度上限不作为交货条件;

2. 厚度小于 25 mm 的 Q235B 钢材,若供方能保证冲击吸收功值合格,经需方同意,可不作检验。

附表 1-3 低合金高强度结构钢的力学性能和冷弯性能

牌号	质量等级	屈服强度/(N/mm²) 不小于 钢材厚度/mm ≤16	>16~40	>40~63	>63~80	>80~100	>100~150	抗拉强度/(N/mm²)	伸长率 A/% 不小于 钢板厚度/mm ≤40	>40~63	>63~100	>100~150	冲击吸收功(纵向)A_{kV}/J 温度/℃ ≤150	不小于	180°弯曲试验 d=弯心直径 a=试样宽度 ≤16	>16~100
Q345	A B C D E	345	335	325	315	305	285	470~630	20 21	19 20	19 20	18 19	— +20 0 -20 -40	— 34	$d=2a$	$d=3a$
Q390	A B C D E	390	370	350	330	330	310	490~650	20	19	19	18	— +20 0 -20 -40	— 34	$d=2a$	$d=3a$
Q420	A B C D E	420	400	380	360	360	340	520~680	19	18	18	18	— +20 0 -20 -40	— 34	$d=2a$	$d=3a$
Q460	C D E	460	440	420	40	400	380	550~720	17	16	16	16	0 -20 -40	34	$d=2a$	$d=3a$

注:1. 拉伸试样采用系数为 5.65 的比例试样;

2. 伸长率为断后伸长率,按有关标准进行换算时,表中伸长率 $A=17\%$ 与 $A_{50}=20\%$ 相当,A_{50} 为采用 50 mm 定标距矩形标准试样的测量伸长率。

附录2　钢材、焊缝和螺栓连接的强度设计值

附表 2-1　钢材的强度设计值(按 GB 50017—2017《钢结构设计标准》)　N/mm²

钢材牌号		钢材厚度或直径/mm	强度设计值			屈服强度 f_y	抗拉强度 f_u
			抗拉、抗压和抗弯 f	抗剪 f_v	端面承压(刨平顶紧) f_{ce}		
碳素结构钢	Q235	≤16	215	125	320	235	370
		>16,≤40	205	120		225	
		>40,≤100	200	115		215	
低合金高强度结构钢	Q345	≤16	305	175	400	345	470
		>16,≤40	295	170		335	
		>40,≤63	290	165		325	
		>63,≤80	280	160		315	
		>80,≤100	270	155		305	
	Q390	≤16	345	200	415	390	490
		>16,≤40	330	190		370	
		>40,≤63	310	180		350	
		>63,≤100	295	170		330	
	Q420	≤16	375	215	440	420	520
		>16,≤40	355	205		400	
		>40,≤63	320	185		380	
		>63,≤100	305	175		360	
	Q460	≤16	410	235	470	460	550
		>16,≤40	390	225		440	
		>40,≤63	355	205		420	
		>63,≤100	340	195		400	
建筑结构用钢板	Q345GJ	>16,≤50	325	190	415	345	490
		>50,≤100	300	175		335	

注:1. 表中直径指实芯棒材直径;厚度指计算点的钢材或管壁厚度,对轴心受拉和轴心受压构件指截面中较厚板件的厚度;

2. 冷弯型材和冷弯钢管,其强度设计值应按国家现行有关标准的规定采用。

附表 2-2　焊缝的强度设计值（按 GB 50017—2017《钢结构设计标准》）　　N/mm²

焊接方法和焊条型号	构件钢材		对接焊缝强度设计值				角焊缝强度设计值	对接焊缝抗拉强度 f_u^w	角焊缝抗拉、抗压和抗剪强度 f_u^f
	牌号	厚度或直径/mm	抗压 f_c^w	焊缝质量为下列等级时，抗拉 f_t^w 一级、二级	焊缝质量为下列等级时，抗拉 f_t^w 三级	抗剪 f_v^w	抗拉、抗压和抗剪 f_f^w		
自动焊、半自动焊和 E43 型焊条的手工焊	Q235	≤16	215	215	185	125	160	415	240
		>16，≤40	205	205	175	120			
		>40，≤100	200	200	170	115			
自动焊、半自动焊和 E50 型、E55 型焊条的手工焊	Q345	≤16	305	305	260	175	200	480（E50）540（E55）	280（E50）315（E55）
		>16，≤40	295	295	250	170			
		>40，≤63	290	290	245	165			
		>63，≤80	280	280	240	160			
		>80，≤100	270	270	230	155			
	Q390	≤16	345	345	295	200	200（E50）220（E55）		
		>16，≤40	330	330	280	190			
		>40，≤63	310	310	265	180			
		>63，≤100	295	295	250	170			
自动焊、半自动焊和 E55、E60 型焊条的手工焊	Q420	≤16	375	375	320	215	220（E55）240（E60）	540（E55）590（E60）	315（E55）340（E60）
		>16，≤40	355	355	300	205			
		>40，≤63	320	320	270	185			
		>63，≤100	305	305	260	175			
	Q460	≤16	410	410	350	235	220（E55）240（E60）	540（E55）590（E60）	315（E55）340（E60）
		>16，≤40	390	390	330	225			
		>40，≤63	355	355	300	205			
		>63，≤100	340	340	290	195			
自动焊、半自动焊和 E50 型、E55 型焊条的手工焊	Q345GJ	>16，≤35	310	310	265	180	200	480（E50）540（E55）	280（E50）315（E55）
		>35，≤50	290	290	245	170			
		>50，≤100	285	285	240	165			

注：1. 自动焊和半自动焊所采用的焊丝和焊剂，应保证其熔敷金属的力学性能不低于现行国家标准 GB/T 5293—2018《埋弧焊用非合金钢及细晶粒钢实心焊丝、药芯焊丝和焊丝-焊剂组合分类要求》和 GB/T 12470—2018《埋弧焊用热强钢实心焊丝、药芯焊丝和焊丝-焊剂组合分类要求》中相关的规定；

2. 焊缝质量等级应符合现行国家标准 GB 50205—2020《钢结构工程施工质量验收标准》的规定，其中厚度小于 8 mm 钢材的对接焊缝，不应采用超声波探伤确定焊缝质量等级；

3. 对接焊缝在受压区的抗弯强度设计值取 f_c^w，在受拉区的抗弯强度设计值取 f_t^w；

4. 表中厚度指计算点的钢材厚度，对轴心受拉和轴心受压构件指截面中较厚板件的厚度。

附表 2-3　螺栓连接的强度设计值(按 GB 50017—2017《钢结构设计标准》)　N/mm²

螺栓的性能等级、锚栓和构件钢材的牌号		普通螺栓						锚栓	承压型连接高强度螺栓			高强度螺栓的抗拉强度 f_u^b
		C 级螺栓			A 级、B 级螺栓							
		抗拉 f_t^b	抗剪 f_v^b	承压 f_c^b	抗拉 f_t^b	抗剪 f_v^b	承压 f_c^b	抗拉 f_t^b	抗拉 f_t^b	抗剪 f_v^b	承压 f_c^b	
普通螺栓	4.6 级 4.8 级	170	140	—	—	—	—	—	—	—	—	—
	5.6 级	—	—	—	210	190	—	—	—	—	—	—
	8.8 级	—	—	—	400	320	—	—	—	—	—	—
锚栓	Q235	—	—	—	—	—	—	140	—	—	—	—
	Q345	—	—	—	—	—	—	180	—	—	—	—
	Q390	—	—	—	—	—	—	185	—	—	—	—
承压型连接高强度螺栓	8.8 级	—	—	—	—	—	—	—	400	250	—	830
	10.9 级	—	—	—	—	—	—	—	500	310	—	1 040
螺栓球节点用高强度螺栓	9.8 级	—	—	—	—	—	—	—	385	—	—	—
	10.9 级	—	—	—	—	—	—	—	430	—	—	—
构件钢材牌号	Q235	—	—	305	—	—	405	—	—	—	470	—
	Q345	—	—	385	—	—	510	—	—	—	590	—
	Q390	—	—	400	—	—	530	—	—	—	615	—
	Q420	—	—	425	—	—	560	—	—	—	655	—
	Q460	—	—	450	—	—	595	—	—	—	695	—
	Q345GJ	—	—	400	—	—	530	—	—	—	615	—

注：1. A 级螺栓用于 $d \leqslant 24$ mm 或 $l \leqslant 10d$ 或 $l \leqslant 150$ mm(按较小值)的螺栓；B 级螺栓用于 $d > 24$ mm 或 $l > 10d$ 或 $l > 150$ mm(按较小值)的螺栓。d 为公称直径，l 为螺杆公称长度。

2. A、B 级螺栓孔的精度和孔壁表面粗糙度，C 级螺栓孔的允许偏差和孔壁表面粗糙度，均应符合现行国家标准 GB 50205—2020《钢结构工程施工质量验收标准》的要求。

3. 用于螺栓球节点网架的高强度螺栓，M12～M36 为 10.9 级，M39～M64 为 9.8 级。

附录 3　型钢规格表

附表 3-1　普通工字钢（按 GB/T 706—2016《热轧型钢》）

符号：h—高度

b—翼缘宽度

t_w—腹板厚

t—翼缘平均厚

I—惯性矩

W—截面模量

R—圆角半径

i—回转半径

S—半截面的静力矩

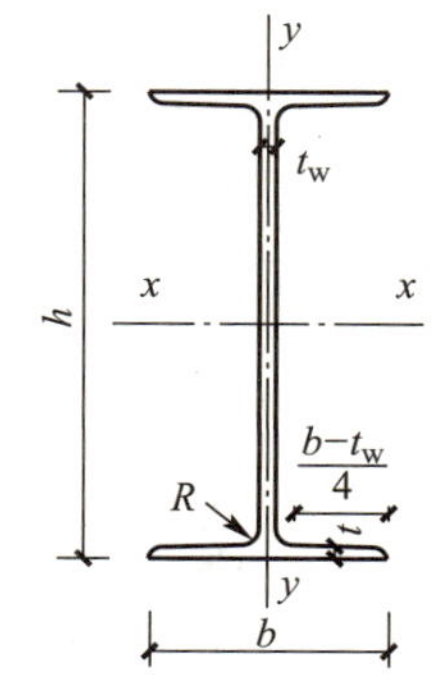

长度：型号 10～18，长 5～19 m；

型号 20～63，长 6～19 m

型号		尺寸				截面积	质量	x-x 轴				y-y 轴		
		h	b	d	t	R		I_x	W_x	i_x	I_x/S_x	I_y	W_y	i_y
		/mm					/cm^2	/(kg/m)	/cm^4	/cm^3	/cm		/cm^4	/cm^3	/cm
10		100	68	4.5	7.6	6.5	14.3	11.3	245	49	4.14	8.69	33	9.7	1.52
12.6		126	74	5.0	8.4	7.0	18.1	14.2	488	77	5.20	11.0	47	12.7	1.61
14		140	80	5.5	9.1	7.5	21.5	16.9	712	102	5.76	12.2	64	16.1	1.73
16		160	88	6.0	9.9	8.0	26.1	20.5	1 130	141	6.58	13.9	93	21.2	1.89
18		180	94	6.5	10.7	8.5	30.7	24.1	1 660	185	7.36	15.4	122	26.0	2.00
20	a	200	100	7.0	11.4	9.0	35.5	27.9	2 370	237	8.15	17.4	158	31.5	2.12
	b		102	9.0			39.5	31.1	2 500	250	7.96	17.1	169	33.1	2.06
22	a	220	110	7.5	12.3	9.5	42.1	33.1	3 400	309	8.99	19.2	225	40.9	2.31
	b		112	9.5			46.5	36.5	3 570	325	8.78	18.9	239	42.7	2.27
25	a	250	116	8.0	13.0	10.0	48.5	38.1	5 020	402	10.2	21.7	280	48.3	2.40
	b		118	10.0			53.5	42.0	5 280	423	9.94	21.4	309	52.4	2.40
28	a	280	122	8.5	13.7	10.5	55.4	43.5	7 110	508	11.3	24.3	345	56.6	2.50
	b		124	10.5			61.0	47.9	7 480	534	11.1	24.0	379	61.2	2.49
32	a	320	130	9.5	15.0	11.5	67.1	52.7	11 100	692	12.8	27.7	460	70.8	2.62
	b		132	11.5			73.5	57.7	11 600	726	12.6	27.3	502	76.0	2.61
	c		134	13.5			79.9	62.7	12 200	760	12.3	26.9	544	81.2	2.61
36	a	360	136	10.0	15.8	12.0	76.4	60.0	15 800	875	14.4	31.0	552	81.2	2.69
	b		138	12.0			83.6	65.7	16 500	919	14.1	30.6	582	84.3	2.64
	c		140	14.0			90.8	71.3	17 300	962	13.8	30.2	612	87.4	2.60

续表

型号		尺寸 h	b	d	t	R	截面积 /cm²	质量 /(kg/m)	x-x 轴 I_x	W_x	i_x	I_x/S_x	y-y 轴 I_y	W_y	i_y
		/mm							/cm⁴	/cm³	/cm		/cm⁴	/cm³	/cm
40	a	400	142	10.5	16.5	12.5	86.1	67.6	21 700	1 090	15.9	34.4	660	93.2	2.77
	b		144	12.5			94.1	73.8	22 800	1 140	15.6	33.9	692	96.2	2.71
	c		146	14.5			102	80.1	23 900	1 190	15.2	33.5	727	99.6	2.65
45	a	450	150	11.5	18.0	13.5	102	80.4	32 200	1 430	17.7	38.5	855	114	2.89
	b		152	13.5			111	87.4	33 800	1 500	17.4	38.1	894	118	2.84
	c		154	15.5			120	94.5	35 300	1 570	17.1	37.6	938	122	2.79
50	a	500	158	12.0	20	14	119	93.6	46 500	1 860	19.7	42.9	1 120	142	3.07
	b		160	14.0			129	101	48 600	1 940	19.4	42.3	1 170	146	3.01
	c		162	16.0			139	109	50 600	2 080	19.0	41.9	1 220	151	2.96
56	a	560	166	12.5	21	14.5	135	106	65 600	2 340	22.0	47.9	1 370	165	3.18
	b		168	14.5			147	115	68 500	2 450	21.6	47.3	1 490	174	3.16
	c		170	16.5			158	124	71 400	2 550	21.3	46.8	1 560	183	3.16
63	a	630	176	13.0	22	15	155	121	93 900	2 980	24.5	53.8	1 700	193	3.32
	b		178	15.0			167	131	98 100	3 160	24.2	53.2	1 810	204	3.29
	c		180	17.0			180	141	102 000	3 300	23.8	52.6	1 920	214	3.27

附表 3-2 热轧 H 型钢(按 GB/T 11263—2017《热轧 H 型钢和部分 T 型钢》)

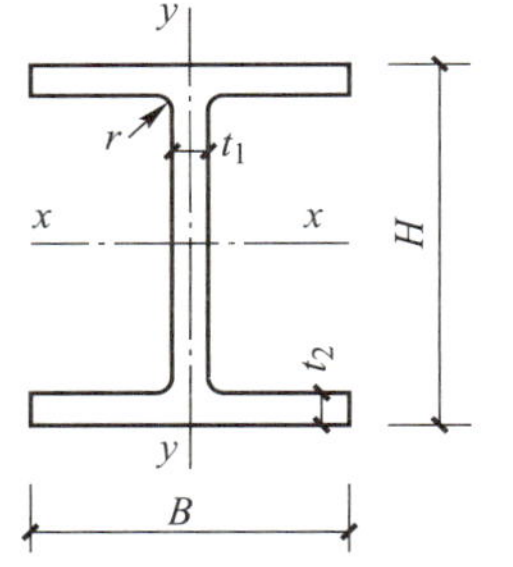

符号:H—截面高度;B—翼缘宽度;t_1—腹板厚度;

t_2—翼缘厚度;r—圆角半径;

HW—宽翼缘 H 型钢;

HM—中翼缘 H 型钢;

HN—窄翼缘 H 型钢;

HT—薄壁 H 型钢

类别	型号(高度×宽度)/(mm×mm)	截面尺寸/mm H	B	t_1	t_2	r	截面面积 /cm²	理论质量 /(kg/m)	惯性矩/cm⁴ I_x	I_y	惯性半径/cm i_x	i_y	截面模量/cm³ W_x	W_y
HW	100×100	100	100	6	8	8	21.58	16.9	378	134	4.18	2.48	75.6	26.7
	125×125	125	125	6.5	9	8	30.00	23.6	839	293	5.28	3.12	134	46.9
	150×150	150	150	7	10	8	39.64	31.1	1 620	563	6.39	3.76	216	75.1
	175×175	175	175	7.5	11	13	51.42	40.4	2 900	984	7.50	4.37	331	112
	200×200	200	200	8	12	13	63.53	49.9	4 720	1 600	8.61	5.02	472	160
		200	204	12	12	13	71.53	56.2	4 980	1 700	8.34	4.87	498	167

续表

类别	型号(高度×宽度)/(mm×mm)	截面尺寸/mm					截面面积/cm^2	理论质量/(kg/m)	惯性矩/cm^4		惯性半径/cm		截面模量/cm^3	
		H	B	t_1	t_2	r			I_x	I_y	i_x	i_y	W_x	W_y
HW	250×250	244	252	11	11	13	81.31	63.8	8 700	2 940	10.3	6.01	713	233
		250	250	9	14	13	91.43	71.8	10 700	3 650	10.8	6.31	860	292
		250	255	14	14	13	103.9	81.6	11 400	3 880	10.5	6.10	912	304
	300×300	294	302	12	13	13	106.3	83.5	16 600	5 510	12.5	7.20	1 130	365
		300	300	10	13	13	118.5	93.0	20 200	6 750	13.1	7.55	1 350	450
		300	305	15	13	13	133.5	105	21 300	7 100	12.6	7.29	1 420	466
	350×350	338	351	13	13	13	133.3	105	27 700	9 380	14.4	8.38	1 640	534
		344	348	10	16	13	144.0	113	32 800	11 200	15.1	8.83	1 910	646
		344	354	16	16	13	164.7	129	34 900	11 800	14.6	8.48	2 030	669
		350	350	12	19	13	171.9	135	39 800	13 600	15.2	8.88	2 280	776
		350	357	19	19	13	196.4	154	42 300	14 400	14.7	8.57	2 420	808
	400×400	388	402	15	15	22	178.5	140	49 000	16 300	16.6	9.54	2 520	809
		394	398	11	18	22	186.8	147	56 100	18 900	17.3	10.1	2 850	951
		394	405	18	18	22	214.4	168	59 700	20 000	16.7	9.64	3 030	985
		400	400	13	21	22	218.7	172	66 600	22 400	17.5	10.1	3 330	1 120
		400	408	21	21	22	250.7	197	70 900	23 800	16.8	9.74	3 540	1 170
		414	405	18	28	22	295.4	232	92 800	31 000	17.7	10.2	4 480	1 530
		428	407	20	35	22	360.7	283	119 000	39 400	18.2	10.4	5 570	1 930
		458	417	30	50	22	528.6	415	187 000	60 500	18.8	10.7	8 170	2 900
		* 498	432	45	70	22	770.1	604	298 000	94 400	19.7	11.1	12 000	4 370
	* 500×500	492	465	15	20	22	258.0	202	117 000	33 500	21.3	11.4	4 770	1 440
		502	465	15	25	22	304.5	239	146 000	41 900	21.9	11.7	5 810	1 800
		502	470	20	25	22	329.6	259	151 000	43 300	21.4	11.5	6 020	1 840
HM	150×100	148	100	6	9	8	26.34	20.7	1 000	150	6.16	2.38	135	30.1
	200×150	194	150	6	9	8	38.10	29.9	2 630	507	8.30	3.64	271	67.6
	250×175	244	175	7	11	13	55.49	43.6	6 040	984	10.4	4.21	495	112
	300×200	294	200	8	12	13	71.05	55.8	11 100	1 600	12.5	4.74	756	160
	350×250	340	250	9	14	13	99.53	78.1	21 200	3 650	14.6	6.05	1 250	292

续表

类别	型号(高度×宽度)/(mm×mm)	截面尺寸/mm					截面面积/cm^2	理论质量/(kg/m)	惯性矩/cm^4		惯性半径/cm		截面模量/cm^3	
		H	B	t_1	t_2	r			I_x	I_y	i_x	i_y	W_x	W_y
HM	400×300	390	300	10	16	13	133.3	105	37 900	7 200	16.9	7.35	1 940	480
	450×300	440	300	11	18	13	153.9	121	54 700	8 110	18.9	7.25	2 490	540
	500×300	482	300	11	15	13	141.2	111	8 300	6 760	203	6.91	2 420	450
		488	300	11	18	13	159.2	125	68 900	8 110	20.8	7.13	2 820	540
	550×300	544	300	11	15	13	148.0	116	76 400	6 760	22.7	6.75	2 810	450
		550	300	11	18	13	166.0	130	89 800	8 110	23.3	6.98	3 270	540
	600×300	582	300	12	17	13	169.2	133	98 900	7 660	24.2	6.72	3 400	511
		588	300	12	20	13	187.2	147	114 000	9 010	24.7	6.93	3 890	601
		594	302	14	23	13	217.1	170	134 000	10 600	24.8	6.97	4 500	700
HN	100×50	100	50	5	7	8	11.84	9.3	187	14.8	3.97	1.11	37.5	5.91
	125×60	125	60	6	8	8	16.68	13.1	409	29.1	4.95	1.32	65.4	9.71
	150×75	150	75	5	7	8	17.84	14.0	666	49.5	6.10	1.66	88.8	13.2
	175×90	175	90	5	8	8	22.89	18.0	1 210	97.5	7.25	2.06	138	21.7
	200×100	198	99	4.5	7	8	22.68	17.8	1 540	113	8.24	2.23	156	22.9
		200	100	5.5	8	8	26.66	20.9	1 810	134	8.22	2.23	181	26.7
	250×125	248	124	5	8	8	31.98	25.1	3 450	255	10.4	2.82	278	41.1
		250	125	6	9	8	36.96	29.0	3 960	294	10.4	2.81	317	47.0
	300×150	298	149	5.5	8	13	40.80	32.0	6 320	442	12.4	3.29	424	59.3
		300	150	6.5	9	13	46.78	36.7	7 210	508	12.4	3.29	481	67.7
	350×175	346	174	6	9	13	52.45	41.2	11 000	791	14.5	3.88	638	91
		350	175	7	11	13	62.91	49.4	13 500	984	14.6	3.95	771	112
	400×150	400	150	8	13	13	70.37	55.2	18 600	734	16.3	3.22	929	97.8
	400×200	396	199	7	11	13	71.41	56.1	19 800	1 450	16.6	4.50	999	145
		400	200	8	13	13	83.37	65.4	23 500	1 740	16.8	4.56	1 170	174
	450×200	446	199	8	12	13	82.97	65.1	28 100	1 580	18.4	4.36	1 260	159
		450	200	9	14	13	95.43	74.9	32 900	1 870	18.6	4.42	1 460	187
	500×200	496	199	9	14	13	99.29	77.9	40 800	1 840	20.3	4.30	1 650	185
		500	200	10	16	13	112.3	88.1	46 800	2 140	20.4	4.36	1 870	214
		506	201	11	19	13	129.3	102	55 500	2 580	20.7	4.46	2 190	257

续表

类别	型号(高度×宽度)/(mm×mm)	截面尺寸/mm					截面面积/cm^2	理论质量/(kg/m)	惯性矩/cm^4		惯性半径/cm		截面模量/cm^3	
		H	B	t_1	t_2	r			I_x	I_y	i_x	i_y	W_x	W_y
HN	550×200	546	199	9	14	13	103.8	81.5	50 800	1 840	22.1	4.21	1 860	185
		550	200	10	16	13	117.3	92.0	58 200	2 140	22.3	4.27	2 120	214
	600×200	596	199	10	15	13	117.8	92.4	66 600	1 980	23.8	4.09	2 240	199
		600	200	11	17	13	131.7	103	75 600	2 270	24.0	4.15	2 520	227
		606	201	12	20	13	149.8	118	88 300	2 720	24.3	4.25	2 910	270
	650×300	646	299	12	18	18	183.6	144	131 000	8 030	26.7	6.61	4 080	537
		650	300	13	20	18	202.1	159	146 000	9 010	26.9	6.67	4 500	601
		654	301	14	22	18	220.6	173	161 000	10 000	27.4	6.81	4 930	666
	700×300	692	300	13	20	18	207.5	163	168 000	9 020	28.5	6.59	4 870	601
		700	300	13	24	18	231.5	182	197 000	10 800	29.2	6.83	5 640	721
	750×300	734	299	12	16	18	182.7	143	161 000	7 140	29.7	6.25	4 390	478
		742	300	13	20	18	214.0	168	197 000	9 020	30.4	6.49	5 320	601
		750	300	13	24	18	238.0	187	231 000	10 800	31.1	6.74	6 150	721
		758	303	16	28	18	284.8	224	276 000	13 000	31.1	6.75	7 270	859
	800×300	792	300	14	22	18	239.50	188.0	248 000	9 920	32.2	6.43	6 270	661
		800	300	14	26	18	263.5	207	286 000	11 700	33.0	6.66	7 160	781
	850×300	834	298	14	19	18	227.5	179	251 000	8 400	33.2	6.07	6 020	564
		842	299	15	23	18	259.7	204	298 000	10 300	33.9	6.28	7 080	687
		850	300	16	27	18	292.1	229	346 000	12 200	34.4	6.45	8 140	812
		858	301	17	31	18	324.7	255	395 000	14 100	34.9	6.59	9 210	939
	900×300	890	299	15	23	18	266.9	210	339 000	10 300	35.6	6.20	7 610	687
		900	300	16	28	18	305.8	240	404 000	12 600	36.4	6.42	8 990	842
		912	302	18	34	18	360.1	283	491 000	15 700	36.9	6.59	10 800	1040
	100×300	970	297	16	21	18	276.0	217	393 000	9 210	37.8	5.77	8 110	620
		980	298	17	26	18	315.5	248	472 000	11 500	38.7	6.04	9 630	772
		990	298	17	31	18	345.3	271	544 000	13 700	39.7	6.30	11 000	921
		1 000	300	19	36	18	395.1	310	634 000	16 300	40.1	6.41	12 700	1 080
		1 008	302	21	40	18	439.3	345	712 000	18 400	40.3	6.47	14 100	1 220

续表

类别	型号(高度×宽度)/(mm×mm)	截面尺寸/mm					截面面积/cm^2	理论质量/(kg/m)	惯性矩/cm^4		惯性半径/cm		截面模量/cm^3	
		H	B	t_1	t_2	r			I_x	I_y	i_x	i_y	W_x	W_y
HT	100×50	95	48	3.2	4.5	8	7.620	5.98	115	8.39	3.88	1.04	24.2	3.49
		97	49	4	5.5	8	9.370	7.36	143	10.9	3.91	1.07	29.6	4.45
	100×100	96	99	4.5	6	8	16.20	12.7	272	972	4.09	2.44	56.7	19.6
	125×60	118	58	3.2	4.5	8	9.26	7.25	218	14.7	4.85	1.26	37.0	5.08
		120	59	4	5.5	8	11.39	8.94	271	19.0	4.87	1.29	45.2	6.43
	125×125	119	123	4.5	6	8	20.12	15.8	532	186	5.14	3.04	89.5	30.3
	150×75	145	73	3.2	4.5	8	11.47	9.00	416	29.3	6.01	1.59	57.3	8.02
		147	74	4	5.5	8	14.122	11.1	516	37.3	6.04	1.62	70.2	10.1
	150×100	139	97	3.2	4.5	8	13.43	10.6	476	68.6	5.94	2.25	68.4	14.1
		142	99	4.5	6	8	18.27	14.3	654	97.2	5.98	2.30	92.1	19.6
	150×150	144	148	5	7	8	27.76	21.8	1 090	378	6.25	3.69	151	51.1
		147	149	6	8.5	8	33.67	26.4	1 350	469	6.32	3.73	183	63.0
	175×90	168	88	3.2	4.5	8	13.55	10.6	670	51.2	7.02	1.94	79.7	11.6
		171	89	4	6	8	17.58	13.8	894	70.7	7.13	2.00	105	15.9
	175×175	167	173	5	7	13	33.33	26.2	1 780	605	7.30	4.26	213	69.9
		172	175	6.5	9.5	13	44.64	35.0	2 470	850	7.43	4.36	287	97.1
	200×100	193	98	3.2	4.5	8	15.25	12.0	994	70.7	8.07	2.15	103	14.4
		196	99	4	6	8	19.78	15.5	1 320	97.2	8.18	2.21	135	19.6
	200×150	188	149	4.5	6	8	26.34	20.7	1 730	331	8.09	3.54	184	44.4
	200×200	192	198	6	8	13	43.69	34.3	3 060	1 040	8.37	4.86	319	105
	250×125	244	124	4.5	6	8	25.86	20.3	2 650	191	10.1	2.71	217	30.8
	250×175	238	173	4.5	8	13	39.12	30.7	4 240	691	10.4	4.20	356	79.9
	300×150	294	148	4.5	6	13	31.90	25.0	4 800	325	12.3	3.19	327	43.9
	300×200	286	198	6	8	13	49.33	38.7	7 360	1 040	12.2	4.58	515	105
	300×175	340	173	4.5	6	13	36.97	29.0	7 490	518	14.2	3.74	441	59.9
	400×150	390	148	6	8	13	47.57	37.3	11 700	434	15.7	3.01	602	58.6
	400×200	390	198	6	8	13	55.57	43.6	14 700	1 040	16.2	4.31	752	105

注:1. 同一型号的产品,其内侧尺寸高度一致;

2. 截面面积计算公式:$t_1(H-2t_2)+2Bt_2+0.858r^2$;

3. “*”所示规格表示国内暂不能生产。

附表 3-3　普通槽钢（按 GB/T 706—2016《热轧型钢》）

符号：同普通工字型钢，
但 W_y 为对应于翼缘肢尖的截面模量

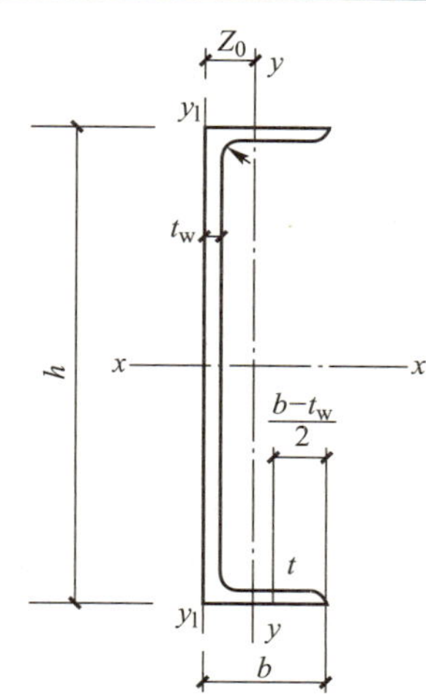

长度：型号 5~8，长 5~12 m；
型号 10~18，长 5~19 m；
型号 20~40，长 6~19 m

型号		尺寸					截面积 /cm²	质量 /(kg/m)	x-x			y-y			y_1-y_1	Z_0
		h	b	t_w	t	R			I_x	W_x	i_x	I_y	W_y	i_y	I_{y1}	
		/mm							/cm⁴	/cm³	/cm	/cm⁴	/cm³	/cm	/cm⁴	/cm
5		50	37	4.5	7.0	7.0	6.925	5.44	26.0	10.4	1.94	8.30	3.55	1.10	20.9	1.35
6.3		63	40	4.8	7.5	7.5	8.446	6.63	50.8	16.1	2.45	11.9	4.50	1.19	28.3	1.36
8		80	43	5.0	8.0	8.0	10.24	8.04	101	25.3	3.15	16.6	5.79	1.27	37.4	1.43
10		100	48	5.3	8.5	8.5	12.74	10.0	198	39.7	3.95	25.6	7.80	1.41	54.9	1.52
12.6		126	53	5.5	9.0	9.0	15.69	12.3	391	62.1	4.95	38.0	10.2	1.57	77.1	1.59
14	a	140	58	6.0	9.5	9.5	18.51	14.5	564	80.5	5.52	53.2	13.0	1.70	107	1.71
	b	140	60	8.0	9.5	9.5	21.31	16.7	609	87.1	5.35	61.2	14.1	1.69	121	1.67
16	a	160	63	6.5	10.0	10.0	21.95	17.2	866	108	6.28	73.3	16.3	1.83	144	1.80
	b	160	65	8.5	10.0	10.0	25.15	19.8	935	117	6.10	83.4	17.6	1.82	161	1.75
18	a	180	68	7.0	10.5	10.5	25.69	20.2	1 270	141	7.04	98.6	20.0	1.96	190	1.88
	b	180	70	9.0	10.5	10.5	29.29	23.0	1 370	152	6.84	111.0	21.5	1.95	210	1.84
20	a	200	73	7.0	11.0	11.0	28.83	22.6	1 780	178	7.86	128	24.2	2.11	244	2.01
	b	200	75	9.0	11.0	11.0	32.83	25.8	1 910	191	7.64	144	25.9	2.09	268	1.95
22	a	220	77	7.0	11.5	11.5	31.83	25.0	2 390	218	8.67	158	28.2	2.23	298	2.10
	b	220	79	9.0	11.5	11.5	36.23	28.5	2 570	234	8.42	176	30.1	2.21	326	2.03
25	a	250	78	7.0	12.0	12.0	34.91	27.4	3 370	270	9.82	176	30.6	2.24	322	2.07
	b	250	80	9.0	12.0	12.0	39.91	31.3	3 530	282	9.41	196	32.7	2.22	353	1.98
	c	250	82	11.0	12.0	12.0	44.91	35.3	3 690	295	9.07	218	35.9	2.21	384	1.92

续表

型号		尺寸 h	b	t_w	t	R	截面积	质量	x-x I_x	W_x	i_x	y-y I_y	W_y	i_y	y_1-y_1 I_{y1}	Z_0
		/mm					/cm²	/(kg/m)	/cm⁴	/cm³	/cm	/cm⁴	/cm³	/cm	/cm⁴	/cm
	a	280	82	7.5	12.5	12.5	40.02	31.4	4 760	340	10.9	218	35.7	2.33	388	2.10
28	b	280	84	9.5	12.5	12.5	45.62	35.8	5 130	366	10.6	242	37.9	2.30	428	2.02
	c	280	86	11.5	12.5	12.5	51.22	40.2	5 500	393	10.4	268	40.3	2.29	463	1.95
	a	320	88	8.0	14.0	14.0	48.50	38.1	7 600	475	12.5	305	46.5	2.50	552	2.24
32	b	320	90	10.0	14.0	14.0	54.90	43.1	8 140	509	12.2	336	49.2	2.47	593	2.16
	c	320	92	12.0	14.0	14.0	61.30	48.1	8 690	541	11.9	374	52.6	2.47	643	2.09
	a	360	96	9.0	16.0	16.0	60.89	47.8	11 900	660	14.0	455	63.5	2.73	818	2.44
36	b	360	98	11.0	16.0	16.0	68.09	53.5	12 700	703	13.6	497	66.9	2.70	880	2.37
	c	360	100	13.0	16.0	16.0	75.29	59.1	13 400	746	13.4	536	70.0	2.67	948	2.34
	a	400	100	10.5	18.0	18.0	75.04	58.9	17 600	879	15.3	592	78.8	2.81	1 070	2.49
40	b	400	102	12.5	18.0	18.0	83.04	65.2	18 600	932	15.0	640	82.5	2.78	1 140	2.44
	c	400	104	14.5	18.0	18.0	91.04	71.5	19 700	986	14.7	688	86.2	2.75	1 220	2.42

附表 3-4 等肢角钢（按 GB/T 706—2016《热轧型钢》）

单角钢 双角钢

角钢型号		圆角 R	重心矩 Z_0	截面面积 A	质量	惯性矩 I_x	截面模量 W_x^{max}	W_x^{min}	回转半径 i_x	i_{x0}	i_{y0}	i_y，当 a 为下列数值 6 mm	8 mm	10 mm	12 mm	14 mm
		/mm		/cm²	/(kg/m)	/cm⁴	/cm³		/cm			/cm				
∠20×	3	3.5	6.0	1.132	0.89	0.40	0.67	0.29	0.59	0.75	0.39	1.08	1.17	1.25	1.34	1.43
	4		6.4	1.459	1.15	0.50	0.78	0.36	0.58	0.73	0.38	1.11	1.19	1.28	1.37	1.46
∠25×	3	3.5	7.3	1.432	1.12	0.82	1.12	0.46	0.76	0.95	0.49	1.27	1.36	1.44	1.53	1.61
	4		7.6	1.859	1.46	1.03	1.36	0.59	0.74	0.93	0.48	1.30	1.38	1.47	1.55	1.64
∠30×	3	4.5	8.5	1.749	1.37	1.46	1.72	0.68	0.91	1.15	0.59	1.47	1.55	1.63	1.71	1.80
	4		8.9	2.276	1.79	1.84	2.07	0.87	0.90	1.13	0.58	1.49	1.57	1.65	1.74	1.82
∠36×	3	4.5	10.0	2.109	1.66	2.58	2.58	0.99	1.11	1.39	0.71	1.70	1.78	1.86	1.94	2.03
	4		10.4	2.756	2.16	3.29	3.16	1.28	1.09	1.38	0.70	1.73	1.80	1.89	1.97	2.05
	5		10.7	3.382	2.65	3.95	3.69	1.56	1.08	1.36	0.70	1.75	1.83	1.91	1.99	2.08

角钢型号		单角钢										双角钢				
		圆角 R	重心矩 Z_0	截面面积 A	质量	惯性矩 I_x	截面模量		回转半径			i_y，当 a 为下列数值				
							W_x^{max}	W_x^{min}	i_x	i_{x0}	i_{y0}	6 mm	8 mm	10 mm	12 mm	14 mm
		/mm		/cm²	/(kg/m)	/cm⁴	/cm³		/cm			/cm				
∠40×	3	5.0	10.9	2.359	1.85	3.59	3.29	1.23	1.23	1.55	0.79	1.86	1.94	2.01	2.09	2.18
	4		11.3	3.086	2.42	4.60	4.07	1.60	1.22	1.54	0.79	1.88	1.96	2.04	2.12	2.20
	5		11.7	3.792	2.98	5.53	4.73	1.96	1.21	1.52	0.78	1.90	1.98	2.06	2.14	2.23
∠45×	3	5.0	12.2	2.659	2.09	5.17	4.24	1.58	1.40	1.76	0.89	2.06	2.14	2.21	2.29	2.37
	4		12.6	3.486	2.74	6.65	5.28	2.05	1.38	1.74	0.89	2.08	2.16	2.24	2.32	2.40
	5		13.0	4.292	3.37	8.04	6.18	2.51	1.37	1.72	0.88	2.10	2.18	2.26	2.34	2.42
	6		13.3	5.077	3.99	9.33	7.02	2.95	1.36	1.70	0.80	2.12	2.20	2.28	2.36	2.44
∠50×	3	5.5	13.4	2.971	2.33	7.18	5.36	1.96	1.55	1.96	1.00	2.26	2.33	2.41	2.48	2.56
	4		13.8	3.897	3.06	9.26	6.71	2.56	1.54	1.94	0.99	2.28	2.36	2.43	2.51	2.59
	5		14.2	4.803	3.77	11.2	7.89	3.13	1.53	1.92	0.98	2.30	2.38	2.45	2.53	2.61
	6		14.6	5.688	4.46	13.1	8.94	3.68	1.52	1.91	0.98	2.32	2.40	2.48	2.56	2.64
∠56×	3	6.0	14.8	3.343	2.62	10.2	6.89	2.48	1.75	2.20	1.13	2.50	2.57	2.64	2.72	2.80
	4		15.3	4.39	3.45	13.2	8.61	3.24	1.73	2.18	1.11	2.52	2.59	2.67	2.74	2.82
	5		15.7	5.415	4.25	16.0	10.20	3.97	1.72	2.17	1.10	2.54	2.61	2.69	2.77	2.85
	8		16.8	8.367	6.57	23.6	14.07	6.03	1.68	2.11	1.09	2.60	2.67	2.75	2.83	2.91
∠63×	4	7.0	17.0	4.978	3.91	19.0	11.19	4.13	1.96	2.46	1.26	2.79	2.87	2.94	3.02	3.09
	5		17.4	6.143	4.82	23.2	13.32	5.08	1.94	2.45	1.25	2.82	2.89	2.96	3.04	3.12
	6		17.8	7.288	5.72	27.1	15.24	6.00	1.93	2.43	1.24	2.83	2.91	2.95	3.06	3.14
	8		18.5	9.515	7.47	34.5	18.62	7.75	1.90	2.40	1.23	2.87	2.95	3.03	3.10	3.18
	10		19.3	11.66	9.15	41.1	21.29	9.39	1.88	2.36	1.22	2.91	2.99	3.07	3.15	3.23
∠70×	4	8.0	18.6	5.570	4.37	26.4	14.19	5.14	2.18	2.74	1.40	3.07	3.14	3.21	3.29	3.36
	5		19.1	6.876	5.40	32.2	16.86	6.32	2.16	2.73	1.39	3.09	3.16	3.24	3.31	3.39
	6		19.5	8.160	6.41	37.8	19.37	7.48	2.15	2.71	1.38	3.11	3.18	3.26	3.33	3.41
	7		19.9	9.424	7.40	43.1	21.65	8.59	2.14	2.69	1.38	3.13	3.20	3.28	3.36	3.43
	8		20.3	10.67	8.37	48.2	23.73	9.68	2.12	2.68	1.37	3.15	3.22	3.30	3.38	3.46

角钢型号		单角钢										双角钢				
		圆角 R	重心矩 Z_0	截面面积 A	质量	惯性矩 I_x	截面模量		回转半径			i_y，当 a 为下列数值				
							W_x^{max}	W_x^{min}	i_x	i_{x0}	i_{y0}	6 mm	8 mm	10 mm	12 mm	14 mm
		/mm		/cm^2	/(kg/m)	/cm^4	/cm^3		/cm			/cm				
∠75×	5	9.0	20.4	7.412	5.82	40.0	19.68	7.32	2.33	2.92	1.50	3.29	3.36	3.43	3.50	3.58
	6		20.7	8.797	6.91	47.0	22.66	8.64	2.31	2.90	1.49	3.31	3.38	3.45	3.53	3.60
	7		21.1	10.16	7.98	53.6	25.39	9.93	2.30	2.89	1.48	3.33	3.40	3.47	3.55	3.63
	8		21.5	11.50	9.03	60.0	27.89	11.2	2.28	2.88	1.47	3.35	3.42	3.50	3.57	3.65
	10		22.2	14.13	11.10	72.0	32.42	13.6	2.26	2.84	1.46	3.38	3.46	3.54	3.61	3.69
∠80×	5	9.0	21.5	7.912	6.21	48.8	22.70	8.34	2.48	3.13	1.60	3.49	3.56	3.63	3.71	3.78
	6		21.9	9.397	7.38	57.4	26.16	9.87	2.47	3.11	1.59	3.51	3.58	3.65	3.73	3.80
	7		22.3	10.86	8.53	65.6	29.38	11.4	2.46	3.10	1.58	3.53	3.60	3.67	3.75	3.83
	8		22.7	12.30	9.66	73.5	32.36	12.8	2.44	3.08	1.57	3.55	3.62	3.70	3.77	3.85
	10		23.5	15.13	11.9	88.4	37.68	15.6	2.42	3.04	1.56	3.58	3.66	3.74	3.81	3.89
∠90×	6	10.0	24.4	10.64	8.35	82.8	33.99	12.6	2.79	3.51	1.80	3.91	3.98	4.05	4.12	4.20
	7		24.8	12.30	9.66	94.8	38.28	14.5	2.78	3.50	1.78	3.93	4.00	4.07	4.14	4.22
	8		25.2	13.94	10.9	106	42.30	16.4	2.76	3.48	1.78	3.95	4.02	4.09	4.17	4.24
	10		25.9	17.17	13.5	129	49.57	20.1	2.74	3.45	1.76	3.98	4.06	4.13	4.21	4.28
	12		26.7	20.31	15.9	149	55.93	23.6	2.71	3.41	1.75	4.02	4.09	4.17	4.25	4.32
∠100×	6	12.0	26.7	11.93	9.37	115	43.04	15.7	3.10	3.90	2.00	4.30	4.37	4.44	4.51	4.58
	7		27.1	13.80	10.8	132	48.57	18.1	3.09	3.89	1.99	4.32	4.39	4.46	4.53	4.61
	8		27.6	15.64	12.3	148	53.78	20.5	3.08	3.88	1.98	4.34	4.41	4.48	4.55	4.63
	10		28.4	19.26	15.1	180	63.29	25.1	3.05	3.84	1.96	4.38	4.45	4.52	4.60	4.67
	12		29.1	22.80	17.90	209	71.72	29.5	3.03	3.81	1.95	4.41	4.49	4.56	4.64	7.71
	14		29.9	26.26	20.6	237	79.19	33.7	3.00	3.77	1.94	4.45	4.53	4.60	4.68	4.75
	16		30.6	29.63	23.3	263	85.8	37.8	2.98	3.74	1.94	4.49	4.56	4.64	4.72	4.80
∠110×	7	12.0	29.6	15.20	11.9	177	59.78	22.1	3.41	4.30	2.20	4.72	4.79	4.86	4.94	5.01
	8		30.1	17.24	13.5	199	66.36	25.0	3.40	4.28	2.19	4.74	4.81	4.88	4.96	5.03

续表

角钢型号		单角钢										双角钢				
		圆角 R	重心矩 Z_0	截面面积 A	质量	惯性矩 I_x	截面模量		回转半径			i_y，当 a 为下列数值				
							W_x^{max}	W_x^{min}	i_x	i_{x0}	i_{y0}	6 mm	8 mm	10 mm	12 mm	14 mm
		/mm		/cm^2	/(kg/m)	/cm^4	/cm^3		/cm			/cm				
∠110×	10	12. 0	30. 9	21. 26	16. 7	242	78. 48	30. 6	3. 38	4. 25	2. 17	4. 78	4. 85	4. 92	5. 00	5. 07
	12		31. 6	25. 20	19. 8	283	89. 34	36. 1	3. 35	4. 22	2. 15	4. 82	4. 89	4. 96	5. 04	5. 11
	14		32. 4	29. 06	22. 8	321	99. 07	41. 3	3. 32	4. 18	2. 14	4. 85	4. 93	5. 00	5. 08	5. 15
∠125×	8	14. 0	33. 7	19. 75	15. 5	297	88. 20	32. 5	3. 88	4. 88	2. 50	5. 34	5. 41	5. 48	5. 55	5. 62
	10		34. 5	24. 37	19. 1	362	104. 8	40. 0	3. 85	4. 85	2. 48	5. 38	5. 45	5. 52	5. 59	5. 66
	12		35. 3	28. 91	22. 7	423	119. 9	47. 2	3. 83	4. 82	2. 46	5. 41	5. 48	5. 56	5. 63	5. 70
	14		36. 1	33. 37	26. 2	482	133. 6	54. 2	3. 80	4. 78	2. 45	5. 45	5. 52	5. 59	5. 67	5. 74
∠140×	10	14. 0	38. 2	27. 37	21. 5	515	134. 6	50. 6	4. 34	5. 46	2. 78	5. 98	6. 05	6. 12	6. 20	6. 27
	12		39. 0	32. 51	25. 5	604	154. 6	59. 8	4. 31	5. 43	2. 76	6. 02	6. 09	6. 16	6. 23	6. 31
	14		39. 8	37. 57	29. 5	689	173. 0	68. 8	4. 28	5. 40	2. 75	6. 06	6. 13	6. 20	6. 27	6. 34
	16		40. 6	42. 54	33. 4	770	189. 9	77. 5	4. 26	5. 36	2. 74	6. 09	6. 16	6. 23	6. 31	6. 38
∠160×	10	16. 0	43. 1	31. 50	24. 7	780	180. 8	66. 7	4. 98	6. 27	3. 20	6. 78	6. 85	6. 92	6. 99	7. 06
	12		43. 9	37. 44	29. 4	917	208. 6	79. 0	4. 95	6. 24	3. 18	6. 82	6. 89	6. 96	7. 03	7. 10
	14		44. 7	43. 30	34. 0	1 050	234. 4	91. 0	4. 92	6. 20	3. 16	6. 86	6. 93	7. 00	7. 07	7. 14
	16		45. 5	49. 07	38. 5	1 180	258. 3	103	4. 89	6. 17	3. 14	6. 89	6. 96	7. 03	7. 10	7. 18
∠180×	12	16. 0	48. 9	42. 24	33. 2	1 320	270. 0	101	5. 59	7. 05	3. 58	7. 63	7. 70	7. 77	7. 84	7. 91
	14		49. 7	48. 90	38. 4	1 510	304. 6	116	5. 56	7. 02	3. 56	7. 67	7. 74	7. 81	7. 88	7. 95
	16		50. 5	55. 47	43. 5	1 700	336. 9	131	5. 54	6. 98	3. 55	7. 70	7. 77	7. 84	7. 91	7. 98
	18		51. 3	61. 96	48. 6	1 880	367. 1	146	5. 50	6. 94	3. 51	7. 73	7. 80	7. 87	7. 95	8. 02
∠200×	14	18. 0	54. 6	54. 64	42. 9	2 100	385. 1	145	6. 20	7. 82	3. 98	8. 47	8. 54	8. 61	8. 67	8. 75
	16		55. 4	62. 01	48. 7	2 370	427. 0	164	6. 18	7. 79	3. 96	8. 50	8. 57	8. 64	8. 71	8. 78
	18		56. 2	69. 30	54. 4	2 620	466. 5	182	6. 15	7. 75	3. 94	8. 53	8. 60	8. 67	8. 75	8. 82
	20		56. 9	76. 51	60. 1	2 870	503. 6	200	6. 12	7. 72	3. 93	8. 57	8. 64	8. 71	8. 78	8. 85
	24		58. 7	90. 66	71. 2	3 340	571. 5	236	6. 07	7. 64	3. 90	8. 63	8. 71	8. 78	8. 85	8. 92

附表 3-5　不等肢角钢（按 GB/T 706—2016《热轧型钢》）

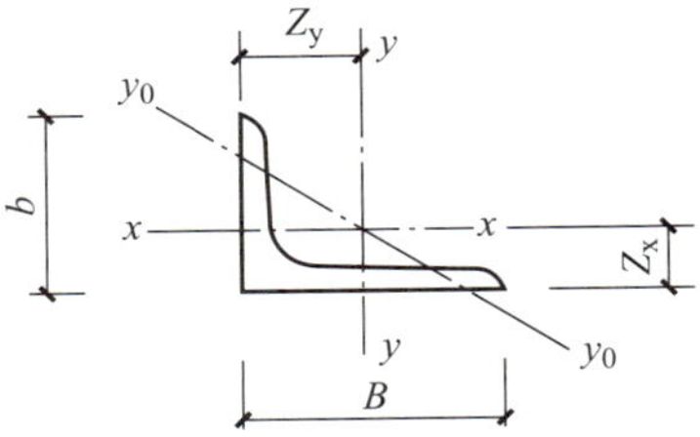

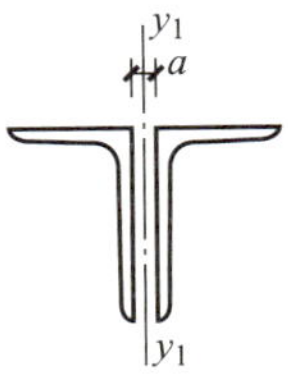

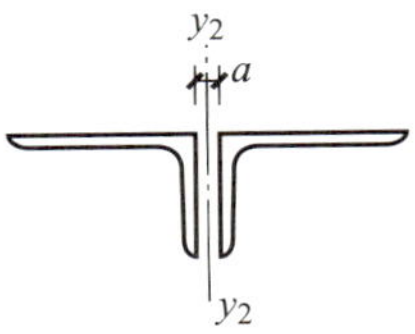

角钢型号 $B\times b\times t$		单角钢 圆角 R /mm	重心距 Z_0 /mm	重心距 Z_x /mm	截面面积 A /cm²	质量 /(kg/m)	回转半径 i_x /cm	回转半径 i_y /cm	回转半径 i_{y0} /cm	双角钢 i_{y1}，当 a 为下列数 6 mm /cm	i_{y1} 8 mm	i_{y1} 10 mm	i_{y1} 12 mm	i_{y2}，当 a 为下列数 6 mm /cm	i_{y2} 8 mm	i_{y2} 10 mm	i_{y2} 12 mm
∠25×16×	3	3.5	4.2	8.6	1.162	0.91	0.44	0.78	0.34	0.84	0.93	1.02	1.11	1.40	1.48	1.57	1.66
	4		4.6	9.0	1.499	1.18	0.43	0.77	0.34	0.87	0.96	1.05	1.14	1.42	1.51	1.60	1.68
∠32×20×	3		4.9	10.8	1.492	1.17	0.55	1.01	0.43	0.97	1.05	1.14	1.23	1.71	1.79	1.88	1.96
	4		5.3	11.2	1.939	1.52	0.54	1.00	0.42	0.99	1.08	1.16	1.25	1.74	1.82	1.90	1.99
∠40×25×	3	4	5.9	13.2	1.890	1.48	0.70	1.28	0.54	1.13	1.21	1.30	1.38	2.07	2.14	2.23	2.31
	4		6.3	13.7	2.467	1.94	0.69	1.36	0.54	1.16	1.24	1.32	1.41	2.09	2.17	2.25	2.34
∠45×28×	3	5	6.4	14.7	2.149	1.69	0.79	1.44	0.61	1.23	1.31	1.39	1.47	2.28	2.36	2.44	2.52
	4		6.8	15.1	2.805	2.20	0.78	1.43	0.60	1.25	1.33	1.41	1.50	2.31	2.39	2.47	2.55
∠50×32×	3	5.5	7.3	16.0	2.431	1.91	0.91	1.60	0.70	1.38	1.45	1.53	1.61	2.49	2.56	2.64	2.72
	4		7.7	16.5	3.177	2.49	0.90	1.59	0.69	1.40	1.47	1.55	1.64	2.51	2.59	2.67	2.75
∠56×36×	3	6	8.0	17.8	2.743	2.15	1.03	1.80	0.79	1.51	1.59	1.66	1.74	2.75	2.82	2.90	2.98
	4		8.5	18.2	3.590	2.82	1.02	1.79	0.79	1.53	1.61	1.69	1.77	2.77	2.85	2.93	3.01
	5		8.8	18.7	4.415	3.47	1.01	1.77	0.78	1.56	1.63	1.71	1.79	2.80	2.88	2.96	3.04
∠63×40×	4	7	9.2	20.4	4.058	3.19	1.14	2.02	0.88	1.66	1.74	1.81	1.89	3.09	3.16	3.24	3.32
	5		9.5	20.8	4.993	3.92	1.12	2.00	0.87	1.68	1.76	1.84	1.92	3.11	3.19	3.27	3.35
	6		9.9	21.2	5.908	4.64	1.11	1.96	0.86	1.71	1.78	1.86	1.94	3.13	3.21	3.29	3.37
	7		10.3	21.5	6.802	5.34	1.10	1.98	0.86	1.73	1.81	1.89	1.97	3.16	3.24	3.32	3.40
∠70×45×	4	7.5	10.2	22.4	4.556	3.57	1.29	2.26	0.98	1.84	1.91	1.99	2.07	3.39	3.46	3.54	3.62
	5		10.6	22.8	5.609	4.40	1.28	2.23	0.98	1.86	1.94	2.01	2.09	3.41	3.49	3.57	3.64
	6		10.9	23.2	6.644	5.22	1.26	2.21	0.98	1.88	1.96	2.04	2.11	3.44	3.51	3.59	3.67
	7		11.3	23.6	7.658	6.01	1.25	2.20	0.97	1.90	1.98	2.06	2.14	3.46	3.54	3.61	3.69

续表

角钢型号 $B\times b\times t$		单角钢 圆角 R	重心距 Z_0	Z_x	截面面积 A	质量	回转半径 i_x	i_y	i_{y0}	双角钢 i_{y1}，当 a 为下列数 6 mm	8 mm	10 mm	12 mm	i_{y2}，当 a 为下列数 6 mm	8 mm	10 mm	12 mm
			/mm		/cm²	/(kg/m)	/cm			/cm				/cm			
∠75×50×	5	8	11.7	24.0	6.126	4.81	1.44	2.39	1.10	2.06	2.13	2.20	2.28	3.60	3.68	3.76	3.83
	6		12.1	24.4	7.260	5.70	1.42	2.38	1.08	2.08	2.15	2.23	2.30	3.63	3.70	3.78	3.86
	8		12.9	25.2	9.467	7.43	1.40	2.35	1.07	2.12	2.19	2.27	2.35	3.67	3.75	3.83	3.91
	10		13.6	26.0	11.59	9.10	1.38	2.33	1.06	2.16	2.24	2.31	2.40	3.71	3.79	3.87	3.95
∠80×50×	5	8	11.4	26.0	6.376	5.00	1.42	2.56	1.10	2.02	2.09	2.17	2.24	3.88	3.95	4.03	4.10
	6		11.8	26.5	7.560	5.93	1.41	2.56	1.08	2.04	2.11	2.19	2.27	3.90	3.98	4.05	4.13
	7		12.1	26.9	8.724	6.85	1.39	2.54	1.08	2.06	2.13	2.21	2.29	3.92	4.00	4.08	4.16
	8		12.5	27.3	9.867	7.75	1.38	2.52	1.07	2.08	2.15	2.23	2.31	3.94	4.02	4.10	4.18
∠90×56×	5	9	12.5	29.1	7.212	5.66	1.59	2.90	1.23	2.22	2.29	2.36	2.44	4.32	4.39	4.47	4.55
	6		12.9	29.5	8.557	6.72	1.58	2.88	1.23	2.24	231	2.39	2.46	4.34	4.42	4.50	4.57
	7		13.3	30.0	9.881	7.76	1.57	2.86	1.22	2.26	2.33	2.41	2.49	4.37	4.44	4.52	4.60
	8		13.6	30.4	11.18	8.78	1.56	2.85	1.21	2.28	2.35	2.43	2.51	4.39	4.47	4.54	4.62
∠100×63×	6	10	14.3	32.4	9.618	7.55	1.79	3.21	1.38	2.49	2.56	2.63	2.71	4.77	4.85	4.92	5.00
	7		14.7	32.8	11.11	8.72	1.78	3.20	1.37	2.51	2.58	2.65	2.73	4.80	4.87	4.95	5.03
	8		15.0	33.2	12.58	9.88	1.77	3.18	1.37	2.53	2.60	2.67	2.75	4.82	4.90	4.97	5.05
	9		15.8	34.0	15.47	12.1	1.74	3.15	1.35	2.57	2.64	2.72	2.79	4.86	4.94	5.02	5.10
∠100×80×	6		19.7	29.5	10.64	8.35	2.40	3.17	1.72	3.31	3.38	3.45	3.52	4.54	4.62	4.69	4.76
	7		20.1	30.0	12.30	9.66	2.39	3.16	1.72	3.32	3.39	3.47	3.54	4.57	4.64	4.71	4.79
	8		20.5	30.4	13.94	10.9	2.37	3.14	1.71	3.34	3.41	3.49	3.56	4.59	4.66	4.73	4.81
	10		21.3	31.2	17.17	13.5	2.35	3.12	1.69	3.38	3.45	3.53	3.60	4.63	4.70	4.78	4.85
∠110×70×	6		15.7	35.3	10.64	8.35	2.01	3.54	1.54	2.74	2.81	2.88	2.96	5.21	5.29	5.36	5.44
	7		16.1	35.7	12.30	9.66	2.00	3.53	1.53	2.76	2.83	2.90	2.98	5.24	5.31	5.39	5.46
	8		16.5	36.2	13.94	10.9	1.98	3.51	1.53	2.78	2.85	2.92	3.00	5.26	5.34	5.41	5.49
	10		17.2	37.0	17.17	13.5	1.96	3.48	1.51	2.82	2.89	2.96	3.04	5.30	5.38	5.46	5.53

角钢型号 $B\times b\times t$		单角钢								双角钢							
		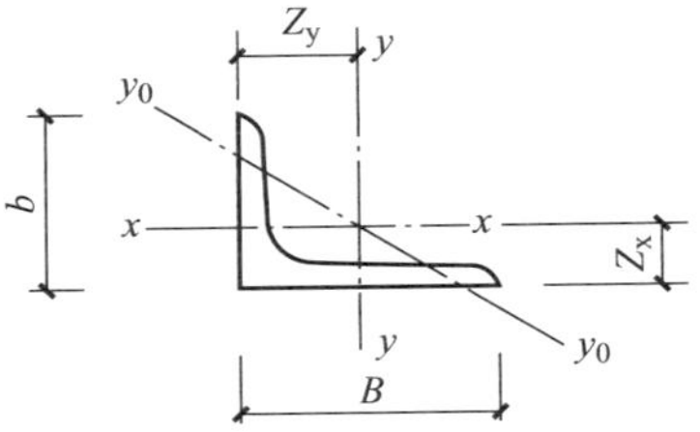								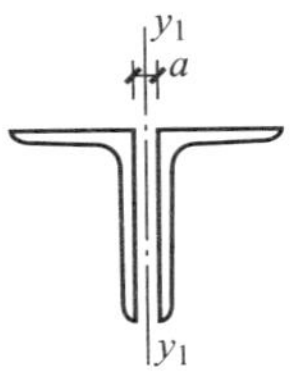				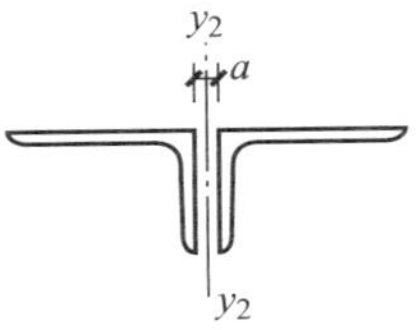			
	圆角 R	重心距		截面面积 A	质量	回转半径			i_{y1}，当 a 为下列数				i_{y2}，当 a 为下列数			
		Z_0	Z_x			i_x	i_y	i_{y0}	6 mm	8 mm	10 mm	12 mm	6 mm	8 mm	10 mm	12 mm
		/mm		/cm²	/(kg/m)	/cm			/cm				/cm			
∠125×80×	7	11	18.0	40.1	14.10	11.1	2.30	4.02	1.76	3.13	3.18	3.25	3.33	5.90	5.97	6.04	6.12
	8		18.4	40.6	15.99	12.6	2.28	4.01	1.75	3.13	3.20	3.27	3.35	5.92	5.99	6.07	6.14
	10		19.2	41.4	19.71	15.5	2.26	3.98	1.74	3.17	3.24	3.31	3.39	5.96	6.04	6.11	6.19
	12		20.0	42.2	23.35	18.3	2.24	3.95	1.72	3.20	3.28	3.35	3.43	6.00	6.08	6.16	6.23
∠140×90×	8	12	20.4	45.0	18.04	14.2	2.59	4.50	1.98	3.49	3.56	3.63	3.70	6.58	6.65	6.73	6.80
	10		21.2	45.8	22.26	17.5	2.56	4.47	1.96	3.52	3.59	3.66	3.73	6.62	6.70	6.77	6.85
	12		21.9	46.6	26.40	20.7	2.54	4.44	1.95	3.56	3.63	3.70	3.77	6.66	6.74	6.81	6.89
	14		22.7	47.4	30.46	23.9	2.51	4.42	1.94	3.59	3.66	3.74	3.81	6.70	6.78	6.86	6.93
∠160×100×	10	13	22.8	52.4	25.32	19.9	2.85	5.14	2.19	3.84	3.91	3.98	4.05	7.55	7.63	7.70	7.78
	12		23.6	53.2	30.05	23.6	2.82	5.11	2.17	3.81	3.94	4.01	4.09	7.60	7.67	7.75	7.82
	14		24.3	54.0	34.71	27.2	2.80	5.08	2.16	3.91	3.98	4.05	4.12	7.64	7.71	7.79	7.86
	16		25.1	54.8	39.28	30.8	2.77	5.05	2.16	3.94	4.02	4.09	4.16	7.68	7.75	7.83	7.90
∠180×110×	10	14	24.4	58.9	28.4	22.3	3.13	5.80	2.42	4.16	4.23	4.30	4.36	8.49	8.56	8.63	8.71
	12		25.2	59.8	33.7	26.5	3.10	5.78	2.40	4.19	4.26	4.33	4.40	8.53	8.60	8.68	8.75
	14		25.9	60.6	39.0	30.6	3.08	5.75	2.39	4.23	4.30	4.37	4.44	8.57	8.64	8.72	8.79
	16		26.7	61.4	44.1	34.6	3.05	5.72	2.38	4.26	4.33	4.40	4.47	8.61	8.68	8.76	8.84
∠200×125×	12		28.3	65.4	37.91	29.8	3.57	6.44	2.74	4.75	4.82	4.88	4.95	9.39	9.47	9.54	9.62
	14		29.1	66.2	43.87	34.4	3.54	6.41	7.73	4.78	4.85	4.92	4.99	9.43	9.51	9.58	9.66
	16		29.9	67.0	49.74	39.0	3.52	6.38	2.71	4.81	4.88	4.95	5.02	9.47	9.55	9.62	9.70
	18		30.6	67.8	55.53	43.6	3.49	6.35	2.70	4.85	4.92	4.99	5.06	9.51	9.59	9.66	9.74

注：一个角钢的惯性矩 $I_x=Ai_x^2$，$I_y=Ai_y^2$；一个角钢的截面模量 $W_x^{\max}=I_x/Z_x$，$W_x^{\min}=I_x/(b-Z_x)$；$W_y^{\max}=I_y/Z_y$，$W_y^{\min}=I_y/(B-Z_y)$。

附表 3-6　部分 T 型钢(按 GB/T 11263—2017《热轧 H 型钢和部分 T 型钢》)

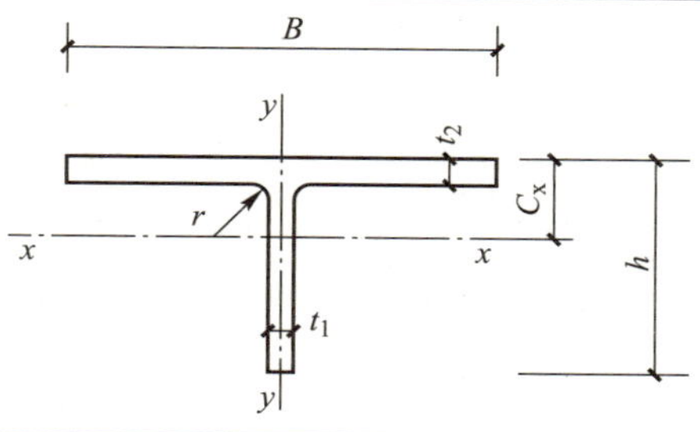

符号:h—截面高度;B—翼缘宽度;t_1—腹板厚度;

t_2—翼缘宽度;r—圆心半径;C_x—重心

TW—宽翼缘剖分 T 型钢;

TM—中翼缘剖分 T 型钢;

TN—窄翼缘剖分 T 型钢

类别	型号(高度×宽度)/(mm×mm)	截面尺寸/mm					截面面积/cm^2	质量/(kg/m)	惯性矩/cm^4		惯性半径/cm		截面模量/cm^3		重心 C_x/cm	对应 H 型钢系列型号
		h	B	t_1	t_2	r			I_x	I_y	i_x	i_y	W_x	W_y		
TW	50×100	50	100	6	8	8	10.79	8.5	16.1	66.8	1.22	2.48	4.02	13.4	1.00	100×100
	62.5×125	62.5	125	6.5	9	8	15.00	11.8	35.0	147	1.52	3.12	6.91	23.5	1.19	125×125
	75×150	75	150	7	10	8	19.82	15.6	66.4	282	1.82	3.76	10.8	37.5	1.37	150×150
	87.5×175	87.5	175	7.5	11	13	25.71	20.2	115	492	2.11	4.37	15.9	56.2	1.55	175×175
	100×200	100	200	8	12	13	31.76	24.9	184	801	2.40	5.02	22.3	80.1	1.73	200×200
		100	204	12	12	13	35.76	28.1	256	851	2.67	4.87	32.4	83.4	2.09	
	125×250	125	250	9	14	13	45.71	35.9	412	1 820	3.00	6.31	39.5	146	2.08	250×250
		125	255	14	14	13	51.96	40.8	589	1 940	3.36	6.10	59.4	152	2.58	
	150×300	147	302	12	12	13	53.16	41.7	857	2 760	4.01	7.20	72.3	183	2.85	300×300
		150	300	10	15	13	59.22	46.5	798	3 380	3.67	7.55	63.7	225	2.47	
		150	305	15	15	13	66.72	52.4	1 110	3 550	4.07	7.29	92.5	233	3.04	
	175×350	172	348	10	16	13	72.00	56.5	1 230	5 620	4.13	8.83	84.7	323	2.67	350×350
		175	350	12	19	13	85.94	67.5	1 520	6 790	4.20	8.88	104	388	2.87	
	200×400	194	402	15	15	22	89.22	70.0	2 480	8 130	5.27	9.54	158	404	3.70	400×400
		197	398	11	18	22	93.40	73.3	2 050	9 460	4.67	10.1	123	475	3.01	
		200	400	13	21	22	109.3	85.8	2 480	11 200	4.75	10.1	147	560	3.21	
		200	408	21	21	22	1253	98.4	3 650	11 900	5.39	9.74	229	584	4.07	
		207	405	18	28	22	147.7	116	3 620	15 500	4.95	10.2	213	766	3.68	
		214	407	20	35	22	180.3	142	4 380	19 700	4.92	10.4	250	967	3.90	
TM	75×100	74	100	6	9	8	13.17	10.3	51.7	75.2	1.98	2.38	8.84	15.0	1.56	150×100
	100×150	97	150	6	9	8	19.05	15.0	124	253	2.55	3.64	15.8	33.8	1.80	200×150
	125×175	122	175	7	11	13	27.74	21.8	288	492	3.22	4.21	29.1	56.2	228	250×175
	150×200	147	200	8	12	13	35.52	27.9	571	801	4.00	4.74	48.2	80.1	2.85	300×200

续表

类别	型号（高度×宽度）/（mm×mm）	截面尺寸/mm					截面面积 /cm^2	质量 /（kg/m）	惯性矩 /cm^4		惯性半径 /cm		截面模量 /cm^3		重心 C_x /cm	对应 H 型钢系列型号
		h	B	t_1	t_2	r			I_x	I_y	i_x	i_y	W_x	W_y		
TM	175×250	170	250	9	14	13	49.76	39.1	1 016	1 820	4.51	6.05	73.2	146	3.11	350×250
	200×300	195	300	10	16	13	66.62	52.3	1 730	3 600	5.09	7.35	108	240	3.43	400×300
	225×300	220	300	11	18	13	76.94	60.4	2 680	4 050	5.89	7.25	150	270	4.09	450×300
	250×300	241	300	11	15	13	70.58	55.4	3 400	3 380	6.98	6.91	178	225	5.00	500×300
		244	300	11	18	13	79.58	62.5	3 610	4 050	6.73	7.13	184	270	4.72	
	275×300	272	300	11	15	13	73.99	58.1	4 790	3 380	8.04	6.75	225	225	5.96	550×300
		275	300	11	18	13	82.99	65.2	5 090	4 050	7.82	6.98	232	270	5.59	
	300×300	291	300	12	17	13	84.60	66.4	6 320	3 830	8.64	6.72	280.0	255	6.51	600×300
		294	300	12	20	13	93.60	73.5	6 680	4 500	8.44	6.93	288	300	6.17	
		297	302	14	23	13	108.5	85.2	7 890	5 290	8.52	6.97	339	350	6.41	
TN	50×50	50	50	5	7	8	5.920	4.65	11.8	7.39	1.41	1.11	3.18	2.950	1.28	100×50
	62.5×60	62.5	60	6	8	8	8.340	6.55	27.5	14.6	1.81	1.32	5.96	4.85	1.64	125×60
	75×75	75	75	5	7	8	8.920	7.00	42.6	24.7	2.18	1.66	7.46	6.59	1.79	150×75
	87.5×90	87.5	90	5	8	8	11.44	8.98	70.6	48.7	2.48	2.06	10.4	10.8	1.93	175×90
	100×100	99	99	4.5	7	8	11.34	8.90	93.5	56.7	2.87	2.23	12.1	11.5	2.17	200×100
		100	100	5.5	8	8	13.33	10.5	114	66.9	2.92	2.23	14.8	13.4	2.31	
	125×125	124	124	5	8	8	15.99	12.6	207	127	3.59	2.82	21.3	20.5	2.66	250×125
		125	125	6	9	8	18.48	14.5	248	147	3.66	2.81	25.6	23.5	2.81	
	150×150	149	149	5.5	8	13	20.40	16.0	393	221	4.39	3.29	33.8	29.7	3.26	300×150
		150	150	6.5	9	13	23.39	18.4	464	254	4.45	3.29	40.0	33.8	3.41	
	175×175	173	174	6	9	13	26.22	20.6	679	396	5.08	3.88	50.0	45.5	3.72	350×175
		175	175	7	11	13	31.45	24.7	814	492	5.08	3.95	59.3	56.2	3.76	
	200×200	198	199	7	11	13	35.70	28.0	1 190	723	5.77	4.50	76.4	72.7	4.20	400×200
		200	200	8	13	13	41.68	32.7	1 390	868	5.78	4.56	88.6	86.8	4.26	
	225×200	223	199	8	12	13	41.48	32.6	1 870	789	6.71	4.36	109	79.3	5.15	450×200
		225	200	9	14	13	47.71	37.5	2 150	935	6.71	4.42	124	93.5	5.19	
	250×200	248	199	9	14	13	49.64	39.0	2 820	921	7.54	4.30	150	92.6	5.97	500×200
		250	200	10	16	13	56.12	44.1	3 200	1 070	7.54	4.36	169	107	6.03	
		253	201	11	19	13	64.65	50.8	3 660	1 290	7.52	4.46	189	128	6.00	

续表

类别	型号（高度×宽度）/(mm×mm)	截面尺寸/mm					截面面积/cm^2	质量/(kg/m)	惯性矩/cm^4		惯性半径/cm		截面模量/cm^3		重心C_x/cm	对应H型钢系列型号
		h	B	t_1	t_2	r			I_x	I_y	i_x	i_y	W_x	W_y		
TN	275×200	273	199	9	14	13	51.89	40.7	3 690	921	8.43	4.21	180	92.6	6.85	550×200
		275	200	10	16	13	58.62	46.0	4 180	1 070	8.44	4.27	203	107	6.89	
	300×200	298	199	10	15	13	58.87	46.2	5 150	988	9.35	4.09	235	99.3	7.92	600×200
		300	200	11	17	13	65.85	51.7	5 770	1 140	9.35	4.15	262	114	7.95	
		303	201	12	20	13	74.88	58.8	6 530	1 360	9.33	4.25	291	135	7.88	
	325×300	323	299	12	18	18	91.81	72.1	8 510	4 020	9.66	6.61	344	269	7.36	650×300
		325	300	13	20	18	101.0	79.3	9 430	4 510	9.66	6.67	376	300	7.40	
		328	301	14	22	18	110.3	86.59	10 300	5 010	9.66	6.73	408	333	7.45	
	350×300	346	300	13	20	18	103.8	81.5	11 300	4 510	10.4	6.59	424	301	8.09	700×300
		350	300	13	24	18	115.8	90.9	12 000	5 410	10.2	6.83	438	361	7.63	
	400×300	396	300	14	22	18	119.8	94.0	17 600	4 960	12.1	6.43	592	331	9.78	800×300
		400	300	14	26	18	131.8	103	18 700	5 860	11.9	6.66	610	391	9.27	
	450×300	445	299	15	23	18	133.5	105	25 900	5 140	13.9	6.20	789	344	11.7	900×300
		450	300	16	28	18	152.9	120	29 100	6 320	13.8	6.42	865	421	11.4	
		456	302	18	34	18	180.0	141	34 100	7 830	13.8	6.59	997	518	11.3	

附录 4　螺栓和锚栓的规格

附表 4-1　螺栓规格（按 GB/T 5782—2016《六角头螺栓》）

公称直径 d/mm	螺距 p/mm	螺栓有效直径 d_e/mm	螺栓有效面积 A_e/cm^2
10	1. 5	8. 59	0. 580
12	1. 75	10. 36	0. 843
14	2. 0	12. 12	1. 154
16	2. 0	14. 12	1. 567
18	2. 5	15. 65	1. 925
20	2. 5	17. 65	2. 448
22	2. 5	19. 65	3. 034
24	3. 0	21. 19	3. 525
27	3. 0	24. 19	4. 594
30	3. 5	26. 72	5. 606
33	3. 5	29. 72	6. 936
36	4. 0	32. 25	8. 167
39	4. 0	35. 25	9. 758
42	4. 5	37. 78	11. 210
45	4. 5	40. 78	13. 060
48	5. 0	43. 31	14. 730
52	5. 0	47. 31	17. 570
56	5. 5	50. 84	20. 300
60	5. 5	54. 84	23. 620

注：螺栓的有效面积 A_e 按右式算得：$A_e=\frac{\pi}{4}(d-0.938\,2p)^2$

附表 4-2　锚栓规格（按 GB 50010—2010《混凝土结构设计规范》）

		Ⅰ				Ⅱ			Ⅲ			
形式		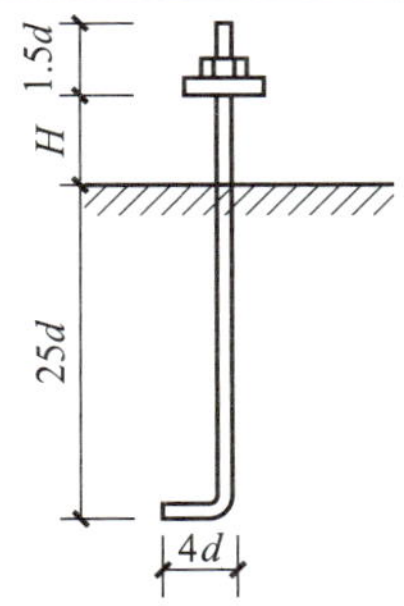				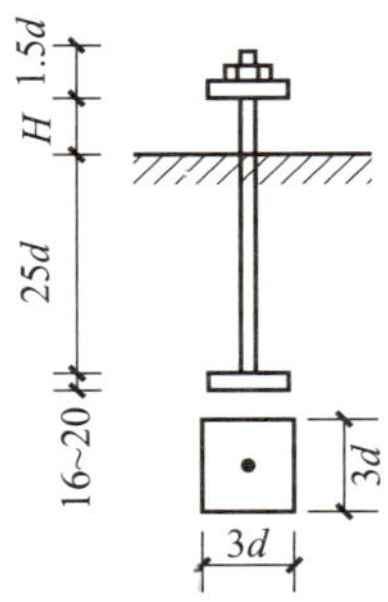			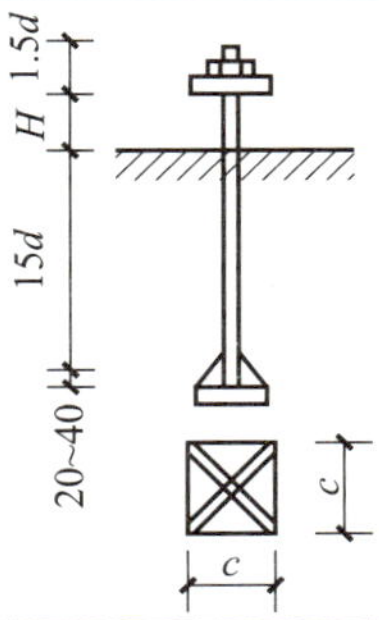			
锚栓直径 d/mm		20	24	30	36	42	48	56	64	72	80	90
锚栓有效面积/cm^2		2. 45	3. 53	5. 61	8. 17	11. 20	14. 70	20. 30	26. 50	34. 60	44. 44	55. 91
Ⅲ型锚栓	锚板宽 c/mm					140	200	200	240	280	350	400
	锚板厚 δ/mm					20	20	20	25	30	40	40

附录 5　各种截面回转半径的近似值

附表 5-1

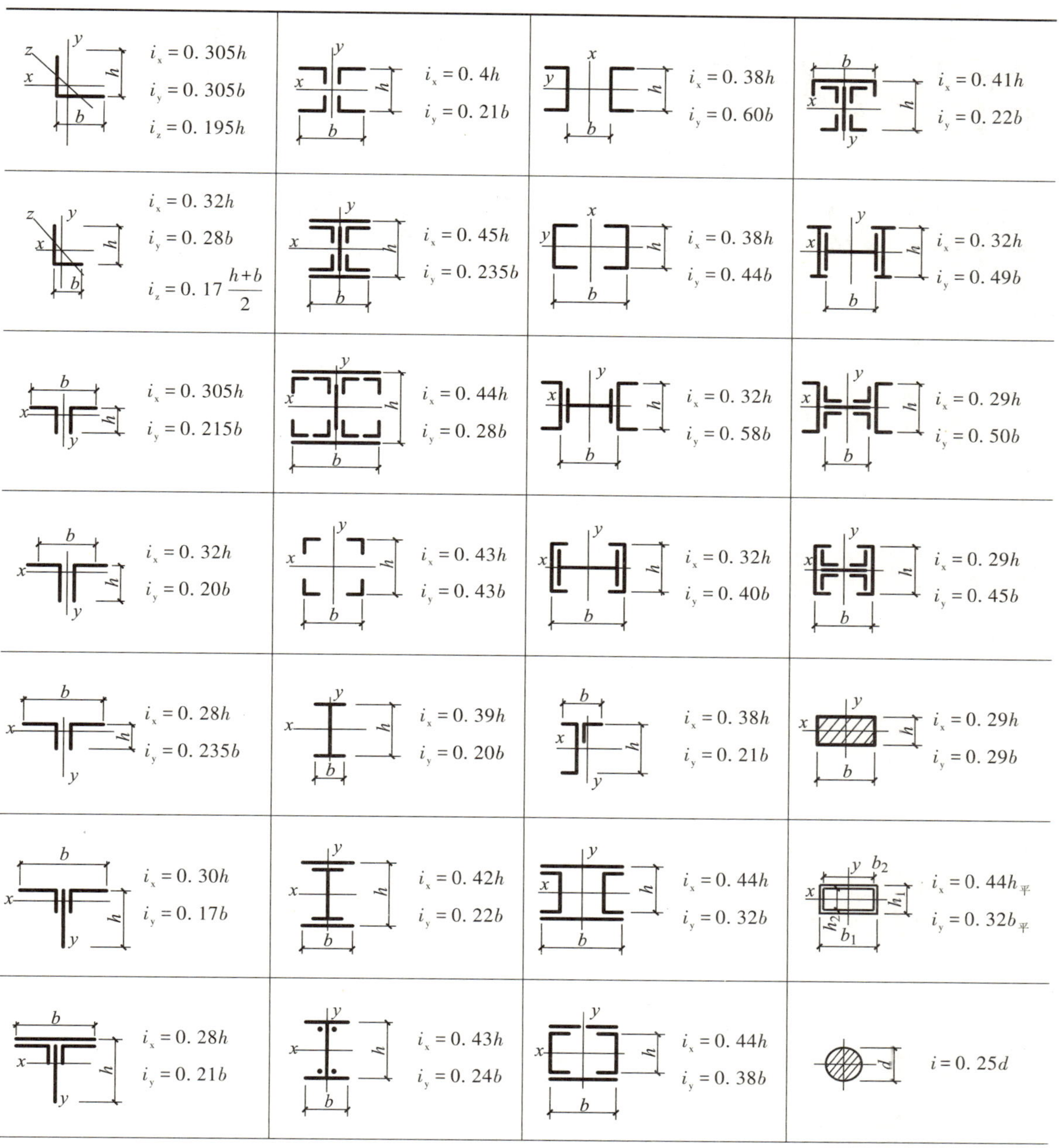

$i_x=0.305h$ $i_y=0.305b$ $i_z=0.195h$	$i_x=0.4h$ $i_y=0.21b$	$i_x=0.38h$ $i_y=0.60b$	$i_x=0.41h$ $i_y=0.22b$
$i_x=0.32h$ $i_y=0.28b$ $i_z=0.17\frac{h+b}{2}$	$i_x=0.45h$ $i_y=0.235b$	$i_x=0.38h$ $i_y=0.44b$	$i_x=0.32h$ $i_y=0.49b$
$i_x=0.305h$ $i_y=0.215b$	$i_x=0.44h$ $i_y=0.28b$	$i_x=0.32h$ $i_y=0.58b$	$i_x=0.29h$ $i_y=0.50b$
$i_x=0.32h$ $i_y=0.20b$	$i_x=0.43h$ $i_y=0.43b$	$i_x=0.32h$ $i_y=0.40b$	$i_x=0.29h$ $i_y=0.45b$
$i_x=0.28h$ $i_y=0.235b$	$i_x=0.39h$ $i_y=0.20b$	$i_x=0.38h$ $i_y=0.21b$	$i_x=0.29h$ $i_y=0.29b$
$i_x=0.30h$ $i_y=0.17b$	$i_x=0.42h$ $i_y=0.22b$	$i_x=0.44h$ $i_y=0.32b$	$i_x=0.44h_{平}$ $i_y=0.32b_{平}$
$i_x=0.28h$ $i_y=0.21b$	$i_x=0.43h$ $i_y=0.24b$	$i_x=0.44h$ $i_y=0.38b$	$i=0.25d$

续表

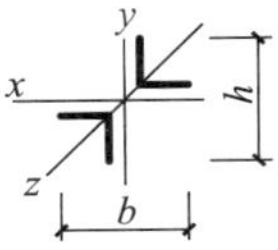 $i_x = 0.21h$ $i_y = 0.21b$ $i_z = 0.185h$	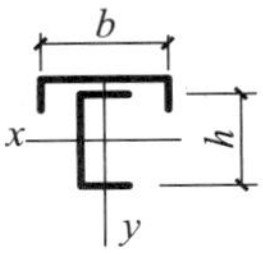 $i_x = 0.365h$ $i_y = 0.275b$	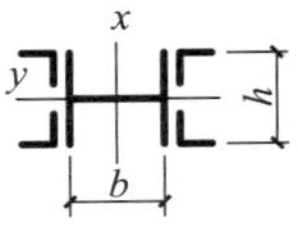 $i_x = 0.37h$ $i_y = 0.54b$	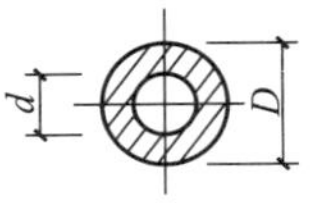 $i = 0.35d_{平}$
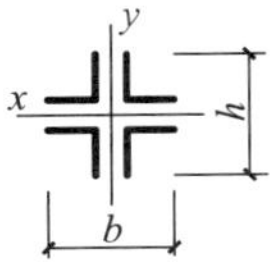 $i_x = 0.21h$ $i_y = 0.21b$	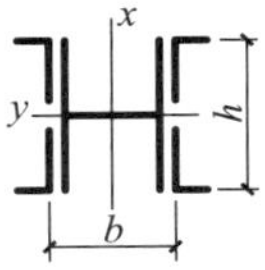 $i_x = 0.35h$ $i_y = 0.56b$	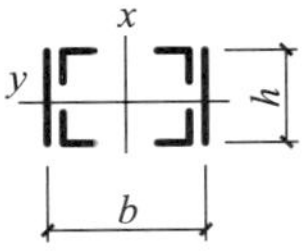 $i_x = 0.37h$ $i_y = 0.45b$	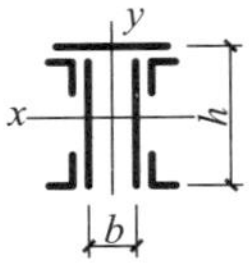 $i_x = 0.39h$ $i_y = 0.53b$
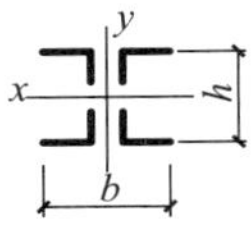 $i_x = 0.45h$ $i_y = 0.24b$	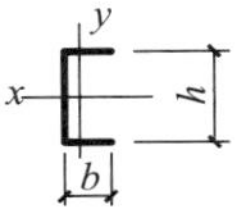 $i_x = 0.39h$ $i_y = 0.29b$	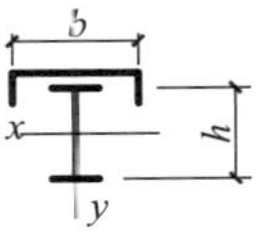 $i_x = 0.40h$ $i_y = 0.24b$	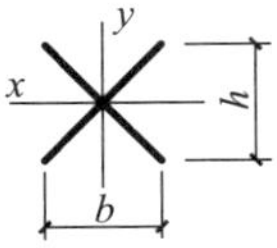 $i_x = 0.289h$ $i_y = 0.289b$

附录 6　等截面工字形和轧制 H 型钢简支梁的整体稳定系数

（按 GB 50017—2017《钢结构设计标准》）

等截面焊接工字形和轧制 H 型钢（附图 6.1）简支梁的整体稳定系数 φ_b 应按下列公式计算：

$$\varphi_b=\beta_b\frac{4\ 320}{\lambda_y^2}\cdot\frac{Ah}{W_x}\left[\sqrt{1+\left(\frac{\lambda_y t_1}{4.4h}\right)^2}+\eta_b\right]\varepsilon_k^2 \qquad 附(6-1)$$

$$\lambda_y=\frac{l_1}{i_y} \qquad 附(6-2)$$

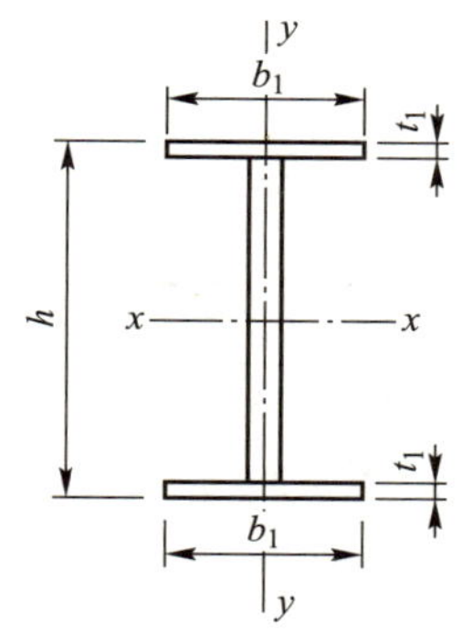

(a) 双轴对称焊接工字形截面

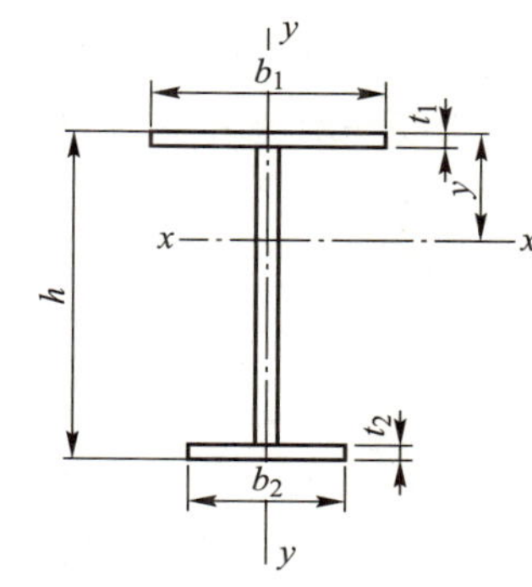

(b) 加强受压翼缘的单轴对称焊接工字形截面

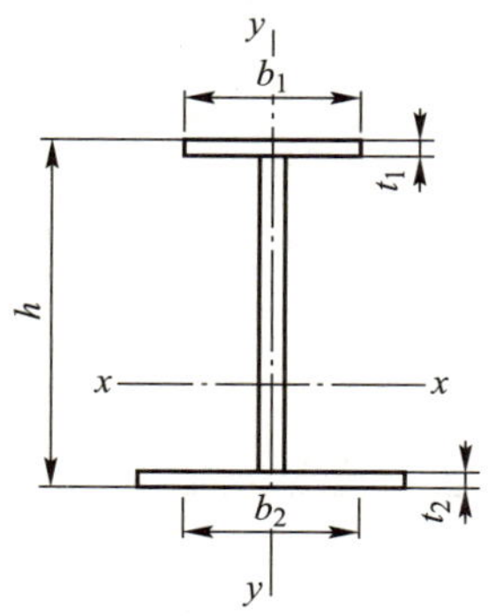

(c) 加强受拉翼缘的单轴对称焊接工字形截面

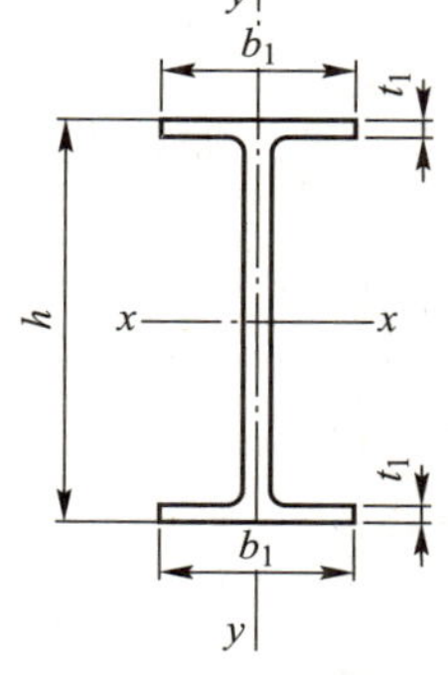

(d) 轧制H型钢截面

附图 6.1　焊接工字形和轧制 H 型钢

截面不对称影响系数 η_b 应按下列公式计算：

对双轴对称截面（附图 6.1a、d）：

$$\eta_b=0 \qquad 附(6-3)$$

对单轴对称工字形截面(附图 6.1b、c):

加强受压翼缘 $$\eta_b=0.8(2\alpha_b-1) \quad 附(6-4)$$

加强受拉翼缘 $$\eta_b=2\alpha_b-1 \quad 附(6-5)$$

$$\alpha_b=\frac{I_1}{I_1+I_2} \quad 附(6-6)$$

当按公式附(6-1)算得的 φ_b 值大于 0.6 时,应用下式计算的 φ_b'代替 φ_b 值:

$$\varphi_b'=1.07-\frac{0.282}{\varphi_b}\leqslant 1.0 \quad 附(6-7)$$

式中:β_b——梁整体稳定等效弯矩系数,应按附表 6-1 采用;

λ_y——梁在侧向支承点间对截面弱轴(y 轴)的长细比;

A——梁的毛截面面积;

h、t_1——梁截面的全高和受压翼缘厚度,等截面铆接(或高强度螺栓连接)简支梁的受压翼缘厚度 t_1 包括翼缘角钢厚度在内;

l_1——梁受压翼缘侧向支承点之间的距离;

i_y——梁毛截面对 y 轴的回转半径;

I_1、I_2——分别为受压翼缘和受拉翼缘对 y 轴的惯性矩。

附表 6-1 H 型钢和等截面工字形简支梁的等效弯矩系数 β_b

项次	侧向支承	荷载		$\xi\leqslant 2.0$	$\xi>2.0$	适用范围
1	跨中无侧向支承	均布荷载作用在	上翼缘	$0.69+0.13\xi$	0.95	双轴对称截面、加强受压翼缘的单轴对称工字形截面
2			下翼缘	$1.73-0.20\xi$	1.33	
3		集中荷载作用在	上翼缘	$0.73+0.18\xi$	1.09	
4			下翼缘	$2.23-0.28\xi$	1.67	
5	跨度中点有一个侧向支承点	均布荷载作用在	上翼缘	1.15		双轴对称截面、单轴对称工字形截面
6			下翼缘	1.40		
7		集中荷载作用在截面高度的任意位置		1.75		
8	跨中有不少于两个等距离侧向支承点	任意荷载作用在	上翼缘	1.20		
9			下翼缘	1.40		
10	梁端有弯矩,但跨中无荷载作用		$1.75-1.05\left(\frac{M_2}{M_1}\right)+0.3\left(\frac{M_2}{M_1}\right)^2$ 但$\leqslant 2.3$			

注:1. 系数 $\xi=\frac{l_1t_1}{b_1h}$,其中 b_1 为受压翼缘的宽度,l_1 为受压翼缘侧向支承点间距离;

2. M_1 和 M_2 为梁的端弯矩,使梁产生同向曲率时 M_1 和 M_2 取同号,产生反向曲率时取异号,$|M_1|\geqslant|M_2|$;

3. 表中项次 3、4 和 7 的集中荷载是指一个或少数几个集中荷载位于跨中央附近的情况,对其他情况的集中荷载,应按表中项次 1、2、5、6 内的数值采用;表中项次 8、9 的 β_b,当集中荷载作用在侧向支承点处时,取 $\beta_b=1.20$;

4. 荷载作用在上翼缘系指荷载作用点在翼缘表面,方向指向截面形心;荷载作用在下翼缘系指荷载作用点在翼缘表面,方向背向截面形心;

5. 对 $\alpha_b>0.8$ 的加强受压翼缘工字形截面,下列情况的 β_b 值应乘以相应的系数:

项次 1:当 $\xi\leqslant 1.0$ 时,乘以 0.95;项次 3:当 $\xi\leqslant 0.5$ 时,乘以 0.90;当 $0.5<\xi\leqslant 1.0$ 时,乘以 0.95。

附表 6-2　轧制普通工字钢简支梁的整体稳定系数 φ_b

项次	荷载情况			工字钢型号	自由长度 l_1/m								
					2	3	4	5	6	7	8	9	10
1	跨中无侧向支承点的梁	集中荷载作用于	上翼缘	10~20	2.00	1.30	0.99	0.80	0.68	0.58	0.53	0.48	0.43
				22~32	2.40	1.48	1.09	0.86	0.72	0.62	0.54	0.49	0.45
				36~63	2.80	1.60	1.07	0.83	0.68	0.56	0.50	0.45	0.40
2			下翼缘	10~20	3.10	1.95	1.34	1.01	0.82	0.69	0.63	0.57	0.52
				22~40	5.50	2.80	1.84	1.37	1.07	0.86	0.73	0.64	0.56
				45~63	7.30	3.60	2.30	1.62	1.20	0.96	0.80	0.69	0.60
3		均布荷载作用于	上翼缘	10~20	1.70	1.12	0.84	0.68	0.57	0.50	0.45	0.41	0.37
				22~40	2.10	1.30	0.93	0.73	0.60	0.51	0.45	0.40	0.36
				45~63	2.60	1.45	0.97	0.73	0.59	0.50	0.44	0.38	0.35
4			下翼缘	10~20	2.50	1.55	1.08	0.83	0.68	0.56	0.52	0.47	0.42
				22~40	4.00	2.20	1.45	1.10	0.85	0.70	0.60	0.52	0.46
				45~63	5.60	2.80	1.80	1.25	0.95	0.78	0.65	0.55	0.49
5	跨中有侧向支承点的梁(不论荷载作用点在截面高度上的位置)			10~20	2.20	1.39	1.01	0.79	−0.66	0.57	0.52	0.47	0.42
				22~40	3.00	1.80	1.24	0.96	0.76	0.65	0.56	0.49	0.43
				45~63	4.00	2.20	1.38	1.01	0.80	0.66	0.56	0.49	0.43

注:1. 同附表 6-1 中的注 3、5;

2. 表中的 φ_b 适用于 Q235 钢,对其他钢号,表中数值应乘以 ε_k^2。

附录 7　轴心受压构件的稳定系数

（按 GB 50017—2017《钢结构设计标准》）

附表 7-1　a 类截面轴心受压构件的稳定系数

λ/ε_k	0	1	2	3	4	5	6	7	8	9
0	1.000	1.000	1.000	1.000	0.999	0.999	0.998	0.998	0.997	0.996
10	0.995	0.994	0.993	0.992	0.991	0.989	0.988	0.986	0.985	0.983
20	0.981	0.979	0.977	0.976	0.974	0.972	0.970	0.968	0.966	0.964
30	0.963	0.961	0.959	0.957	0.954	0.952	0.950	0.948	0.946	0.944
40	0.941	0.939	0.937	0.934	0.932	0.929	0.927	0.924	0.921	0.918
50	0.916	0.913	0.910	0.907	0.903	0.900	0.897	0.893	0.890	0.886
60	0.883	0.879	0.875	0.871	0.867	0.862	0.858	0.854	0.849	0.844
70	0.839	0.834	0.829	0.824	0.818	0.813	0.807	0.801	0.795	0.789
80	0.783	0.776	0.770	0.763	0.765	0.749	0.742	0.735	0.728	0.721
90	0.713	0.706	0.698	0.691	0.683	0.676	0.668	0.660	0.653	0.645
100	0.637	0.630	0.622	0.614	0.607	0.599	0.592	0.584	0.577	0.569
110	0.562	0.555	0.548	0.541	0.534	0.527	0.520	0.513	0.507	0.500
120	0.494	0.487	0.481	0.475	0.469	0.463	0.457	0.451	0.445	0.439
130	0.434	0.428	0.423	0.417	0.412	0.407	0.402	0.397	0.392	0.387
140	0.382	0.378	0.373	0.368	0.364	0.360	0.355	0.351	0.347	0.343
150	0.339	0.335	0.331	0.327	0.323	0.319	0.316	0.312	0.308	0.305
160	0.302	0.298	0.295	0.292	0.288	0.285	0.282	0.279	0.276	0.273
170	0.270	0.267	0.264	0.261	0.259	0.256	0.253	0.250	0.248	0.245
180	0.243	0.240	0.238	0.235	0.233	0.231	0.228	0.226	0.224	0.222
190	0.219	0.217	0.215	0.213	0.211	0.209	0.207	0.205	0.203	0.201
200	0.199	0.197	0.196	0.194	0.192	0.190	0.188	0.187	0.185	0.183
210	0.182	0.180	0.178	0.177	0.175	0.174	0.172	0.171	0.169	0.168
220	0.166	0.165	0.163	0.162	0.161	0.159	0.158	0.157	0.155	0.154
230	0.153	0.151	0.150	0.149	0.148	0.147	0.145	0.144	0.143	0.142
240	0.141	0.140	0.139	0.137	0.136	0.135	0.134	0.133	0.132	0.131
250	0.130									

附表 7-2　b 类截面轴心受压构件的稳定系数

λ/ε_k	0	1	2	3	4	5	6	7	8	9
0	1.000	1.000	1.000	0.999	0.999	0.998	0.997	0.996	0.995	0.994
10	0.992	0.991	0.989	0.987	0.985	0.983	0.981	0.978	0.976	0.973
20	0.970	0.967	0.963	0.960	0.957	0.953	0.950	0.946	0.943	0.939
30	0.936	0.932	0.929	0.925	0.921	0.918	0.914	0.910	0.906	0.903
40	0.899	0.895	0.891	0.886	0.882	0.878	0.874	0.870	0.865	0.861
50	0.856	0.852	0.847	0.842	0.837	0.833	0.828	0.823	0.818	0.812
60	0.807	0.802	0.796	0.791	0.785	0.780	0.774	0.768	0.762	0.757
70	0.751	0.745	0.738	0.732	0.726	0.720	0.731	0.707	0.710	0.694
80	0.687	0.681	0.674	0.668	0.661	0.654	0.648	0.641	0.634	0.628
90	0.621	0.614	0.607	0.601	0.594	0.587	0.581	0.574	0.568	0.561
100	0.555	0.548	0.542	0.535	0.529	0.523	0.517	0.511	0.504	0.498
110	0.492	0.487	0.481	0.475	0.469	0.464	0.458	0.453	0.447	0.442
120	0.436	0.431	0.426	0.421	0.416	0.411	0.406	0.401	0.395	0.392
130	0.387	0.383	0.378	0.374	0.369	0.365	0.361	0.357	0.352	0.348
140	0.344	0.340	0.337	0.333	0.329	0.325	0.322	0.318	0.314	0.311
150	0.308	0.304	0.301	0.297	0.294	0.291	0.288	0.285	0.282	0.279
160	0.276	0.273	0.270	0.267	0.264	0.262	0.259	0.256	0.253	0.251
170	0.248	0.246	0.243	0.241	0.238	0.236	0.234	0.231	0.229	0.227
180	0.225	0.222	0.220	0.218	0.216	0.214	0.212	0.210	0.208	0.206
190	0.204	0.202	0.200	0.198	0.196	0.195	0.193	0.191	0.189	0.188
200	0.186	0.184	0.183	0.181	0.179	0.178	0.176	0.175	0.173	0.172
210	0.170	0.169	0.167	0.166	0.164	0.163	0.162	0.160	0.159	0.158
220	0.156	0.155	0.154	0.152	0.151	0.150	0.149	0.147	0.146	0.145
230	0.144	0.143	0.142	0.141	0.139	0.138	0.137	0.136	0.135	0.134
240	0.133	0.132	0.131	0.130	0.129	0.128	0.127	0.126	0.125	0.124
250	0.123									

附表 7-3　c 类截面轴心受压构件的稳定系数

λ/ε_k	0	1	2	3	4	5	6	7	8	9
0	1.000	1.000	1.000	0.999	0.999	0.998	0.997	0.996	0.995	0.993
10	0.992	0.990	0.988	0.986	0.983	0.981	0.978	0.976	0.973	0.970
20	0.996	0.959	0.953	0.947	0.940	0.934	0.928	0.921	0.915	0.909
30	0.902	0.896	0.890	0.883	0.877	0.871	0.865	0.858	0.852	0.845
40	0.839	0.833	0.826	0.820	0.813	0.807	0.800	0.794	0.787	0.781
50	0.774	0.768	0.761	0.755	0.748	0.742	0.735	0.728	0.722	0.715
60	0.709	0.702	0.695	0.689	0.682	0.675	0.669	0.662	0.656	0.649
70	0.642	0.636	0.629	0.623	0.616	0.610	0.603	0.597	0.591	0.584
80	0.578	0.572	0.565	0.559	0.553	0.547	0.541	0.535	0.529	0.523
90	0.517	0.511	0.505	0.499	0.494	0.488	0.483	0.477	0.471	0.467
100	0.462	0.458	0.453	0.449	0.445	0.440	0.436	0.432	0.427	0.423
110	0.419	0.415	0.411	0.407	0.402	0.398	0.394	0.390	0.386	0.383
120	0.379	0.375	0.371	0.367	0.363	0.360	0.356	0.352	0.349	0.345
130	0.342	0.338	0.335	0.332	0.328	0.325	0.322	0.318	0.315	0.312
140	0.309	0.306	0.303	0.300	0.297	0.294	0.291	0.288	0.285	0.282
150	0.279	0.277	0.274	0.271	0.269	0.266	0.263	0.261	0.258	0.256
160	0.253	0.251	0.248	0.246	0.244	0.241	0.239	0.237	0.235	0.232
170	0.230	0.228	0.226	0.224	0.222	0.220	0.218	0.216	0.214	0.212
180	0.210	0.208	0.206	0.204	0.203	0.201	0.199	0.197	0.195	0.194
190	0.192	0.190	0.189	0.187	0.185	0.184	0.182	0.181	0.179	0.178
200	0.176	0.175	0.173	0.172	0.170	0.169	0.167	0.166	0.165	0.163
210	0.162	0.161	0.159	0.158	0.157	0.155	0.154	0.153	0.152	0.151
220	0.149	0.148	0.147	0.146	0.145	0.144	0.142	0.141	0.140	0.139
230	0.138	0.137	0.136	0.135	0.134	0.133	0.132	0.131	0.130	0.129
240	0.128	0.127	0.126	0.125	0.124	0.123	0.123	0.122	0.121	0.120
250	0.119									

附表 7-4　d 类截面轴心受压构件的稳定系数

λ/ε_k	0	1	2	3	4	5	6	7	8	9
0	1. 000	1. 000	0. 999	0. 999	0. 998	0. 996	0. 994	0. 992	0. 990	0. 987
10	0. 984	0. 981	0. 978	0. 974	0. 969	0. 965	0. 960	0. 955	0. 949	0. 944
20	0. 937	0. 927	0. 918	0. 909	0. 900	0. 891	0. 883	0. 874	0. 865	0. 857
30	0. 848	0. 840	0. 831	0. 823	0. 815	0. 807	0. 798	0. 790	0. 782	0. 774
40	0. 766	0. 758	0. 751	0. 743	0. 735	0. 727	0. 720	0. 712	0. 705	0. 697
50	0. 690	0. 682	0. 675	0. 668	0. 660	0. 653	0. 646	0. 639	0. 632	0. 625
60	0. 618	0. 611	0. 605	0. 598	0. 591	0. 585	0. 578	0. 571	0. 565	0. 559
70	0. 552	0. 546	0. 540	0. 534	0. 528	0. 521	0. 516	0. 510	0. 504	0. 498
80	0. 492	0. 487	0. 481	0. 476	0. 470	0. 465	0. 459	0. 454	0. 449	0. 444
90	0. 439	0. 434	0. 429	0. 424	0. 419	0. 414	0. 409	0. 405	0. 401	0. 397
100	0. 393	0. 390	0. 386	0. 383	0. 380	0. 376	0. 737	0. 369	0. 365	0. 363
110	0. 359	0. 356	0. 353	0. 350	0. 346	0. 343	0. 340	0. 337	0. 334	0. 331
120	0. 328	0. 325	0. 322	0. 319	0. 316	0. 313	0. 310	0. 307	0. 304	0. 301
130	0. 298	0. 296	0. 293	0. 290	0. 288	0. 285	0. 282	0. 280	0. 277	0. 275
140	0. 272	0. 270	0. 267	0. 265	0. 262	0. 260	0. 257	0. 255	0. 253	0. 250
150	0. 248	0. 246	0. 244	0. 242	0. 239	0. 237	0. 235	0. 233	0. 231	0. 229
160	0. 227	0. 225	0. 223	0. 221	0. 219	0. 217	0. 215	0. 213	0. 211	0. 210
170	0. 208	0. 206	0. 204	0. 202	0. 201	0. 199	0. 197	0. 196	0. 194	0. 192
180	0. 191	0. 189	0. 187	0. 186	0. 184	0. 183	0. 181	0. 180	0. 178	0. 177
190	0. 175	0. 174	0. 173	0. 171	0. 170	0. 168	0. 167	0. 166	0. 164	0. 163
200	0. 162									

参考文献

[1] 陈骥.钢结构稳定理论与设计[M].6版.北京:科学出版社,2014.

[2] 桥本笃秀.铁骨构造基础知识[M].3版.东京:市ケ谷出版社,2017.

[3] 王燕,李军,刁延松.钢结构设计[M].2版.北京:中国建筑工业出版社,2019.

[4] 沈祖炎,陈以一,陈扬骥,等.钢结构基本原理[M].3版.北京:中国建筑工业出版社,2018.

[5] 何若全.钢结构基本原理[M].2版.北京:中国建筑工业出版社,2018.

[6] 陈绍蕃,顾强.钢结构:上册　钢结构基础[M].4版.北京:中国建筑工业出版社,2018.

[7] 陈绍蕃.钢结构设计原理[M].4版.北京:科学出版社,2016.

[8] 崔佳,熊刚.钢结构基本原理[M].2版.北京:中国建筑工业出版社,2019.

[9] 但泽义.钢结构设计手册[M].4版.北京:中国建筑工业出版社,2019.

[10] 中华人民共和国住房和城乡建设部.钢结构设计标准:GB 50017—2017[S].北京:中国建筑工业出版社,2017.

[11] 中华人民共和国建设部,中华人民共和国国家质量监督检验检疫总局.冷弯薄壁型钢结构技术规范:GB 50018—2002[S].北京:中国标准出版社,2002.

[12] 中华人民共和国住房和城乡建设部.建筑结构可靠性设计统一标准:GB 50068—2018[S].北京:中国建筑工业出版社,2019.

[13] 中华人民共和国住房和城乡建设部,中华人民共和国国家质量监督检验检疫总局.建筑抗震设计规范:GB 50011—2010[S].北京:中国建筑工业出版社,2010.

[14] 中华人民共和国住房和城乡建设部.钢结构工程施工质量验收标准:GB 50205—2020[S].北京:中国计划出版社,2020.

[15] 中华人民共和国住房和城乡建设部.钢结构焊接规范:GB 50661—2011[S].北京:中国建筑工业出版社,2012.

[16] 中华人民共和国住房和城乡建设部.建筑结构荷载规范:GB 50009—2012[S].北京:中国建筑工业出版社,2012.

[17] 中华人民共和国住房和城乡建设部.高层民用建筑钢结构技术规程:JGJ 99—2015[S].北京:中国建筑工业出版社,2016.

[18] 中华人民共和国住房和城乡建设部.钢结构高强度螺栓连接技术规程:JGJ 82—2011[S].北京:中国建筑工业出版社,2011.

[19] 若林实.铁骨设计[M].2版.东京:共立出版社,1994.

郑重声明